Tobias Buck
Das letzte Urteil

TOBIAS BUCK

DAS LETZTE URTEIL

Ein Holocaust-Prozess im 21. Jahrhundert
und die späte Suche nach Gerechtigkeit

Aus dem Englischen
von Gisela Fichtl

Siedler

Die Originalausgabe erschien 2024
unter dem Titel *Final Verdict* bei Weidenfeld &
Nicolson, einem Imprint der Orion Publishing Group, London.

Der Verlag behält sich die Verwertung des urheberrechtlich
geschützten Inhalts dieses Werkes für Zwecke des Text- und
Data-Minings nach § 44b UrhG ausdrücklich vor.
Jegliche unbefugte Nutzung ist hiermit ausgeschlossen.

Penguin Random House Verlagsgruppe FSC® N001967

1. Auflage
Copyright © Tobias Buck 2024
Copyright © der deutschsprachigen Ausgabe
2024 by Siedler Verlag, München,
in der Penguin Random House Verlagsgruppe GmbH,
Neumarkter Str. 28, 81673 München

Redaktion: Fabian Bergmann
Umschlaggestaltung: Büro Jorge Schmidt
Umschlagabbildung: © Getty Images/AFP/POOLl/Daniel Bockwoldt
Satz: Uhl + Massopust GmbH
Druck und Bindung: CPI books GmbH, Leck
Printed in the EU
ISBN 978-3-8275-0177-6
www.siedler-verlag.de

Für Ana und Tom

INHALT

Kapitel 1	Der Mann hinter dem roten Aktendeckel	9
Kapitel 2	Die zweite Schande	27
Kapitel 3	Todesfabriken	49
Kapitel 4	»Man hat munkeln gehört«	67
Kapitel 5	Das Hochzeitsfoto	87
Kapitel 6	»Der Weg in die Freiheit führt nur durch den Schornstein«	108
Kapitel 7	Schüsse und ein Vogelschiss	127
Kapitel 8	Ein subjektives Problem	143
Kapitel 9	»Darf ich Sie umarmen?«	161
Kapitel 10	Auschwitz vor Gericht	180
Kapitel 11	Die Tänzerin und der Buchhalter	203
Kapitel 12	»Wo liegt meine Schuld?«	221

Kapitel 13	Ein Vermächtnis aus Stein	247
Kapitel 14	Prozess auf der Kippe	268
Kapitel 15	Die Kultur der Erinnerung	287
Kapitel 16	Das Urteil	310
Epilog		335
Dank		343
Bibliografie		345
Register		349
Bildnachweis		356
Anmerkungen		357

Kapitel 1

DER MANN HINTER DEM ROTEN AKTENDECKEL

Die Holztür schwingt auf, ein alter Mann im Rollstuhl wird in den Gerichtssaal geschoben. Mit nur einer Hand und ohne zu zittern, hält er einen roten Aktendeckel hoch, hinter dem er sein Gesicht verbirgt. Zum Schutz vor neugierigen Blicken trägt er zusätzlich eine schwarze Sonnenbrille und einen dunklen, breitkrempigen Hut. Aller Augen im Raum sind auf ihn gerichtet, aber er macht keine Anstalten, die Blicke zu erwidern. Der alte Mann sitzt schweigend da, flankiert von seiner Tochter und seinem Anwalt, und versteckt sich vor der Kamera, die vor ihm klickt. Die Sekunden verstreichen, nervöse Erwartung erfüllt den Raum.

Kurz darauf weist die Richterin den Fotografen und den Kameramann an, den Saal zu verlassen, was dem alten Mann gestattet, die rote Mappe herunterzunehmen und sein Gesicht zu zeigen. Ich sitze am anderen Ende des Gerichtssaals und neige mich vor, um einen ersten Blick auf den Angeklagten zu erhaschen. Er wirkt jünger, als seine 93 Jahre vermuten ließen, hellwach, mit dunklen Augen und ordentlich geschnittenem weißem Haar. In der Reihe vor mir beginnt eine alte Frau zu weinen, ihre zierliche Gestalt bebt vom unterdrückten Schluchzen. Der alte Mann auf der Anklagebank ist ihr Ehemann.

Anne Meier-Göring, die Vorsitzende Richterin, wendet sich an den Angeklagten und beginnt das Verfahren mit ein paar einfachen Fragen.

»Können Sie mich hören?«

»Ja«, sagt der alte Mann.

»Sind Sie Bruno Dey?«

»Ja.«[1]

Es ist der 17. Oktober 2019, der Tag des Prozessauftakts im imposanten Hamburger Strafjustizgebäude. Das Verfahren ist in mehr als einer Hinsicht historisch. Bruno Dey wird vorgeworfen, an einem Verbrechen beteiligt gewesen zu sein, das mehr als sieben Jahrzehnte zurückliegt: der Ermordung von mindestens 5230 Häftlingen in Stutthof, einem NS-Konzentrationslager im heutigen Polen. Er war erst 17 Jahre alt, als er in das Lager kam. Dort war er Mitglied der SS-Einheit, die das Lager bewachen und sicherstellen musste, dass keiner der verzweifelten Gefangenen fliehen konnte. Dey hat zugegeben, von August 1944 bis April 1945 als Wachmann in Stutthof gedient zu haben, bestreitet aber, an den Morden beteiligt gewesen zu sein, und sei es nur als Befehlsempfänger oder Gehilfe.

Sein Name steht auf der Anklageschrift, aber jeder im Gerichtssaal weiß, dass nicht Dey allein vor Gericht steht. Wie bei allen Prozessen, die sich mit den Verbrechen des NS-Regimes befassen, wirft auch der Hamburger Fall Fragen auf – schwierige, unbequeme Fragen –, die weit über die strafrechtliche Schuld eines Einzelnen hinausreichen. Es sind Fragen, die auf der Welt lasten, seit nach dem Krieg die ersten Bilder aus den Lagern und von den Opfern auftauchten. Für Deutsche wie mich sind sie besonders schmerzlich, aber sie sind längst für alle Nationen von großer Bedeutung: Wie konnte das geschehen? Wen trifft die Schuld? Und wie hätte ich mich verhalten?

In vielerlei Hinsicht war Bruno Dey die richtige Figur, um sich diesen Fragen zu stellen. Er hatte wenig gemein mit den in den Nürnberger Prozessen verurteilten Nazigrößen oder mit den brutalen Mördern, die später vor deutschen Gerichten für ihre Taten in Auschwitz, Sobibor und Treblinka vor Gericht standen. Er unterschied sich auch von den finsteren Schreibtischtätern wie Adolf Eichmann, der in Israel für seine zentrale Rolle bei der Planung und Umsetzung des Holocaust verurteilt und gehängt wurde. Dey spielte nirgendwo eine entscheidende Rolle, auch nicht in Stutthof. Er war ein einfacher Wachmann, der von seinem Wachturm herabschaute und inmitten von Krieg, Tod und unermesslichem Leid nicht ein einziges Mal die Notwendigkeit sah, seine Waffe abzufeuern. Er war das kleinste Rädchen in einer Maschinerie, deren mörderische Absichten er nach eigenen Angaben nie so ganz verstand. Diese Behauptung wird im Laufe des Prozesses einer intensiven Prüfung unterzogen werden, aber es besteht kein Zweifel daran, dass der Angeklagte einen der niedrigsten Ränge in der Lagerhierarchie einnahm.

Als ich den Eröffnungsworten lauschte, war ich wie gebannt. Mir wurde bewusst, dass es genau diese historische Bedeutungslosigkeit Deys war, die mich interessierte und verunsicherte. Wie es bei den meisten normalen Menschen der Fall ist, konnte ich mir mich selbst nicht als Mörder, Kommandanten eines Konzentrationslagers oder hohen Offizier in einer brutalen Organisation wie der SS vorstellen. Selbst in einer Diktatur und im Krieg hätte mich mein moralischer Kompass doch sicherlich nicht so sehr im Stich gelassen. Wenn wir die Schwarz-Weiß-Bilder der Angeklagten in Nürnberg sehen, empfinden wir Abscheu, gleichzeitig aber auch den Trost einer Distanz. Wir können selbstsicher davon ausgehen, dass wir nie so gehandelt hätten. Als ich jedoch an diesem Oktobermorgen im Gerichtssaal in Hamburg Deys teilnahmslos wirkende Gestalt vor mir sah, war ich mir nicht sicher, ob ich in seinem Fall das Gleiche behaupten könnte. Hätte ich als 17-Jähriger in Nazideutschland anders gehandelt? Hätte ich die moralische Größe und Zivilcourage gehabt, von diesem Wachturm hinunterzuklettern, mein Gewehr abzugeben und zu sagen »Schluss damit!«? Und wenn ich mir nicht sicher sein konnte, konnte es überhaupt irgendjemand in diesem Gerichtssaal? Hätten die schwarz gekleideten Anwälte, die die Überlebenden von Stutthof vertraten, Nein gesagt? Hätte Anne Meier-Göring, die gelassene, selbstbewusste Vorsitzende Richterin, Nein gesagt? Und wenn sie sich nicht sicher sein konnte, konnte das Gericht ihn trotzdem verurteilen?

Ich war nach Hamburg gekommen, um über den Prozessauftakt einen kleinen Artikel für meine Zeitung zu schreiben, doch nun beschloss ich, die Verhandlungen so oft wie möglich zu besuchen. Ich wollte sehen, wie sich dieses Drama entwickelte. Ich wollte sehen, wie das Gericht mit den moralischen und juristischen Dilemmata rang, die der Fall aufwarf, aber auch, wie Dey selbst seine Rolle verstand und wie viel Verantwortung er sich zuschrieb. Sicherlich spürte er, dass dieser Prozess für ihn, wie für alle anderen im Gerichtssaal, eine letzte Gelegenheit war: eine letzte Gelegenheit für Überlebende, ihre Geschichte vor Gericht zu erzählen; eine letzte Gelegenheit für einen alten Mann, sich vor Gericht seiner Schuld und seinem Gewissen zu stellen; und eine letzte Gelegenheit für Deutschland und seine Justiz, zu zeigen, dass der Gerechtigkeit Genüge getan wird, egal, wie viel Zeit verstrichen ist.

Auch für mich war dies so etwas wie eine letzte Gelegenheit. Der Holocaust hatte mich seit meinen frühen in Deutschland verbrachten Teenagerjahren in seinen Bann gezogen. Damals entwickelte ich ein plötzliches und tiefes Interesse für die Nazizeit, insbesondere für die Ermordung der europäischen Juden. Im Alter von 14 Jahren nahm ich an einer Fortbildungsveranstaltung in meiner Heimatstadt teil, um mich mit dem Antisemitismus und den Ursachen der Shoah zu beschäftigen. 1990, als der Eiserne Vorhang gerade gefallen war, fuhr ich nach Südpolen und besuchte Auschwitz im Rahmen einer von Überlebenden des Lagers organisierten Reise, die einen unauslöschlichen Eindruck bei mir hinterließ. Auch in meiner Heimatstadt Darmstadt machte ich Überlebende des Holocaust ausfindig und interviewte sie. Für meine Schülerzeitung schrieb ich einen bitterernsten Artikel über meine Erfahrungen in Auschwitz und reichte schließlich einen langen handgeschriebenen Beitrag bei einem Aufsatzwettbewerb des israelischen Bildungsministeriums ein. Ich erinnere mich, dass ich einen überraschend hohen Geldbetrag gewann, zusammen mit einer schweren Bronzemedaille mit hebräischen Buchstaben, die die Silhouette von Jerusalem zeigte. Die Medaille steht noch immer in einem Regal in meinem früheren Zimmer in Darmstadt, ebenso wie Dutzende ausgeblichener Exemplare des monatlichen Rundbriefs des Freundeskreises der Auschwitzer, der ich etwa zur gleichen Zeit beitrat. Aber wie die meisten jugendlichen Obsessionen verblasste auch diese in den folgenden Jahren. Mit Mitte 20 verließ ich Deutschland, um Journalist zu werden, und kehrte viele Jahre später als Auslandskorrespondent in meine Heimat zurück.

In Berlin schrieb ich über Politik und Wirtschaft, Verteidigungspolitik und Umwelt, Kunst, Gesellschaft und Fußball – aber auch immer wieder über die deutsche Geschichte und wie sie in die Gegenwart hineinwirkt. Wieder widmete ich mich dem Holocaust, Überlebenden, Tätern und einer Vergangenheit, die nie zur Ruhe gekommen ist. Ich war von der Neugier aller Journalisten auf der Suche nach einer guten Geschichte getrieben, aber auch von einem Gefühl der Dringlichkeit, denn ich wusste, dass mit jedem Monat, der verging, weitere Stimmen von Opfern und Schuldigen verstummten. Meine deutschen Großeltern waren vor vielen Jahren gestorben, und bis dahin war es mir nie in den Sinn gekommen, dass ich herausfinden könnte – oder sollte –, was sie wussten und was sie während des Krieges gemacht hatten. Je mehr ich darüber nachdachte, desto mehr fiel mir dieses Versäumnis auf. Ich kannte viele Geschichten über das Leid am Ende des Krieges und in der Zeit danach, etwa wie mein Großvater in der Sowjetunion in Kriegsgefangenschaft gewesen und meine Großmutter im tiefsten Winter verzweifelt geflohen war, als die Rote Armee sich ihrer Heimatstadt näherte. Aber über die Zeit vor dem Zusammenbruch – darüber, was sie während der zwölf schrecklichen Jahre der Naziherrschaft getan oder nicht getan hatten – hatte ich bestenfalls vage Informationen.

Briten und Amerikanern, die auf die Niederlage Nazideutschlands als einen prägenden Triumph in der Geschichte ihrer Nationen zurückblicken, muss diese Zurückhaltung seltsam erscheinen. In Deutschland war sie jedoch alles andere als ungewöhnlich – selbst viele Jahrzehnte nach dem Krieg. Nun waren die letzten Mitglieder der Kriegsgeneration in ihren Achtzigern und Neunzigern. Es gab nicht mehr viele, die reden konnten, und noch weniger, die reden wollten – vor allem, wenn sie eine SS-Uniform getragen hatten. Aber Dey würde reden. Er musste reden. Und ich wollte hören, was er zu sagen hatte.

Bruno Johannes Dey wurde am 28. August 1926 in Obersommerkau geboren, einem Dorf, das weniger als 30 Kilometer von der an der Ostsee gelegenen Hafenstadt Danzig entfernt war. Bis nach der deutschen Niederlage im Ersten Weltkrieg hatte Danzig zur Provinz Westpreußen gehört, doch in der Folge des Versailler Vertrags hatten die Siegermächte die unter Aufsicht des Völkerbunds gestellte und nun von polnischem Staatsgebiet umschlossene Freie Stadt Danzig gegründet. Zum Zeitpunkt von Deys Geburt gehörte Obersommerkau zum Gebiet dieses kleinen Freistaats. Nach dem Zweiten Weltkrieg wurden auch Danzig und sein Hinterland polnisch. Die wenigen Deutschen, die trotz des Vormarschs von Stalins Roter Armee in ihrer Heimat geblieben waren, wurden in den Westen vertrieben. Beide Ortsnamen sind heute auf keiner Landkarte mehr verzeichnet: Deys Geburtsort Obersommerkau heißt Ząbrsko Górne, und aus Danzig wurde Gdańsk.

In der offiziellen Anklageschrift sind die biografischen Eckdaten bis zum Tag vor Gericht auf vier Seiten nüchtern festgehalten. Deys Vater war Landwirt und bewirtschaftete die 16 Hektar Land der Familie in den sogenannten Danziger Höhen. Als junger Witwer heiratete er Deys Mutter, die damals 23 Jahre alt war (sie war die Schwester seiner ersten Frau). Das Paar hatte sieben Kinder, wobei eine von Deys Schwestern bei der Geburt und eine weitere im Alter von 14 Jahren starben. Fünf Kinder überlebten den Krieg: Dey sowie zwei Schwestern und zwei Brüder. Weiter heißt es in der Anklageschrift, der Angeklagte sei 1932 nach Ostern, wie damals in Deutschland üblich, eingeschult worden.

Selbst nach den Maßstäben des konfliktreichen und blutigen 20. Jahrhunderts war es in Deutschland ein schicksalhaftes Jahr: Ende Februar 1932 erhielt Adolf Hitler die deutsche Staatsbürgerschaft. Damit durfte der in Österreich geborene »Führer« der Nationalsozialisten für das Amt des Reichspräsidenten, das höchste Amt im Lande, kandidieren. Der größte Teil von Deys erstem Schuljahr stand im Zeichen des Niedergangs der Weimarer Republik, Deutschlands unglücklichen Ausflugs in die Demokratie. Der bedrohliche Sog, den Hitler und seine Braunhemden ausübten, nahm mit jeder Woche zu. Bei der Reichstagswahl am 31. Juli 1932 errangen die Nationalsozialisten fast 40 Prozent der Stimmen und wurden damit erstmals stärkste Partei. Im November fand ein zweiter Wahlgang statt, bei dem die Faschisten zwar an Stärke verloren, aber dominierende Kraft im Parlament blieben. Die Weimarer Republik war tot, noch bevor Dey sein erstes Schuljahr beendet hatte: Nach Hitlers Ernennung zum Reichskanzler am 30. Januar 1933 brannte Ende Februar der Reichstag, und es folgte die erste Welle der Unterdrückung und Verfolgung politischer Gegner durch die Nationalsozialisten. Bei den Reichstagswahlen am 5. März, die von Repressionen, Gewalt und Einschüchterung der Wähler geprägt waren, triumphierten die Nazis. Wenige Tage später proklamierte Hitler das »Dritte Reich«.

Etwa zur gleichen Zeit wurde in einem verschlafenen Vorort nördlich von München eine stillgelegte Munitionsfabrik zur Unterbringung politischer Gefangener bereitgestellt, zunächst handelte es sich um führende Sozialdemokraten und Kommunisten. Das am 15. März 1933 offiziell eröffnete Lager in Dachau sollte das erste Konzentrationslager der Nazis werden, ein Ort der Angst, der Demütigung, der Folter und des Mordes, das fast bis zum bitteren Ende in Betrieb blieb. Als amerikanische Soldaten im April 1945 vor den Toren des Lagers eintrafen, waren dort bereits mehr als 32 000 Männer, Frauen und Kinder ums Leben gekommen.

Im Alter von 14 Jahren verließ Dey 1940 die Schule. »Das Lernen hat mir Spaß gemacht, ja. Was mir nicht so viel Spaß gemacht hat, war die Kameradschaft von den Schülern. Deswegen wurde ich ja auch zum Einzelgänger ... Ich habe mich an niemanden angeschlossen. Ich habe keinem vertraut«, sagte er später vor Gericht. Dey hatte keine Freunde und wurde von seinen Mitschülern schikaniert, sie schlugen ihn und stahlen ihm die Äpfel, die er für seine Mittagspausen in der Schule dabeihatte. Anstatt ihn zu unterstützen, gaben seine Eltern ihm selbst die Schuld an seinen Schwierigkeiten. Sobald er zu Hause war, musste er auf dem Hof arbeiten, die Kühe zum Melken holen, Steine vom Feld sammeln, Unkraut jäten und Kartoffeln pflanzen. »Gibt es denn etwas, an das Sie sich positiv erinnern, etwas, das für Sie besonders schön war in Ihrer Kindheit?«, fragte ihn die Richterin in einer der späteren Verhandlungen. »Schön? Was war da schön?«, antwortete Dey. »Viel Schönes gab es nicht.«

Seine Schulzeit endete, als die Wehrmacht ihren Blitzangriff auf Frankreich vorbereitete. Polen – das Land, das einst seine Heimatregion umgeben hatte – war im Jahr zuvor erobert und geteilt worden; im Westen stand es unter der grausamen Besatzung von Nazideutschland, im Osten von Stalins Sowjetunion. Da er zu jung war, um an den Kämpfen teilzunehmen, begann Dey eine zweijährige Bäckerlehre, ein so sicherer und friedlicher Beruf, wie man ihn sich unter diesen Umständen nur vorstellen kann. Zwar hatte er von einer Karriere als Fahrer oder Mechaniker geträumt, aber sein Vater schickte ihn in die Bäckerei. Nach eigenen Angaben hatte er da bereits gelernt, wie wichtig es war, den Kopf unten zu halten, und wie riskant es sein konnte, politisch Stellung zu beziehen. Deys Vater war Mitglied der Zentrumspartei, einer konservativen Partei, die eng mit der römisch-katholischen Kirche verbunden war. Die Abgeordneten des Zentrums hatten 1933 Hitlers Forderung nach weitreichenden außergesetzlichen Befugnissen unterstützt, dennoch wurden die Partei aufgelöst und ihre Mitglieder verfolgt. Auch Deys Vater wurde schikaniert, nachdem er sich kritisch über die Kriegsführung geäußert hatte. Wie sich Dey erinnerte, warnte man seinen Vater, er werde in Stutthof landen, dem nahe gelegenen Konzentrationslager, das seinem Sohn einige Jahre später so vertraut werden sollte. Dey selbst weigerte sich zunächst, der Hitlerjugend beizutreten, obwohl ihn seine Mitschüler dazu drängten, wurde aber schließlich doch Mitglied. Im Prozess behauptete er, er habe nur an wenigen Treffen der Gruppe teilgenommen. Seine Begründung lautete, dass er als Bäckerlehrling zu früh aufstehen musste, um an den Aktivitäten der Hitlerjugend teilnehmen zu können.

1943, als sich das Blatt auf den Kriegsschauplätzen bereits gewendet hatte, die Massenvernichtung von Juden und anderen Feinden des Reiches aber in vollem Gange war, musste Dey zur Musterung für den Militärdienst. Die Ärzte stellten ein Herzproblem fest, damit war er lediglich für den Dienst in der Kaserne, nicht aber für den Einsatz an der Front tauglich – eine Diagnose, die im Verlauf des Prozesses zu einem wichtigen Thema werden sollte. Trotz des immer dringenderen Bedarfs an neuen Soldaten wurde er für ein Jahr vom Militärdienst zurückgestellt. Um Ostern 1944 wurde Dey schließlich zur Wehrmacht einberufen und einem Infanteriebataillon in der Nähe von Stettin, dem heutigen Szczecin, zugeteilt. Anfang Juni wurde er, noch 17-jährig, zum ersten Mal nach Stutthof geschickt, um gemeinsam mit anderen Soldaten seines Bataillons Wachdienst zu leisten. Dey erkrankte an Diphtherie und musste einige Zeit in einem Krankenhaus in Danzig behandelt werden, kehrte aber Anfang August nach Stutthof zurück. Dort wurde er offiziell in die Erste Kompanie des SS-Totenkopf-Sturmbanns Stutthof aufgenommen, einer der berüchtigten »Totenkopfverbände« der SS, benannt nach den Totenkopfabzeichen auf ihrer Uniform. Die Mitglieder dieser Einheit waren für die Bewachung der Konzentrationslager zuständig. Es war der Beginn von Deys achtmonatigem Wachdienst im KZ Stutthof – ein winziger Bruchteil seines Lebens, aber der einzige Zeitraum, der die Hamburger Justiz interessierte. Dey beharrte darauf, sich nicht freiwillig zur SS oder gar zum Dienst in Stutthof gemeldet zu haben. Der Gedanke, dass es eine Alternative gegeben hätte – zum Beispiel ein freiwilliger Einsatz an der Ostfront –, sei ihm nie in den Sinn gekommen.

Im Januar 1945, als sich die Rote Armee Danzig näherte, beschloss die SS, Stutthof aufzugeben, doch die Evakuierung von Personal und Häftlingen zog sich bis April hin. Tausende Insassen kamen auf den Todesmärschen nach Westen ums Leben. Dey selbst verließ das Lager im April 1945 und ging nach Schleswig-Holstein, wo er zuerst von den Amerikanern und später von den britischen Behörden gefangen genommen wurde. Als er im Dezember 1945 entlassen wurde, arbeitete er zunächst als Bäcker und Landwirt gegen Kost und Logis. In der Anklageschrift hieß es, Dey habe seine künftige Frau – die weißhaarige alte Dame, die im Gerichtssaal schluchzend vor mir saß – im Oktober 1952 kennengelernt. Die beiden verlobten sich nur zwei Monate später an Heiligabend. Dey arbeitete als Lastwagenfahrer, Hausmeister und Expedient, baute ein Haus am Stadtrand von Hamburg und ging 1988 in den Ruhestand. Er hatte zwei Töchter, vier Enkelkinder und vier Urenkel. In der Anklageschrift ergänzte eine weitere Zeile seine persönlichen Daten: »Er ist weder vorbestraft noch überhaupt strafrechtlich in Erscheinung getreten.«

In den folgenden neun Monaten würde der Angeklagte nach dem unvermeidlichen Eröffnungsritual im Gerichtssaal 200 Platz nehmen. Dey kam an allen Verhandlungstagen in Begleitung seines Anwalts und seiner Tochter in den Saal und schirmte in den ersten Minuten sein Gesicht wie beschrieben vor den Fotografen und Kameraleuten ab.[2] Sobald sie den Saal verlassen hatten, senkte er den Aktenordner und wartete darauf, dass die Richterin die Verhandlung eröffnete. Anne Meier-Göring saß links von ihm auf einem erhöhten Holzpodest, flankiert von zwei Jugendrichtern und zwei Schöffen. Ihm gegenüber befand sich der Tisch des Oberstaatsanwalts Lars Mahnke und eines Kollegen. Zu seiner Rechten, der Richterin zugewandt, saßen die Anwälte der Überlebenden von Stutthof und ihrer Nachkommen, von denen mehrere Dutzend als sogenannte private Nebenkläger zum Prozess zugelassen waren. Das bedeutete, dass die Anwälte das Recht hatten, neben dem Staatsanwalt Zeugen zu befragen und ein Schlussplädoyer abzugeben. Hinter ihnen saßen Deys Familie und dahinter die Journalisten und Zuschauer. Selbst für einen Mordprozess in einer Großstadt war es eine große Zuschauermenge. Deys Ehefrau war an den meisten Tagen im Gerichtssaal anwesend, in der Regel in Begleitung anderer Familienmitglieder, einschließlich ihrer Enkelkinder. Sie sprachen mit keinem der Journalisten, aber die Botschaft, die sie aussandten, war klar: Sie waren anwesend, um dem Angeklagten ihre Unterstützung zu zeigen und dafür zu sorgen, dass er sich nicht im Stich gelassen fühlte. Niemand tat dies mit größerem Engagement als seine Tochter, die jeden Tag vorn im Gerichtssaal an seiner Seite saß, oft mit zur Bluse passendem Kopftuch bekleidet (sie hatte einen Muslim geheiratet und war zum Islam konvertiert). Deys Anwalt erzählte mir später, dass sie sich gründlich eingearbeitet hatte, um die Verteidigung zu unterstützen; sie bereitete sich auf die Verhandlungen gewissenhaft vor, studierte die Prozessakten und las juristische Lehrbücher. Im Gerichtssaal ließ sie ihren Vater nicht aus den Augen und wirkte besorgt und voller Mitleid.

Der Gerichtssaal selbst verströmte mit seinen schlanken korinthischen Säulen entlang der Wände und der reich mit Stuck verzierten Kassettendecke einen Hauch der Grandezza des späten 19. Jahrhunderts. Eine Reihe großer Fenster mit Blick auf den darunter liegenden Platz flutete den Raum selbst an grauen Wintervormittagen mit Licht. Es war der größte und prunkvollste Saal im Hamburger Justizgebäude. Das Ambiente und die zentralen Protagonisten, die die Bühne mit ihm teilten, würden Dey bald sehr vertraut werden. Die wichtigste war Anne Meier-Göring, die Vorsitzende Richterin. Es war eher Zufall, dass sie mit diesem historischen Prozess betraut worden war: Da Dey zum Zeitpunkt der mutmaßlichen Straftat erst 17 bzw. 18 Jahre alt gewesen war, musste er nach dem Gesetz trotz seines inzwischen hohen Alters als jugendlicher Angeklagter behandelt werden. Meier-Göring war als Vorsitzende einer der drei Jugendstrafkammern gerade an der Reihe gewesen. Sie habe den Fall aber unbedingt übernehmen wollen, erzählte sie mir später. Wie die meisten Deutschen ihrer Generation hatte die deutsche NS-Vergangenheit die 1968 geborene Richterin schon zu Jugendzeiten fasziniert und betroffen gemacht; die wissenschaftliche und politische Debatte über die Verfolgung und Bestrafung von NS-Verbrechern hatte sie aufmerksam verfolgt. Ihr frühes Interesse, so gab sie zu, hatte sicher auch mit ihrem Namen zu tun: Meier-Göring hatte keine familiäre Verbindung zu Hermann Göring, dem Naziführer und Kriegsverbrecher, aber die Tatsache, dass sie denselben Namen trug, hatte oft Fragen provoziert, vor allem als sie im Ausland lebte und studierte. »Es ist tatsächlich so: Dadurch, dass ich Göring heiße, habe ich mich ganz früh damit beschäftigt, ob meine Familie möglicherweise etwas mit Hermann Göring zu tun hatte. Gott sei Dank hatte sie das nicht«, erklärte sie mir. Lange bevor sie Richterin wurde, hatte sich Meier-Göring ganz allgemein mit der Frage von Schuld und Verantwortung befasst. »Als ich jünger war, habe ich mich sehr viel mit der Frage nach der Kollektivschuld beschäftigt. Und ich habe das durchaus auch so empfunden. Ich kann nicht sagen, so wie es viele tun, dass es nur um individuelle Schuld geht. Ich habe mich selbst als Teil dieser deutschen Gesellschaft auch bis zu einem gewissen Grad kollektiv schuldig gefühlt.«

Im Laufe des Prozesses hatte Meier-Göring heikle Momente zu überstehen und an seinem Ende eine äußerst schwierige Entscheidung zu treffen. Doch ihre Fähigkeit, die komplexe Verhandlung zu leiten, stand nie in Zweifel: Sie zeigte Mitgefühl und Einfühlungsvermögen gegenüber den betagten Überlebenden von Stutthof, die vor Gericht aussagten, fand aber auch zu einem Umgang mit dem Angeklagten selbst. Es gelang ihr, Dey zum Sprechen zu bringen und dazu, sich zu erinnern, und es gab Situationen, in denen sie ihn drängte, sich selbst zu befragen. Manchmal sprach Meier-Göring schonungslos mit dem Angeklagten oder entlarvte mit kalter, forensischer Genauigkeit seine Ausflüchte. Aber sie schien zu verstehen, dass man diesem Prozess – und dem Angeklagten – mit Menschlichkeit und einem gewissen Maß an Demut gegenübertreten musste. Dey schaute in mehr als einer Hinsicht zu ihr auf.

Für Meier-Göring war der Fall Bruno Dey der erste in ihrer 20-jährigen Erfahrung als Richterin, in dem es um Verbrechen aus der Zeit des Nationalsozialismus ging. Lars Mahnke, der Staatsanwalt, hatte schon seit Jahren gegen Verdächtige wie Dey ermittelt, aber auch für ihn war dies die erste Gelegenheit, einen Fall vor Gericht zu bringen und ein Urteil herbeizuführen. Der leise und ruhig sprechende gebürtige Hamburger erzählte mir, er habe teils aus einem »tief verwurzelten Gerechtigkeitsempfinden« heraus Jura studiert, teils inspiriert von amerikanischen Gerichtsdramen. Bevor er Staatsanwalt wurde, hatte er als Rechtsexperte in der städtischen Behörde für Stadtentwicklung und Wohnen gearbeitet, aber die Arbeit in der Verwaltung denn doch als zu langweilig empfunden. Seit 2016 arbeitete er am Fall Dey und hatte viele Stunden damit verbracht, den Angeklagten zu seiner Vergangenheit zu befragen. Seine staatsanwaltschaftlichen Vernehmungen, die sich über acht intensive Sitzungen im Hamburger Polizeipräsidium erstreckten, ließen bereits viele der Debatten ahnen, die im Prozess entscheidend wurden. Mahnke kannte den Fall und den Mann, der im Mittelpunkt dieses Prozesses stand, wie kaum ein anderer im Gerichtssaal. Auch über die Schrecken von Stutthof wusste er wie kein Zweiter Bescheid. In seinem großen, aber spartanisch eingerichteten Eckbüro waren zwei Wände mit einer Zeitleiste bedeckt, auf der Tausende von einzeln dokumentierten Tötungen im Lager, aufgeschlüsselt nach Methode und Zeitpunkt, aufgeführt waren.

Vom ersten Moment des Prozesses an tat sich eine eklatante Kluft zwischen der Alltäglichkeit von Deys Biografie und dem Ausmaß des mutmaßlichen Verbrechens auf. Dies ist bei Strafprozessen natürlich nicht ungewöhnlich, auch nicht – oder vielleicht besonders nicht – bei Prozessen, die den Holocaust zum Gegenstand haben. In Deys Fall wirkte der Kontrast zwischen dem Menschen und der angeblichen Tat jedoch besonders groß. Im Oktober 2019 saß ein gebrechlicher alter Mann im Rollstuhl vor der Richterbank, der keine jugendliche Bedrohung mehr ausstrahlte und jeden Tag in Begleitung eines medizinischen Teams erschien, das ihn während des gesamten Verfahrens sorgfältig überwachte. Seine Stimme war schwach, seine Worte oft schwer zu verstehen. Dey wirkte nicht gefährlich, eher hilflos.

Unter den Anwesenden, die am Eröffnungstag mit mir im Pressebereich des Gerichtssaals 200 saßen, war ein prominenter Besucher aus Israel: Efraim Zuroff, der Direktor des Simon-Wiesenthal-Zentrums in Jerusalem, der jahrelang über die Shoah geforscht und Nazitäter aufgespürt hatte. Es machte ihm nichts aus, als Nazijäger bezeichnet zu werden, und an diesem Tag war er nach Hamburg gekommen, um die seltene Beute zu begutachten. Als ich Zuroff nach seiner Meinung zum Dey-Prozess fragte, riet er mir, nicht nur den Greis auf der Anklagebank wahrzunehmen, sondern dahinterzublicken. »Das sind die letzten Menschen auf der Welt, die Mitleid verdienen. Sie hatten mit ihren Opfern, von denen einige noch älter waren als sie heute, auch kein Mitleid«, sagte Zuroff zu mir in der Lobby des Gerichtsgebäudes, wo sich Anwälte, Journalisten und Beobachter vor und nach der Verhandlung unterhielten. »Wenn man sie anschaut, versuchen sie, so krank und fern von alledem wie möglich auszusehen. Aber Sie sollten nicht den alten, gebrechlichen Menschen sehen – denken Sie an den Mann in seiner besten körperlichen Verfassung, wie er da draußen unschuldige Männer, Frauen und Kinder ermordet hat.« Zuroff, dessen Organisation jahrzehntelang Listen der meistgesuchten, noch auf freiem Fuß befindlichen Naziverbrecher erstellte, betonte, dass »das Verstreichen von Zeit die Schuld der Mörder in keiner Weise mindert«. Menschen, die solche Verbrechen begangen hätten, dürfe das Alter nicht schützen, sagte er, und sei es nur, um den Opfern und ihren Familien eine Chance zu geben, damit abzuschließen: »Wir sind es den Opfern schuldig, zu versuchen, diese Mörder vor Gericht zu bringen.«

Ich nickte. Er hatte natürlich recht. In diesem Prozess ging es ebenso sehr um die Opfer wie um den Täter. Dutzende von Stutthof-Überlebenden und ihre Nachkommen hatten sich der Anklage in der Hoffnung angeschlossen, dass ihre Geschichten und Erinnerungen endlich an dem Ort gehört würden, auf den es wirklich ankam: vor Gericht. Ihre Aussagen sorgten für einige der ergreifendsten Momente des Prozesses, die in dem Wissen, dass ihre Stimmen nicht mehr lange zu hören sein würden, nur noch eindringlicher wirkten.

Es war jedoch Dey, der meine Neugier für diesen Prozess geweckt hatte. Meine eigene Hoffnung war, dass er mir helfen würde, das Unfassbare zu begreifen – oder zumindest eine Facette des Unfassbaren. Warum ist der Holocaust geschehen? An Versuchen, diese Frage zu beantworten, hat es seit Kriegsende nicht gemangelt; sie füllen ganze Bibliotheken und beschäftigen Legionen von Historikern. Sie verfolgten unzählige Ansätze und schlugen die verschiedensten Wege ein, und alle setzten an unterschiedlichen Stellen an. Es gab historische Erklärungen, soziologische, politische, militärische und psychologische. Eine Denkschule vertrat die Auffassung, Hitler und die führenden Nazis hätten von Anfang an die Absicht verfolgt, die europäischen Juden (und viele Millionen Nichtjuden in Mittel- und Osteuropa) zu vernichten. Andere glaubten, dass sich der Völkermord der Nazis eher zufällig ergeben habe, und zwar erst, nachdem ein früherer Plan, alle Juden unter deutscher Herrschaft in den Osten zu vertreiben, als Folge der einsetzenden militärischen Niederlagen gescheitert war.

Diese Debatten interessierten mich sehr, doch ich hatte nichts beizutragen. Nun aber ergab sich für mich die seltene Gelegenheit, einen alten Mann zu hören und zu beobachten, der beschuldigt wurde, an der Ermordung Tausender Menschen in einem Konzentrationslager beteiligt gewesen zu sein, und der am Ende seines Lebens kaum noch etwas zu verlieren hatte. Vielleicht begriff er es ja sogar als Chance, nach all den Jahren reinen Tisch zu machen. In der Anklage der Staatsanwaltschaft wird Bruno Dey vorgeworfen, an einem großen Verbrechen beteiligt gewesen zu sein, wenn er dabei auch nur eine kleine Rolle gespielt hatte. Sollte er für schuldig befunden werden, wäre seine Schuld im Vergleich zu der von Hitler und der Naziführung verschwindend gering. Aber Hitler und die Naziführung hätten den Holocaust nicht verwirklichen können, wenn nicht Hunderttausende Deutsche sie unterstützt hätten. Diese stellten die Deportationslisten zusammen und lieferten das Giftgas, sie rollten den Stacheldraht aus, lenkten die Züge, kochten die Mahlzeiten für die Henker, sie führten Buch und bewachten die Zäune von Stutthof, Auschwitz und Treblinka. Was hatte sie dazu gebracht, Ja zu sagen? Oder besser: Was hatte sie davon abgehalten, Nein zu sagen?

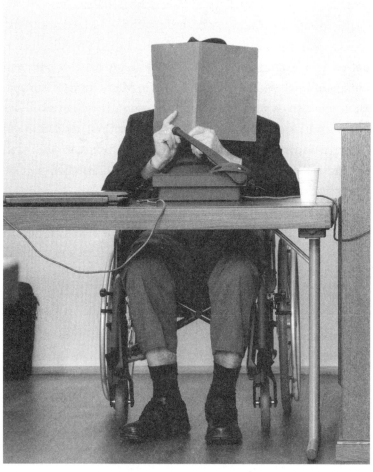

»Es interessierte sich in Deutschland über 60 Jahre lang niemand für einen einfachen Wachmann.« Bruno Dey vor Gericht

Kapitel 2

DIE ZWEITE SCHANDE

Stefan Waterkamp wirkt sehr asketisch, groß und hager, mit kurz geschorenem Haar und schlaksiger Erscheinung. Deys Anwalt überragte seinen Mandanten deutlich, zeigte vor Gericht aber wenig Neigung, das Verfahren zu dominieren. In den ersten Wochen und Monaten des Prozesses schwieg er über weite Strecken und meldete sich nur zu Wort, wenn der Angeklagte eine Pause brauchte, um wieder Kraft zu schöpfen. Waterkamps Verteidigungsstrategie war – wie sein gesamtes Auftreten – äußerst zurückhaltend. Weder er noch sein Mandant schienen eine erbitterte juristische Auseinandersetzung anzustreben. Wenn er sprach, sprach er mit ruhiger Stimme. Wenn sein Mandant etwas sagen wollte, ließ er ihn sprechen – auch wenn Deys Wortmeldungen seiner Verteidigung nicht immer hilfreich waren. Waterkamps Bereitschaft, das Verfahren laufen zu lassen, damit Deys Geschichte vor Gericht erzählt werden konnte, sollte später noch auf die Probe gestellt werden. Am Tag des Prozessauftakts jedoch konzentrierte er sich in seinen Ausführungen auf eine schlichte Frage: Warum jetzt?

Sein Mandant, so Waterkamp, als er sich erhob, um eine erste Erklärung abzugeben, begreife nicht, weshalb er hier vor Gericht stehe. Dey hatte nie ein Geheimnis aus seiner Zeit in Stutthof gemacht. Die Polizei hatte 1975 Ermittlungen aufgenommen, welche Rolle er dort gespielt hatte, und war zu dem Schluss gelangt, dass es keine Anhaltspunkte für eine Anklage gebe. 1982 hatte er in einem anderen Strafverfahren als Zeuge über Stutthof ausgesagt. Auch damals schien ihm niemand ein Fehlverhalten vorzuwerfen. Die Wahrheit, sagte Waterkamp, sei dies: »Es interessierte sich in Deutschland über 60 Jahre lang niemand für einen einfachen Wachmann, der selber keine Tötungshandlungen vorgenommen hatte.«

Das klang überzeugend – und enthielt einen doppelten Vorwurf. Der erste richtete sich gegen die deutsche Justiz – gegen das Gericht in Hamburg, gegen Staatsanwalt Mahnke und die Phalanx der Anwälte in ihren schwarzen Roben, die hier waren, um die Anklage im Namen der Opfer von Stutthof und ihrer Angehörigen zu unterstützen. Was Waterkamp ihnen allen entgegenhielt, war die Frage: Warum einen alten Mann, der nur noch wenige Jahre zu leben hatte, mehr als sieben Jahrzehnte nach dem mutmaßlichen Verbrechen noch anklagen und bestrafen? Warum strebten sie die Verurteilung eines Beschuldigten an, der in der Lagerhierarchie ein Niemand gewesen war, nachdem so viele seiner Vorgesetzten – darunter solche, die eigenhändig gemordet hatten oder deren Befehle Tausende in die Gaskammern geschickt hatten – einer Verurteilung entgangen waren?

Der zweite Vorwurf, der wahrscheinlich noch stärker ins Gewicht fiel, zielte gegen eine frühere Generation von Staatsanwälten, Richtern und Anwälten, die es versäumt hatte, die NS-Verbrecher vor Gericht zu bringen. Es waren in der Tat nicht nur »einfache Wachleute« wie Dey, die sich nie vor Gericht hatten verantworten müssen, sondern Zehntausende – vielleicht sogar Hunderttausende – mutmaßliche Täter, die das schrecklichste Verbrechen in der Geschichte der Menschheit geplant, veranlasst und durchgeführt hatten.

In der Nachkriegszeit hatten Naziverbrecher von Richtern und Staatsanwälten lange weniger zu befürchten als gewöhnliche Diebe. Historiker schätzen, dass bis zu einer Viertelmillion Deutsche in den Holocaust verstrickt waren.[3] Einige der schlimmsten Täter wurden zwischen 1945 und 1949 von Gerichten der Alliierten verurteilt, vor allem bei den Nürnberger Prozessen. Andere wurden an osteuropäische Länder ausgeliefert; darunter Rudolf Höß, der Kommandant von Auschwitz, der 1947 in Polen verurteilt und gehenkt wurde. Der überwiegende Teil der Fälle und die meisten Täter jedoch wurden der Bundesrepublik Deutschland zur Verfolgung überlassen – und die scheiterte kläglich an der Aufgabe: Insgesamt ermittelten westdeutsche Staatsanwälte in den Jahren nach 1945 gegen rund 170 000 Verdächtige, doch nur 6700 wurden für schuldig befunden und verurteilt.[4] Davon erhielt der Großteil – mehr als 5100 – eine Gefängnisstrafe von weniger als zwei Jahren oder bloße Geldstrafen.[5] Von den 6000 SS-Leuten, die in Auschwitz eingesetzt waren und den Krieg überlebt hatten, wurde nur 800 überhaupt je der Prozess gemacht, den meisten von ihnen vor polnischen Gerichten.[6] In mehr als sieben Jahrzehnten verurteilten deutsche Richter nicht mehr als 50 Angehörige der SS, die in Auschwitz eingesetzt gewesen waren.[7] Stutthof, wo etwa 3000 Angehörige der SS Dienst geleistet hatten, bildete da keine Ausnahme. Gerade einmal 78 wurden vor Gericht gestellt – die meisten von ihnen in Polen.[8]

Dieses Versagen ist angesichts des historischen Erinnerns in Deutschland umso bemerkenswerter. In den Jahrzehnten nach dem Krieg wurde das Land weltweit dafür bewundert, wie es sich seiner Vergangenheit stellte, ein kollektives Bemühen, das eine ganze Reihe neuer bedeutungsschwerer Substantive hervorbrachte wie *Vergangenheitsbewältigung, Erinnerungskultur* oder

Wiedergutmachung. Das Ergebnis dieses Bemühens war die unumwundene Anerkennung der entsetzlichen Taten, die von 1933 bis 1945 von Deutschen im Namen Deutschlands begangen wurden, sowie die unerschütterliche Verpflichtung, die Erinnerung an die Shoah wachzuhalten und Deutschlands alleinige und bleibende Verantwortung für die Ermordung von sechs Millionen Jüdinnen und Juden anzuerkennen. Diese Haltung war in der jüngeren Vergangenheit über weite Strecken unumstritten. Trotz der anhaltenden Bedrohung durch den Rechtsextremismus ist in Politik und öffentlichem Leben heute allen bewusst, dass eine Leugnung der Schuld bedeutet, an den Rand der Gesellschaft gedrängt zu werden. Das Gefühl kollektiver Schuld und Verantwortung lässt sich in der Praxis kaum ausblenden. Die Verbrechen der Nazis sind Unterrichtsstoff in den Schulen, Gegenstand politischer Reden und in Denkmälern überall im Land verewigt. Deutschlands Eintreten für die Erinnerung an den Holocaust ist so umfassend, dass selbst kürzlich Eingewanderte – deren Eltern und Großeltern Hunderte oder Tausende Kilometer vom Zentrum des Geschehens in Mittel- und Osteuropa sowie in Vorderasien aufwuchsen – dazu angehalten werden, sie zu übernehmen. Die Erwartung, die spezifische Schuld und Verantwortung Deutschlands zu verinnerlichen, wurde selbst an die jüngste Generation von Geflohenen, die nach 2015 zu Hunderttausenden aus Syrien, dem Irak und Afghanistan kamen, herangetragen. Eine der merkwürdigsten politischen Debatten, die ihre Ankunft heraufbeschwor, war, ob für die Einwanderer der Besuch einer KZ-Gedenkstätte grundsätzlich verpflichtend werden solle.[9] Auch wenn es nicht dazu kam, wurden viele Geflohene tatsächlich im Rahmen ihrer Einführungskurse über das Leben in Deutschland durch Dachau, Buchenwald oder Oranienburg geführt. So seltsam es klingen mag, aber die Anerkennung der deutschen Schuld schien ein wesentlicher Teil des Deutschwerdens zu sein.

Das wohl auffälligste Symbol für Deutschlands Bekenntnis zur Erinnerung an die eigenen Verbrechen befindet sich in Berlin-Mitte südlich des Brandenburger Tors: ein weiträumiges Feld aus sich wellenförmig erstreckenden Betonstelen. Hier, mit Blick auf den Sitz des Deutschen Bundestages, errichtete das wiedervereinte Deutschland für die ermordeten Juden Europas ein Denkmal von gewaltigen Ausmaßen. Auf einer Fläche, auf der drei Fußballfelder Platz fänden, wurden 2711 dunkelgraue Betonquader in symmetrischen Reihen errichtet. Doch der wellige Grund und die unterschiedlichen Höhen der Stelen erzeugen eine labyrinthartige, beklemmende Atmosphäre der Unbehaustheit. Die Tatsache, dass sich das Denkmal über einige der symbolträchtigsten Grundstücke der Hauptstadt erstreckt, spiegelt die zentrale Stellung wider, die die Shoah im kollektiven Bewusstsein des Landes einnimmt.

Der Genozid der Nazis hat das moderne, demokratische Deutschland geprägt wie kein anderes Ereignis. Das erklärt so manche Eigenart des Landes in der Nachkriegszeit. Der unerschütterliche Pazifismus, die komplizierte Verfassung, die Abneigung gegen das Schwenken von Fahnen und gegen patriotische Rhetorik sowie das tiefe Misstrauen gegenüber charismatischen Führungsfiguren – diese und Tausende andere Verhaltensweisen, Bräuche und Konventionen im modernen Deutschland lassen sich auf die Auseinandersetzung mit der Shoah zurückführen. Die Bundesrepublik Deutschland definierte sich – unausweichlich – in Abgrenzung gegen diesen Makel. Falls es nach der Ermordung von sechs Millionen Juden (und dem Tod von mehr als 50 Millionen Soldaten und Zivilisten in der Folge von Hitlers Angriffskrieg) überhaupt so etwas wie eine Chance auf einen nationalen Neubeginn gab, musste das neue Deutschland beweisen, dass es anders war. Dieser Imperativ trug dazu bei, einen moralischen Absolutismus zu fördern, der in Appellen wie dem des Philosophen Theodor W. Adorno, einem der herausragenden Intellektuellen der Nachkriegszeit, zum Ausdruck kommt. Als er 1949 aus dem US-Exil nach Deutschland zurückkehrte, forderte er seine Landsleute bekanntlich auf, von nun an auf das Schreiben von Lyrik zu verzichten. »Nach Auschwitz ein Gedicht zu schreiben, ist barbarisch«, schloss er in einem Aufsatz.[10] Der Aufruf selbst wurde durchweg ignoriert; die zugrunde liegende Botschaft von Sühne und Zäsur jedoch nicht. Die Shoah hinterließ Deutschland zwei einfache Gebote: »Niemals vergessen« und »Nie wieder«.

Es dauerte, bis diese strenge Moral breite Akzeptanz erfuhr, in den unmittelbaren Nachkriegsjahren war sie ein eher seltenes Gut. In der Justiz blieb sie während fast der gesamten Geschichte der Bundesrepublik die Ausnahme. Die geringe Zahl an Verurteilungen nach 1949, als Deutschland seine volle Souveränität zurückerhielt, spricht Bände. Auf jeden Verurteilten kamen Tausende, die einer Strafe entgingen. Doch selbst diejenigen, die vor Gericht standen, wurden oft mit geradezu unfassbarer Milde behandelt, da Staatsanwälte und Richter nichts unversucht ließen, die Schuld der Angeklagten herunterzuspielen.

Ein Beispiel dafür ist der Prozess gegen Paul Werner Hoppe im Jahr 1955. Er war in Stutthof Kommandant, als Dey dort als Wachmann diente, und einer der wenigen Kommandanten eines Konzentrationslagers, die sich überhaupt vor einem westdeutschen Gericht verantworten mussten. 1910 in Berlin geboren, trat Hoppe im Juni 1932 in die NSDAP ein und wurde ein Jahr später Mitglied der SS. Engagiert und ehrgeizig, wie er war, wurde

Das Gelände des Konzentrationslagers Stutthof heute

er für die sogenannten SS-Führerlehrgänge ausgewählt und später als SS-Offizier in den Lagern Dachau und Lichtenburg eingesetzt. 1936 heiratete er die Tochter des Kommandanten von Lichtenburg. Hoppe wurde 1942 bei Kämpfen an der Ostfront verwundet und noch im selben Jahr zum Kommandanten von Stutthof ernannt. 1946 von den Briten verhaftet, gelang es ihm, in die Schweiz zu entkommen, bevor die Behörden ihn nach Polen ausliefern konnten (wo ihn das sichere Todesurteil erwartet hätte). 1952 kehrte er nach Deutschland zurück, wurde jedoch erneut verhaftet und in Bochum gemeinsam mit einem anderen SS-Mann aus Stutthof, Otto Karl Knott, vor Gericht gestellt.

Die Anklageschrift beschuldigte Hoppe, die Ermordung Hunderter Juden in einem Eisenbahnwaggon, den man zu einer Gaskammer umfunktioniert hatte, beaufsichtigt zu haben. Die Staatsanwaltschaft warf ihm zudem vor, an der Ermordung von Lagerinsassen durch Nackenschüsse und Benzininjektionen ins Herz beteiligt gewesen zu sein. Tatsächlich war Hoppe für die

Tötung Zehntausender Häftlinge in Stutthof zwischen 1942 und 1945 verantwortlich. Doch Staatsanwälte und Richter versuchten damals – wie in den folgenden Jahrzehnten –, die Zahl der Opfer zu begrenzen, um ein solides Strafverfahren aufzubauen und sich lediglich auf Tötungen zu konzentrieren, die dem Angeklagten eindeutig und konkret zugerechnet werden konnten. Wie sich herausstellte, war das nicht das einzige Problem, als das Gericht am 16. Dezember 1955 das Urteil verkündete. Es hatte entschieden, dass Hoppe, der Kommandant, und Knott, der das tödliche Zyklon-B mit eigener Hand in die Gaskammer geworfen hatte, lediglich wegen Beihilfe zum Mord zu verurteilen seien. Aus Sicht des Gerichts waren die beiden Männer nur »kleine Figuren« innerhalb eines größeren Systems, von der nationalsozialistischen Führung »Irregeleitete und Verführte«. Ihr Fehlverhalten erscheine »als verhältnismäßig gering gegenüber der ungeheuren Schuld der Letztverantwortlichen«.[11] Hoppe, der als Kommandant von Stutthof den Mord an Zehntausenden unschuldigen Männern, Frauen und Kindern befohlen und beaufsichtigt hatte, wurde zu lediglich fünf Jahren und drei Monaten Zuchthaus verurteilt. Wäre er nicht der Beihilfe, sondern der Täterschaft – auch nur eines einzigen Mordes – verurteilt worden, hätte ihn eine lebenslängliche Haftstrafe erwartet. Knott wurde zu drei Jahren und drei Monaten Zuchthaus verurteilt.

Das Urteil gegen Hoppe ging allerdings schließlich in Berufung und wurde auf neun Jahre erhöht. Doch die zentralen Entscheidungen der Vorinstanz, dass Hoppe und Knott lediglich der Beihilfe zu beschuldigen seien, stellte das Berufungsgericht nicht infrage. Der ehemalige KZ-Kommandant wurde 1960 aus dem Gefängnis entlassen – nur drei Jahre nach Verhängung des höheren Strafmaßes – und konnte bis zu seinem Tod 1974 in Bochum ein unbehelligtes Leben führen.

Die Milde, die Deys befehlshabendem Offizier entgegengebracht wurde, war keineswegs ungewöhnlich. Die deutschen Gerichte erwiesen sich auch bei der Verurteilung sogenannter Schreibtischtäter, der Bürokraten und Beamten, als besonders zurückhaltend. Deren mörderischer Beitrag zur Shoah fand weit entfernt von den Konzentrationslagern statt und war dennoch von ausschlaggebender Bedeutung. Ein gutes Beispiel dafür ist der Fall von Benno Martin, einem SS-Offizier, der bis in den Generalsrang aufstieg und von 1934 an bis zum Ende des Krieges Polizeipräsident von Nürnberg-Fürth war. Als prominenter Nazi und altgedienter SS-Angehöriger gehörte Martin zu den ausgewählten Gästen, die im Oktober 1943 zur berüchtigten ersten Posener Rede Heinrich Himmlers, des sogenannten Reichsführers SS, geladen waren. Diese Rede ist der erste bekannte Fall, bei dem ein Naziführer offen von der »Ausrottung des jüdischen Volkes« sprach. Himmler lobte die für den Massenmord verantwortlichen SS-Leute mit grotesken und bestürzenden Formulierungen: »Von euch werden die meisten wissen, was es heißt, wenn 100 Leichen beisammenliegen, wenn 500 daliegen oder wenn 1000 daliegen«, sagte er. »Dies durchgehalten zu haben und dabei – abgesehen von menschlichen Ausnahmeschwächen – anständig geblieben zu sein, das hat uns hart gemacht und ist ein niemals geschriebenes und niemals zu schreibendes Ruhmesblatt unserer Geschichte.«

Martin war für die Deportation von mindestens 1000 Juden aus Nürnberg und dem fränkischen Umland im November 1941 verantwortlich. Die einst blühende jüdische Gemeinde der Stadt wurde unter seinem Kommando fast vollständig ausgelöscht. Bei Kriegsende wurde Martin von den Alliierten verhaftet und interniert, ein paar Jahre später kam er in deutsche Untersuchungshaft. Doch trotz wiederholter Versuche der örtlichen

Staatsanwaltschaft, ihn vor Gericht zu bringen, kam es zu keiner Verurteilung – nicht einmal als Erfüllungsgehilfe. Das 1953 von einem Nürnberger Gericht gefällte Urteil lobte Martin sogar noch für sein Engagement – er sei bemüht gewesen, »in seinem Bereich für Gesetzmäßigkeit und Ordnung zu sorgen« und »die Lage der jüdischen Bevölkerung zu erleichtern und sie vor Übergriffen zu schützen«.[12] Die Richter fuhren in ihrer Begründung fort: »In der Judenfrage stand Dr. Mar. auf dem Standpunkt, dass diese nur im Rahmen der Gesetze unter Beachtung der Forderungen der Menschlichkeit gelöst werden könne.«[13] Außerdem erklärte das Gericht zustimmend, Martin habe sich dafür eingesetzt, »dass bei der Durchführung der Evakuierung in Franken die Juden vor Demütigungen, Beschimpfungen und Misshandlungen verschont blieben und in korrekter menschenwürdiger Weise behandelt würden«.[14] Er wurde freigesprochen. Berichten zufolge löste das Urteil im Publikum vor Ort Beifall und Jubel aus.

Das Nürnberger Urteil ist in vielerlei Hinsicht schockierend, nicht nur wegen der unreflektierten Übernahme nationalsozialistischer Sprech- und Denkweisen. Es nimmt auf die »Judenfrage« Bezug, als wäre diese Frage – ob Juden in Deutschland leben dürfen – je legitim gewesen. Der Begriff war reine Nazipropaganda und hätte in einem Gerichtssaal im demokratischen Nachkriegsdeutschland nichts zu suchen gehabt. Ebenso verhält es sich mit dem Begriff »Evakuierung«, der normalerweise verwendet wird, wenn Menschen an einen sichereren Ort verbracht werden. Im Jargon der Nationalsozialisten freilich bedeutete er, zahllose jüdische Menschen in Eisenbahnwaggons zu verfrachten und in den Tod zu schicken. Dann ist da noch der Verweis des Gerichts auf Martins »Menschlichkeit«, mit der er die Deportation organisiert habe, als verminderte sich seine Schuld, Juden in die Gaskammern befördert zu haben, durch die Tatsache, dass der erste

Abschnitt ihrer Reise ohne willkürliche Grausamkeit und öffentliche Demütigungen erfolgt war.

Trotz aller Unterschiede zeigen die Fälle von Paul Werner Hoppe und Benno Martin doch Gemeinsamkeiten in der Art, wie im Nachkriegsdeutschland Verbrechen von Nationalsozialisten verfolgt wurden. Erstens herrschte an den Gerichten eine allgemeine Tendenz, die größte, wenn nicht die komplette Schuld Hitler und einer Handvoll Nazigrößen zuzuschieben – und die gesamte Befehlskette darunter entweder als bloße Befehlsempfänger oder als gänzlich unschuldig zu betrachten. Ein Juraprofessor brachte das damals sarkastisch so auf den Punkt: »ein Täter und 60 Millionen Gehilfen oder: das deutsche Volk, ein Volk von Gehilfen«.[15]

Diese Haltung spiegelte ein weitverbreitetes Gefühl in den Nachkriegsjahren in Deutschland wider, als sich Millionen normaler Bürger plötzlich damit konfrontiert sahen, ihr Verhalten – und eben auch die eigenen Verbrechen – während des nationalsozialistischen Regimes rechtfertigen zu müssen. Viele wählten für sich die Rolle der Verführten – leichtgläubig vielleicht, aber letztendlich eben doch unschuldig, die zu patriotisch und zu naiv gewesen waren, um Hitlers Lügen durchschauen zu können. Hand in Hand mit solchen persönlichen Mythen ging die Vorstellung, dass bestimmte Gruppen – namentlich die Offiziere und sonstigen Soldaten der Wehrmacht, aber auch die deutschen Beamten, Richter und Anwälte – nur ihre Pflicht getan hätten. Anders als etwa die SS und die Gestapo seien diese loyalen Staatsdiener »sauber geblieben«. Tatsächlich blieb die Vorstellung von der »sauberen Wehrmacht« in breiten Schichten bis Mitte der 1990er-Jahre intakt, als eine heftig umstrittene Ausstellung die Verbrechen des deutschen Militärs während des Zweiten Weltkriegs – und seine Mitwirkung an der Shoah – dokumentierte.

Die einzige Kategorie von NS-Verbrechern, mit denen sich deutsche Gerichte wohlzufühlen schienen, waren die brutalen Gewalttäter. Auch als »Exzesstäter« bezeichnet, handelte es sich um Männer und Frauen, die mit so außergewöhnlichem Sadismus und abgrundtiefer Grausamkeit gehandelt hatten, dass sie sogar in den Reihen der SS auffielen. Hermine Braunsteiner zum Beispiel war eine besonders gefürchtete Aufseherin im Vernichtungslager Majdanek, die nach dem Krieg einen amerikanischen Offizier heiratete und mit ihm in die USA ging. Sie wurde erst 1973 identifiziert und nach Deutschland ausgeliefert, wo ihr in Düsseldorf der Prozess gemacht wurde. Das Gericht sprach sie der Beihilfe an der Vergasung von mehr als 100 Kindern in Majdanek schuldig. Wodurch sie sich laut den an diesem Prozess Teilnehmenden jedoch hervorhob, war weniger ihre spezifische Rolle im Lager als ihre maßlose Brutalität: So trat sie mit ihren Stahlkappenstiefeln nach den Gefangenen, packte Kinder am Haar und warf sie auf die Lastwagen, die sie in die Gaskammern brachten, oder peitschte Frauen zu Tode.[16] Laut den Überlebenden war ihr Spitzname »Stute von Majdanek«.

Ein weiterer Fall exzessiver Brutalität wurde 1957 in Bayreuth verhandelt. Er betraf den SS-Offizier Martin Sommer, der für die Misshandlung und Ermordung von Insassen des Konzentrationslagers Buchenwald zu einer lebenslänglichen Haftstrafe verurteilt wurde. Er war als »Henker von Buchenwald« bekannt, und die Staatsanwaltschaft hielt ihn verantwortlich für die wahrscheinlich abscheulichste Serie sadistischer Gräueltaten, die seit dem Krieg ans Tageslicht gekommen sei, wie es hieß.[17] Er schlug und folterte seine Opfer zu Tode, tötete Häftlinge aus purer Mordlust und ermordete einen Priester, indem er ihn mit Wasser übergoss und ihn im Freien in der Kälte angebunden ließ, wo er in der Nacht erfror.[18]

In beiden Fällen gelangten die Gerichte zweifellos zu einem korrekten Urteil (Braunsteiner und Sommer wären sicherlich mit dem Tod bestraft worden, wenn ihre Verfahren vor 1949 stattgefunden hätten). Gleichzeitig lässt sich kaum übersehen, dass die deutsche Nachkriegsjustiz für die größeren Zusammenhänge blind war. Die unbequeme Wahrheit lautet, dass die widerwärtigen Taten von Braunsteiner und Sommer nicht nur maßlos, sondern auch extrem waren. Die überwältigende Mehrheit der Opfer der Shoah starb jedoch nicht aufgrund von individuellem Sadismus oder mutwilligen Gräueltaten der Wachleute. Sie starben, weil ein mörderisches System funktionierte – und tötete –, egal, ob die damit betrauten Personen Sadisten waren oder nicht, ob sie Skrupel hatten oder nicht, ob ihnen gefiel, was sie sahen, oder nicht, ob sie morden wollten oder nicht. Die Männer und Frauen am düsteren unteren Ende der mörderischen Kette, die Braunsteiners und Sommers, waren in aller Regel problemlos ersetzbar. Sie hatten nur deshalb die Möglichkeit, ihre sadistischen Triebe auszuleben, weil hochrangige und intelligentere Leute ein entsprechendes System geschaffen hatten. Doch diese mächtigen Akteure kamen nicht selten mit deutlich milderen Strafen davon – sofern sie überhaupt strafrechtlich verfolgt und vor Gericht gestellt wurden. In Hans-Christian Jaschs und Wolf Kaisers Buch über den Holocaust vor deutschen Gerichten heißt es: »Der Fokus der strafrechtlichen Verfolgung in der Bundesrepublik wurde zudem auf den sadistischen Intensivtäter in den Lagermannschaften und auf die kollaborierenden Kapos gelegt. Überwiegend bürgerlich geprägte, akademisch ausgebildete und oftmals bereits wieder gut in die Nachkriegsgesellschaft integrierte Schreibtischtäter [...] kamen meistens ungeschoren davon.«[19]

Der Inbegriff des Schreibtischtäters freilich waren die 15 Männer, die an der berüchtigten Wannseekonferenz teilnahmen, die zum 20. Januar 1942 einberufen wurde, um die »Endlösung der Judenfrage« zu besprechen. Ein ausgewählter Kreis von Spitzenbeamten und hochrangigen Offizieren, zu denen Reinhard Heydrich, der Chef des Reichssicherheitshauptamtes, genauso gehörte wie Adolf Eichmann, trafen sich in einer palastartigen Villa mit Blick auf den Großen Wannsee in Berlin. Obwohl sie kaum länger als 90 Minuten dauerte, markiert die Konferenz einen Meilenstein in der Geschichte der Shoah – den Moment, an dem Vertreter aller zentralen NS-Stellen zusammenkamen, um über die Ermordung der europäischen Juden zu beraten und sie zu organisieren. Die Tatsache, dass die Massentötung bereits im Gange war – insbesondere in Form des »Holocaust durch Kugeln« in den besetzten russischen Gebieten –, mindert die Bedeutung dieses Ereignisses nicht. Der Historiker Peter Longerich schreibt dazu: »Die Wannseekonferenz leitete damit eine Weichenstellung ein, in deren Verlauf das Wann, das Wie und das Wo der ›Endlösung‹ neu bestimmt wurde. Die Vernichtung der europäischen Juden wurde nun zum Projekt, das nicht mehr in großen Teilen nach Kriegsende, sondern vollständig bereits während des Krieges durchgeführt werden sollte.«[20] Das Protokoll selbst bleibt ein höchst verstörendes Dokument. Die 15 von Adolf Eichmann verfassten Seiten schwanken zwischen Akribie und Verschleierung: Akribie bei der Definition der Grade jüdischer Abstammung, die über Leben und Tod entscheiden würden; Verschleierung einer klaren Formulierung, welches Schicksal Millionen von Juden erwartete, die von jetzt an Hitler ausgeliefert waren. Das Dokument sprach von einer »Evakuierung der Juden nach dem Osten« und davon, dass »zweifellos ein Großteil durch natürliche Verminderung ausfallen wird«, bevor darauf verwiesen wurde, dass der widerstandsfähigere »verbleibende Restbestand [...] entsprechend behandelt werden« müsse. Trotz der vernebelnden Formulierungen war den anwesenden Männern die Bedeutung dieser Worte vollkommen klar.

Neben Eichmann und Heydrich waren an der Konferenz hochrangige Vertreter des Justiz-, Innen- und Außenministeriums, der Polizei und der SS, der NSDAP und des sogenannten Generalgouvernements, das mit der Überwachung der besetzten polnischen Gebiete beauftragt war, beteiligt. Die Anwesenheit der Vertreter so vieler nationalsozialistischer Behörden und des Sicherheitsapparats war kein Zufall. Heydrich wollte die Koordinierung, aber er wollte auch Komplizenschaft. Kein Teil der NS-Hierarchie sollte sagen können, er habe von den mörderischen Plänen nichts gewusst. Die entsprechenden Namen sollten alle auf dem zentralen Dokument festgehalten werden. Alle sollten sich schuldig machen.

Alle hatten sich schuldig gemacht. Doch nicht alle der 15 Teilnehmer mussten einen Preis dafür bezahlen. Fünf von ihnen starben vor Ende des Krieges – darunter Heydrich, der bereits wenige Monate nach der Konferenz einem Attentat zum Opfer fiel –, zwei wurden in den unmittelbaren Nachkriegsjahren verurteilt und hingerichtet. Auch Adolf Eichmann wurde von der Justiz eingeholt. Die sieben verbliebenen Männer jedoch wurden entweder nie belangt oder kamen mit geringen Strafen davon. Einer war Otto Hofmann, mächtiger SS-General und Chef des Rasse- und Siedlungshauptamts. Er gehörte zur alten NS-Garde und war schon 1923 in die Partei eingetreten, ein ganzes Jahrzehnt bevor Hitler die Macht übernahm. Der glühende Antisemit Hofmann galt als Experte für »Mischlingsjuden«, für deren Massensterilisation er sich auf der Wannseekonferenz einsetzte. Er wurde nach dem Krieg gefangen genommen und von einem Gericht der Alliierten 1948 zu 25 Jahren Zuchthaus verurteilt. Doch nur sechs Jahre später wurde er begnadigt und freigelassen. Bis zu seinem Tod 1982 lebte er ein ruhiges Leben im Südwesten Deutschlands.

Noch besser erging es Gerhard Klopfer, einem weiteren hochrangigen SS-Vertreter, der an der Konferenz in seiner Funktion als Staatssekretär in der Reichskanzlei teilnahm. Nach der Niederlage Deutschlands 1945 tauchte Klopfer kurzzeitig unter, wurde dann jedoch von den Alliierten inhaftiert und in verschiedenen Internierungslagern festgehalten, bis er als Zeuge – und ausschließlich als Zeuge – bei den Nürnberger Prozessen auftrat.[21] Gegen ihn wurde nie Anklage erhoben. Seine einzige Bestrafung erfolgte durch die sogenannte Entnazifizierung, in deren Rahmen Zivilgerichte nach dem Krieg die Akten von Millionen Deutschen prüften und sie entsprechend ihrer Mitwirkung am NS-Staat einstuften. Klopfer wurde als »minderbelastet« qualifiziert. Obwohl seine Rolle bei der Wannseekonferenz damals bekannt war, wurde er einzig mit einer Geldstrafe von 2000 D-Mark und einer dreijährigen Bewährungsfrist sanktioniert, während der er keine profilierten Berufe ausüben durfte.[22] Schließlich ließ er sich in Ulm nieder, eröffnete eine Anwaltskanzlei und lebte sein Leben ungehindert weiter, ein geachtetes Mitglied der örtlichen Gemeinde. Als er 1987 starb, war er der älteste überlebende Teilnehmer der Wannseekonferenz. Nicht, dass dies aus der Todesanzeige seiner Familie in der Lokalzeitung hervorgegangen wäre. Dort hieß es vielmehr, man trauere um ihn, der »nach einem erfüllten Leben zum Wohle aller, die in seinem Einflussbereich waren«, verschieden sei.[23]

Das Widerstreben, das größte Verbrechen in der Geschichte der Menschheit zu bestrafen, lässt sich in Teilen durch praktische Erwägungen erklären. 2019 gab es kaum noch Angeklagte wie Dey. In den 1950ern jedoch waren es Hunderttausende. Jeden einzelnen Deutschen strafrechtlich zu verfolgen, der in den Holocaust verstrickt war, hätte das deutsche Justizsystem an seine Grenzen gebracht und darüber hinaus. Die Mammutaufgabe, im Nachkriegsdeutschland die Demokratie aufzubauen und zu verankern, hätte dies mit ziemlicher Sicherheit noch schwieriger gemacht, als es ohnehin schon war. Zugleich bestand jedoch, mit einigen wenigen Ausnahmen, auch keine wirkliche Bereitschaft, es zumindest zu versuchen: Vom Krieg traumatisiert, wollte die Mehrheit der Deutschen diese Zeit so schnell wie möglich hinter sich lassen. Wenn schon Schuld zugewiesen werden musste, dann sollte sie Hitler und die oberste NS-Führungsriege treffen, nicht die Millionen normaler Deutscher, die das Regime jahrelang unterstützt und ihm gedient hatten. Weit davon entfernt, die eigene Schuld und Mitwirkung an dessen Aufstieg zu erkennen, betrachtete sich der Großteil der Deutschen als Opfer des Naziregimes. Waren ihre Städte nicht zerstört worden? Hatten sie nicht ihre Väter, Brüder und Söhne im Krieg verloren? Waren nicht Millionen ethnischer Deutscher aus ihren Ursprungsländern in Osteuropa als Vergeltung für den Krieg vertrieben worden? War Deutschland selbst nicht geteilt und von Feinden besetzt, ohne dass viel Hoffnung bestand, die Souveränität wiederzuerlangen?

Die deutsche Zivilbevölkerung hatte in diesem Krieg, vor allem in dessen letztem Jahr, tatsächlich schwer gelitten. Und sie litt auch in den ersten Monaten der Besatzung weiter, als der Großteil des Landes in Trümmern lag, Nahrungsmittel knapp waren und stets Vergeltungsmaßnahmen und Gewalt drohten (darunter für Millionen deutscher Frauen Vergewaltigung während der Besatzung). Die Deutschen waren im Überlebensmodus – und das meint auch das psychische Überleben. Es war nicht der Moment für Selbstprüfung und Reflexion, und ganz sicher nicht für so schmerzhafte Themen wie die eigene Verantwortung für Hitlers Aufstieg und die Verbrechen, die folgten. Laut Alexander und Margarete Mitscherlich, die in ihrem 1967 erschienenen Buch *Die Unfähigkeit zu trauern* eine Psychoanalyse der Nachkriegsgesellschaft versuchten, war die emotionale Antwort der Deutschen auf die Nazizeit und den Krieg von Leugnen und Verdrängen geprägt. Das Land blickte auf die Hitler-Jahre – eine Quelle von Scham und Schuld – wie auf eine »Infektionskrankheit in Kinderjahren« zurück, schrieb das Paar.[24] »Die Anwendung kindlicher Entlastungstechnik [...] muss erschrecken«, fügten die beiden hinzu und betonten, dass Hitlers Verbrechen ohne »den begeisterten Einsatz dieses Kollektivs« nicht möglich gewesen wären. Dabei stellten sie fest: »Die Versuche, auf diese Weise der Vergangenheit Herr zu werden, wirken auf den distanzierten Beobachter grotesk.«[25]

Schon vor der offiziellen Gründung der Bundesrepublik im Jahr 1949 wurden die Rufe nach einem »Schlussstrich unter die Vergangenheit« – insbesondere die Verbrechen der Vergangenheit – von Jahr zu Jahr lauter. Den Volkszorn zog vor allem das von den Amerikanern betriebene Gefängnis im oberbayerischen Landsberg am Lech auf sich, in dem die berüchtigtsten NS-Verbrecher inhaftiert waren (und zwischen 1945 und 1951 259 von ihnen gehenkt wurden). John McCloy geriet als Hoher Kommissar der USA zunehmend unter Druck, die verbliebenen Gefangenen zu begnadigen, etwa durch Konrad Adenauer, den ersten Bundeskanzler, und Theodor Heuss, den ersten Bundespräsidenten. Kirchenvertreter stimmten in den Chor ebenso mit ein wie Tausende normaler Bürger, die regelmäßig vor dem Gefängnis in Landsberg protestierten. 1951 lenkte McCloy schließlich ein. Von den verbliebenen 89 Gefangenen wurden 30 sofort entlassen, und 49 wurde die Haftzeit verkürzt. Nur die Urteile von zehn Gefangenen wurden aufrechterhalten, darunter fünf hochrangige NS-Verbrecher, deren Todesurteile McCloy bestätigte. Aus geopolitischer Sicht war der Sinneswandel der Amerikaner nicht unlogisch. Der Kalte Krieg war in vollem Gange, die Sowjetunion hatte sich vom Verbündeten zum Feind gewandelt, und Westdeutschland wurde als Bollwerk gegen den kommunistischen Vorstoß in Europa gebraucht. Dennoch war McCloys Entscheidung folgenreich. Sie übermittelte die Botschaft, dass ein Schlussstrich gezogen werden sollte, dass die Grundsätze, die in Nürnberg aufgestellt worden waren, überholt waren und dass die aktuellen politischen Erfordernisse schwerer wogen als der allgemeine Ruf nach Gerechtigkeit. Zumindest war das die Botschaft, die die Deutschen hören wollten und die sie erhalten zu haben glaubten.

Die deutsche Politik reagierte schnell. Weniger als drei Monate nach den Begnadigungen von Landsberg verabschiedete der noch junge Bundestag in Bonn ein Gesetz, das es Richtern, Professoren und Beamten, die dem NS-Staat gedient hatten, erlaubte, in den Staatsdienst zurückzukehren – selbst wenn sie Parteimitglieder gewesen waren. Das Gesetz wurde mit zwei Enthaltungen einstimmig angenommen, sogar die Abgeordneten der KPD stimmten dafür. Drei Jahre später, 1954, erließ das Parlament ein Amnestiegesetz, das die Verfolgung schwerer Verbrechen, einschließlich Totschlag, die in der Endphase des Krieges begangen worden waren, faktisch verhinderte. Es war das zweite Amnestiegesetz, das der im Vorjahr zum zweiten Mal gewählte Bundestag in seiner kurzen Geschichte verabschiedet hatte. Das erste war bereits 1949 erlassen worden und hob die Androhung strafrechtlicher Sanktionen für Angeklagte, denen eine Freiheitsstrafe von weniger als sechs Monaten bevorstand, auf. 1955 folgte ein weiterer Streich, als Deutschland durch Inkrafttreten der Pariser Verträge von den USA, Frankreich und Großbritannien die volle Souveränität zurückerhielt. Damit lag die volle Verantwortung für die Verfolgung der NS-Verbrechen bei Deutschland, doch sämtliche Verfahren gegen Verdächtige, die zuvor von Gerichten der Alliierten verurteilt worden waren, waren versperrt. Dies bedeutete vor allem eines: Angeklagte, die aus Mangel an Beweisen freigesprochen – oder begnadigt – worden waren, konnten nicht erneut vor Gericht gestellt werden, auch dann nicht, wenn neue und belastende Beweise ans Licht kamen. Zu den Hauptnutznießern dieser Klausel gehörten vor allem die Häftlinge von Landsberg, die alle 1958 freigelassen wurden. Darunter waren Massenmörder wie Martin Sandberger, Chef des Sonderkommandos 1a, einer der berüchtigten Einsatzgruppen, die mit der Tötung von Juden und Widerstandskämpfern in den neu eroberten Gebieten in Osteuropa einschließlich der Sowjetunion beauftragt gewesen waren. Sandberger war 1948 zum Tod verurteilt, 1951 jedoch von McCloy begnadigt worden und wurde nun sieben Jahre später freigelassen. Genauso Ernst Biberstein, ein anderer Einsatzgruppenleiter, der ebenfalls zum Tod verurteilt, begnadigt und 1958 freigelassen wurde. Keiner der beiden musste nach 1949 in der Bundesrepublik noch mit einem Prozess rechnen. Biberstein lebte bis 1986, Sandberger bis 2010. Die zwei hochrangigen Offiziere hatten von der Fülle neuen belastenden Materials, das in den Folgejahren auftauchte, nichts zu befürchten – während Männer in ehedem deutlich weniger wichtigen Positionen jetzt vor Gericht standen. »Als es seit den 60er Jahren vermehrt zu Holocaustprozessen kam, traten solche Täter nicht selten als freie Männer in den Zeugenstand, um zugunsten ihrer ehemaligen Untergebenen auszusagen«, schreiben Jasch und Kaiser in ihrem Buch.[26]

Das historische Versagen der Bundesrepublik bei der Verfolgung der NS-Verbrechen, insbesondere der Verbrechen der Shoah, lässt keine monokausale Erklärung zu. Es gab ebenso praktische wie juristische Gründe, einen politischen Unwillen ebenso wie öffentlichen Widerstand. Der Vollzug der Gerechtigkeit wurde von der Gedächtnisschwäche der Deutschen, amerikanischer Realpolitik sowie einer unausgesprochenen Übereinkunft zwischen den führenden deutschen Politikern, einen Strich unter die Vergangenheit zu ziehen und nach vorn zu schauen, vereitelt. Auf politischer und gesellschaftlicher Ebene würde Deutschland später eine deutlich aufgeklärtere Haltung einnehmen. In seltenen Fällen brachte die deutsche Justiz prominente Täter vor Gericht, insbesondere im Rahmen des hochambitionierten, doch letztlich leider mangelhaften Auschwitz-Prozesses in Frankfurt sowie in einer Reihe weniger bekannter Gerichtsverfahren gegen SS-Angehörige anderer Vernichtungslager. Doch die Anzahl der Fälle und Verurteilungen bleibt hoffnungslos gering, und die verhängten Strafen waren allzu oft schockierend niedrig. 1949, im Jahr der Gründung der Bundesrepublik, erhoben Staatsanwälte 3975 formelle Anklagen, in denen den Verdächtigen NS-Verbrechen zur Last gelegt wurden. 1474 davon führten zu Verurteilungen.[27] Nur fünf Jahre später fiel die Zahl der Verfahren gegen mutmaßliche NS-Verbrecher auf gerade einmal 49,[28] und im Lauf der Jahrzehnte sanken die Fallzahlen stetig. 1984, weniger als vier Jahrzehnte nach Kriegsende – als Tausende potenzieller Verdächtiger noch in ihren Sechzigern oder Siebzigern waren –, wurde nur ein einziger NS-Fall vor einem bundesdeutschen Gericht verhandelt, und es gab nicht *einen* Schuldspruch. In den beiden folgenden Jahrzehnten kamen Staatsanwaltschaften und Gerichte auf insgesamt 33 Prozesse und 18 Verurteilungen.[29] Diese magere Ausbeute ist vermutlich das schwerer wiegende Versäumnis, als es in den frühen Jahren der Bundesrepublik der Unwille war, NS-Verbrechen zu ahnden: Die Demokratie in Deutschland war längst stabil; das Risiko, dass ein energischeres juristisches Vorgehen die politische Stabilität untergraben würde, schien vernachlässigbar.

Als sich das 20. Jahrhundert dem Ende zuneigte, gab es wenig Aussicht, die überlebenden Täter der Shoah in letzter Minute noch zur Rechenschaft zu ziehen. Die praktischen und juristischen Hindernisse schienen unüberwindbar, und die Zahl möglicher Täter wurde von Tag zu Tag kleiner. Es brauchte einen besonderen Typ Juristen für eine solche Aufgabe – eigensinnig, unbequem und vielleicht auch mit einer Neigung zur Rebellion. Das sind jedoch seltene Charakterzüge in einem Berufsstand, der per definitionem an Regeln, Gepflogenheiten und Präzedenzfälle gebunden ist. Doch in Süddeutschland gab es einen Juristen, auf den diese Beschreibung perfekt zutraf – und zufälligerweise suchte er 2006 gerade eine neue Herausforderung.

Kapitel 3

TODESFABRIKEN

Wangen im Allgäu ist von Hamburg ungefähr so weit entfernt, wie man innerhalb Deutschlands überhaupt unterwegs sein kann, ohne das Land zu verlassen. Im Alpenvorland nahe des Bodensees gelegen, besitzt die von saftigen Wiesen und Wäldern umgebene Kleinstadt mit ihren zahlreichen farbenfrohen Barock- und Renaissancegebäuden Postkartenqualität.

Ich war nach Wangen gereist, um mich mit Thomas Walther zu treffen, einem 76 Jahre alten pensionierten Juristen mit stechendem Blick, langem grauem Haar und buschigen dunklen Augenbrauen. Er war im Dey-Prozess stets präsent, obwohl er nie einen Fuß in den Hamburger Gerichtssaal setzte.[30] Ohne Walther und seine Hartnäckigkeit wäre der Mann hinter dem roten Aktendeckel wohl bis ans Lebensende namenlos geblieben. In der kleinen, aber grenzüberschreitenden Welt der Juristen und Wissenschaftler, die sich mit NS-Verbrechen befassen, ist Walther so etwas wie eine Berühmtheit. Er hat Preise und Ehrungen erhalten, darunter das Bundesverdienstkreuz, doch als ich ihn besuchte, lebte er am Stadtrand von Wangen bescheiden im Erdgeschoss eines Reihenhauses, das er sich mit einer seiner Töchter und deren Familie teilte. Der kleine Garten hinter dem Haus stand voller bunter Plastikspielgeräte und einem Spielhäuschen. Wir saßen drinnen am hölzernen Esstisch Walthers und schlürften Cappuccino, während er mir erzählte, wie er zu seiner Rolle als Nazijäger gekommen war.

Sein Leben hatte im Sommer 2006 eine dramatische Wendung genommen, als er am nahe gelegenen Amtsgericht pensioniert wurde. Da er erst Mitte 60 war, fühlte er sich noch zu jung, um mit dem Arbeiten aufzuhören. Walther erinnerte sich, wie er mit einem seiner Vorgesetzten darüber sprach, dass er sich auf der Höhe seiner juristischen Fähigkeiten fühle und gern noch »etwas Nützliches und Sinnvolles« tun würde. Er wünschte sich eine Herausforderung, und als er sah, dass die Zentrale Stelle der Landesjustizverwaltungen zur Aufklärung nationalsozialistischer Verbrechen nach Ermittlern suchte, meldete er sich.

Die Zentrale Stelle, wie sie kurz genannt wird, wurde im Dezember 1958 geschaffen, um sich einer Aufgabe zu widmen, die in Deutschland kaum jemand übernehmen wollte: NS-Verbrecher aufspüren. Untergebracht in einem ehemaligen Gefängnis im verschlafenen schwäbischen Ludwigsburg, war die Jagd auf Nazis von da an ihre Mission. Die Zentrale Stelle war als Antwort auf den vielleicht berühmtesten Holocaustprozess in den frühen Jahren der Bundesrepublik eingerichtet worden: den sogenannten Ulmer Einsatzgruppen-Prozess von April bis August 1958. Einsatzgruppen waren Todesschwadronen, die vorwiegend aus SS-Leuten und Polizisten bestanden und für die Massenhinrichtungen von Juden, Kommunisten, Widerstandskämpfern und wen immer die Nazis in den gerade von der Wehrmacht besetzten Gebieten tot sehen wollten, verantwortlich waren. Die zehn Männer, die in Ulm vor Gericht standen, hatten zum Einsatzkommando Tilsit gehört. Sie wurden beschuldigt, 1941 im litauisch-deutschen Grenzgebiet mehr als 5500 jüdische Männer, Frauen und Kinder ermordet zu haben.[31] Der Fall war nicht aufgrund der sorgfältigen Arbeit von Polizei und Staatsanwaltschaft ans Licht gekommen, sondern weil das ranghöchste Mitglied der Gruppe, ein ehemaliger NS-Polizeikommissar namens Bernhard Fischer-Schweder, sogar für die Verhältnisse der 1950er-Jahre allzu dreist auftrat. Nachdem er in der unmittelbaren Nachkriegszeit der Entdeckung und Strafverfolgung entkommen war (bei der Entnazifizierung wurde er als »entlastet« eingestuft), schlug Fischer-Schweder 1955 jegliche Vorsicht in den Wind. Seine Vergangenheit holte ihn ein, als er bei der Landesregierung Klage auf Wiedereinstellung als Leiter eines Flüchtlingslagers einreichte. Das erregte die Aufmerksamkeit der Lokalpresse, wo er bald als ehemaliger Polizeidirektor in der baltischen Stadt Memel, dem heutigen Klaipėda in Litauen, und als zentrale Figur in einer Reihe von Massenerschießungen im Jahr 1941 identifiziert wurde. Fischer-Schweder hatte gute Gründe gehabt, sich sicher zu fühlen: Tatsächlich konnten unzählige andere Diener des NS-Systems – von Polizisten und Richtern bis hin zu Bürokraten und Militärs – ihre Karrieren nach der Gründung der Bundesrepublik fortsetzen. In Fischer-Schweders Fall jedoch wurde eine genauere Untersuchung seiner Taten während des Krieges eingeleitet, und die Staatsanwaltschaft erhob gegen ihn und neun weitere Personen Anklage wegen Mordes. Der Prozess stieß auf ungewöhnlich großes Interesse in der deutschen Öffentlichkeit und wurde von der Presse aufmerksam verfolgt. Die Morde des Tilsit-Kommandos waren außerordentlich gut dokumentiert, ebenso der kaltblütige Eifer, mit dem sich einige der Beschuldigten an den Massakern beteiligt hatten: Einer der Männer hatte nach den Erschießungen gar für ein Erinnerungsfoto posiert.[32] Fischer-Schweder hatte das Exekutionskommando aus den ihm unterstellten Einheiten auf eigene Initiative rekrutiert (er hatte lediglich den Befehl, Männer zur Sicherung des Geländes zu stellen). Das Urteil machte zudem klar, dass er auch bei den Erschießungen selbst eine Schlüsselrolle gespielt hatte. Nach der ersten Salve prüfte er, ob die Opfer tot waren, und erteilte denen, die noch lebten, den »Gnadenschuss«.[33]

Doch obwohl Fischer-Schweder ein hochrangiger SS-Offizier und überzeugter Nazi gewesen war, der sich freiwillig für die Massentötungen gemeldet und selbst geschossen hatte, sprach ihn das Gericht lediglich der »gemeinschaftlichen Beihilfe zum gemeinschaftlichen Mord« schuldig, als unbedeutende Figur, die bei der Ausführung des Verbrechens lediglich geholfen habe. »Sämtliche an der Erschiessung in Garsden beteiligten Angeklagten [...] handelten bei der Ausführung des Befehls nicht mit dem Täterwillen, sondern mit dem Gehilfenwillen«, so die Richter in der Urteilsbegründung. Die Männer wollten »die Tat der Haupttäter nicht als eigene ausführen, sondern nur als fremde unterstützen«. Laut Urteil seien sie lediglich »Werkzeuge des ›Führers‹« gewesen.[34] Fischer-Schweder wurde zu einer Zuchthausstrafe von zehn Jahren verurteilt, die anderen neun Angeklagten zu Freiheitsstrafen zwischen drei und fünfzehn Jahren.

Abgesehen von den zweifelhaften rechtlichen und moralischen Schlüssen, die in diesem Urteil gezogen wurden, förderte der Ulmer Prozess eine ganz praktische Schwäche der juristischen Aufarbeitung der Shoah zutage: das Fehlen einer zentralen Behörde zur Verfolgung dieser Verbrechen. Deutschlands Strafjustiz war (und ist), genauso wie der Staat, in hohem Maße dezentralisiert. Das bedeutet, dass sich die Gerichte und Staatsanwaltschaften normalerweise nur mit Fällen befassen, die einen eindeutigen lokalen Bezug aufweisen – etwa weil der Beschuldigte ortsansässig ist oder das Verbrechen in der Region stattgefunden hat. Eine solche geografische Verbindung ließ sich bei Holocaustverbrechen nur extrem schwer herstellen, da die meisten Opfer in Todeslagern und Hinrichtungsstätten in der Sowjetunion und anderswo in Osteuropa ermordet worden waren. Doch ohne zentrales Register von Verdächtigen oder eine eigene Behörde, die mit ihrer Auffindung betraut war, konnten Polizei und Staatsanwaltschaft nicht wissen, ob sich ein mutmaßlicher Täter in ihrem Zuständigkeitsbereich aufhielt. Lawrence Douglas, ein amerikanischer Rechtswissenschaftler und Experte für Holocaustprozesse, hat das Problem exakt beschrieben: »Verbrechen lassen sich zumeist örtlich eingrenzen, und wie das amerikanische föderale System war auch das deutsche durchaus in der Lage, gewöhnliche Straftaten zu verfolgen – nicht aber einen kontinentalen Vernichtungsfeldzug.«[35] Wie der Fall Fischer-Schweder zeigte, kamen Holocaustverbrechen in den 1950er-Jahren normalerweise aufgrund von Nachlässigkeit und per Zufall vor Gericht, nicht als Ergebnis strukturierter Aktionen bundesrepublikanischer Behörden.

Der Ulmer Prozess ging mit dem wachsenden Bewusstsein von Juristen, Politikern und einer größeren Öffentlichkeit einher, dass der Justiz die Zeit für die Verfolgung und Bestrafung von NS-Verbrechen davonlief. Die im deutschen Strafgesetzbuch damals geltende Verjährungsfrist bedeutete, dass den Strafverfolgungsbehörden nur noch wenige Jahre blieben, bis die NS-Verbrechen – und zwar alle NS-Verbrechen – verjährten. Die Verjährungsfrist für Totschlag betrug 15 Jahre ab dem Tag, an dem das Verbrechen begangen wurde. Für Mord lag sie bei 20 Jahren. In der Praxis hieß das, dass eine Verurteilung von SS-Leuten für Verbrechen im Rahmen der Shoah nach 1960 für Totschlag und nach 1965 für Mord nicht mehr möglich wäre. In nur sieben Jahren würden auch die schrecklichsten Massenmörder keine Strafverfolgung mehr fürchten müssen. Diese Aussicht führte in der Politik zu Unbehagen, zumindest in manchen Kreisen, und löste ausgedehnte Kontroversen aus, die zunächst zu einer Verlängerung der Verjährungsfrist für Mord und schließlich zu ihrer Abschaffung führten. Auch aus dem Ausland kam Kritik. Die politische Führung in Bonn sah sich insbesondere dem anhaltenden Druck des rivalisierenden kommunistischen Regimes in der DDR ausgesetzt, das nur zu gerne die Naziverbindungen hochrangiger bundesdeutscher Beamter aufdeckte und die zögerliche juristische Aufarbeitung der NS-Verbrechen in der Bundesrepublik kritisierte. Im Mai 1957 veröffentlichte die DDR eine Liste mit »Blutrichtern« des NS-Regimes, die nun führende Positionen in der Bundesrepublik einnahmen. Es war der Beginn einer Kampagne, die auf die »Achillesferse« der bundesdeutschen Bemühungen zur Strafverfolgung von NS-Verbrechen zielte, wie es ein Rechtswissenschaftler ausdrückte – die Tatsache, dass viele der Richter, die diesen Prozessen vorsaßen, dem Hitler-Regime selbst treu gedient hatten.[36] Auf die erste Liste folgten bald neue Enthüllungen über die Verstrickungen Hunderter weiterer westdeutscher Richter mit dem »Dritten Reich«. Die Regierung in Bonn versuchte abzuwiegeln, doch der Druck im In- und Ausland wurde zu groß, um ihn weiter ignorieren zu können.

Eine direkte und die vermutlich wichtigste Folge des wachsenden Drucks war eine Vereinbarung zwischen den elf Bundesländern, eine kleine Behörde zur Verfolgung der NS-Verbrechen zu gründen. Im Dezember 1958 nahm sie ihre Arbeit auf, gerade einmal vier Monate nach dem Urteilsspruch in Ulm. Für die neue Institution verantwortlich war Erwin Schüle, der im Ulmer Einsatzgruppen-Prozess als leitender Staatsanwalt fungiert hatte. Energisch und geistreich hatte er bei seinem Abschlussplädoyer für Aufsehen gesorgt (er war der erste deutsche Staatsanwalt, der Zugang zu den umfangreichen Akten des von den USA geführten Berlin Document Center hatte). In seiner kurzen, aber eindringlichen Rede forderte er die Deutschen auf, sich dem eigenen moralischen Versagen während der NS-Zeit zu stellen, und sprach von der »Scham, die wir alle empfinden«.[37] Dabei nahm er sich selbst ausdrücklich nicht von diesem Vorwurf aus, sondern sprach von »wir«. An einer Stelle bekannte er, »wir waren damals alle zu feige«.[38] Schüle erwies sich als erfolgreicher Leiter der Zentralen Stelle in ihren Anfangsjahren. Doch wurzelte die Scham, von der er 1958 vor dem Ulmer Gericht gesprochen hatte, tiefer in seiner eigenen Biografie, als er damals preisgab. Wie sich herausstellte, war Schüle selbst Mitglied der SA, der paramilitärischen Organisation der Nationalsozialisten, gewesen und 1937 der NSDAP beigetreten. Zu Beginn versuchte er, die Enthüllungen zu entkräften, indem er behauptete, nichts Falsches getan zu haben. Doch unter dem steigenden Druck der deutschen Öffentlichkeit und neuer Anschuldigungen aus der Sowjetunion, er sei während der Kämpfe an der Ostfront an der Tötung von Zivilisten beteiligt gewesen, bot Schüle im April 1966 seinen Rücktritt an.[39] Er war zu einem politischen Ballast geworden – doch zugleich war er das Symptom einer tieferen Problematik: In der Nachkriegszeit schienen in der Bundesrepublik sogar die Nazijäger eine Nazivergangenheit zu haben.

Damals wie heute befindet sich die Zentrale Stelle hinter hohen Steinmauern in einem plumpen Gefängnisbau am Stadtrand von Ludwigsburg. Das Allerheiligste der Behörde liegt im Erdgeschoss hinter einer dicken Metalltür und einem Korridor, der von einer großen Landkarte beherrscht wird, die Mitteleuropa während der Besatzung durch die Nazis zeigt. Am Ende des Korridors liegt ein Raum voller großer Metallaktenschränke: ein Archiv – noch komplett analog –, das 720 000 Namen von Verbrechern, Verdächtigen, Kollaborateuren und Zeugen aus der NS-Zeit enthält. Die Namen sind sowohl alphabetisch sortiert (die zusammengetackerten, mit einem handschriftlichen Kreuz auf dem Deckblatt versehenen Karteikarten Adolf Eichmanns habe ich sofort gefunden) als auch nach dem Ort oder dem Namen des Konzentrationslagers. Auschwitz allein besetzt etliche große Metallschubfächer. In seiner aktivsten Phase zwischen 1967 und 1972 wuchs das Personal der Behörde auf mehr als 120 Mitarbeitende, davon 49 staatsanwaltschaftlich und im Richteramt Tätige.[40] Als ich die Behörde besuchte, war die Zahl der Mitarbeitenden auf 20 geschrumpft, von denen acht ermittelten. Anders als normale Staatsanwälte dürfen die Beamten der Zentralen Stelle keine Anklage erheben und ihre Fälle nicht vor Gericht vertreten. Sie fungieren als eine Art vorermittelnde Staatsanwaltschaft: Sie identifizieren mutmaßliche Täter, sichten Beweise und übermitteln die Akten dann an die reguläre Staatsanwaltschaft, die weiter ermittelt und, falls gerechtfertigt, Anklage erhebt.

Im Jahr 2006 jedoch, als Thomas Walther in der Zentralen Stelle anfing, war deren Arbeit weitgehend zum Erliegen gekommen. Seit Ende des Krieges waren sechs Jahrzehnte vergangen, und der letzte Prozess gegen einen NS-Verbrecher vor einem deutschen Gericht lag fünf Jahre zurück. Viele waren der Meinung, es gebe schlicht niemanden mehr, gegen den man noch Anklage erheben könnte. Entscheidend war, dass auch der damalige Direktor der Zentralen Stelle diese Ansicht teilte und seinem neuesten Mitarbeiter das Problem in resigniertem Tonfall erläuterte.»Er sagte: Wir werden in dieser Behörde aller Voraussicht nach nicht noch irgendwelche Verfahren zu Gericht bringen können«, erinnerte sich Walther.»Wir müssen immer die unmittelbare Tatbeteiligung nachweisen können, und das wird nicht möglich sein. Die Zeugen sind alt, krank oder tot. Sie wissen nichts oder können sich nicht erinnern.«

Thomas Walther, pensionierter Richter, der mitwirkte, John Demjanjuk vor Gericht zu bringen

Über die Jahre waren deutsche Staatsanwälte und Richter tatsächlich zu der Auffassung gelangt, sie könnten nur gegen Verdächtige vorgehen, die Menschen eigenhändig und in der Regel mit exzessiver Brutalität getötet hatten oder die an einem konkreten Mord oder mehreren Morden beteiligt gewesen waren. Einfach ausgedrückt: Sie würden KZ-Wachmann A nur dann anklagen können, wenn sie beweisen konnten, dass A an einem bestimmten Datum und Ort bei der Ermordung des Häftlings B oder der Häftlinge C und D geholfen hatte. In normalen Mordfällen war es in der Regel einfach, solche konkreten Zusammenhänge herzustellen. Mit Blick auf die anonyme »Maschinerie des Todes« in Treblinka, Auschwitz und Sobibor war es dagegen so gut wie unmöglich. Wie sollte man beweisen, dass ein Wachmann auf einem Wachturm zu jedem beliebigen Zeitpunkt gewusst hatte, wer gerade in der Gaskammer ermordet wurde?

Walther aber war der Meinung, damit lägen die deutschen Staatsanwaltschaften und Gerichte falsch. Und das wollte er beweisen, indem er die prominenteste noch lebende Zielperson ins Visier nahm: John Demjanjuk. Der nach seiner Einwanderung sechs Jahre zuvor seit 1958 mit der heimischen Staatsbürgerschaft in den USA lebende gebürtige Ukrainer war 1986 an Israel überstellt und 1988 von einem dortigen Gericht zum Tod verurteilt worden, nachdem man ihn als »Iwan den Schrecklichen«, einen berüchtigten Wachmann aus Treblinka, identifiziert zu haben glaubte. Allerdings gab es bedeutende Hinweise darauf, dass Demjanjuk nie in Treblinka gewesen war – was den Obersten Gerichtshof Israels dazu bewog, das Urteil aufzuheben. Demjanjuk kehrte als freier Mann in die USA zurück. Die US-Behörden setzten jedoch ihre Bemühungen fort, ihm die Staatsbürgerschaft zu entziehen und ihn nach Europa abzuschieben. Walther wurde 2008 auf den Fall aufmerksam, als Demjanjuk noch gegen seine Abschiebung kämpfte. Es stellte sich heraus, dass Demjanjuk tatsächlich als Trawniki-Mann – so wurden Wachleute und Aushilfen genannt, die die SS in der lokalen Bevölkerung rekrutierte – zwar nicht in Treblinka, aber im Todeslager Sobibor im Südosten Polens tätig gewesen war. Entscheidend war, dass diese Tatsache während des Auslieferungsverfahrens von Demjanjuks Anwälten nie bestritten worden war.

Walther wusste, dass es nicht möglich sein würde, Demjanjuk die Beteiligung an konkreten Tötungen nachzuweisen. Daher versuchte er einen anderen juristischen Weg: Was, so fragte er, wenn das Verbrechen, an dem Demjanjuk beteiligt war, kein konkreter Mord innerhalb des Lagers war, sondern das Lager als solches? Sobibor, so argumentierte Walther, war im Wesentlichen eine »Todesfabrik«. Nicht anders als in einer Autofabrik war eine Todesfabrik von einer Vielzahl von Menschen abhängig, die alle mit unterschiedlichen Aufgaben wissentlich am gleichen Ziel arbeiteten. Der Buchhalter, die Reinigungskraft und der Wachmann in einer Autofabrik wissen vielleicht nicht, welches Modell an einem bestimmten Tag das Werk verlässt, noch haben sie je selbst an einem Auto mitgearbeitet, aber sie kennen das Ziel, für das sie arbeiten – und sie wissen, dass ihr Beitrag für den Erfolg des Gesamtbetriebs erforderlich ist. Die gleiche Logik, so Walther, sollte für Sobibor gelten, ein Vernichtungslager, das – anders als Konzentrationslager wie Auschwitz oder Dachau – einem einzigen Zweck diente: die Männer, Frauen und Kinder, die dorthin gebracht wurden, zu töten. Während Konzentrationslager zumindest noch manch anderen Belangen des NS-Staats dienten, etwa der Inhaftierung politischer Gegner und dem Einsatz jüdischer Häftlinge als Arbeitssklaven, gab es in den drei wichtigsten Vernichtungslagern Treblinka, Belzec und Sobibor so gut wie keine Überlebenden: Von den 1,5 Millionen Jüdinnen und Juden, die in diese drei Lager deportiert wurden, lebten bei Kriegsende nur noch 120. Die Überlebensrate lag bei unter 0,01 Prozent. In Sobibor geschah nichts Unschuldiges. Alle, die mithalfen, diese Fabrik am Laufen zu halten, leisteten Beihilfe zum Mord.

»Das Ganze ist als Industrieunternehmen zu verstehen, wo alle an einem Strang ziehen«, so erklärte es mir Walther im Gespräch. Er erfuhr später, dass diese Argumentation in einigen Fällen vor deutschen Gerichten tatsächlich bereits anerkannt worden war, auch wenn das einige Jahrzehnte zurücklag. Doch sie war in den juristischen Kreisen in Vergessenheit geraten, selbst bei den Kollegen in der Zentralen Stelle. Walther entschied, sie trotzdem weiterzuverfolgen. »Ich muss die Dienstzeit eines SS-

Mannes belegen, dass er von da bis da dort tätig war. Daran darf kein Zweifel bestehen. Dann muss ich für diese Dienstzeit eine gewisse Zahl von Opfern präsentieren, die dort tatsächlich angekommen sind«, erklärte er. »Und wenn ich das zusammenhabe, reicht das dann für den dringenden Tatverdacht? Kann ich das jetzt einer Staatsanwaltschaft so präsentieren, dass die prüfen muss: Reicht das für eine Anklage oder nicht?«

Walther tat sich bei der Zentralen Stelle mit seiner Kollegin Kirsten Goetze zusammen. Gemeinsam begannen sie, den Fall Demjanjuk zu bearbeiten. Trotz anfänglicher Vorbehalte gestattete ihr Vorgesetzter Schrimm ihnen, ihre »Todesfabrik«-Theorie weiterzuverfolgen, und erteilte ihnen die Erlaubnis, in und außerhalb Deutschlands Zeugen und Dokumente ausfindig zu machen. Wie sich herausstellte, hatte Walther einen günstigen Moment gewählt, um die gängige Rechtsauffassung infrage zu stellen. Die Zentrale Stelle bereitete sich gerade auf die Feierlichkeiten zu ihrem 50. Bestehen im Jahr 2007 vor, und Schrimm war daran gelegen, zu beweisen, dass Ludwigsburg noch immer relevant war. Ein schlagzeilenträchtiger neuer Fall gegen eine hochkarätige Verdachtsperson wie Demjanjuk würde die Kritik von der spärlichen Strafverfolgungsbilanz der letzten Jahre ablenken und Forderungen nach einer Auflösung der Zentralen Stelle zum Verstummen bringen. Walther warnte Schrimm jedoch, dass eine Änderung der Strategie auch die Ungereimtheiten des bisherigen Vorgehens offenbaren würde. »Ich habe gesagt: ›Wenn ich das machen soll und das wirklich zieht und es richtig ist, was ich denke, dann haben wir hier viel falsch gemacht.‹ Und dann hat er geantwortet: ›Na ja, da stehe ich dann dazu.‹«

John Demjanjuk wurde im Mai 2009 im Alter von 89 Jahren nach Deutschland ausgeliefert. Nur sechs Monate später wurde er unter

Anteilnahme der Weltöffentlichkeit in seinem Rollstuhl in einen Münchner Gerichtssaal geschoben. Es war der Auftakt eines der außergewöhnlichsten Gerichtsverfahren in der neueren deutschen Geschichte. Völlig anders als im ersten Demjanjuk-Prozess, in dem sich die israelischen Staatsanwälte vor allem auf die aussagekräftigen, aber letztlich mangelhaften Augenzeugenberichte von Überlebenden gestützt hatten, beruhte der Fall in Deutschland hauptsächlich auf historischem Fachwissen. Walthers Strategie folgend, unternahmen die Staatsanwälte erst gar nicht den Versuch, Demjanjuk mit konkreten Gräueltaten in Verbindung zu bringen. Stattdessen ging es ihnen darum, drei grundlegende Tatsachen zu beweisen. Erstens: Der Angeklagte war während des angegebenen Zeitraums in Sobibor gewesen. Zweitens: In dieser Zeit hatte eine bestimmte Zahl an Tötungen stattgefunden. Und drittens: Demjanjuk hatte bei diesen Tötungen aufgrund seiner Stellung in der Lagerhierarchie Beihilfe geleistet. »Die Strafverfolger, denen keine Beweise für eigenhändige Tötungen seitens des Angeklagten vorlagen, entwickelten wie bemerkt eine beinahe brillante, speziell auf die Realitäten des Dienstes in einem Todeslager zugeschnittene Theorie«, schreibt Douglas. »Die Argumentation war so einfach und zwingend wie ein logischer Schluss: Alle Wachleute in Sobibór haben sich am Vernichtungsprozess beteiligt. Demjanjuk war Wächter in Sobibór. Folglich hat Demjanjuk sich am Vernichtungsprozess beteiligt.«[41]

Nach mehr als 18 Monaten und 93 Verhandlungstagen schloss sich das Gericht der Argumentation der Staatsanwaltschaft im Wesentlichen an – und damit letztlich der Argumentation von Walther und Goetze. Dass Demjanjuk nicht mit konkreten Tötungen in Verbindung gebracht werden konnte, spielte keine Rolle. Wichtig war, dass er in Sobibor tätig war und mitgewirkt

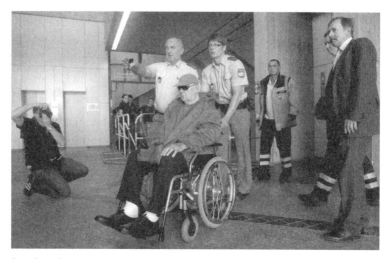

Der ehemalige Wachmann in Sobibor John Demjanjuk vor seinem Prozess vor einem Münchner Gericht

hatte, die Todesfabrik in Gang zu halten. »Die drei Vernichtungslager Treblinka, Belzec und Sobibor dienten nur dem einzigen Zweck der massenhaften Ermordung der jüdischen Bevölkerung Europas«, hieß es im Urteil. »Damit war jede Tätigkeit des Angeklagten wie die Tätigkeit aller übrigen Wachleute im Lager eine Förderung des Hauptzwecks des Vernichtungslagers.«[42]

Demjanjuk wurde wegen Beihilfe zum Mord an 28 060 Menschen für schuldig befunden und zu fünf Jahren Gefängnis verurteilt. Da seine Anwälte Berufung eingelegt hatten, wurde er jedoch freigelassen. Zehn Monate später, noch bevor das Berufungsgericht entschieden hatte, starb Demjanjuk in einem Pflegeheim bei München. Streng juristisch betrachtet hieß das, dass sein Urteil nie rechtskräftig wurde. Doch Rechtswissenschaftler feierten es bald als »Paradigmenwechsel« in der deutschen Rechtsprechung.[43] Die juristische Begründung, die zu Demjanjuks Verurteilung geführt hatte, fand unter Wissenschaftlern und Juristen fast sofort breite Zustimmung. Durch Walthers Erfolg ermutigt, begannen die Ermittler in Ludwigsburg, ihr Archiv mit frischer Energie zu durchforsten, und leiteten eine Reihe neuer Fälle und Klagen ein. Schließlich richteten sie ihre Aufmerksamkeit auf Stutthof und die wenigen Wachleute und Offiziere, die noch am Leben waren.

Der Fall Demjanjuk weckte auch das Interesse der Staatsanwaltschaft Hamburg. Lars Mahnke hatte 2010 die Abteilung übernommen, die unter anderem für Delikte innerhalb der Bundeswehr, aber auch für NS-Verbrechen zuständig war. Mit dem Demjanjuk-Urteil erhielt seine Rolle plötzlich neue Bedeutung. Mahnke traf sich zunächst einige Male mit Kolleginnen und Kollegen aus anderen Bundesländern und aus Ludwigsburg in München, um die juristischen und praktischen Konsequenzen zu erörtern. Die erste Priorität in der Strafverfolgung galt den verbleibenden Verdächtigen im Zusammenhang mit Auschwitz-Birkenau, auch als Auschwitz II bekannt, sowie dem Konzentrationslager Majdanek. Dann richtete Mahnke seine Aufmerksamkeit jedoch auf ein anderes Verbrechen: das Massaker der SS an 342 Zivilisten in dem italienischen Dorf Sant'Anna di Stazzema im August 1944. Unter den Toten waren mehr als 100 Kinder. Das Massaker gehört zu den schlimmsten Gräueltaten, die deutsche Soldaten in Italien begangen haben. Wie sich herausstellte, lebte einer der an den Tötungen beteiligten SS-Männer noch in Hamburg. »Wir waren kurz davor, Anklage zu erheben. Es wäre ein spektakuläres Verfahren gewesen«, erzählte mir Mahnke. »Wir konnten ihn am Ende jedoch nicht anklagen, weil er im letzten Moment für verhandlungsunfähig erklärt wurde. Alzheimer.«

Das war natürlich ein immer häufiger auftretendes Hindernis für Staatsanwälte, die den Holocaust und andere NS-Verbrechen untersuchten. Die Verdächtigen, zu denen Mahnke und seine Kolleginnen und Kollegen ermittelten, waren größtenteils in ihren Neunzigern. Ob sie vor Gericht kommen würden, war nicht nur eine juristische Frage, sondern ebenso eine medizinische – und die Fälle wurden nicht selten aus gesundheitlichen Gründen nicht weiterverfolgt.

Im Spätsommer 2016, mehr als fünf Jahre nach dem Demjanjuk-Urteil, nahmen Beamte aus Ludwigsburg aufgrund eines neuen möglichen Falls Kontakt zu Mahnke auf. Die Ermittler hatten ein einzelnes Beweisstück gefunden, das einen älteren Hamburger Bürger mit dem Konzentrationslager Stutthof in Verbindung brachte – ein Dokument, das den Erhalt einer SS-Uniform am 8. August 1944 bestätigte. Die Unterschrift auf der Empfangsbestätigung war die von Bruno Dey. »Er wurde also von der SS eingekleidet – das war der einzige Beweis, den wir hatten«, erinnerte sich Mahnke. So spärlich die Beweislage auch war, in den Augen der Staatsanwaltschaft reichte das aus, um in Deys Wohnung eine Hausdurchsuchung und das Abhören des Telefons des Verdächtigen anzuordnen.

Der Tag der Durchsuchung erwies sich als zentral: Beim plötzlichen Erscheinen der vier Polizeibeamten an seiner Haustür erfuhren Dey und seine Familie zum ersten Mal von den Ermittlungen gegen ihn. Er war bereits zuvor von der Polizei über seine Zeit im Lager befragt worden – aber es war nie Anklage gegen ihn erhoben worden. Jetzt, mehr als 70 Jahre nach seiner Rückkehr aus Stutthof und seiner Flucht nach Westen, stand Dey nun doch ein Prozess – und womöglich sogar ein Urteil – ins Haus. Erik Herzberger, der Polizeibeamte, der die Durchsuchung leitete, fand den Verdächtigen erstaunlich gesprächig. Dey verzichtete auf sein Recht, zu schweigen, und forderte den Besucher auf, Platz zu nehmen und sich seine Erinnerungen anzuhören. Herzberger erklärte später vor Gericht, dass er den Eindruck gehabt hatte, der Verdächtige habe den Wunsch verspürt, sein Herz auszuschütten. »Er sagte: ›Kommen Sie mit, ich erzähle es Ihnen.‹ Ich hatte das Gefühl, es war ihm ein Anliegen, gleich darüber zu sprechen«, erinnerte sich Herzberger. Die Durchsuchung selbst förderte keine neuen Beweise zutage. Doch die Polizeibeamten kehrten mit einer handschriftlichen Zusammenfassung des Gesprächs zwischen Herzberger und Dey zurück, das viele Details enthielt, die in der Verhandlung später eine Rolle spielen sollten. Mahnke und seine Kollegen hatten noch Monate geduldiger Arbeit vor sich, bis sie Anklage erheben konnten. Der Gesundheitszustand und die Verhandlungsfähigkeit des Verdächtigen blieben eine ständige Sorge. Kurz nach der Hausdurchsuchung verschlechterte sich Deys Gesundheitszustand rapide, und die Zweifel wuchsen, ob der Fall je zur Verhandlung käme. Doch immerhin gab es einen Fall.

Ohne den Demjanjuk-Prozess und die bewährte neue Strategie aus München hätte es wohl keines der folgenden Holocaustverfahren gegeben. Ohne Demjanjuk kein Dey. Und ohne Walther, den eigensinnigen Juristen aus der Provinz, hätte es kein Demjanjuk-Verfahren gegeben. Manchmal lässt sich alles auf einen Einzelnen und seine Mission zurückführen.

Walther erzählte, dass sein Engagement immer auch persönlich motiviert war. Im thüringischen Erfurt zwei Jahre vor Kriegsende geboren, war er zu jung, um sich an die Schrecken der NS-Zeit erinnern zu können. Aber er wuchs in dem Wissen auf, dass sein Vater ungewöhnlichen Mut und Mitgefühl gezeigt hatte und einmal zwei jüdische Familien in einem Schuppen im eigenen Garten versteckt hielt, denen er half, aus dem Land zu fliehen. »Mein Vater, das war so ein ganz kämpferischer, praktizierender Christ. Der war, heute würde man sagen, ein Gutmensch«, erzählte er mir. Die jüdischen Familien überlebten und blieben mit ihrem Retter nach dem Krieg in Kontakt. Eine der beiden ließ sich in Paraguay nieder und schickte Walthers Vater einen wertvollen Parker-Füllfederhalter. Der junge Walther selbst begnügte sich mit den exotischen lateinamerikanischen Briefmarken, die die transatlantische Korrespondenz zierten. »Seit der Kinderzeit wusste ich von dem, was mein Vater gemacht hat. Das ist auch immer wieder thematisiert worden«, berichtete er. »Dieser Nationalsozialismus hat schon früh meine eigene Intelligenz beleidigt. Dass all dies möglich war!«

In den 1950er-Jahren war diese Art der Offenheit, mit der in Walthers Elternhaus allgemein über die Nazizeit gesprochen wurde, sicherlich nicht die Norm. Von der Niederlage traumatisiert und von Scham geplagt, hüllten sich die meisten Eltern ihren Kindern gegenüber in Schweigen. Walther dagegen erinnert sich, auf einer »humanistisch, politisch frei denkenden Insel« aufgewachsen zu sein – und in der Annahme, der Rest der Welt sei genauso. Nach dem Wehrdienst und missglückten Versuchen, Priester, Journalist oder Seemann zu werden, studierte Walther Jura und wurde schließlich Richter. Obwohl er zeit seines Lebens SPD-Mitglied war, beschloss er, ins konservative Allgäu zu ziehen und Richter zu werden.

Sein Vater war längst gestorben, als Walther bei der Zentralen Stelle anfing, doch blieb er ihm immer Inspiration. Walther beschloss, die Demjanjuk-Akte der Münchner Staatsanwaltschaft am Jahrestag der Pogrome zu übergeben, aufgrund derer die beiden jüdischen Familien seinen Vater um Hilfe gebeten hatten. »Ich halte immer wieder mal Rücksprache, auch wenn die Abstände größer werden, vielleicht weil ich ihm auch immer näher komme. Aber auf der Fahrt nach München mit dem Bericht unterm Arm, da habe ich gesagt: ›Hier, guck, Papa. Nicht schlecht, was?‹«

Kapitel 4

»MAN HAT MUNKELN GEHÖRT«

Einige Tage nach Prozessbeginn kehrte ich nach Hamburg zurück, nahm wieder meinen Platz in den hinteren Reihen des Gerichtssaals ein und wartete darauf, dass sich die seitliche Holztür öffnete. Wenige Minuten später wurde Bruno Dey im Rollstuhl hereingeschoben, das Gesicht in der inzwischen bekannten Weise hinter einem Pappordner verborgen. In den ersten beiden Verhandlungstagen hatte der Angeklagte meist geschwiegen, doch das sollte sich an diesem Tag ändern: Heute würde Dey seine Geschichte erzählen, zum ersten Mal vollständig und vor der Öffentlichkeit.

Wie die meisten Beobachter hatte ich diesen Moment voller Neugier, aber auch mit Unbehagen erwartet. Ich wusste, dass Dey bei den Vernehmungen durch die Polizei und die Staatsanwaltschaft im Vorfeld des Prozesses umfangreiche – und höchst belastende – Aussagen getätigt hatte. Das stand alles in den Akten. Aber an wie viel davon würde er sich heute erinnern? Wie offen würde er vor Gericht sprechen? Würde es ihm gelingen, den Anwesenden seine Sichtweise zu vermitteln und eine Strategie zu seiner Verteidigung zu finden? Mit welchen Argumenten würde er sich verteidigen? Deys Anwalt hatte in seiner Anfangserklärung betont, dass der Beschuldigte gegen seinen Willen in Stutthof eingesetzt wurde, dass er sich nicht freiwillig zur SS gemeldet hatte und dass die deutsche Justiz einfache Wachleute wie ihn jahrzehntelang unbehelligt gelassen hatte. Vor dem Demjanjuk-Prozess wäre die Gefahr eines Mordprozesses für Dey tatsächlich vernachlässigbar gewesen, doch die deutsche Justiz hatte sich weiterentwickelt. Um einer Verurteilung zu entgehen, müssten er und sein Anwalt eine Schwachstelle in der Argumentation der Staatsanwaltschaft finden. Wo eine solche Schwachstelle liegen könnte, war zumindest für mich an diesem Punkt des Verfahrens alles andere als offensichtlich. Sie könnten vorbringen, dass Deys bloße Anwesenheit auf dem Wachturm in Ermangelung konkreter Taten seinerseits keine Auswirkung auf das Töten und Sterben darunter gehabt habe; oder dass er vom Töten und Sterben dort nichts gewusst habe; oder dass es zum Dienst auf dem Wachturm schlicht keine realistische Alternative gegeben habe; oder dass er aufrichtig der Meinung gewesen sei, es gebe keine Alternative.

Dass das eine schwierige Aufgabe sein würde, war allen klar, nicht zuletzt auch Deys Anwalt Stefan Waterkamp. Er hatte den Fall unmittelbar nach der Hausdurchsuchung übernommen. Ein Enkel von Dey hatte seinen Namen im Telefonbuch gefunden und ihn aus heiterem Himmel angerufen. Waterkamp hatte keine Erfahrung mit der Verteidigung von Angeklagten, denen NS-Verbrechen vorgeworfen wurden (nur wenige deutsche Anwälte hatten das), aber er interessierte sich für die Zeit und hatte sich während seines Studiums mit dem Missbrauch der Justiz durch das NS-Regime befasst. Der Fall Dey war ein schwieriges und arbeitsintensives Mandat, das er noch dazu mit seiner täglichen Arbeit als Verteidiger in Steuerbetrugs- und anderen Strafverfahren in Einklang bringen musste. An diesem Punkt der Verhandlung jedoch konnte Waterkamp nicht viel für seinen Mandanten tun.

Es war an Anne Meier-Göring, der Vorsitzenden Richterin, den Angeklagten zu seiner Zeit in Stutthof – und weiteren Lebensabschnitten, die ihr wichtig erschienen – zu befragen.

Ich stellte bald fest, dass Meier-Göring, eine Richterin mit sagenhafter Geduld und forensischer Neugier, kaum etwas für unwichtig hielt – angefangen mit Deys frühesten Kindheitserinnerungen bis hin zu den Gesprächen mit seinen Kindern und Enkeln. Auf manche Fragen kam sie immer wieder zurück, stellte sie auf unterschiedliche Weise, an verschiedenen Tagen und in wechselnden Kontexten. Sie tat ihre Arbeit als Richterin, indem sie alle rechtlichen Fragen, die geklärt werden mussten, sorgfältig abarbeitete. Doch für mich fühlte es sich an, als übernähme sie auch meinen Job: Mehr als alles andere wollte sie diesen Prozess auch nutzen, um zu *verstehen* – um zu verstehen, was gewöhnliche Menschen wie Bruno Dey dazu gebracht hatte, sich am Völkermord der Nazis zu beteiligen, warum sie auf Wachtürme gestiegen waren, warum sie dort ausgeharrt hatten und wie sich diese Erfahrung auf ihr späteres Leben ausgewirkt hatte. So begann ein schwieriger, langwieriger und oft schmerzhafter Dialog zwischen der Richterin und dem Angeklagten, der sich mit kurzen Unterbrechungen über neun Monate hinzog und einige der denkwürdigsten und erhellendsten Momente des gesamten Prozesses hervorbrachte.

Doch noch bevor Meier-Göring ihre erste Frage stellen konnte, verlas Dey vor Gericht eine vorbereitete Erklärung. »Es ist mir ein großes Bedürfnis, Ihnen mitzuteilen, wie leid es mir tat, was den Menschen damals im KZ angetan wurde und welches Leid sie ertragen mussten.« Er bedaure auch, so fügte er hinzu, dass er gezwungen worden sei, seinen Militärdienst an einem solchen »Ort des Grauens« zu leisten. Seine Zeit in Stutthof habe bis heute Spuren in ihm hinterlassen. »Die Bilder des Elends und Schreckens haben mich mein ganzes Leben lang verfolgt.« Er habe Mitleid mit den Häftlingen empfunden, aber er betonte, dass er nichts für sie habe tun können. Er habe nie von seiner Waffe Gebrauch gemacht, und einmal habe er den Gefangenen geholfen, obwohl er gewusst habe, dass er damit eine »große Strafe« durch seine Vorgesetzten riskiere. Weitere Details zu diesem Vorfall gab Dey in seiner Anfangserklärung, die er zögerlich verlas, wobei er immer wieder über einzelne Wörter stolperte, nicht preis. Aber die Erklärung bestätigte seine Verteidigungsstrategie.

Meier-Göring machte keine Anstalten, Deys Unschuldsbeteuerungen anzuzweifeln. Stattdessen hakte sie bei einem scheinbar unbedeutenden Satz der Erklärung nach, der kaum unmittelbaren Einfluss auf die Schuldfrage hatte. In dieser und in weiteren Befragungen, insbesondere von Überlebenden aus Stutthof, die als Zeugen auftraten, schien es der Vorsitzenden Richterin wichtig, hinter die Tat zu blicken und die Persönlichkeit und die Lebensgeschichte des Menschen zu ergründen, mit dem sie da jeweils sprach.

»Sie sagen, dass die Bilder Sie das ganze Leben verfolgt haben. Wie sind Sie damit umgegangen? Was haben Sie damit gemacht?«, fragte sie Dey nun.

»Nichts. Ich bin nicht damit umgegangen. Ich habe nach dem Krieg versucht, das alles zu verdrängen. Ich konnte mich nicht aussprechen, mit niemandem«, antwortete Dey. In den schweren Jahren nach dem Krieg ohne Nachricht von seiner engsten Familie und ohne Freunde und Verwandte, an die er sich hätte wenden können, sei nicht viel Zeit zum Nachdenken geblieben. »Ich musste damals zusehen, dass ich selber durchkam«, sagte Dey und fügte ganz sachlich hinzu: »Ich habe es geschafft weiterzuleben.«

Meier-Görings Vorgehen bei diesen ersten Befragungen erin-

nerte mich an Interviewtechniken, die ich als Journalist selbst häufig anwendete. Sie begann mit allgemeineren, leicht zu beantwortenden Fragen, die nicht dazu gedacht waren, tiefe oder auch nur relevante Erkenntnisse zu liefern, sondern allein dazu, Dey die Befangenheit zu nehmen – und vielleicht auch seine Wachsamkeit zu senken. Sie warf ihm rhetorische »Softbälle« zu. Ihre nächste Frage landete ebenfalls sanft: »Welche Bilder haben Sie denn im Kopf, wenn Sie an die Zeit in Stutthof zurückdenken? Was sind die Erinnerungen, von denen Sie berichten wollen?«
»Ich habe gleich nach dem Krieg angefangen, alles möglichst zu verdrängen. Damit ich meine Ruhe bekomme. Aber die Bilder gingen einem nicht aus dem Kopf. Ich habe ja gesagt, ich habe viele Leichen gesehen. Und so einiges mehr. Ich habe aber nicht gesehen, wie die Leute umgebracht wurden oder ob sie normal gestorben sind oder nicht. Das weiß ich nicht.«

Deys Aussage dauerte nur wenige Minuten, doch schon jetzt wirkte die Betonung seiner Unwissenheit unglaubwürdig. Er hatte Leichen gesehen, behauptete aber, nicht gewusst zu haben, wie die Menschen gestorben waren. *Viele Leichen. In einem Konzentrationslager. Und er hatte keine Ahnung, wie die Menschen gestorben waren.* Selbst unter Berücksichtigung der zeitlichen Distanz und der Eigenheiten des Gedächtnisses war das schwer zu glauben. Ich war mir sicher, dass auch Meier-Göring so dachte, doch sie ließ es durchgehen. Langsam, aber sicher steigerte sich das Tempo der Befragung. Meier-Göring sprach so ruhig und freundlich wie zuvor, aber ihre Fragen wurden jetzt präziser. Waren die Toten bekleidet oder nackt? Wo befand sich sein Wachturm? In welchem Teil des Lagers war das? Wer holte die Leichen ab? Wie sah der Wagen aus? Wohin wurden sie gebracht?

»Ins Krematorium, nehme ich an. Ich habe den Wagen nicht verfolgt.«

»Aber ein bisschen haben Sie ihn wahrscheinlich verfolgt.«
»Es muss in Richtung Krematorium gewesen sein. Wo sonst sollten sie die hinbringen?«

Meier-Göring führte Dey auf zunehmend heikles juristisches Terrain und in Richtung eines möglicherweise entscheidenden Eingeständnisses. Für einen Schuldspruch musste sie nachweisen, dass Dey einen konkreten Beitrag zu den Tötungen im Konzentrationslager geleistet hatte, und sei er vergleichsweise noch so gering. Dieser Teil der Anklage war freilich schwer zu widerlegen: Seine pure Präsenz auf dem Wachturm und am Zaun des Lagers diente eindeutig dazu, eine Flucht der Häftlinge zu verhindern und Disziplin und Gehorsam im Lager aufrechtzuerhalten. Ohne bewaffnete, von oben zum Schießen und Töten bereite Wächter hätte Stutthof ebenso wenig funktioniert wie ohne die Gaskammer. Das war der objektive Teil. Doch das Gericht musste auch ein subjektives Moment, eine verbrecherische Absicht feststellen. Das bedeutet, dass sich der Angeklagte seiner Tat und ihrer Folgen bewusst gewesen sein musste. Und dem Angeklagten musste – zumindest im deutschen Strafrecht – nachgewiesen werden, dass er das Ergebnis entweder gewollt oder erkannt hatte, welche wahrscheinlichen oder möglichen Folgen seine Tat haben würde, und trotzdem weitergemacht hatte. Was Meier-Göring hier also versuchte, war eine der wichtigsten Bedingungen für einen Schuldspruch, nämlich nachzuweisen, dass Dey gewusst hatte, was in Stutthof geschah. Er schien die Gefahr zu spüren. Seine Antworten wurden zögerlicher, und häufig sagte er nur, er könne sich nicht erinnern.

»Wie sahen die Körper aus?«
»Ausgemergelt.«
»Also verhungert?«

»Ja, verhungert oder durch Krankheit so geschwächt. Das kann ich aber nicht sagen. Das weiß ich nicht.«

»Haben Sie sich denn Gedanken gemacht, warum diese Menschen da so starben und so ausgemergelt aussahen?«

»Gedanken gemacht? Wie soll man sich da viele Gedanken darüber machen?« Er schwieg einen Moment lang, vielleicht versuchte er, sich an weitere Details zu erinnern, vielleicht aber fragte er sich auch, wie er das Gespräch wieder auf sicheres Terrain leiten konnte. »Sie taten mir furchtbar leid«, fügte er hinzu. »Ich weiß nicht, wie die Verpflegung da im Lager war. Ich habe es nicht gesehen. Ich bin nie in diesen Baracken gewesen. Ich weiß auch gar nicht, wie die von innen aussahen, wie die eingerichtet waren.«

»Haben Sie mal jemanden gefragt?«

»Wir kamen da ja gar nicht rein.«

»Haben Sie mal jemanden gefragt, der Zutritt zu den Baracken hatte?«

»Ich habe mal mit Häftlingen gesprochen. Normalerweise durften wir das nicht. Aber ich habe es getan.«

Damit hatte er Meier-Görings Befragung, zumindest für den Moment, erfolgreich abgelenkt. Jetzt erzählte er die Geschichte, auf die er bei seiner Eingangserklärung angespielt hatte: wie er während seiner Zeit in Stutthof einer Gruppe Gefangener trotz seiner Angst vor Bestrafung geholfen hatte. Der Vorfall ereignete sich, so erzählte er, als er die Gefangenen beim Bau eines Bunkers in der Nähe des Lagers beaufsichtigte. Zwei Häftlinge hatten einen frischen Pferdekadaver gefunden und fragten Dey, ob sie ein paar Stücke Fleisch herausschneiden und mit ins Lager nehmen dürften. »Ich habe gesagt: ›Macht das mal.‹ Aber ich war mir bewusst, wenn ich das erlaube und das dann rauskommt, dass ich vielleicht sogar auch hinter dem Stacheldrahtzaun gelandet wäre. Eine sehr harte Strafe hätte ich bekommen.«

Dey maß dieser Anekdote offensichtlich große Bedeutung bei – die einzige aus seiner Zeit in Stutthof, die er aktiv ansprechen wollte. Für ihn war sie offenbar ein glaubhafter Beweis, dass er versucht hatte, sich im grausamen Alltag des Lagers seine Menschlichkeit zu bewahren. Er war nicht nur kein Nazi gewesen, in Wirklichkeit hatte er den Gefangenen trotz persönlicher Risiken sogar geholfen. So kam die Anekdote bei den meisten Anwesenden im Gericht freilich nicht an. Ich dürfte nicht der Einzige gewesen sein, der sich fragte, ob das wirklich die beste Geschichte war, die er von sich erzählen konnte – dass er zwei hungernden Gefangenen erlaubt hatte, sich ein paar Stücke Fleisch aus einem Pferdekadaver zu schneiden. Selbst in Anbetracht der außergewöhnlichen Situation in Stutthof schien es eine klägliche Geste gegenüber den Häftlingen zu sein. Auch seine Einschätzung des Risikos, das er damit eingegangen sei, klang nicht besonders überzeugend. Dass ein so unbedeutender Verstoß – sofern es tatsächlich ein Verstoß war – zu einer Bestrafung, geschweige denn zu Lagerhaft geführt hätte, war historisch nicht zu belegen. Wie dem Gericht mehrfach bestätigt wurde, wurden Lagerwachen tatsächlich sehr nachsichtig behandelt, selbst in Fällen, in denen sie sich vollständig weigerten, ihre Pflichten zu erfüllen. Meier-Göring jedenfalls wirkte alles andere als beeindruckt. Weshalb, so fragte sie, wäre er bestraft worden?

»Ich durfte denen doch kein Essen geben.«

»Stand das irgendwo, Herr Dey?«

»Das war klar. Wir durften eigentlich keinen Kontakt mit denen aufnehmen.«

Deys mangelndes Interesse an den Gefangenen und deren Schicksal wurde zu einem wiederkehrenden Thema in Meier-Görings Befragung des Angeklagten. Sie kam in den folgenden Monaten wiederholt darauf zurück und bemühte sich oft gar nicht, ihre Zweifel (gelegentlich auch ihre Verärgerung) zu verbergen. Haben Sie nicht nachgefragt? Haben Sie sich nicht gewundert? Haben Sie das nicht gesehen? Mit einer oder zwei bemerkenswerten Ausnahmen blieben Deys Antworten in der Regel unzureichend. Er hatte nicht nachgefragt. Er hatte es nicht gesehen. Manchmal klangen seine Dementis so unwahrscheinlich, dass die Vorsitzende Richterin Mühe hatte, ruhig zu bleiben. Ein solcher Moment ereignete sich einige Wochen später, Mitte November, als Meier-Göring Dey mitteilte, wie viele Menschen während seiner Zeit im Lager nach Stutthof deportiert worden waren. Historischen Daten zufolge, sagte sie, seien zwischen Sommer 1944 und Januar 1945 schätzungsweise 40 000 bis 50 000 Häftlinge nach Stutthof gebracht worden – ein enormer Zustrom verzweifelter Männer, Frauen und Kinder, von denen viele unter dem wachsamen Auge der Lagerwärter in den Tod gingen. Dey jedoch behauptete, nichts gesehen zu haben. Das Lager war natürlich nicht dafür ausgelegt, eine so enorme Zahl an Menschen unterzubringen, zu verpflegen und medizinisch zu versorgen. Die Ahnungslosigkeit des Angeklagten war demnach nicht nur unwahrscheinlich, sondern auch günstig für ihn. Hätte er zugegeben, von ihrer Ankunft gewusst zu haben, hätte er die naheliegende Frage beantworten müssen: Wenn jede Woche Tausende neuer Gefangener ankamen, wohin wurden sie gebracht?

Dey behauptete außerdem, nie Zeuge einer Hinrichtung, einer öffentlichen Auspeitschung oder anderer Arten der Bestrafung gewesen zu sein. Er gab vor, nicht zu wissen, wo der Galgen im Lager gestanden hatten, und behauptete, nie den »Schuhberg« gesehen zu haben, den riesigen Stapel von Schuhen, den die Gefangenen bei ihrer Ankunft zurückließen. Er behauptete sogar, während seiner Zeit in Stutthof nie einen Schuss gehört zu haben.

Dey beschrieb sein jüngeres Ich als unsicheren, ängstlichen Einzelgänger, der für sich blieb und unter den anderen SS-Wachleuten keine Freunde hatte. Außer an einen einzigen Kinobesuch im nahe gelegenen Ort könne er sich nicht an soziale Aktivitäten erinnern. »Wir haben uns verstanden, aber ich habe mich immer etwas abgesondert«, sagte Dey, als er nach den anderen Wachen gefragt wurde. »Ich weiß nicht, warum. Ich hatte nicht so recht das Vertrauen in andere.«

Auch mit seiner Familie habe er wenig Kontakt gehabt, obwohl sie relativ nah lebte. Er sei während seiner Zeit im Lager nicht ein einziges Mal nach Hause zurückgekehrt, obwohl sein Vater ihn einmal besucht habe. Sie hätten außerhalb des Lagers einen Spaziergang gemacht, aber auf die Frage, worüber sie gesprochen hätten, antwortete er, er erinnere sich nicht. Ähnlich ausweichend reagierte er, wenn ihn später im Prozessverlauf jemand über seine Gespräche mit anderen SS-Wachleuten befragte. Dey und seine Kameraden arbeiteten in der Regel in Zwölfstundenschichten: Die eine Hälfte des Tages verbrachten sie auf dem Wachturm oder bewachten den Zaun, die andere Hälfte ruhten sie sich aus. Es gab mit anderen Worten ausreichend Gelegenheit, über das, was sie sahen und taten, zu sprechen. Dey beharrte jedoch darauf, dass Unterhaltungen solcher Art nie stattgefunden hätten.

»Also Sie haben mit niemandem gesprochen darüber, was in diesem Lager passiert?«, fragte Meier-Göring ungläubig. »Ist das richtig? Es hat Ihnen keiner von den Wachleuten gesagt, was in diesem Lager passiert?«

»Man hat munkeln gehört. Das eine oder andere, aber darauf konnte man nichts geben.«

»Was wurde denn gemunkelt?«

Dey zögerte. Er hatte zu spät gemerkt, dass ihn der Hinweis

auf Gerüchte in die Defensive brachte. »Was wurde gemunkelt? Gar nichts.« »Jetzt haben Sie aber gerade gesagt, es wurde etwas gemunkelt, Herr Dey. Was wurde denn gemunkelt?« Der Angeklagte versuchte ein weiteres Ausweichmanöver. »Es wurde wohl erzählt, dass da nicht nur Strafgefangene sind, sondern auch politische und auch Juden. Aber was da wirklich gesagt wurde, das kann ich nicht sagen. Das weiß ich nicht.« Seine Konzentration schien nachzulassen. Verirrt im Labyrinth seiner Erinnerungen und Ausflüchte, geriet Dey bei der Beantwortung der nächsten Fragen ins Straucheln.

Meier-Göring versuchte es erneut: »Wurde denn auch gemunkelt, was mit denen [den Juden] gemacht wird im Lager?« Es verstrichen etliche Sekunden, bis Dey tief seufzte und murmelte: »Ich kann mich nicht erinnern. Ich weiß das nicht mehr.«

Es gibt Gründe, warum Gerichtsdramen vor allem ein angloamerikanisches Genre und längst Teil des Hollywoodkanons sind, mit ihrem so erwartbaren wie überzeugenden narrativen Bogen, der von den Querelen um die Zusammensetzung der Jury über das hochdramatische Kreuzverhör bis hin zu einem emotionalen Schlussplädoyer an die Geschworenen reicht. Dann folgt der Moment der Urteilsverkündung: Die Geschworenen betreten den Gerichtssaal und verlesen das Urteil. Schuldig! Nicht schuldig! Der Hammer des Richters in schwarzer Robe fällt, es folgt der Abspann.

US-amerikanische und britische Strafprozesse werden kontradiktorisch geführt, das heißt, sie beruhen im Wesentlich auf der Auseinandersetzung zwischen Anklage und Verteidigung. Sie sind schon von ihrer Anlage her spannend und auf Konfrontation aus. Die Anwälte stehen einer Gruppe von Geschworenen gegenüber, die sich aus Laien zusammensetzt, und der Richter ist weitgehend auf die Rolle eines Schiedsrichters beschränkt. Die eigentliche Entscheidung – schuldig oder unschuldig – fällt nicht ein Experte, sondern diese mehr oder weniger repräsentative Gruppe von Laien. Anders als eine Richterin, die in ihrer Ausbildung gelernt hat, unparteiisch zu sein, und die erfahren genug ist, die Effekthascherei von Anwälten zu durchschauen, sollen die Geschworenen geblendet, verführt und in manchen Fällen sogar verunsichert werden. Eine geschickte Rhetorik und eine Frage zum richtigen Zeitpunkt können eine Kampfabstimmung beeinflussen, die Glaubwürdigkeit eines absolut vertrauenswürdigen Zeugen erschüttern oder Zweifel an einer Tatsache säen, die Polizei und Staatsanwaltschaft für unanfechtbar halten.

Ob im realen Leben oder im Film, hochkarätige Strafprozesse in den USA und Großbritannien bieten ein spannendes Spektakel. Deutsche Strafprozesse sind dagegen eine eher biedere Angelegenheit. Sie sind sogenannte inquisitorische, keine kontradiktorischen Verfahren. Das Gericht soll die Wahrheit in einem Prozess ermitteln und nicht nur als Bühne für eine faire Auseinandersetzung dienen. Die Anwälte springen nicht ständig auf und rufen »Einspruch!«. Sie laufen nicht vor den Bänken der Geschworenen auf und ab, um sie mit hochfliegender Rhetorik zu beeinflussen. Verteidigung und Anklage in einem deutschen Gericht verhalten sich über weite Strecken tatsächlich bemerkenswert still. Anders als in amerikanischen und britischen Strafprozessen sind sie nicht die Hauptakteure. Die beherrschende – geradezu allmächtige – Instanz in einem deutschen Gerichtssaal ist der Richter. In manchen Strafverfahren wird der Vorsitzende Richter von Beisitzern und Laienrichtern unterstützt (Meier-Göring zum Beispiel wurde während des gesamten Prozesses von zwei Beisitzern und zwei Schöffen begleitet). Bei der Urteilsentscheidung zählen ihre Stimmen gleich. Im Prozess selbst jedoch dominiert der Vorsitzende Richter. Er sitzt im Gerichtssaal in der Regel auf einem erhöhten Podest vorn in der Mitte und leitet die Befragung des Angeklagten und sämtlicher Zeugen. Deutsche Richter vernehmen jeden Zeugen so lange, bis sie sicher sind, dass alles gesagt ist. Sie vernehmen den Angeklagten, bis sie zu dem Schluss kommen, dass sämtliche Fakten und Argumente aufgedeckt wurden, ob sie nun für den Angeklagten sprechen oder gegen ihn. Die Anwälte der Verteidigung und die Staatsanwaltschaft plädieren zu Beginn sowie am Ende des Prozesses. Sie können den Richter ersuchen, zusätzliche Beweise zu prüfen, und sie sind berechtigt, die Zeugen und den Angeklagten zu befragen, wenn der Richter seine Vernehmung abgeschlossen hat. Falls er sorgfältig gearbeitet hat, bleiben ihnen jedoch allenfalls ein paar Krümel übrig. Deutsche Strafverteidiger sollten auch nicht darauf hoffen, das Gericht mit brillanten Argumenten oder einem rhetorischen Feuerwerk beeindrucken zu können. Es gibt wie gesagt keine Jury aus Geschworenen, der sie imponieren müssten – lediglich einen professionellen Richter, der die relevanten Fragen bereits gestellt hat und der auf der Basis von Beweisen und Zeugenaussagen sowie einer jahre-, wenn nicht jahrzehntelangen Erfahrung zu einer Entscheidung gelangen will. Ein deutsches Gericht ist keine Kampfarena und auch keine Bühne für die Kunstfertigkeit von Anwälten, sondern ein Labor, ein Ort geduldiger, mühseliger Ermittlungen.

Im Fall Bruno Dey gab es zahlreiche Momente, an denen Meier-Görings Version der mühseligen Ermittlungsarbeit gegen eine Wand zu prallen schien. Es gab Sitzungen, in denen sie nachfragte und nachhakte, aber Deys Mauern aus »Ich weiß es nicht« und »Ich kann mich nicht erinnern« doch nicht durchbrechen konnte.

Eine solche Situation entstand auch am dritten Tag, als die Richterin ihre Aufmerksamkeit auf einen Vorfall lenkte, bei dem Dey einen Anflug von Neugier gezeigt und den er bei einer früheren Vernehmung durch die Staatsanwaltschaft erwähnt hatte. Während seiner Zeit in Stutthof beschloss er einmal, das Krematorium aufzusuchen, ein rotes Backsteingebäude an der Ostseite des Lagers, dessen Kamin Tag und Nacht dichten Rauch ausstieß. Deys Zwölfstundenschicht auf dem Wachturm war gerade zu Ende, doch statt in sein Quartier zurückzugehen, beschloss er spontan, einen Umweg zum Krematorium zu machen und hineinzuschauen. »Ich war neugierig und wollte wissen, ob das nun wirklich so ist, wie es gemunkelt wurde«, erinnerte sich Dey.

Im Krematorium sah er mehrere Leichen, die verbrannt werden sollten, sowie einen einzelnen Häftling, der am Leben und offensichtlich Teil der Mannschaft war, die die Öfen in Betrieb halten mussten. Der Gefangene, so erzählte Dey, habe auf eine der Leichen gezeigt und ihn gefragt, ob er den Toten kenne. Er habe verneint. »Das war der Oberkapo aus der Baracke«, erklärte der Häftling. »Das war ein guter Mann.«

»War der Ofen in Betrieb?«, fragte Meier-Göring nun.

»Weiß ich nicht mehr.«

»Haben Sie gesehen, wie die gestorben waren?«

»Habe ich nicht gesehen.«

»Was wurde denn gemunkelt, was drinnen zu sehen war?«

»Das weiß ich nicht mehr. Kann ich nichts zu sagen.«

»Das haben Sie ja eben gesagt [dass etwas gemunkelt wurde]?«

»Es wurde gesagt, dass dort die Leichen verbrannt werden. Aber wie und auf welche Art, das wusste ja auch keiner von der Bewachung von unserer Seite.«

Als sie merkte, dass sich Dey nicht bewegen würde, änderte die Richterin die Stoßrichtung ihrer Frage. Was hatte Dey gedacht

und gefühlt, als er sah, was sich im Inneren des Krematoriums abspielte?
»Wie kann ich Gedanken und Gefühle jetzt erklären? Das kann ich nicht erklären. Das weiß ich nicht. Es war grausam, was man da gesehen hat.« Dey schwieg. »Weiß ich nicht.«
»War das eines der Bilder, das Sie nicht losgelassen hat in den letzten Jahren?«
»Das ist eines der Bilder, das immer wieder ... wenn etwas wach gerüttelt wurde ...« Dey verlor den Faden. Und plötzlich wurde er zornig: »Und ich war froh, bevor jetzt dieses hier begann.«
»Dieses Verfahren hier?«, fragte Meier-Göring.
»Bis dieses Verfahren begann. Ich war froh, dass ich das ziemlich verarbeitet hatte. Dass ich dadurch ein bisschen Ruhe hatte. Jetzt wird wieder alles aufgewühlt. Alles, was man selber gar nicht mehr weiß oder sich nicht daran erinnert. Dass diese ganzen Grausamkeiten in einem wach gerüttelt werden. Der ganze Lebensabend wird dadurch zerstört ...«
»Herr Dey!«
»So habe ich mir mein Alter nicht vorgestellt. Trotz alledem ...«
»Herr Dey!«
Meier-Göring unterbrach Deys Anfall von Selbstmitleid mit ungewöhnlicher Schärfe. Bis dahin war sie mit dem Angeklagten äußerst geduldig und nachsichtig gewesen. Sie ließ seinen Erinnerungen freien Lauf und ihm selbst so manche unglaubwürdige Behauptung durchgehen. Doch sie hatte nicht die Absicht, einem Mann, der beschuldigt wurde, Beihilfe zu einem Massenmord geleistet zu haben, zu erlauben, sich als Opfer darzustellen. Sie sprach jedoch keine strenge Rüge aus, sondern appellierte an Dey, an die Opfer und ihre Familien zu denken – und wie deren Leben nach Stutthof ausgesehen habe. »Die Menschen, die sich dort im Lager befunden haben, die dorthin deportiert worden

waren, die haben das ihr ganzes Leben auch mitgetragen«, erinnerte sie ihn. »Und wir haben am Anfang des Verfahrens gehört, dass das für die Gefangenen wichtig ist, dass die Vergangenheit eben nicht vergessen wird, sondern dass wir uns damit beschäftigen. Was sagen Sie denn dazu? Können Sie das denn verstehen?«
Dey wirkte geknickt. Der kurze Moment der Wut und des Selbstmitleids war vorbei. »Es ist schon so viel darüber gesprochen worden«, antwortete er kraftlos. Seine Stimme wurde leiser. »Die Vergangenheit ...«, murmelte Dey kaum vernehmlich.
Schließlich schritt sein Anwalt Waterkamp ein. »Ich denke, eine Pause wäre ganz angemessen«, erklärte er der Richterin.
Dey erhielt nur eine kurze Atempause. Nach der Unterbrechung wechselte Meier-Göring das Thema, doch der Druck auf den Angeklagten blieb bestehen. Was, fragte sie, habe er über die Judenvernichtung gewusst?

»Eigentlich ganz wenig oder gar nichts«, antwortete Dey. »Ich wusste wohl, dass die Juden von ihrem Eigentum abgeholt wurden oder aus der eigenen Wohnung oder ihrem Geschäft. Aber wo die dann hinkamen, das wusste ich nicht.« Deys mangelnde Neugier war erneut frappierend, auch wenn sie alles andere als ungewöhnlich war. Nach dem Krieg beteuerten Millionen Deutsche in ähnlicher Weise ihr Unwissen. Sie hatten gesehen, wie ihre jüdischen Nachbarn verfolgt und ausgegrenzt wurden, wie man ihnen ihre Rechte und ihr Eigentum raubte. Dann sahen sie, wie sie am helllichten Tag unter den immer schriller werdenden antisemitischen Reden führender Nazis zu Tausenden deportiert wurden. Natürlich wusste nicht jeder von den Konzentrationslagern, und als Bäckerlehrling kann der junge Dey durchaus ahnungslos gewesen sein. Einem heutigen Publikum jedoch erschien die offensichtliche Gleichgültigkeit dem Schicksal der verschwundenen Juden gegenüber dennoch herzlos.

Anne Meier-Göring, die Vorsitzende Richterin im Dey-Prozess in Hamburg

Meier-Göring hielt den Druck aufrecht. Hatte er von Auschwitz oder anderen Konzentrationslagern gehört, bevor er nach Stutthof gekommen war? Nein, hatte er nicht. Hatte er je mit seinen Eltern über diese Dinge gesprochen? Nein, hatte er nicht. Nachdem er sein Zuhause verlassen hatte, um seine Bäckerlehre in Danzig aufzunehmen, war er nur alle zwei Wochen nach Hause gekommen. »Ich habe mir frische Wäsche geholt. Meine Mutter hat meine Wäsche für mich gemacht«, erklärte Dey. »Wir hatten eine kleine Landwirtschaft zu Hause. Meine Eltern waren total ausgelastet, von morgens bis abends waren die bei der Arbeit. Wenn ich mal nach Hause kam, hatte ich keinen Urlaub. Da habe ich mithelfen müssen. Da wurde über die Arbeit gesprochen, wie man das machen kann, aber nicht über Politik.«

»Aber Sie haben doch sicherlich mal über Hitler gesprochen?«

»Ja, über Hitler …«

»Was man von Hitler hielt, wie man den fand?«

»Haben wir darüber gesprochen? Das weiß ich nicht. Hitler, ja der hat am Anfang viel auf den Weg gebracht, der hat die Leute in Arbeit geführt, hat Straßen gebaut und aufgerüstet. Aber warum? Damit Deutschland wieder stark wird. Aber da hat man nicht geahnt, dass es zum Krieg kommt.«
»Aber Herr Dey, gab es denn auch eine negative Seite von Hitler, die in Ihrer Familie diskutiert wurde?«
»Nein. Ich sagte ja, wir haben über Hitler so gut wie gar nicht diskutiert. Mal ein Wort darüber, aber negativ oder positiv, das weiß ich nicht.«
Wieder einmal schien Deys Gedächtnis lückenhaft. Doch dafür, dass er oder seine Familie glühende Nazis gewesen waren, gab es kaum Anhaltspunkte. Seinem Vater war in der Tat selbst mit einer Inhaftierung in Stutthof gedroht worden. Dey behauptete jedoch, dass seine Vorstellung von dem Lager zunächst deutlich harmloser war als die mörderische Wirklichkeit, mit der er sich später konfrontiert sah. »›Konzentrationslager‹ war für mich erst mal ein Begriff, dass da Gefangene, Verbrecher und so drin waren. Und dass da Leute von anderen Parteien waren, die – na ja, wie soll ich das sagen? – belehrt wurden, dass ihre Gedanken falsch waren und so etwas.«
»So eine Art Umerziehung?«
»Ja, eine Umerziehung.«
»Das hatten Sie sich vorgestellt.«
»Das hatte ich mir vorgestellt.«
Deys mangelnde persönliche Begeisterung für das Hitler-Regime zeigte sich auch in seinen Bemühungen, nicht in die Hitlerjugend eintreten zu müssen. »Ich wollte in keine Gruppe rein«, erklärte er dem Gericht. »Mir gefiel auch das Marschieren und so etwas nicht. Deswegen bin ich da nicht hin, obwohl ich laufend von Schulkameraden gedrängt wurde.« Auch sein Vater

wollte, dass er sich von der nationalsozialistischen Jugendbewegung fernhielt. Dey trat aber schließlich doch ein, nachdem er von den Behörden zunehmend unter Druck gesetzt worden war. Kaum hatte er jedoch seinen Mitgliedsausweis, nahm er nie wieder an einem Treffen oder anderen Aktivitäten der Hitlerjugend teil. Auch später hatte er es nicht eilig, sich bei der Wehrmacht zu melden. Mehr als alles andere war ihm daran gelegen, sich bedeckt zu halten. Als Dey schließlich den Einberufungsbescheid zur Wehrmacht erhielt, erklärte er dem Militärarzt, dass er an einer Herzerkrankung leide und kampfuntauglich sei. Dey verwendete vor Gericht den Ausdruck »kriegsverwendungsfähig«, ein in seiner kühlen Präzision bemerkenswerter Begriff. Er wurde in ein Krankenhaus überwiesen, wo diese Diagnose bestätigt wurde – laut Dey war sie zum ersten Mal gestellt worden, als er noch zur Schule ging. Zurück in der Dienststelle der Wehrmacht, wurde seine Tauglichkeit von »kriegsverwendungsfähig« in »garnisonsverwendungsfähig« geändert, was bedeutete, dass er lediglich zum Wehrdienst in der Garnison eingezogen werden konnte. Dank seines Herzleidens, das ihm bis dahin (und auch später in seinem Leben) wenig Probleme bereitete, musste Dey nicht an die Front. Seine Chancen, den blutigsten Krieg der Geschichte zu überleben, waren damit drastisch gestiegen.

Deys Version der Ereignisse konnte weder bestätigt noch widerlegt werden. Doch die Musterung in Danzig war eine entscheidende Weichenstellung auf seinem Weg. Die Abzweigung, die er wählte – oder die ihn wählte –, führte ihn weg vom Krieg, aber hinein ins Konzentrationslager Stutthof und schließlich sieben Jahrzehnte später in diesen Hamburger Gerichtssaal. Hätte er den Militärarzt nicht von seinem Herzleiden überzeugen können, wäre er wie Millionen andere junge Männer an die Front geschickt worden. Er hätte getötet oder wäre getötet worden und wäre womöglich in andere Gräueltaten an der Front oder in der Nähe der Front hineingezogen worden. Doch hätte er mit ziemlicher Sicherheit kein Konzentrationslager von innen gesehen und keine SS-Uniform getragen.

Dey wurde nach Stettin versetzt, wo er die militärische Grundausbildung erhielt. Er gehörte zu einer Gruppe von Männern, die wie er kampfuntauglich gemustert waren. Dey lernte den Gebrauch einer Waffe und Marschieren. Nach sechs Wochen war die Grundausbildung abgeschlossen.

Der Angeklagte sah inzwischen erschöpft aus. Fast drei Stunden hatte die Verhandlung bislang gedauert, und Stefan Waterkamp, Deys Anwalt, hatte bereits vor einer Weile die Vertagung beantragt. Schließlich gab Meier-Göring dem Antrag statt.

»Meine letzte Frage: Was haben Sie denn gedacht, was nach der Ausbildung mit Ihnen passiert?«

»Dass ich irgendwo zur Wache eingeteilt werde. Was man bewachen sollte, war nicht bekannt, also ob Gefangene oder irgendwelche Rüstungswerke. Wo eben Bewachung gebraucht wurde.«

Wie sich herausstellte, war eine lange Zugfahrt weiter östlich, in der Nähe seiner Heimatstadt Danzig, sein Wachdienst erforderlich: im Konzentrationslager Stutthof.

Kapitel 5

DAS HOCHZEITSFOTO

An einem Spätsommerabend sitze ich mit meinen Eltern im Wohnzimmer des Hauses, in dem ich aufgewachsen bin. Alles hier ist mir vertraut, von dem dicken cremefarbenen Teppich unter meinen Füßen bis zu dem etwas unbequemen Sessel mit der kurzen Lehne, auf dem ich sitze. Hinter der Glasschiebetür liegt der geliebte Garten meiner Eltern mit dem knorrigen alten Walnussbaum, der zu dieser späten Stunde jedoch in Dunkelheit gehüllt ist.

Drinnen hat meine Mutter einen Schuhkarton mit alten Fotos auf dem Schoß, die wir eins nach dem anderen betrachten und uns gegenseitig reichen. Es sind die üblichen Fragen, die wir stellen: Wer ist das? Wo wurde das Foto aufgenommen? Was haben sie damals gemacht? Eine verblichene, wohl über 100 Jahre alte Aufnahme zeigt meinen deutschen Urgroßvater in seiner Uniform aus dem Ersten Weltkrieg. Ein späteres Foto zeigt ihn wieder in Uniform, diesmal während des Zweiten Weltkriegs. Er trägt das Eiserne Kreuz, das ihm im Ersten Weltkrieg verliehen wurde. Neben ihm sitzt sein ältester Sohn Helmut, mein Großonkel, ein Luftwaffenoffizier, dessen Flugzeug 1941 über Nordafrika abgeschossen wurde. Er ist der einzige meiner deutschen Verwandten, der im Krieg gefallen ist, aber er ist bis heute sehr präsent. Seine Schwester Dorothea, die ihren Lieblingsbruder betrauerte, ehrte sein Andenken, indem sie ihren ersten Sohn – meinen Vater – nach ihm benannte. Die Überreste des ungekannten Großonkels, des ersten Helmut, liegen bis heute in einem Sandgrab in Tunesien.

Die meisten Fotos aus dem Schuhkarton zeigen unschuldige Situationen: eine Weihnachtsfeier in den 1950ern, Familientreffen in den 1960ern, längst verstorbene Onkel und Tanten, die mich über die Distanz vieler Jahre hinweg in Sepia anstarren. Doch wir suchen ein bestimmtes Foto, an das ich mich aus meiner Kindheit vage erinnere, das ich aber seit Jahrzehnten nicht mehr gesehen habe: das Hochzeitsfoto meiner Großeltern. Ich will es mir noch einmal ansehen, um eine Frage zu beantworten, die in jeder deutschen Familie seit mindestens zwei Generationen gestellt – und oft genug nicht beantwortet – wird: War Opa ein Nazi?

Ich erinnere mich an das Schwarz-Weiß-Foto, das in einem Rahmen auf dem Bücherregal im Wohnzimmer meiner Großeltern stand. (Oder stand es auf dem Nachttisch am Bett?) Ich sehe meine Großmutter Dorothea in einem schlichten weißen Kleid neben ihrem Ehemann stehen. Und ich erinnere mich an Rupert, meinen Großvater, der eine Art Uniform mit einer Hakenkreuzarmbinde trägt. Ich kann mich nicht erinnern, dass je über das Foto – oder die Armbinde und ihre Bedeutung – gesprochen wurde. Nicht einmal jetzt bin ich mir sicher, was sie bedeutet. Beweist diese Armbinde, dass er in der NSDAP war, oder gehörte sie einfach zur Uniform? War es seine Entscheidung, zur Hochzeit Uniform zu tragen, oder war dies im vorletzten Kriegsjahr vorgeschrieben?

Ich möchte vorwegschicken, dass es mir nicht darum geht, ihn zu entlasten. Rupert ist so lange tot, und meine persönlichen Erinnerungen an ihn liegen so weit zurück, dass ich keine emotionale Bindung zu ihm habe. Doch nachdem ich so viele Monate Bruno Deys Prozess beobachtet habe, will ich unbedingt mehr über meinen Großvater erfahren, der 16 Jahre älter war als Dey, aber mit moralischen Dilemmata konfrontiert gewesen sein dürfte, die sich von denen des Angeklagten in Hamburg wohl nicht allzu sehr unterschieden. Soweit ich weiß, setzte mein Großvater nie einen Fuß in ein Konzentrationslager; auch gibt es keinerlei Belege dafür, dass er in Massentötungen von Zivilisten verstrickt war, die die Nazis in den von ihnen besetzten Gebieten verübten. Sicher kann ich jedoch nicht sein. Ich frage mich auch, ob Rupert sich anders verhalten hätte, wenn er in Bruno Deys Haut gesteckt hätte. Wenn ich mir Deys Enkel so ansehe, wie sie die Gerichtsverhandlungen an seiner Seite verfolgen, muss ich mich fragen, ob auch mein Opa auf der Anklagebank hätte sitzen können.

Nachdem wir Dutzende Bilder von Geburtstagsfeiern und Ausflügen durchgesehen haben, finden wir das Foto. Es stammt vom 8. Januar 1944 und muss in Rosen aufgenommen worden sein, einer Kleinstadt in Oberschlesien, wo die beiden geheiratet hatten. Rosen war Teil des Deutschen Reiches, wurde nach dem Krieg aber polnisch und heißt heute Rożnów. Das Foto zeigt eine schüchtern wirkende Dorothea, meine Großmutter, mit einem Strauß Blumen in der Hand. Sie steht mit ihrem frisch angetrauten Ehemann in einem furchtbar düsteren Raum mit schweren Möbeln – es gibt kein natürliches Licht, das die dunkle Tapete aufhellen würde. Auf der rechten Seite ist ein Sofa oder eine Schlafcouch zu erkennen, und vor einem Fenster steht eine Kommode. An der Wand hinter dem Paar befinden sich drei Ziergegenstände: eine Jagdtrophäe, das gerahmte Bild eines Hirschs und ein ovales Porträt Paul von Hindenburgs, des Generalfeldmarschalls aus dem Ersten Weltkrieg, der später als letzter Reichspräsident der Weimarer Republik die verhängnisvolle Entscheidung traf, Adolf Hitler zum Reichskanzler zu ernennen. Rupert steht auf dem Hochzeitsfoto rechts und näher an der Kamera, er hat einen Säbel umgehängt und trägt eine Militärmütze in seiner linken Hand. Ein leichtes Lächeln liegt auf seinem Gesicht. Und da ist auch, wie ich es richtig in Erinnerung hatte, die Armbinde mit dem Hakenkreuz. Mit einem Vergrößerungsglas in der Hand suche ich das Foto nach weiteren Hinweisen ab und entdecke eine Hakenkreuznadel an seiner Brust sowie ein weiteres Emblem, das ein Breitschwert vor einem Hakenkreuz zeigt. Später finde ich heraus, dass dies das SA-Sportabzeichen ist, eine Auszeichnung für sportliche Leistungen. Die Uniform, die er trägt, ist die des Reichsarbeitsdienstes (RAD), einer Naziorganisation, die mit der Überwachung öffentlicher Arbeiten wie der Trockenlegung von Sümpfen und dem Bau von Infrastruktur beauftragt war. Einst verpflichteten die Nationalsozialisten Millionen junger Deutscher zu Arbeitseinsätzen im RAD – teils aus ideologischen Gründen, aber auch, um die Arbeitslosigkeit zu reduzieren –, doch sein Ansehen nahm im Lauf der Jahre ab, und schließlich spielte er keine große Rolle mehr. Während des Krieges unterstützte der RAD den Aufbau der militärischen Infrastruktur. Mein Großvater, so werde ich später erfahren, war dort Funktionär.

Dann entdecken wir ein zweites Hochzeitsfoto. Diesmal eine Nahaufnahme des Paares, auf dem Ruperts Arm mit der Hakenkreuzbinde abgeschnitten ist. Durch die Lupe kann ich auf der Brusttasche seiner Uniformjacke einen winzigen Fleck erkennen. Irgendetwas wurde herausgekratzt und hat einen kleinen, aber sichtbaren Fleck verursacht. Er befindet sich an exakt der Stelle, wo auf dem größeren Foto die Hakenkreuznadel zu sehen ist. Jemand – höchstwahrscheinlich mein Großvater oder meine

Großmutter – musste später wohl der Meinung gewesen sein, man sollte zumindest ein Foto ohne Nazisymbole haben. Angesichts der Tatsache, dass sie später keine Bedenken hatten, das größere Foto aufzustellen – auf dem man die Hakenkreuzbinde deutlich sieht –, verwirrt mich der Versuch, die Aufnahme zu »säubern«. Vielleicht stammt die Korrektur aus der unmittelbaren Nachkriegszeit, als die Furcht vor den Vergeltungsmaßnahmen der Alliierten am größten war: Millionen Deutscher hatten nach 1945 ähnliche Fotos in ihren Schubladen, und verglichen mit so manch anderen Uniformen, die mit der Kamera festgehalten worden waren, hätte die meines Großvaters bei den Zeitgenossen kaum zu einem Achselzucken geführt. Dennoch erzählt die Kratzspur eine Geschichte: Da wollte jemand seine Biografie korrigieren, um einen Makel zu entfernen. Mir wird bewusst, dass ich meinem Großvater, den ich vor allem als einen schweigenden Mann kannte, näher komme denn je: Ja, er war ein Nazi. Und zumindest einen flüchtigen Moment lang wollte er – oder jemand ihm Nahestehendes – nicht, dass seine Mitwelt davon erfuhr.

Rupert Buck starb 1984, als ich gerade acht Jahre alt war. Er war viele Jahre krank gewesen und sein Verstand durch Demenz getrübt, lange bevor ich ein sinnvolles Gespräch mit ihm hätte führen können. Er hatte in der Buchhaltung einer lokalen Eisengießerei gearbeitet, aber einige Jahre vor meiner Geburt aufgehört zu arbeiten. Ich erinnere mich nur an sein hartes Gesicht ohne jegliches Lächeln, an seine grüblerische Erscheinung am Esstisch und seine Angewohnheit, zu mir in den Garten zu kommen, wenn ich Fußball spielte. Als begabter Sportler in seiner Jugend war unser Kicken für ihn vielleicht die einzige Möglichkeit der Kommunikation mit seinem Enkel. Rupert wirkte unglücklich und verwirrt, aber das könnte ebenso eine Projektion sein wie eine Erinnerung. Jedenfalls war er eine Randerscheinung in einer

Welt, die ansonsten voller kindlicher Vergnügungen war. Ich war gern in der geräumigen Wohnung am Stadtrand von Ehingen, einer schwäbischen Kleinstadt. Der Fernseher war viel größer als unserer zu Hause, und es gab weniger Restriktionen, wie viel Zeit ich davor verbringen durfte. Vor allem aber gab es die Küche, in der meine Großmutter so köstliches und reichhaltiges Essen kochte, dass ich mich noch heute an den Geschmack erinnere. Es gab Apfelkuchen mit Butterstreusel, mit Essiggurken und Schinkenspeck gefüllte Rindsrouladen, selbst gemachte Himbeermarmelade und lokale Spezialitäten wie Maultaschensuppe, Bärentatzen – üppige Schokokekse mit Zuckerguss – und Brot mit dem seltsamen Namen »Seelen« – baguetteähnliche, fluffige Brötchen, die mit Salz und Kümmel bestreut sind. Auf meine Schwester und mich warteten bei unserer Ankunft immer zusätzliches Taschengeld und Schokolade, Schoko- und Zuckereier an Ostern und Berge selbst gebackener Plätzchen an Weihnachten. Auf die Süßigkeiten kam es an. Nicht auf die Familiengeschichte – jedenfalls nicht damals, und für mich schon gar nicht.

Heute ist das anders, aber nun ist es zu spät, die Fragen zu stellen, auf die es ankommt. Mir ist schmerzlich bewusst, wie wenig ich über Rupert weiß oder darüber, warum er bei seiner Hochzeit die Hakenkreuzbinde tragen wollte. Auch meine Großmutter ist vor langer Zeit gestorben, ebenso wie andere Zeitgenossen. Alles, was ich noch von Ruperts persönlichen Dingen in unserem Besitz finden kann, sind ein paar Papiere und Dokumente: seine Geburts-, die Heirats- und die Sterbeurkunde, ein Schulzeugnis, ein paar Briefe und Zeitungsartikel sowie ein handgezeichneter Familienstammbaum. Zu dieser lückenhaften Sammlung gehört auch eine Kopie des berüchtigten Ariernachweises, den die Nationalsozialisten als offiziellen Nachweis einforderten, dass der Besitzer keine jüdischen Vorfahren hatte. In Ruperts Nachweis werden die Namen und Berufe seiner Eltern und Großeltern aufgelistet sowie eine Bestätigung, dass sie alle Mitglieder der römisch-katholischen Kirche waren. Die Namen auf dem Nachweis sagen mir nichts, auch meinem Vater nicht, aber sie verweisen auf ein Leben, das man sich heute nur schwer vorstellen kann – eine Welt im späten 19. Jahrhundert von katholischen Bauern, die katholische Frauen aus denselben Dörfern und Städten heirateten und am selben Ort starben, an dem sie geboren wurden. Ich bin erstaunt, wie jung einige starben. Ruperts Großmutter mütterlicherseits, Katharina, wurde nur 30 Jahre alt. Mein Großvater wuchs auf, ohne seine Großeltern gekannt zu haben, die alle längst tot waren, als er 1910 zur Welt kam.

Es ist verlockend, die großen Lücken in der Biografie meines Großvaters mit Spekulationen zu füllen, aber klar zu sein scheint, dass Rupert ein ungewöhnlich intelligenter und zielstrebiger junger Mann war. Trotz seiner einfachen Herkunft – sein Vater war Stellwärter bei der Eisenbahn – schaffte er das Gymnasium und machte Abitur. Zur damaligen Zeit, in der Bildung noch nicht die breite Masse umfasste, war das eine bemerkenswerte Leistung: In den 1920er-Jahren erlangte nur ein Bruchteil der Schulabgänger – weniger als fünf Prozent – das Abitur.[44] Rupert besuchte keine Universität, aber es gelang ihm, zumindest für kurze Zeit, dem ländlichen Schwaben zu entkommen und nach Berlin zu gehen, wo er eine Buchhandelslehre begann. Ich finde kaum Dokumente aus der Zeit zwischen 1928 und der Hochzeit 1944 – nicht einmal ein Foto oder einen Brief. Diese entscheidenden Jahre, in denen Hitler die Macht übernahm und sich mein Großvater den Nazis anschloss, bilden eine einzige Leerstelle.

Offenbar komme ich hier nicht weiter. Ich frage meine Eltern, ob ich in ihren Schränken und Schubladen nach weiteren Dokumenten suchen darf. Ich bin mir fast sicher, dass es noch andere

Papiere gibt. Mir ist noch eine satirische Schülerzeitung aus den 1920er-Jahren in Erinnerung, die Rupert mit seinen Mitschülern geschrieben und herausgegeben hat. Und ich meine, einmal einen Brief von ihm aus dem Kriegsgefangenenlager gesehen zu haben. Mein Vater glaubt, einen Entnazifizierungsbescheid aufbewahrt zu haben, in dem Rupert als »Mitläufer« eingestuft wurde. Unter diesen bequemen Sammelbegriff wurde die große Mehrheit der Deutschen gefasst, die die Nazis unterstützt oder geduldet hatten, aber zu unbedeutend waren, um nach dem Krieg bestraft zu werden. Es waren die Millionen Parteimitglieder, NSDAP-Wähler und Sympathisanten, auf deren Unterstützung das Regime aufbaute. Heute gilt dieser Begriff als grobe politische Beleidigung und Synonym für moralisches Duckmäusertum. Nach dem Krieg jedoch war die Einstufung als Mitläufer eine Art Freibrief. Man war einer von Millionen, die sich einfach nur der Masse angeschlossen hatten.

Es wäre interessant, dieses Dokument jetzt noch einmal in Händen zu haben. Auf jeden Fall würde es wohl konkrete Informationen über die Verbindungen meines Großvaters zur Partei, das Jahr seines Eintritts und möglicherweise sogar darüber enthalten, welchen Rang und welche Funktionen er innehatte. Wir suchen überall – im Keller, auf dem Dachboden, unter Stapeln alter Papiere und Rechnungen. Nichts taucht auf.

Doch plötzlich wendet sich das Blatt. Wenige Monate nach dem Abend im Haus meiner Eltern sitze ich am Computer und gebe ein paar Begriffe in eine Suchmaschine ein. Ich werde zu einer Seite des Bundesarchivs weitergeleitet. Dort klicke ich mich durch eine Seite, deren Titel für ein Staatsarchiv reichlich gewagt klingt – mein Herz allerdings schneller schlagen lässt: »*War Opa ein Nazi?*«

Die Nationalsozialistische Deutsche Arbeiterpartei, wie die

NSDAP offiziell hieß, führte akribisch Buch über ihre Mitglieder. Waren es zu Beginn der 1920er-Jahre noch wenige Tausend, stieg ihre Zahl auf 850 000, als Hitler 1933 zum Reichskanzler ernannt wurde. Die Mitgliederzahl verdreifachte sich in Hitlers erstem Jahr an der Macht, und bis Kriegsende wuchs sie stetig weiter. Angesichts der drohenden Niederlage und der näher rückenden Truppen der Alliierten sollten die Unterlagen über die Mitgliedschaften vernichtet werden – doch die US-Armee entdeckte das Archiv am Stadtrand von München, bevor der Befehl ausgeführt werden konnte. Die Liste existiert bis heute und mit ihr die Namen von zehn Millionen NSDAP-Mitgliedern. Wenn ich mich nicht irre, müsste Rupert Bucks Name darunter sein.

Der Zugang zu der Parteiliste ist überraschend einfach: Ich muss auf der Website des Bundesarchivs lediglich ein Formular mit einigen wenigen persönlichen Daten ausfüllen. Ein paar Tage später erhalte ich eine Antwort von einem Berliner Archivar, der mich bittet, ein weiteres Onlineformular auszufüllen und mit meiner Unterschrift zu bestätigen, eine Gebühr von fünf Euro pro Viertelstunde Recherchearbeit im Archiv zu bezahlen.

Einen Monat nach meiner ersten Anfrage erhalte ich eine zweite E-Mail: Die Eintragungen über meinen Großvater wurden ausfindig gemacht. Als ich durch die Anhänge klicke, schaut mich Ruperts jugendliches Gesicht an, ein Foto, das vor mehr als acht Jahrzehnten aufgenommen wurde. Zudem gibt es einen Scan seines NSDAP-Mitgliedsausweises: ein zweiseitiges Dokument auf hellorangem Papier mit einem Foto meines Großvaters in seinen frühen Zwanzigern. Er trägt einen doppelreihigen Nadelstreifenanzug, einen Pullover mit V-Ausschnitt und eine gemusterte Krawatte. Die Seiten enthalten alle Informationen, nach denen ich gesucht habe: die Bestätigung, dass Rupert tatsächlich Parteimitglied war, und das Eintrittsdatum: 5. Mai 1933.

Seine Mitgliedsnummer war 3 578 524, das hieß, dass 3,5 Millionen Menschen vor ihm in die Partei eingetreten waren – aber auch, dass mehr als 6,5 Millionen länger durchgehalten hatten, bevor sie eintraten. Wie sich herausstellt, war Rupert also nicht nur ein Nazi, er war ein recht früher Nazi. Der Archivar teilt mir mit, dass keine Gebühren anfallen.

Ich bin weder schockiert noch überrascht, allenfalls seltsam irritiert darüber, dass ich es erst so spät herausgefunden habe. Warum hatte ich nie gefragt? Warum hatten meine Eltern nie gefragt? Ich denke an meinen Besuch in Auschwitz zurück, als ich 14 Jahre alt war. Damals war meine Großmutter noch gesund und munter. Damals suchte und interviewte ich Holocaustüberlebende, aber meine eigenen Verwandten danach zu fragen, was sie wussten – und was sie damals getan oder nicht getan hatten –, war mir nie in den Sinn gekommen. Das Fehlen jeglicher Auseinandersetzung und Nachforschung, das große, beschämende Schweigen über die Vergangenheit war nach dem Krieg freilich allgegenwärtig. Und in vielen Familien, offenbar auch in meiner eigenen, hielt es deutlich länger an, als es das hätte sollen.

Man darf nicht vergessen, dass zur selben Zeit durchaus Gespräche über manche Aspekte der Vergangenheit geführt wurden. Als meine in London geborene englische Mutter in den späten 1960er-Jahren die Familie ihres künftigen Ehemannes kennenlernte, fiel ihr ein deutlicher Kontrast auf: Die Deutschen redeten geradezu zwanghaft über den Krieg, insbesondere über ihre Kriegserlebnisse, ihre Verluste und die Zerstörungen. Die Onkel meines Vaters, die fast alle zu jung gewesen waren, um im Krieg zu kämpfen, erzählten haarsträubende Geschichten davon, wie sie in den Ruinen nach nicht explodierten Sprengkörpern gesucht und sie aus Spaß zum Explodieren gebracht hatten. Meine Großmutter sprach von ihrer verzweifelten Flucht vor den Truppen der Roten Armee aus Oberschlesien. Gerade noch rechtzeitig von meinem Großvater gewarnt, war es ihr gelungen, meinen wenige Tage alten Vater einzupacken und mit einem der letzten Züge aus der umkämpften Region zu fliehen. Die Temperaturen lagen unter null, und – so ging die Geschichte – wer unterwegs starb, darunter auch Babys, wurde aus dem fahrenden Zug geworfen. Es ist schwer zu sagen, inwieweit diese Geschichten ausgeschmückt oder gar umgedeutet wurden. Aber eines fiel meiner Mutter schon damals auf: Es herrschte keinerlei Bewusstsein für die Verluste und die Zerstörung, die Nazideutschland anderen zugefügt hatte – oder für die Tatsache, dass der Krieg ohne Provokation von außen allein von ihrem Land ausgegangen war. In den seltenen Fällen, in denen die Shoah zur Sprache kam, so erinnert sich meine Mutter, wurde das Thema schnell unter den Tisch gekehrt. Und hätten nicht schließlich die Briten, so wurde sie gefragt, im Burenkrieg das Konzentrationslager erfunden?

Diese seltsame Geschichtsverdrehung war typisch für die Nachkriegszeit, in der eine Nation von Tätern in der eigenen Opferrolle schwelgte. In vielen Familien, nicht zuletzt in meiner eigenen, war die verzerrte Sichtweise persönlichen Erfahrungen geschuldet. Sie hatten Schweres durchgemacht, während des Krieges genauso wie in den Folgejahren. Dieses Leiden anzuerkennen, bedeutet freilich keine ungerechtfertigte Gleichsetzung oder gar Rechtfertigung für die fehlende Empathie mit den Opfern Deutschlands nach dem Krieg. Aber ich glaube, es erklärt in gewisser Weise das Schweigen – und das offenkundige Fehlen von Reue oder Schuldgefühlen. Meine Großmutter Dorothea verlor nicht nur ihren Bruder, sondern auch ihr Zuhause in Schlesien, das sie nie wiedersah. Ihr Mann Rupert, der Mann mit der Hakenkreuzbinde, bezahlte ebenfalls einen hohen Preis für die deutschen Verbrechen. Wie Millionen uniformierter Deutscher war er in den letzten Kriegsmonaten von den Alliierten gefangen genommen worden. Er beschreibt in einem der wenigen Briefe aus dem sowjetischen Kriegsgefangenenlager, den wir noch haben, seinen Leidensweg: Er war Teil eines letzten Einsatzkommandos, das den Vormarsch der Amerikaner im Sudetenland, auf dem Gebiet der heutigen Tschechischen Republik, aufhalten sollte. Nach dem, was er als »Zusammenbruch« bezeichnete – ich nehme an, damit meinte er die Kapitulation Deutschlands und Hitlers Selbstmord –, ergaben sich Rupert und seine Kameraden den Amerikanern, die ihn umgehend den russischen Streitkräften in der Nähe auslieferten. Das war großes Pech: Deutsche Soldaten, die bei den Amerikanern oder Briten in Gefangenschaft gerieten, hatten deutlich bessere Überlebenschancen als diejenigen, die von Stalins Roter Armee gefangen genommen wurden. Von den mehr als drei Millionen Kriegsgefangenen in der Sowjetunion ist ein Drittel nicht mehr zurückgekehrt. Die meisten verbrachten viele Jahre in den über die gesamte UdSSR verteilten Lagern. Sie schufteten als Zwangsarbeiter mit äußerst schlechter Verpflegung und kaum medizinischer Versorgung. Die meisten von ihnen dürften die mörderischen Bedingungen gekannt haben, unter denen sowjetische Kriegsgefangene in Nazideutschland festgehalten wurden, ganz zu schweigen von dem unendlichen Leid, das sie der Sowjetunion zugefügt hatten. In den vier Jahren eines brutalen Krieges an der Ostfront legten die SS und die Wehrmacht weite Teile Zentral- und Osteuropas in Schutt und Asche und töteten mehr als 27 Millionen sowjetische Soldaten und Zivilisten. Es gab keinen Grund, warum die deutschen Kriegsgefangenen hätten mit Milde rechnen können – die ihnen denn auch nicht gewährt wurde. Mein Großvater schreibt in seinem Brief: »Ich lernte das erste Mal in meinem Leben den Hunger kennen, der mir von da an die meiste Zeit ein treuer Begleiter wurde. Nach vier Wochen hatte ich das Pech, schwer ruhrkrank zu werden. Ich schwebte vierzehn Tage in Lebensgefahr, aber meine Fähigkeit und nicht zuletzt mein starker Wille, nicht auf diese Weise zu krepieren, halfen mir nach über zwei Wochen wieder auf die Beine.« Der Brief war von April 1948. Drei Jahre nach der Kapitulation Deutschlands und seiner eigenen war Rupert noch immer in russischer Gefangenschaft.

Sechs Monate nach diesem Brief, so wird es in der Familie erzählt, kam mein Großvater schließlich nach Hause. Er habe Narben auf seinem Rücken gehabt und konnte sich nur an ein einziges russisches Wort erinnern: *Rabota!* Arbeite!

Ein Jahr nach unserer Sichtung der Fotos im Schuhkarton ruft mich meine Mutter mit aufregenden Neuigkeiten an. Sie hat in einer anderen längst vergessenen Schublade gefunden, wonach ich die ganze Zeit gesucht habe: eine durchsichtige Plastikmappe mit Dutzenden vergilbten Blättern, hand- und maschinengeschriebenen Briefen, amtlicher Korrespondenz und Gerichtsdokumenten, die Rupert betreffen. Offenbar werde ich doch noch mehr über meinen Großvater erfahren.

Als ich die Mappe zu Hause in London endlich öffne, entdecke ich zwischen den brüchigen Papieren einen handgeschriebenen Lebenslauf, den mein Großvater nach dem Krieg verfasst hat, als er auf Arbeitssuche war. Endlich lässt sich genauer nachvollziehen, was er wann getan hat. Das Dokument erwähnt seine Lehre in Berlin, aber auch, dass er nach nur drei Monaten nach Hause zurückkehren musste, da das Unternehmen aufgrund des plötzlichen Todes des Inhabers aufgelöst wurde. Anschließend arbeitete er im örtlichen Postamt; weiter gab er an, ein Jahr »als Soldat in der Politischen Bereitschaft« verbracht zu haben, bevor er in der örtlichen Buchhandlung tätig war und schließlich beim bereits erwähnten Reichsarbeitsdienst. Dort schlug er »eine Verwaltungslaufbahn« ein, über die er stolz notierte, dass er dort eine Ausbildung in allen Verwaltungsbereichen absolviert habe, von der Buchhaltung bis zur Verwaltung der Lebensmittelversorgung und der Lohnabrechnung. Ganz am Ende seiner Ausführungen mache ich eine überraschende Entdeckung. »Parteimitglied war ich von 1933–1945, Angehöriger der SS von 1933–1935.« Mein Großvater war nach eigenen Angaben also nicht nur Parteimitglied, sondern auch in der SS. Das ist mir neu – und ich frage mich, was diese Papiere noch ans Tageslicht bringen werden.

Das vielleicht wichtigste Dokument in der Mappe stammt vom 25. August 1949 und wurde vom sogenannten Staatskommissariat für die politische Säuberung in Württemberg-Hohenzollern erstellt, der Region, in der Rupert und seine Familie lebten. Es enthält das Urteil im Entnazifizierungsverfahren meines Großvaters, das Teil eines äußerst ambitionierten Programms der Alliierten war, um die NS-Ideologie restlos auszumerzen und Kollaborateure und Unterstützer des Hitler-Regimes zu identifizieren. Sondergerichte, die sogenannten Spruchkammern, stuften die Deutschen in verschiedene Kategorien ein – von »Hauptschuldigen« und »Belasteten« bis zu »Mitläufern« und »Entlasteten« – und verhängte entsprechende Geldbußen und Strafen, die sich von strafrechtlichen Sanktionen unterschieden. So wurde beispielsweise das Vermögen der Beschuldigten eingezogen, sie durften keine politischen Ämter übernehmen oder in den öffentlichen Dienst eintreten, es wurde ihnen das Wahlrecht entzogen oder eine einfache Geldstrafe verhängt. Die Entscheidung oblag in der Regel Deutschen, die in diesen Spruchkammern tätig waren und denen die Alliierten glaubten, keine Verbindung zum NS-Regime gehabt zu haben.

In Ruperts Fall führte das Verfahren wie erwähnt zu seiner

Eingruppierung als Mitläufer, ein häufiges Ergebnis. Nur ein Bruchteil der 3,5 Millionen entnazifizierten Deutschen wurde als Hauptschuldige oder Belastete eingestuft. Mein Großvater wurde bis 1. April 1950 für die Ausübung eines gewählten Amtes gesperrt (weniger als acht Monate nach der Entscheidung) und mit einer Geldbuße von 30 D-Mark belegt. Die finanzielle Strafe schien also eher mild zu sein: Das monatliche Durchschnittseinkommen lag damals bei etwa 240 D-Mark.[45]

In dem Schreiben finde ich auch die Bestätigung, dass Rupert tatsächlich zwei Jahre lang Mitglied der SS war. Das Urteil listet alle Naziorganisationen, denen er angehört hatte, fein säuberlich auf, darunter auch seine Parteimitgliedschaft von 1933 bis 1945 und seine Mitgliedschaft im Reichsarbeitsdienst von Oktober 1935 bis Mai 1945. In Klammern führt das Dokument weitere Details an: Offenbar war er von Juni 1933 bis Ende Dezember 1935 in Ellwangen Mitglied der Polizeibereitschaft, zur selben Zeit, in der er SS-Mitglied war. Und laut diesem Dokument war er »im Jahre 1935 aus der SS wegen Meuterei ausgeschlossen worden« – dieser Tatsache schien die Spruchkammer große Bedeutung beizumessen. Für die neun Männer der Entnazifizierungskammer, die die Akte meines Großvaters prüften, überwogen die Umstände seines Ausscheidens aus der SS offenbar die Tatsache, dass er so früh eingetreten war. Beim Weiterlesen stoße ich auf die folgende Passage: »Er sei politisch nicht hervorgetreten, habe auf Andersdenkende keinen politischen Einfluss ausgeübt, niemanden beschädigt oder denunziert […]. Da er aus der SS ausgeschlossen worden ist, darf angenommen werden, dass er dem Nazismus keine Begeisterung entgegengebracht hat. Da auch sonst nichts politisch Nachteiliges über ihn bekannt geworden ist, war festzustellen, dass er die nationalsozialistische Gewaltherrschaft nur unwesentlich unterstützt hat.«

Dies scheint mir eine erstaunlich wohlwollende Interpretation des vorliegenden Beweismaterials zu sein.[46] Auch wenn Rupert die SS lange vor der Formulierung und Umsetzung der genozidalen Politik des nationalsozialistischen Deutschlands verlassen hat, die Rolle dieser Organisation als skrupellose Vorhut eines totalitären Regimes stand damals bereits außer Zweifel. Die ersten Konzentrationslager, in denen politische Gegner festgehalten und bestraft wurden, waren bereits eingerichtet worden. Die Verfolgung der deutschen Juden war in vollem Gang. Was immer seine mutmaßliche »Meuterei« gegen die SS beinhaltet haben mag, seine folgende Karriere – und seine fortdauernde Parteimitgliedschaft – sprach eher nicht für einen Mann, der sich vom Regime distanziert hatte.

Die Bereitschaft, Milde walten und die Vergangenheit ruhen zu lassen, prägten jedoch das gesamte Entnazifizierungsverfahren. Die allgemeine Stimmung spiegelt ein anderes Dokument, das ich in der Mappe entdecke, sehr präzise wider. Es wurde einen Monat nach dem Entnazifizierungsbescheid ausgestellt und war eine Antwort auf ein Gnadengesuch, das Rupert beim Staatskommissariat eingereicht hatte. In wenigen Sätzen auf dem vergilbten Papier informierte ihn der Beauftragte, dass Gnadengesuche nicht an seine Stelle, sondern direkt an die französischen Militärbehörden zu richten seien (die damalige Besatzungsmacht in diesem Teil Deutschlands). Doch dann fügt das Kommissionsmitglied – ein Mann, der für die besagte »politische Säuberung« in der Region zuständig ist – als Ermutigung eine entlarvende Anmerkung hinzu: »Vergessen Sie nicht, dass Schuld an dem riesengroßen Unglück, das über Deutschland hereingebrochen ist, nur Hitler und alle seine Gefolgsmänner haben, nicht wir!« Das Wörtchen »wir« hat er durch Unterstreichung zusätzlich hervorgehoben.

Das häufigste Ergebnis der Entnazifizierungsverfahren war eine Entlastung, weshalb die Urteile damals gern als »Persilscheine« bezeichnet wurden. Man konnte sich unmittelbar reinwaschen, so wie es die berühmte Waschmittelmarke versprach. Im Fall meines Großvaters könnte die Spruchkammer noch aus anderen Gründen mit mehr Nachsicht auf seinen Lebenslauf geblickt haben: Er war erst vor Kurzem aus Russland zurückgekommen, wo er dreieinhalb Jahre unter elenden Bedingungen in Kriegsgefangenschaft verbracht hatte. Bei seiner Anhörung war Rupert noch als arbeitsunfähig eingestuft. In einem medizinischen Gutachten hieß es, dass er unter Muskelschwund, Rheuma, Darmentzündungen und schlechten Zähnen leide – alles eine Folge von Unterernährung. In einem anderen Gutachten werden Narben auf Rücken und Nacken erwähnt.

In den Unterlagen finde ich auch einen Stapel postkartengroßer Briefe, die er meiner Großmutter über das Rote Kreuz in Moskau aus der Gefangenschaft schickte. Es gibt auch einen Brief an Dorothea vom 10. Oktober 1946 von einem Heimkehrer, der zusammen mit Rupert in einer Kolchose in der Nähe von Tiflis im heutigen Georgien arbeiten musste. In dem Brief heißt es, Rupert sei drei Monate lang wegen Gelbsucht und Nierenproblemen »infolge Unterernährung« in der Krankenstation des Lagers gewesen, habe sich aber schließlich erholt. »Es bedrückte ihn sehr, daß wir im Lager nicht schreiben durften und somit über das Schicksal unserer Angehörigen nichts erfuhren. Schreiben Sie ihm bitte mal unter folgender Adresse: Kriegsgefangener Buck, Kriegsgefangenenlager 236 in Tiflis (Kaukasus) [...]. Ich hoffe, Ihnen hiermit einen kleinen Dienst erwiesen zu haben.«

Der erste Brief von Rupert selbst stammt vom 22. September 1946 und enthält nur einige kurze Sätze im Telegrammstil: »Es geht mir gut. Bin gesund. Hoffe dasselbe von Dir und Angehörigen. Wie geht es Klein-Helmut [meinem ein Jahr alten Vater]? Auf Wiedersehen.«

Die folgenden Briefe sind genauso kurz. Seine erste ausführliche Nachricht schrieb er erst am 7. März 1947, fast zwei Jahre nach Kriegsende und seiner Gefangennahme durch die Sowjets. »Liebe Thea, Nun ist es in 14 Tagen Frühlingsanfang. Ich hoffe, daß auch für uns Kriegsgefangene hier bald Frühling wird, d. h., daß wir in Bälde nach Hause kommen. Ich kann mir dieses Leben kaum mehr vorstellen. Drei Jahre hinter Stacheldraht und nun in einigen Monaten wieder frei sein, ohne Posten, ohne Stacheldraht, nicht mehr im fremden Land, in der Heimat, unter geliebten Menschen.«

Die Hoffnung auf baldige Freilassung sollte sich nicht erfüllen. Weiter treffen die winzigen Briefe ein, und erst im Herbst 1948 nimmt das Warten ein Ende. Rupert beschreibt die Hitze und sein Heimweh, doch meistens versucht er zu beruhigen: Er sei gesund. Er freue sich über die Nachrichten und die Bilder seines Sohnes. Er hoffe, bald zu den Freigelassenen zu gehören. Am 16. Mai 1948, mehr als drei Jahre nach der Kapitulation Nazideutschlands, schreibt er Dorothea zum Muttertag. Es muss Millionen solcher Briefe in den privaten und öffentlichen Archiven des Landes geben, dennoch ist Ruperts Schreiben bewegend – eines der wenigen Dokumente mit seiner winzigen, krakeligen Handschrift, die ich besitze: »Liebe Thea, Vergangenen Sonntag war Muttertag. An diesem Feste Dir, meiner lieben Thea, meinen herzlichen Glückwunsch. Unter Schmerzen und unter Umständen, die nicht schwerer sein konnten, hast Du unserem Jungen das Leben geschenkt. Dafür werde ich Dir immer Dank wissen. Auch Klein-Helmut wird Dir, wenn er größer sein wird, dieses Opfer anerkennen und Dich umso mehr in sein Herz schließen. Unsere Aufgabe wird sein, ihn in diesem Sinne zu erziehen und aus ihm einen brauchbaren Menschen zu machen. Liebe Thea, sprich auch meinem lieben alten Mütterlein und Deiner lieben Mutter meinen Dank aus. Hier kommt es einem erst so richtig zum Bewußtsein, was es heißt, noch eine Gattin, eine Mutter und Angehörige zu besitzen. Heute ist Pfingsten, hier ein Sonntag, wie so viele andere auch für uns ein Fest, das wir genauso feiern wie Ihr in der Heimat, ein Tag, an dem unsere Gedanken, Wünsche und Sorgen bei Euch sind. Und nun, liebe Thea, grüß mir alle Bekannten und Freunde. Auf ein baldiges Wiedersehen, Dein Rupert.«

Das Wiedersehen fand schließlich fünf Monate später statt. Rupert kehrte im Oktober 1948 aus Russland zurück, rund dreieinhalb Jahre nach Kriegsende und der Geburt seines Sohnes, eines Kindes, das er bislang nicht kennengelernt hatte. In der Familie wurde im Lauf der Jahre immer wieder die Geschichte erzählt, dass mein Vater mit Steinen nach Rupert warf, als dieser endlich zu seiner Familie nach Ehingen heimkehrte. Er hatte keine Ahnung, wer dieser seltsame, kranke Mann war.

Das ist alles, was ich über meinen Großvater, den Mann mit der Hakenkreuzbinde, weiß und je erfahren werde. Seine persönliche Geschichte ist außerhalb der Familie nicht von Bedeutung und nur insofern bemerkenswert, als sie so völlig unspektakulär ist. Die NSDAP hatte mehr als zehn Millionen Mitglieder und besaß die Unterstützung von vielen weiteren Millionen Wählern. In den allermeisten deutschen Familien gibt es einen Großvater, Vater oder Onkel wie Rupert Buck. Er war einer von zahllosen Deutschen, die das Regime stützten – und seine Befehle befolgten. Seine persönliche Geschichte zeigt eindringlich, warum es für die deutsche Gesellschaft und die deutsche Justiz so schwer war, sich nach dem Krieg mit den NS-Verbrechen auseinanderzusetzen. Für die meisten Deutschen, die in der NS-Zeit und im Zweiten Weltkrieg gelebt hatten, hätte ein rigoroserer Umgang mit der Schuld bedeutet, sich gegen ihre Brüder und Väter, ihre Tanten und Kusinen, ihre Freunde und Nachbarn zu stellen. Komplizenschaft war so allgegenwärtig wie Ausflüchte und Rechtfertigungen, sodass sowohl eine juristische wie eine breitere moralische Abrechnung verhindert wurden. Hatten sie alle lediglich Befehle ausgeführt? Hatten sie alle nicht gewusst, was wirklich geschah? Hatten sie alle in dieser schwierigen Situation versucht, ihr Bestes zu geben? Und hatten sie nicht ohnehin schon genug gelitten?

Rupert war kein Monster, und er war – streng juristisch gesehen – auch kein Verbrecher. Kein Gericht hat ihn verurteilt, und zu seinen Lebzeiten wäre auch niemand auf die Idee gekommen, einen einfachen Mitläufer wie ihn vor Gericht zu stellen. Die Mitgliedschaft in der NSDAP – so verabscheuenswürdig sie uns heute auch erscheinen mag – wurde nie als kriminelles Vergehen eingestuft. Und in den Nachkriegsjahren war sie wahrscheinlich noch nicht einmal peinlich. Nach allem, was wir wissen, ist es höchst unwahrscheinlich, dass Rupert aus seinem Umfeld je auch nur den geringsten Vorwurf erhalten hat. Wie das Schreiben des für die Entnazifizierung in seiner Region Zuständigen deutlich machte, waren schließlich »nicht wir« die Schuldigen. Menschen wie Rupert gab es millionenfach. Wenn ihn etwas unterschied, dann, dass er persönlich einen hohen Preis für die Verbrechen der Nazis zahlen musste.

Keine zwei Biografien sind gleich. Die Geschichte meines Großvaters mit der von Bruno Dey zu vergleichen, macht wenig Sinn. Rupert war zu Kriegsbeginn 30 Jahre alt, Dey zwölf. Mein Großvater war Parteimitglied und anfangs sogar bei der SS. Dey war nie in die Partei eingetreten und wurde nur aufgrund eines militärischen Befehls 1944 Mitglied der SS. Mein Großvater verbrachte die dunkelsten Jahre der Naziherrschaft allem Anschein nach in der Verwaltung des Reichsarbeitsdiensts. Dey fand sich in einem Konzentrationslager wieder. Es war vielleicht nichts als Zufall oder Glück, dass mein Großvater in einer Einrichtung des NS-Staates diente, die nicht direkt in die Massenmorde verwickelt war. Hätte ich ihn besser gekannt, könnte ich mir vielleicht einreden, dass er mehr moralische Stärke bewiesen hätte als Dey, dass er – im Unterschied zu dem Mann im Hamburger Prozess – Nein gesagt hätte. Aber ein solcher Mut war damals so selten wie heute.

Kapitel 6

»DER WEG IN DIE FREIHEIT FÜHRT NUR DURCH DEN SCHORNSTEIN«

Marek Dunin-Wąsowicz kam einige Monate vor Bruno Dey, am 25. Mai 1944, nach Stutthof. Abgesehen von ihrem Alter – sie waren beide 17 – hatten die jungen Männer nichts gemeinsam. Der eine war Pole und im Widerstand aktiv, der andere ein Deutscher, der der Besatzungsmacht diente. Der eine trug die grobe, gestreifte Kleidung eines Lagerhäftlings, der andere die Uniform der SS. Als Dey auf dem Wachturm mit dem Gewehr in der Hand seinen Dienst versah, kämpfte Dunin-Wąsowicz in den verdreckten, überfüllten Lagerbarracken ums Überleben. Damals wussten sie nichts von der Existenz des jeweils anderen. Sie standen sich in Stutthof nie wissentlich gegenüber. Das geschah erst ein ganzes Leben später, am 28. Oktober 2019, dem fünften Tag des Dey-Prozesses.

Dunin-Wąsowicz war der erste Stutthof-Überlebende, der im Hamburger Prozess als Zeuge aussagte. Sorgfältig gekleidet mit einem dunklen Anzug, dunkler Krawatte und weißem Hemd, nahm der 93-jährige ehemalige Journalist im Gerichtssaal Platz, begleitet von seinem Anwalt und einem amtlichen Übersetzer. Obwohl klein von Statur, machte Dunin-Wąsowicz dennoch eine eindrucksvolle Figur. Er sprach selbstbewusst und präzise und konnte aus einem erstaunlichen Gedächtnis und einem an Reflexion und Forschung reichen Leben schöpfen. Er erklärte dem Gericht, dass er den Opfern der Shoah gegenüber eine tiefe Verpflichtung empfinde und den vom Alter ungetrübten Willen, gegen Rassismus und Demagogie zu kämpfen. Er und der Angeklagte boten, damals wie heute, ein ganz und gar gegensätzliches Bild: Dey war vor Gericht zögerlich, schweigsam, vergesslich und hatte Schwierigkeiten, auf die Fragen der Richterin und der Staatsanwälte angemessen zu antworten. Dunin-Wąsowicz dagegen war wortgewandt, gründlich und platzte geradezu vor Fakten, Erinnerungen und Beobachtungen, die er dem Gericht unbedingt nahebringen wollte. Er nahm seine Pflicht als Zeuge ernst, sorgte aber auch für seltene Momente von Leichtigkeit und Charme, etwa als er der Vorsitzenden Richterin Komplimente über ihr Aussehen machte und sie als »Schönes Gericht« ansprach. In einem normalen Prozess hätte ihm dies sicherlich eine strenge Rüge eingebracht. So aber schenkte Meier-Göring dem nicht mehr ganz jungen Zeugen ein knappes Lächeln und fuhr fort.

Dunin-Wąsowicz beschrieb sich selbst als typisches »Warschauer Schlitzohr«: jemand, der schlau genug ist, Gelegenheiten rasch zu erkennen und seine Gewinnchancen auszurechnen. Er war gut im »Organisieren«, wie das unter Häftlingen hieß, wenn man zusätzliche Essensreste, ein anständiges Paar Schuhe oder eine zweite Jacke zu ergattern verstand. Dieses Talent erwies sich für seine Überlebenschancen als entscheidend. Aber er konnte sich selbst gegenüber auch brutal sein: Einmal quetschte er sich nach langen Stunden der Zwangsarbeit in den Wäldern rund um Stutthof absichtlich den Fuß unter einem Baum. Die schmerzhafte Verletzung führte ihn in die Krankenbaracke, wo ihn ein freundlicher Arzt wieder zu Kräften kommen lassen konnte.

Dunin-Wąsowiczs Martyrium und das seiner Familie hatte allerdings schon lange vor der Überstellung nach Stutthof begonnen. Seine Mutter, sein Vater und sein älterer Bruder waren im polnischen Widerstand gegen die Besatzung der Nazis aktiv. Als Jüngsten beauftragte man ihn vor allem mit kleineren Sabotageakten: Parolen an die Wände malen, Anschläge mit Bekanntmachungen der Deutschen zerstören, aber auch die Truppenbewegungen der Deutschen beobachten und verfolgen. Sein Bruder Krzysztof, der eine Offiziersausbildung in der polnischen Armee absolviert hatte, übernahm riskantere Missionen, während seine Eltern halfen, Geld für die illegalen Aktionen zu sammeln. Krzysztof wurde schließlich denunziert und im April 1944 mit der gesamten Familie verhaftet. Sie wurden alle gemeinsam in den berüchtigten Pawiak, ein Gefängnis im Zentrum Warschaus, gebracht. Krzysztof wurde gefoltert und zum Tod verurteilt, das Urteil wurde allerdings nie vollstreckt. Stattdessen brachte man die beiden Brüder nach Stutthof, wo Krzysztof – der nicht nur Deutsch sprach, sondern innerhalb des Lagers an polnische Netzwerke des Widerstands anknüpfen konnte – in der Lage war, sich um den jüngeren Marek zu kümmern. »Mein Leben war sehr eng mit meinem Bruder verbunden«, berichtete Dunin-Wąsowicz dem Gericht. »Er hat sich um mich gekümmert wie ein Vater um ein Kind. Mein Bruder hat sich im Lager in konspirativen Tätigkeiten engagiert, aber ich wurde da nicht mit einbezogen und hatte keine Informationen darüber. Nach dem Krieg hat mir mein Bruder gesagt, er war der Meinung, dass es umso besser für mich war, je weniger ich wusste.«

Als Marek nach der Genesung von seiner selbst zugefügten Verletzung aus der Krankenbaracke entlassen wurde, hatte sein Bruder dafür gesorgt, dass er in seine Baracke verlegt wurde, wo sie sich für den Rest ihrer Haftzeit eine Pritsche teilten. Die Brüder blieben zusammen und schafften es, gemeinsam bis zu dem Tag durchzuhalten, als das Lager evakuiert und die verbliebenen Gefangenen in den Westen, Richtung Deutschland gebracht wurden, weg von der vorrückenden Roten Armee. Auch dieses Martyrium überlebten die Brüder. »Wir sind Nebenwege gegangen, im kniehohen Schnee. Und bei sehr starkem Frost. Wir mussten die Nebenwege gehen, denn die Hauptstraßen waren voll von flüchtenden Deutschen und Wehrmachtstruppen, die sich zurückgezogen hatten«, erklärte der Zeuge vor Gericht. Es gab gute Gründe, warum die Evakuierungsmärsche aus den NS-Konzentrationslagern Todesmärsche genannt wurden, fügte er hinzu. Die Gefangenen hatten kaum etwas zu essen, und ihre Kleidung war völlig ungeeignet gegen die Kälte. Manche Anwohner versuchten, ihnen zu helfen und etwas zu essen zu geben, doch die SS hatte wenig Interesse daran, den verzweifelten Häftlingen Hilfe zukommen zu lassen. »Ich habe gesehen, dass Leute uns einen großen Kessel Suppe vorbereitet hatten, den sie uns brachten, als wir anhielten. Aber einer von den SS-Leuten, die uns bewachten, gab ihm einen Tritt, und die Suppe ist in den Schnee gekippt«, erzählte Dunin-Wąsowicz. Häftlinge, die erschöpft im Schnee liegen blieben, wurden von den SS-Leuten erschossen. »Es waren viele Leichen. Sehr viele.«

Von dem Augenblick an, in dem Dunin-Wąsowicz das Lager betreten hatte, war der Tod ständig präsent und eine tägliche Bedrohung: »Menschliche Leichen waren Alltag im Lager, an fast jeder Stelle. Bei jedem Morgenappell, da standen die Gefangenen in Fünferreihen, und daneben auf dem Boden die Leichen von denen, die an Hunger oder Erschöpfung gestorben waren. Täglich kam ein Sonderkommando von Häftlingen, die einen großen Wagen mit großen Rädern gezogen haben. Die haben die Leichen aufgesammelt und zum Krematorium gebracht.«

Dunin-Wąsowicz schilderte auch die entsetzlichen Details der öffentlichen Auspeitschungen und Hinrichtungen, die auf einem

Platz am Haupttor stattfanden. Er und die anderen Häftlinge mussten sich aufstellen und zusehen, wie die Urteile verlesen und die Opfer mit nacktem Hinterteil an ein spezielles Gestell gefesselt wurden. Dann vollstreckten die Kapos – Gefangene, die von der SS als Aufseher und Vollstrecker eingesetzt wurden und nicht selten für ihre Brutalität berüchtigt waren – das Urteil mit einer langen Peitsche. »Soweit ich mich erinnern kann, hat kein Häftling mehr als 30 Hiebe ausgehalten«, berichtete Dunin-Wąsowicz. Der Galgen stand direkt neben dem Peitschbock. Auch Hinrichtungen wurden öffentlich vollzogen, und die Häftlinge wurden abermals gezwungen, den Exekutionen im Stehen zuzusehen. Der Zeuge beschrieb zwei Hinrichtungen, die er persönlich hatte mit ansehen müssen, einschließlich der bewegenden letzten Worte eines jungen Russen, der von der SS gehängt wurde: »Macht euch keine Sorgen, Brüder! Bald kommt die russische Armee, und die werden unseren Tod rächen.«

Marek Dunin-Wąsowicz (links) war einer der sechs Überlebenden von Stutthof, die als Zeugen aussagten.

»Der Weg in die Freiheit führt nur durch den Schornstein« 113

Nicht weniger verstörend war Dunin-Wąsowiczs Erinnerung an die Stimmung unter den Gefangenen, die zusahen. »Einige Kameraden haben gesagt: ›Verflucht, wieder kein Mittagessen.‹« Während der Hinrichtungen, Zählappelle und Bekanntmachungen durften die Gefangenen nicht in ihre Baracken zurück, um ihre mickrigen Lebensmittelrationen zu sich zu nehmen. Hoffnungslos hungrig und geschwächt, schien manchen Häftlingen die Aussicht auf eine versäumte Mahlzeit in diesem Augenblick wichtiger als die grausame Hinrichtung eines Mitgefangenen, die vor ihren Augen stattfand. Das Lager ließ keinen Raum für Mitleid oder Trauer. Die Fixierung auf Essen war alles beherrschend. In Stutthof wie in den anderen Konzentrationslagern wurden die Gefangenen bewusst auf Hungerrationen gehalten, die normalerweise nur den Bruchteil des täglichen Kalorienbedarfs eines arbeitenden Erwachsenen abdeckten. Unter den entsetzlichen Lebensbedingungen und der brutalen Arbeitsbelastung waren diese Rationen natürlich noch unzureichender. Laut offizieller Lagerhistorie nahmen die Häftlinge täglich im Schnitt nur 600 bis 1000 Kalorien zu sich.[47] In der Praxis bedeutete das, so erinnerte sich Dunin-Wąsowicz, zum Frühstück eine Scheibe Brot mit etwas Margarine und »etwas zu trinken, das manchmal an Kaffee und manchmal an Tee erinnern sollte«. Zum Mittagessen gab es einen Teller Brennnessel-, Rüben- oder – sehr selten – Kartoffelsuppe und zum Abendessen wieder eine Scheibe Brot mit Margarine und einem Rübenaufstrich. »Wir waren hungrig, uns war kalt, und wir wurden geprügelt«, erzählte Dunin-Wąsowicz dem Gericht. Der Tod kam häufig, wahllos und zufällig oder geplant und nach Lust und Laune der SS-Männer, die das Lager völlig ungestraft beherrschten.

Dunin-Wąsowiczs Aussage war nicht nur der erste Bericht eines Stutthof-Überlebenden im Prozess in Hamburg, sondern auch der umfangreichste – er nahm ganze drei Tage in Anspruch. Seine Worte setzten sich tief in meinem Gedächtnis fest – so wie später die der anderen Zeugen, sogar von jenen, die für eine Reise nach Hamburg zu gebrechlich waren und deren Aussagen per Video zugeschaltet wurden. Diese alten Männer und Frauen – viele wie der Angeklagte in ihren Neunzigern – erschütterten das Gericht in unterschiedlicher Weise, aber sie alle zeigten dieselbe Entschlossenheit, wahrscheinlich ein letztes Mal öffentlich auszusagen.

Mit 89 war Rosa Bloch eine der Jüngeren im Zeugenstand. Sie war in Begleitung ihrer Tochter und ihres Enkels aus dem israelischen Holon, einer Stadt südlich von Tel Aviv, nach Deutschland gereist. Bloch erzählte dem Gericht, dass sie erst zwölf Jahre alt gewesen war, als sie gemeinsam mit ihrer Mutter aus dem Ghetto im litauischen Kaunas nach Stutthof gebracht wurde. Für ein Konzentrationslager war sie in einem gefährlichen Alter: Kinder unter 14 Jahren hielt man in der Regel für zu jung, um für die von der SS befohlene harte körperliche Arbeit von Nutzen zu sein. Daher wurden die meisten allein in den Tod geschickt oder mit ihren Müttern getötet. »Meine Mutter war sehr, sehr klug, und sie hat die Sachen relativ schnell verstanden«, erinnerte sich Bloch. »Mama wusste irgendwie, dass Kinder, die zu jung waren, woandershin geschickt wurden, möglicherweise nach Auschwitz. Ich war zwölf, aber Mutter hat geschrieben, dass ich 14 war.«

Mit einer starken, einnehmenden Präsenz und sehr anschaulich schilderte die israelische Zeugin dem Gericht, was sie in Stutthof hatte erleben müssen, auch den Moment bei ihrer Ankunft, als sie zum ersten Mal die entsetzliche Gefahr spürte, in der sie und ihre Familie jetzt schwebten. »Das Erste, was ich dort gesehen habe, war eine riesige Pyramide von Schuhen. Als ich das gesehen habe, habe ich mir gedacht: Hier ist etwas ganz anders. Etwas stimmt nicht«, berichtete sie dem Gericht. Es war die Intuition eines Kindes, die schlichte Erkenntnis, dass all diese Schuhe jemandem gehört haben mussten. Wohin waren sie alle verschwunden? »Als ich diesen Berg von Schuhen gesehen habe, habe ich verstanden: Von hier kommst du nicht mehr wieder raus.«

Bloch sprach hebräisch und hatte einen Übersetzer neben sich, aber immer wieder verfiel sie ins Deutsche. Als Meier-Göring ihre Personalkarte aus Stutthof begutachtete und ihre körperliche Beschreibung verlas – »Augen, Nase, Mund – normal« –, unterbrach die Zeugin sie kichernd auf Deutsch: »Blond! Blond! Ich war eine echte Blondine!«

Es war der einzige heitere Moment in einer Zeugenaussage, die in aller Härte das alltägliche Grauen in Stutthof aus der Sicht eines Kindes schilderte. Wie alle Ankommenden, so berichtete Bloch, erhielten sie und ihre Mutter eine Nummer, mit der sie von nun an bezeichnet wurden. »In dem Moment, in dem wir ins Konzentrationslager gekommen sind, waren wir keine Menschen mehr, sondern eine Nummer [...]. Die Bedingungen waren schrecklich. Ich glaube, dass sogar Tiere besser behandelt wurden als wir.«

Für ein zwölfjähriges Mädchen mitten im Wachstum war der Hunger besonders quälend. »Ich wollte essen. Wir haben am Morgen ein ganz kleines Stück Brot mit einem gelben Käse bekommen. Mittags bekamen wir etwas, das Suppe hieß, aber eigentlich war es Wasser. Und eines Tages habe ich meine Wassersuppe bekommen, und ich dachte mir, ich muss etwas tun. Ich war so hungrig, so entsetzlich hungrig die ganze Zeit. Und eines Tages bekam ich diese Wassersuppe, und ich dachte, vielleicht kann ich eine weitere ganz kleine Portion bekommen. Ich kam und stand, und derjenige, der damals die Suppe verteilt hat, hat mich gese-

hen. Er nahm einen Stuhl, der neben ihm lag, und schlug ihn mit aller Kraft auf meinen Kopf […]. Ich war voll mit Blut.«
In Blochs Bericht fand sich vieles von dem wieder, was schon Dunin-Wąsowicz dem Gericht geschildert hatte – die Hungerrationen, die tägliche Brutalität der Wachleute und Kapos, der Terror beim morgendlichen Zählappell, die öffentlichen Hinrichtungen und die industriell ausgeführten Ermordungen in einem Teil des Lagers. Wusste sie von der Existenz der Gaskammern in Stutthof, fragte Meier-Göring. Bloch antwortete, ohne auch nur eine Sekunde zu zögern.»Wir wussten alles über die Gaskammer. Denn es gab eine Art von Kommando von jüdischen Männern, das die Leichen aus der Gaskammer herausgeholt hat […]. Und diese Männer konnten uns ab und an durch lautes Rufen etwas mitteilen, meistens auf Jiddisch.«

In manchen Momenten wirkten die Zeugenaussagen von Überlebenden wie Bloch und Dunin-Wąsowicz wie Geschichtsstunden, die kaum einen Bezug zu Bruno Deys Fall hatten. Doch es gab Augenblicke – und dies war einer –, in denen die Bedeutung dessen, was die Zeugen zu berichten hatten, unmittelbar einleuchtete. Blochs (und natürlich auch Dunin-Wąsowiczs) Antworten auf die Frage der Richterin nach der Gaskammer leisteten einen wichtigen Beitrag zur Beantwortung einer der strittigsten Fragen, die den Prozess beherrschten: Was wusste der Angeklagte vom Massenmord an den Juden und den anderen Stutthof-Häftlingen, und was hätte er wissen müssen? Was wusste er über die Gaskammer und das Krematorium, die Erschießungen und das Massensterben aufgrund der Verweigerung einer ausreichenden Ernährung, Pflege und medizinischen Versorgung kranker Häftlinge? Die Logik, die dahintersteckte, den Überlebenden von Stutthof die gleichen Fragen zu stellen, war ganz einfach: Wenn

Lagerhäftlinge wie Dunin-Wąsowicz und Bloch von der Gaskammer gewusst hatten, wie konnte ein Wachmann wie Dey – der auf seinem Wachturm in einer privilegierten Situation gewesen war – behaupten, nichts mitbekommen zu haben? Deys Beharren darauf, von all diesen Dingen nichts gesehen und gewusst zu haben, war von Anfang an unglaubwürdig gewesen. Und mit jedem Überlebenden, der vor Gericht erschien, wurde es weniger plausibel. Dunin-Wąsowicz sagte: »Alle haben es gewusst. Wenn die Häftlinge von den SS-Leuten abgeholt wurden, ob von der Arbeit oder von der Baracke, und sie sind nicht zurückgekehrt, dann war klar, dass sie ermordet worden sind. Die Gaskammern waren ein ›polnisches Geheimnis‹, das heißt ein allgemein bekanntes Geheimnis.«

Dunin-Wąsowicz erinnerte sich besonders intensiv an einen Zeitraum Ende 1944, als eine große Anzahl ungarischer Juden nach Stutthof gekommen war, die dann fast über Nacht wieder verschwanden. Auf die Frage der Richterin, ob er selbst gesehen habe, was mit ihnen geschehen sei, antwortete er mit einem Hauch Empörung in der Stimme: »Bitte entschuldigen Sie, aber ich bin ein denkender Mensch. Wenn ich sehe, dass Tausende von Juden gekommen sind und keiner von ihnen später in irgendeiner Arbeit ist, dann können die sich ja nicht in Luft aufgelöst haben! Etwas muss mit ihnen passiert sein, und darüber haben sich die Häftlinge unterhalten. Der eine hat mehr gesehen und der andere weniger. Aber Tatsache war: Da war ein Mensch, und dann war da kein Mensch mehr.«

Dunin-Wąsowicz musste sich jedoch nicht allein auf Hörensagen und seine Schlussfolgerungen stützen, um zu begreifen, was geschehen war. Nach seiner selbst zugefügten Fußverletzung verbrachte er einige Wochen in der Krankenstation, einem Gebäude mit direktem Blick auf die Gaskammer und das Krematorium. »Ich habe die Gaskammer gesehen, aber direkt habe ich nicht gesehen [wie die Gefangenen dort ermordet wurden]. [...] Wenn eine Gruppe von Häftlingen dahin gebracht wurde, konnte man sich vorstellen, was da passiert«, berichtete er. »Wenn so ein Ereignis stattfand und eine Gruppe von Menschen in der Krankenstube ans Fenster getreten ist, um zu schauen, hat der Sanitäter, der uns beaufsichtigt hat, uns aufgefordert, von den Fenstern wegzugehen. Er sagte, das kann für uns alle schlecht enden, wenn die Deutschen das sehen.«

Das Krematorium hingegen war nicht zu verleugnen, ebenso wenig wie sein Zweck. »Es war recht populär, [unter den Häftlingen] darüber zu sprechen«, erinnerte sich Dunin-Wąsowicz. »Jeder Neuankömmling fragte: Was ist das? Und die Antwort war: Der Weg in die Freiheit führt nur durch den Schornstein.«

Die Berichte der Überlebenden von Stutthof waren nicht mit normalen Zeugenaussagen in einem Strafprozess vergleichbar. Keiner von ihnen konnte den Angeklagten identifizieren oder sich an ihn erinnern, und sie hatten ihn auch nicht bei einem konkreten Verbrechen beobachtet. Über lange Strecken schienen sich ihre Erzählungen völlig vom Prozess zu lösen, nicht zuletzt, wenn sie von ihren Leiden nach dem Krieg sprachen oder darüber, wie es sich für sie anfühlte, für den Gerichtstermin in Deutschland zu sein. Diese Berichte waren irrelevant für die Frage, die im Zentrum des Prozesses stand: ob Bruno Dey der Beihilfe zum Mord schuldig war. In einem weiteren Sinne freilich waren sie durchaus von Bedeutung. Hier bestand die seltene – vielleicht letzte – Möglichkeit für Holocaustüberlebende, einem deutschen Strafgericht ihre Geschichte zu erzählen. Es war eine Gelegenheit, auf die Dunin-Wąsowicz und andere ihr Leben lang gewartet hatten. Ihnen das Wort abzuschneiden, ihren Wunsch zu bremsen, ihre Geschichte weiterzutragen, oder diese auf den kurzen Zeitraum der gerichtlichen Untersuchung zu beschränken, hätte sich wie eine schreiende Ungerechtigkeit angefühlt.

Meier-Göring verdient große Anerkennung für die Art und Weise, wie sie Dunin-Wąsowicz und den anderen Überlebenden den Raum und die Zeit gab, ihre Geschichte in ihrem eigenen Tempo zu schildern. Sie ging ruhig und freundlich mit den hochbetagten Zeugen und ihren nicht selten mäandernden Erinnerungen um. Gelegentlich brachte sie sie sanft auf den Pfad der Untersuchung zurück, machte aber auch deutlich, dass sie an ihrer gesamten Lebensgeschichte interessiert war. Um das Verbrechen und dessen Opfer zu begreifen, war es wichtig, sich anzuhören, was sie zu sagen hatten – und was sie ihrer Meinung nach sagen mussten.

Dies wurde deutlich, als Dunin-Wąsowicz von seinem Leben nach Stutthof und davon sprach, wie seine Erlebnisse dort sein Leben geprägt und ihn geschädigt hatten. Einige Auswirkungen zeigten sich in kleinen, scheinbar alltäglichen Dingen, etwa als er merkte, körperlich nicht in der Lage zu sein, seinem Sohn die Windeln zu wechseln. Er hatte in Stutthof zu lange in Unrat und Gestank gelebt.»Ich musste mich übergeben. Und das war, zehn Jahre nachdem ich aus dem Lager gekommen bin«, erinnerte er sich. Doch er sprach auch von einer emotionalen Stumpfheit, die sein späteres Leben verdüsterte:»Keine Leiche, kein Sterbender, kein Gefolterter und kein Geschlagener hat auf mich einen Eindruck gemacht. Ich war total gleichgültig geworden. Ich weiß, dass das eine fürchterliche Krankheit ist, und ich war lange in Behandlung, damit ich das loswerde«, sagte er vor Gericht.»Ich habe meinen Vater und meine Mutter beerdigt, und ich habe nicht eine Träne vergossen.«

Auch Bloch wurde gefragt, wie sie mit ihren Erinnerungen

zurande kam. »Natürlich habe ich gelitten, es hat mich beeinflusst«, antwortete sie. Doch Bloch erwies sich als erstaunlich resilient, sowohl im Lager selbst als auch in den Folgejahren. Sie musste sich um ihre Mutter kümmern, die das Leben und Überleben in Stutthof als noch härter empfand als ihre Tochter (und kurz nach der Befreiung starb). »Ich bin eine sehr starke Person, ich bin immer optimistisch. Das hat mit meinem Charakter zu tun«, sagte Bloch. »Nach dem Krieg habe ich einen Mann kennengelernt, wir haben geheiratet, wir haben eine Familie gegründet, ich hatte Kinder. Ich habe gedacht: Du musst nach vorne schauen, nicht zurück. Das Leben geht nach vorne, nicht nach hinten. Das musst du auch kapieren.« Ihre Priorität, so Bloch, sei es gewesen, sich um die Kinder zu kümmern und nicht in Erinnerungen zu versinken. Das habe sich erst später geändert. »Später konnte ich erzählen, was ich erlebt habe. Aber erst mal war ich stark. Das war eine Lehre für uns alle. Wir müssen stark sein.«

Im Verlauf des neunmonatigen Prozesses sagten sechs Stutthof-Überlebende persönlich vor Gericht aus. Viele weitere schilderten ihren Leidensweg schriftlich, oft waren sie zu schwach, um noch persönlich nach Hamburg kommen zu können. Ihre Aussagen wurden von Meier-Göring laut verlesen und waren dennoch Bestandteil des Beweismaterials.

Einer der Überlebenden, der die beschwerliche Reise Anfang Februar 2020 auf sich nahm, war der 92-jährige Franzose Henri Zajdenwergier aus Paris, der fast seine gesamte Familie im Holocaust verloren hatte. Wie viele Zeugen vor Gericht rang auch er zeitweise um Fassung. Was ihn jedoch zu Tränen rührte, waren nicht die schrecklichen Erinnerungen an Stutthof, sondern die Erinnerung an seine Mutter, die lange vor der Invasion der Deutschen in Frankreich bei der Geburt eines Kindes gestorben war. Den alten Mann vor Gericht weinen und schluchzen zu hören, als er von einer Mutter sprach, die er nie gekannt hatte, war einer der traurigsten Momente des gesamten Prozesses.

Zajdenwergier wurde im August 1944 nach Stutthof deportiert, nachdem er zwei Jahre zuvor einer ersten Verhaftungswelle von Juden entkommen war, bei der sein Vater mitgenommen worden war. Er war 16 Jahre alt, als er ins Lager kam, und völlig verängstigt. »Ich hatte solche Angst. Ich habe gesehen, was um mich herum passiert, die Schläge, die die Deportierten bekommen haben. Ich habe das alles ausgeblendet, und ich habe mich ganz klein gemacht. Also einfach, um mich unsichtbar zu machen. Ich habe trotzdem einige Male, als ich zur Arbeit ging, Schläge bekommen.«

Zajdenwergier hatte das Glück, einen Beschützer zu finden, einen älteren Gefangenen, der versuchte, dem Jugendlichen das Überleben zu sichern, so gut er konnte. Er nahm ihm seine Essensrationen ab, damit Zajdenwergier nicht alles auf einmal aß, sondern die wertvollen Kalorien über den Tag verteilte, sodass der Junge bei Kräften blieb. Wenn die Häftlinge im nahe gelegenen Wald arbeiteten und schwere Holzstämme schleppen mussten, ließen die Älteren ihn in der Mitte der Gruppe laufen, damit er weniger Gewicht zu tragen hatte. Von anderen Grausamkeiten blieb jedoch auch er nicht verschont – er musste Hinrichtungen mit ansehen oder wurde gezwungen, mitten im Winter in nassen Kleidern draußen zu stehen. »Ich habe ein bisschen meinen Glauben verloren. Ich habe mich gefragt: ›Wo ist Gott?‹«, erzählte Zajdenwergier.

Manche Zeugenberichte aus Stutthof waren in ihrer Grausamkeit kaum zu ertragen. Halina Strnad, eine beeindruckende 93-Jährige aus dem australischen Melbourne, berichtete dem Gericht von einem konkreten Bild, das sie noch lange nach der Befreiung verfolgte. »Eines Tages fand ich eine der Frauen, die gerade erst [in Stutthof] angekommen waren, in der Nähe der Latrinen schreiend vor Schmerzen«, erinnerte sie sich. »Wir führten sie hinein, und sie brachte einen fünf Monate alten toten Fötus zur Welt. Wir mussten ein Fenster einschlagen, damit wir die Nabelschnur durchtrennen konnten. Sie starb an Blutverlust, und ich musste das Baby in den Latrinen [entsorgen].« Das Gericht hörte fassungslos zu. Doch Strnad war noch nicht fertig. »Ein paar Tage danach schwamm die Leiche des Babys obenauf in den Latrinen. Dieses Bild tauchte viele Jahre lang in meinen Albträumen auf.«

Die Zeugin aus Australien sprach per Videoschaltung, aber die Verbindung war schlecht und brach ständig zusammen. Das machte es noch unerträglicher, da sich ein Gerichtsbeamter immer wieder neu in das Gespräch einwählen musste. Jedes Mal begrüßte einen die Videokonferenz-Software mit einem fröhlichen »Welcome to the meeting!«, gefolgt von »You are now joining the meeting!«. Dann hatte Strnad in der Regel nur wenige Minuten Zeit, um eine weitere entsetzliche Erinnerung, eine weitere grausame Strafe von SS-Wachleuten in Stutthof zu schildern, bis die Verbindung wieder zusammenbrach.

Meier-Göring war von den technischen Schwierigkeiten sichtlich genervt, doch die Kraft von Strnads Zeugenaussage konnten sie nicht schmälern. Wie Bloch war Strnad mit ihrer Mutter ins Lager gebracht worden. Sie wurden in eine Baracke gesteckt, in der es nicht einmal die überfüllten Etagenbetten gab, die sonst im Lager üblich waren. »Da lag nur Stroh auf dem Boden. Am Anfang waren wir so viele, dass wir nicht einmal unsere Beine ausstrecken konnten. Wir lagen wie die Sardinen. Bald war mehr Platz, denn die Menschen starben sehr schnell«, erzählte Strnad. Als Ende 1944 Typhus im Lager grassierte, wurden auch sie und ihre Mutter krank. Ohne medizinische Versorgung und angemessene Ernährung mussten sie in unsäglichem Schmutz ausharren (»Alles war voller Exkremente«). Zu Tausenden erlagen die Lagerinsassen der Krankheit, darunter auch Strnads Mutter. »Ich habe mit meiner Mutter gesprochen und sie angefleht durchzuhalten. Aber sie ist in meinen Armen gestorben«, berichtete die Zeugin. Strnads Beschreibung vom Leben und Sterben in Stutthof war grauenvoll. Und sie war folgenreich: Wie sich Monate später herausstellte, war es nicht zuletzt ihr Bericht über die entsetzlichen Auswirkungen der Typhusepidemie, die das Gericht zu einem entscheidenden Schluss veranlasste – dass das SS-Personal, das das Lager leitete, bewusst entschieden hatte, Tausende Häftlinge sterben zu lassen. Das war keine Nachlässigkeit gewesen, keine bloße Nebenwirkung der Verhältnisse in Stutthof. Es war ein klarer Fall von Mord, nicht anders als die Tötung durch Genickschuss oder das Verriegeln der Tür zur Gaskammer.

Die Zeugenaussagen in Hamburg erinnerten mich an eine Beobachtung von Ruth Klüger, der in Österreich geborenen und in den USA lebenden Schriftstellerin und Literaturwissenschaftlerin, deren Autobiografie über das Überleben der Shoah Anfang der 1990er-Jahre ein Überraschungsbestseller in Deutschland wurde. In ihrem Buch wies sie auf eine merkwürdige Falle beim Schreiben oder Lesen von Augenzeugenberichten über den Holocaust hin. Mir wurde bewusst, dass sich diese Falle auch bei Augenzeugenberichten über die Shoah vor Gericht auftat. Das Problem, so schrieb Klüger, war, »daß der Autor am Leben geblieben ist«.[48] Der Augenzeugenbericht lädt Leserinnen und Leser dazu ein, sich mit dem statistisch unwahrscheinlichen Fall der Überlebenden zu identifizieren. Was immer der oder die Berichtende an Elend, Grausamkeiten und Leiden im Lager erlebt hatte – und nun in einem Buch oder im Zeugenstand wiedergab –, wurde durch das Wissen abgemildert, dass er oder sie der Hölle des KZs lebend entkommen war. »Man liest und denkt etwa: Es ist doch alles glimpflich abgelaufen. Wer schreibt, lebt. Der Bericht, der eigentlich nur unternommen wurde, um Zeugnis abzulegen von der großen Ausweglosigkeit, ist dem Autor unter der Hand zu einer ›escape story‹ gediehen«, schrieb Klüger. »Wie kann ich euch, meine Leser, davon abhalten, euch mit mir zu freuen, wenn ich doch jetzt, wo mir die Gaskammern nicht mehr drohen, auf das Happy-End einer Nachkriegswelt zusteuere, die ich mit euch teile? [...] Wie kann ich euch vom Aufatmen abhalten?«[49]

Es ging Klüger natürlich nicht darum, die Erfahrungsberichte von Überlebenden, die nach dem Krieg geschrieben wurden, zu kritisieren oder zu diskreditieren. Sie wollte den Lesern vielmehr das immense, entsetzliche Schweigen bewusst machen, das der Holocaust zurückließ. Es war nicht der Normalfall, zu überleben. Es war normal, ermordet zu werden. Hinter jedem Bericht einer Überlebenden standen sechs Millionen Geschichten, die nie erzählt werden würden.

Die schiere Unwahrscheinlichkeit, zu überleben, war für mich auch der bedrückende Aspekt in den Zeugenaussagen von Dunin-Wąsowicz, Bloch, Strnad und all den anderen. In einem Konzentrationslager dem Tod zu entkommen, bedeutete nicht, nur einmal entsetzliche Strapazen überstanden zu haben, sondern immer und immer wieder. Es gab kein bestimmtes Verhalten oder Aussehen, keine Einstellung oder besondere Arbeitsmoral, die einen sicherer machten. War man alt und gebrechlich oder jung und schwach, so war das der sichere Tod (hätte Blochs Mutter das Alter ihrer Tochter bei der Ankunft nicht falsch angegeben, hätte diese kaum eine Überlebenschance gehabt). Aber sogar ein gesunder junger Mann wie Dunin-Wąsowicz war mit

Hunderten von »Was wäre gewesen, wenn«-Szenarien konfrontiert, die ihn leicht hätten das Leben kosten können: Was, wenn sein Bruder nicht da gewesen wäre, um ihm zu helfen? Was, wenn in der Krankenbaracke kein freundlicher Arzt für ihn gesorgt hätte? Was, wenn sich seine Wunde infiziert hätte? Was, wenn er keiner von den wenigen Stutthof-Häftlingen gewesen wäre, die gegen Typhus geimpft wurden, als die Krankheit Ende 1944 ausbrach? Was, wenn er in die Waldarbeiterbrigade zurückkommandiert worden wäre, statt seine Tage in den weniger aufreibenden Lederwerkstätten von Stutthof verbringen zu können? Was, wenn der wütende SS-Mann, der ihn ertappt hatte, als er sich auf einem Stapel Wehrmachtsrucksäcke ausruhte, noch brutaler zugeschlagen hätte? Dunin-Wąsowicz hätte an Ort und Stelle zu Tode gepeitscht werden können. Er hätte auf dem Todesmarsch in Richtung Westen erfrieren oder verhungern können. Er hätte aus irgendeinem Grund – oder völlig grundlos – in die Gaskammer geschickt oder durch einen Genickschuss getötet werden können. Dass er überlebte – und lange genug überlebte, um sieben Jahrzehnte später in Hamburg als Zeuge aussagen zu können –, war in der Tat Freude und Trost, nicht zuletzt für all jene, die den Prozess verfolgten. Doch Dunin-Wąsowicz ließ vor Gericht niemandem die Illusion, der Faden, an dem sein Leben gehangen hatte, sei nicht hauchdünn gewesen.

Gegen Ende des zweiten Tages der Befragung wandte Meier-Göring sich mit einer Reihe von erstaunlich persönlichen Fragen an den Zeugen, die weit abseits von den eigentlich in diesem Prozess verhandelten Verbrechen lagen. Sie wollte einfach wissen, wie es sich für ihn anfühlte, heute in einem deutschen Gericht zu sitzen, über seine Erinnerungen zu sprechen und dem Angeklagten von Angesicht zu Angesicht gegenüberzutreten. Dunin-Wąsowicz antwortete höflich, indem er hervorhob, dass er von allen äußerst freundlich behandelt worden und positiv überrascht gewesen sei, nicht aufgefordert worden zu sein, seinen Pass zu zeigen. Deutschland, so fügte er hinzu, sei heute ein mit Polen befreundetes Land und »mit dem Bewusstsein, dass wir gemeinsam in der Europäischen Union sind«. Die Zeugenaussage jedoch sei sehr qualvoll für ihn gewesen. »Abgesehen davon, dass ich das Hohe Gericht [Meier-Göring] anschaue, ist es nicht angenehm, hier zu sitzen«, sagte er. »Ich bin hierhergekommen, in diesen Saal, aus einem Pflichtgefühl. Ich muss all meinen Kollegen und Kolleginnen die Ehre erweisen, und auch den beinahe 80 000 Menschen, die in Stutthof ums Leben kamen.[50] Aber ich bin auch deswegen hierhergekommen, um laut zu sagen, dass ich alles getan habe und bis an mein Lebensende alles tun werde, um niemals auf der Welt etwas wie ein Konzentrationslager zuzulassen. Und ich habe Angst, wenn ich verfolge, was passiert, in Deutschland, in Polen, in Frankreich und in vielen anderen Ländern, dass Nationalismus und Rassismus leider wieder erstarken, und in der Konsequenz der Faschismus. Deswegen komme ich und rede. Und ich wiederhole: Ich suche keine Rache. Ich glaube an die Gerechtigkeit des Hohen Gerichts. Das ist alles.«

Auch Strnad wurde am Ende ihrer Aussage gefragt, ob sie dem Gericht noch etwas sagen möchte. »Im Lager haben wir gesagt, falls wir überleben, müssen wir das bis zu unserem Tod bezeugen«, antwortete sie. »Und das tue ich jetzt. Es ist eine Verpflichtung.«

Kapitel 7

SCHÜSSE UND EIN VOGELSCHISS

Es ist kurz nach Mittag, als Stephan Balliet mit seinem Auto – einem makellosen, grauen Golf – die kleine Synagoge in Halle erreicht. Drinnen sind 51 Gläubige zu Jom Kippur versammelt, dem Tag der Versöhnung und wichtigsten Feiertag im jüdischen Kalender. Ein Festtag der Gebete und Besinnung, der Tag, an dem alle Juden aufgerufen sind, sich ihrer Sünden bewusst zu werden und Gott um Vergebung zu bitten. Balliet jedoch ist nicht zu Gebet und Einkehr, geschweige denn für die Bitte um Vergebung zur Synagoge gekommen, sondern bis an die Zähne bewaffnet und mit Sprengstoff ausgerüstet und mit nur einem Ziel: Er will ein entsetzliches Massaker verüben.

Die Synagoge in Halle, ein neomaurisches Gebäude aus dem 19. Jahrhundert, das von fünf kleinen Türmchen gekrönt wird, liegt etwas zurückgesetzt von der Straße und ist von einer hohen Ziegelmauer umgeben. Um zu ihr zu gelangen, müssen die Besucher durch eine Holztür treten und einen Innenhof durchqueren. Kurz vor seinem Angriff schaltet Balliet die Handykamera an seinem Helm an. Er trägt Kampfausrüstung und Militärstiefel. Der Anschlag wird einigen Hundert Followern per Livestream im Internet übertragen. Im Versuch, auf das Grundstück zu gelangen, wirft Balliet Sprengstoff gegen die Tür und feuert Schüsse ab. Dann schleudert er eine Granate in den Innenhof, offenbar hofft er, dass die Explosion die Gläubigen zwingt, aus der Deckung zu kommen, aus dem Gebäude zu fliehen und in seine Schusslinie zu laufen. Max Privorozki, der Vorsitzende der Jüdischen Gemeinde von Halle und einer der Gläubigen im Gebäude, beobachtet den schreckenerregenden Anschlag in Echtzeit auf den Bildern der Überwachungskamera.»Der Täter schoss mehrfach auf die Tür und warf auch mehrere Molotow-Cocktails, Böller oder Granaten, um einzudringen«, so erzählt er es später.»Aber die Tür blieb zu, Gott hat uns geschützt.«[51]

Balliet läuft an der Mauer entlang um das Grundstück, findet eine weitere verschlossene Tür, die er ebenfalls mit Sprengstoff aufzubrechen versucht. In dem Moment stellt die 40-jährige ortsansässige Jana Lange den Attentäter zur Rede, offenbar hält sie die lauten Knallgeräusche für Feuerwerkskörper. Balliet tötet sie mit mehreren Schüssen aus nächster Nähe. Danach gibt er seinen Plan, die Synagoge zu stürmen, auf, geht zu seinem Auto zurück und fährt ein paar Hundert Meter, bis er ein türkisches Dönerlokal entdeckt.»Döner. Nehmen wir.«, murmelt er in dem Livestream. Balliet wirft eine Granate gegen die Eingangstür und gibt dann mehrere Schüsse ab, die sein zweites Opfer, den 20-jährigen Kevin Schwarze, töten. Nach einer Schießerei mit der Polizei kann der Attentäter verletzt und blutend in ein nahe gelegenes Dorf flüchten, wo er ein Taxi stiehlt und ins 60 Kilometer südlich von Halle gelegene Zeitz fährt. Hier wird er endlich gestoppt und verhaftet. Der Anschlag hat nur etwas mehr als 90 Minuten gedauert, aber er wird sich für Jahre ins kollektive Bewusstsein des Landes eingraben. Die Bilder der beschädigten Holztür sind allgegenwärtig, ihre Bedeutung war offenkundig: Allein diese Tür verhinderte am heiligsten Tag im jüdischen Kalender den Massenmord eines deutschen Attentäters an Juden in einer deutschen Synagoge. Der Anschlag auf die Gemeinde war genauso wie die Zufallsmorde an zwei Unbeteiligten eine Schreckenstat, aber dass die Gemeinde davongekommen war, reines Glück: Hätte er die Tür aufgesprengt bekommen, hätte Balliet eine Gräueltat begangen, wie es sie in Deutschland seit Kriegsende nicht mehr gegeben hat, ein so unerträgliches – ja unvorstellbares – Verbrechen, dass es das Land in seinen Grundfesten erschüttert hätte. Der Anschlag in Halle ereignete sich am 9. Oktober 2019 – nur acht Tage vor dem Beginn des Stutthof-Prozesses in Hamburg.

In den ersten Prozesstagen hing das Attentat wie eine dunkle Wolke über dem Verfahren, eine Mahnung – sofern sie denn nötig war –, dass mörderischer Antisemitismus in Deutschland nach 1945 nicht verschwunden war. Es waren die ersten von vielen Momenten während des Prozesses, in dem äußere Ereignisse die ruhigen Erwägungen im Inneren des Hamburger Gerichtsgebäudes erschütterten. Der Dey-Prozess besaß von Beginn an große Aktualität, obwohl die mutmaßlichen Straftaten, die hier verhandelt wurden, ein Menschenleben zurücklagen. Der jüngste Anschlag in Halle, der letzte in einer Reihe schockierender Verbrechen deutscher Rechtsextremisten, war für den Prozess durchaus relevant – wie das Gericht selbst einräumte. In ihren Eröffnungsworten spielte Meier-Göring ziemlich direkt auf das Attentat an, indem sie anmerkte, dass der Stutthof-Prozess »gerade in einer Zeit zunehmender rechtsradikaler Gewalt« wichtig sei. Christoph Rückel, ein Münchner Rechtsanwalt, der Stutthof-Opfer vertrat, nahm in seiner Eröffnungsrede am Tag des Prozessauftakts explizit auf die Ereignisse in Sachsen-Anhalt Bezug. »Die Bluttat von Halle zeigt, dass jeder rechtsextremen Realität mit unnachgiebigem Einschreiten des Rechtsstaats zu begegnen ist«, sagte er. »Es ist schon erschreckend, dass am höchsten jüdischen Festtag, Jom Kippur, dem Fest der Versöhnung, sich 51 Menschen in einem Gotteshaus aufhalten konnten und ihr Leben nur deswegen gerettet wurde, weil die Eingangstür aus Holz gut gesichert war. Die Durchführung aller rechtsstaatlichen Verfahren ist das beste Heilmittel gegen rechtsradikale Botschaften und Hassbotschaften.« Rückel verwies zudem auf das Erstarken der rechtsextremistischen Partei Alternative für Deutschland (AfD) in den letzten Jahren. Die Notwendigkeit, sich gegen das erneute Aufflammen des Rechtsextremismus zur Wehr zu setzen, so führte er aus, gelte auch für dieses Gericht.

Kein Prozess findet in einem politischen Vakuum statt, und erst recht kein Strafprozess. Die Gesetze mögen beständig sein, aber die Art, wie Richterinnen und Richter sie lesen und interpretieren, ist immer von den politischen und sozialen Entwicklungen außerhalb des Gerichtssaals geprägt. Wenn dies schon für Strafverfahren im Allgemeinen gilt, so gilt es für die Prozesse gegen Holocaust- und andere NS-Verbrecher erst recht. Sie wurden von Anfang an von der Stimmung in der Bevölkerung und der politischen Atmosphäre der jeweiligen Zeit geprägt und beeinflusst. Sie lassen sich vom historischen Augenblick nicht lösen. Über weite Strecken der deutschen Nachkriegsgeschichte freilich wirkten diese Kräfte nur in eine Richtung: Milde, Gedächtnisschwund und Straffreiheit. Die Deutschen wollten den Krieg, die Shoah und ihre persönliche Verantwortung vergessen. So fanden die Richter, Staatsanwälte und Anwälte vor Gericht Wege, sich diesen Kräften zu beugen. Die Justiz war natürlich unabhängig, zumindest in einem technischen Sinne: Die Richter konnten ihre Entscheidungen frei von direkter politischer Einmischung treffen. Aber sie waren auch Kinder ihrer Zeit (und nicht selten des Naziregimes, dem sie als loyale Juristen wenige Jahre zuvor gedient hatten). Ihre Urteile waren von den Sichtweisen und Werten beeinflusst, denen sie außerhalb des Gerichtssaals begegneten und die sie verinnerlicht hatten. So war es auch im Oktober 2019 in Hamburg. Auch der Stutthof-Prozess fand in einem spezifischen Moment der Geschichte statt – und er spiegelte diesen Moment genauso wider wie frühere Prozesse.

Die Morde in Halle und die aktuelle Zunahme rechtsextremistischer Gewalttaten prägten den sozialen und politischen Hintergrund des Prozesses entscheidend mit. Für viele Deutsche war der Herbst 2019 jedoch auch in anderer Hinsicht beunruhigend. Die Ära von Angela Merkel, die das Land seit 2005 regiert hatte, neigte sich ihrem Ende zu; die Bundeskanzlerin hatte angekündigt, bei der nächsten Wahl nicht mehr anzutreten. Damit würde dem Land eine vertraute (und noch immer überwältigend populäre) Figur abhandenkommen, und das in einer Zeit, in der wenig sonst noch vertraut wirkte. Die Wahl von Donald Trump 2016 in den USA und Großbritanniens Entscheidung im selben Jahr, die Europäische Union zu verlassen, hatten zahlreichen Deutschen und ihrem Weltbild einen herben Schlag versetzt. Merkel war ein Symbol für Stabilität, die viele zu schätzen gelernt hatten. Ihr vorsichtiger, zurückhaltender, unaufgeregter Führungsstil hatte und hat immer auch Kritik auf sich gezogen (zunehmend in den Jahren nach ihrem Abschied 2021), doch war er zugleich ein beruhigender Kontrast zu den politischen Kraftmeiern, die auf dem Vormarsch zu sein schienen. In einem ihrer letzten Interviews vor ihrem Ausscheiden aus dem Amt bekannte Merkel, dass auch sie eine gewisse Sorge empfinde, was die Zukunft angehe. »Wir müssen aufpassen, dass wir nach der großen Freude über das Ende des Kalten Krieges und die Wiedervereinigung Europas jetzt nicht in eine Phase eintreten, in der wichtige Lehren aus der

Geschichte verblassen«, sagte sie der *Frankfurter Allgemeinen Zeitung* im Oktober 2021. »Wir müssen uns wieder daran erinnern, dass die multilaterale Weltordnung als Lehre aus dem Zweiten Weltkrieg geschaffen wurde. Es wird immer weniger Zeitzeugen dieser Epoche geben. In der Geschichte ist es ein wiederkehrendes Muster, dass die Menschen mit Strukturen leichtfertig umzugehen beginnen, wenn die Generationen, die diese geschaffen haben, nicht mehr leben.«[52]

Diese Dynamik zeigte sich natürlich auch in Deutschland selbst. Das Land, das so lange ein Musterbeispiel an Stabilität in der politischen Mitte war, erwies sich als nicht mehr immun gegen rechtsradikalen Populismus. Das wurde im September 2017 – wenige Wochen nach meiner Rückkehr nach Berlin – bei der Bundestagswahl, durch die die Kanzlerin ihr viertes und letztes Mandat gewann, erschreckend deutlich. So beeindruckend ihr Wahlsieg auch war, wurde er doch davon überschattet, dass die rechtsextreme AfD fast 13 Prozent einfuhr. Sie zog damit nicht nur in den Bundestag ein, sondern wurde gleich drittstärkste Kraft im Land und größte Oppositionspartei (die erstplatzierten Unionsparteien CDU/CSU und die zweitplatzierte SPD bildeten eine Große Koalition). Es war das erste Mal seit der Gründung des modernen, demokratischen Deutschlands im Jahr 1949, dass es der extremen Rechten gelang, auf Bundesebene in relevantem Umfang Fuß zu fassen: Fast sechs Millionen Wählerinnen und Wähler unterstützten die AfD und ihre nationalistische, migrationsfeindliche Agenda – ein erstaunlicher Erfolg für eine Partei, die erst viereinhalb Jahre zuvor gegründet worden war. In manchen Landesteilen, insbesondere im ehemals kommunistischen Osten, wurden die extremen Rechten zur stärksten politischen Kraft und gewannen in manchen Wahlkreisen um Dresden Stimmenanteile bis weit in den 30-Prozent-Bereich. Der Aufstieg der

AfD als politische Kraft in Deutschland war auch kein Strohfeuer. Bei der Bundestagswahl 2021 gewann die Partei erneut mehr als 10 Prozent.

In ihrer so kurzen wie turbulenten Geschichte hatte die AfD bereits mehrere Identitäten angenommen, die sie dann wieder ablegte. Ursprünglich gegründet als politische Stimme, die sich einer stärkeren EU-Integration und einer von Deutschland finanzierten Rettungsaktion angeschlagener Volkswirtschaften im Süden Europas entgegenstellte, vollzog die AfD nach der Flüchtlingskrise 2015/2016 einen kräftigen Rechtsruck. Als mehr als eine Million Migranten aus Syrien, Afghanistan und anderen vorwiegend muslimischen Ländern nach Deutschland kamen, ergriff die Partei die seltene Gelegenheit, die politische Landkarte zu verändern. In den Wochen bis zur Wahl im September 2017 kleisterte die AfD die Städte mit Wahlplakaten zu, die Merkels Einwanderungspolitik anprangerten: Eines zeigte ein mit Flüchtlingen überfülltes Boot, verbunden mit der Warnung vor einer drohenden Welle der Kriminalität, ein anderes eine Schwangere mit dem Slogan »Neue Deutsche? Machen wir selber.«, ein drittes ein Ferkel mit dem Spruch: »›Der Islam?‹ Passt nicht zu unserer Küche.« Die Wahlkampagne war alles andere als subtil, aber sie funktionierte. In der Wahlnacht tönten die lautesten Jubelrufe aus dem Berliner Traffic Club am Alexanderplatz, wo die Partei ihre Wahlparty feierte. »Wir haben es geschafft. Wir sind im Deutschen Bundestag. Und wir werden dieses Land verändern«,[53] versprach Alexander Gauland, damals einer der beiden Spitzenkandidaten und danach Co-Fraktionschef und Bundessprecher der AfD, den jubelnden Anhängern. Nun würden die Themen der Menschen auf der Straße im Bundestag wieder eine Rolle spielen. »Wir werden«, so fügte er hinzu, »uns unser Land und unser Volk zurückholen.«[54]

Der Wahlerfolg der AfD basierte auf tiefen und – bis dahin – kaum eingestandenen politischen Ressentiments. Skepsis gegenüber der Europäischen Union spielte weiterhin eine zentrale Rolle, doch 2017 wurde die Anti-Brüssel-Stimmung eindeutig vom lautstarken Widerstand der Partei gegen den Islam, gegen Migration und Merkels Umgang mit der Flüchtlingskrise noch übertönt. Drei Jahre später, auf dem Gipfel der Corona-Pandemie, führte die Partei auch den Kampf gegen die öffentlichen Gesundheitsmaßnahmen an, die die Regierung verhängte. Sie griff die Ablehnung der Maskenpflicht und der Schließung von Cafés und Gaststätten auf und schürte sie weiter. In vielerlei Hinsicht bediente sich die AfD derselben politischen Stimmungen, die Rechtspopulisten weltweit Wahlerfolge beschert hatten: Nationalismus, Recht und Ordnung, Fremdenfeindlichkeit (insbesondere gegen dunkelhäutige Migranten) und eine Opposition gegen eine als Auswuchs wahrgenommene »Political Correctness«. Aber es gab auch spezifisch deutsche Themen. Die große Unterstützung der Partei in den ehemals kommunistischen Regionen im Osten Deutschlands zum Beispiel ist zu einem guten Teil einer anhaltenden Frustration und Verbitterung über das Erbe der Wiedervereinigung geschuldet. Meinungsumfragen zeigten, dass sich eine große Zahl Ostdeutscher, insbesondere der älteren Generation, noch immer als Bürgerinnen und Bürger zweiter Klasse fühlten, die von ihren westlichen Mitbürgern verhöhnt und verachtet würden. Mit ihrem Rundumschlag gegen liberale Befindlichkeiten bot die AfD diesen Wählern die Möglichkeit, zurückzuschlagen.

Inmitten dieser populistischen Gemengelage lauerte ein dunkleres und hässlicheres Motiv: der Versuch, den historischen Konsens über die NS-Zeit und die sich daraus ergebende Verantwortung, sowohl die Lehren aus der Shoah wie die Erinnerung an sie für immer wachzuhalten, infrage zu stellen. Für die AfD war die deutsche Erinnerungskultur ein genauso vielversprechendes Thema wie Merkels Flüchtlingspolitik. Die Haltung der Partei brachte die berüchtigte Äußerung Gaulands bei einem Treffen der Jugendorganisation der Partei im Juni 2018 auf den Punkt: »Hitler und die Nationalsozialisten sind nur ein Vogelschiss in über 1000 Jahren erfolgreicher deutscher Geschichte.«⁵⁵

»Das Recht, unsere Vergangenheit zurückzufordern«. Alexander Gauland, früherer Co-Fraktionsvorsitzender sowie Bundessprecher und heute Ehrenvorsitzender der rechtspopulistischen AfD

Nur wenige Jahre früher hätte eine solche Bemerkung in Deutschland selbst für einen Politiker an den Rändern des Parteienspektrums das Karriereende bedeutet. Nun äußerte sie einer der beiden Bundessprecher und Fraktionsvorsitzenden der drittgrößten Partei im Parlament – offenbar ohne Konsequenzen. Zwar bedauerte Gauland seinen Kommentar, allerdings nur, indem er behauptete, er sei missverstanden worden. Aufrichtig wirkte sein Bedauern keineswegs, nicht zuletzt, da er und andere führende AfD-Politiker den Konsens der Nachkriegsjahre in Deutschland, wie der Nationalsozialismus und die Shoah zu bewerten seien, regelmäßig infrage stellten – und das meist in einer Art und Weise, die darauf aus war, zu provozieren und zu empören. In einer anderen Rede ein Jahr vor der »Vogelschiss«-Bemerkung hatte sich Gauland bereits ähnlich revisionistisch zur deutschen Erinnerungskultur geäußert. Bei einem Treffen der Partei in Thüringen sagte er, kein anderes Volk habe »so deutlich mit einer falschen Vergangenheit aufgeräumt wie das deutsche«, und er fuhr fort: »Man muss uns diese zwölf Jahre nicht mehr vorhalten. Sie betreffen unsere Identität heute nicht mehr. Und das sprechen wir auch aus. Deshalb haben wir auch das Recht, uns nicht nur unser Land, sondern auch unsere Vergangenheit zurückzuholen.«[56] Gaulands Äußerungen hätten als politische Absichtserklärung klarer nicht sein können. Eine Neudefinition der Vergangenheit – Deutschlands Vergangenheit – wurde zu einem festen Bestandteil der AfD-Kampagne, um politische Macht zu gewinnen. Die Deutschen sollten stolz auf die Geschichte ihres Landes sein, nicht Reue empfinden. Sie sollten sich darauf besinnen, was vor und nach der Shoah geschah, nicht auf die Shoah selbst. In einer Rede von 2017 gab wiederum Gauland ein abschreckendes Beispiel dafür, was das in der Praxis hieß. Deutsche, behauptete er, hätten »das Recht, stolz zu sein auf Leistungen deutscher Soldaten in zwei Weltkriegen«.[57]

Im neuen Geschichtsverständnis der AfD wird sogar das Bemühen der USA, Deutschland nach dem Krieg auf demokratischen Fundamenten wiederaufzubauen, ungeschminkt kritisiert. Jens Maier, ein prominenter AfD-Politiker aus Sachsen, sagte im Januar 2017 vor der Jugendorganisation der Partei in Dresden, dass die Umerziehungsbemühungen der Alliierten nach 1945 dazu geführt hätten, die Deutschen zu überzeugen, sie wären alle »Sauhunde, Verbrecher, nichts wert«. Maier rief der jubelnden Menge zu: »Ich erkläre hiermit den Schuldkult für beendet, für endgültig beendet!«[58]

Es lässt sich kaum ermessen, wie fremdartig und schockierend eine solche Rhetorik für viele der im politischen und kulturellen Mainstream aufgewachsenen Deutschen klang. Die zentrale Bedeutung des Holocaust im öffentlichen Leben in Deutschland – und damit der Auftrag eines »Nie wieder!« – war über Jahrzehnte hinweg akzeptiert worden und tief verankert. Sie hatte die Politik und Kultur, die Bildung und Diplomatie des Landes geprägt und diente viele Jahre lang als moralischer Kompass für die politisch Verantwortlichen. Für die AfD jedoch war genau diese zentrale Bedeutung der Stein des Anstoßes. Ihre Parteifunktionäre bezweifelten nicht, dass der Holocaust stattgefunden hatte – sie waren keine Holocaustleugner. Aber sie wollten, dass er eine deutlich geringere Rolle in Deutschland und – offensichtlich – in der Hauptstadt Berlin mit ihrem zentralen Holocaustdenkmal spielte. Einer der unverblümtesten Hardliner der Partei, der ehemalige Geschichtslehrer Björn Höcke, verursachte einen Aufschrei, als er 2017 in einer Rede das Berliner Denkmal zum Ziel machte. »Wir Deutschen, also unser Volk, sind das einzige Volk der Welt, das sich ein Denkmal der Schande in das Herz seiner Hauptstadt gepflanzt hat«,[59] erklärte er. Die Besessenheit vom Holocaust in der Nachkriegszeit, so fuhr er fort, habe das Leiden einer anderen Gruppe von Opfern verdrängt: der Deutschen. »Und bis heute sind wir nicht in der Lage, unsere eigenen Opfer zu betrauern«, sagte Höcke. Der Vorsitzende der AfD-Fraktion in Thüringen hielt »eine erinnerungspolitische Wende um 180 Grad« für nötig, sowie »eine Erinnerungskultur, die uns vor allen Dingen und zuallererst mit den großartigen Leistungen der Altvorderen in Berührung bringt«.[60] Seine Rede löste im gesamten politischen Spektrum, aber auch bei den Kirchen und in der jüdischen Gemeinde eine neue Welle der Empörung und Verurteilung aus. Damals galt Höcke selbst in AfD-Kreisen als völlig inakzeptabel, wo man sogar versuchte, die rechtsextremistische Gruppierung innerhalb der Partei, den sogenannten Flügel, den der Thüringer mitgegründet hatte, zu verbieten. Der Versuch, Höcke aus der Partei zu werfen, scheiterte nicht nur, seine Position wurde in den folgenden Jahren eher noch gestärkt. Nachdem er zunächst der führende Mann einer Randgruppe innerhalb einer Randgruppe war, begann sein nationalistischer, revisionistischer Diskurs die AfD zu dominieren. Der Popularität der Partei in Meinungsumfragen und Wahlen tat das jedoch keinen Abbruch. Weniger als ein Jahrzehnt nach ihrer Gründung war die AfD bis auf eine Ausnahme in allen Parlamenten der 16 Bundesländer sowie im Bundestag vertreten. In den fünf östlichen Bundesländern konnte die Partei auf die Unterstützung jedes fünften Wählers zählen. Und auch wenn sie die von den etablierten Parteien errichtete Brandmauer nicht überwinden konnte, bestand doch die offenkundige Gefahr, dass angesichts der zunehmenden politischen Zersplitterung früher oder später die Bildung einer Koalition mit der AfD nötig sein könnte, und sei es nur auf lokaler oder regionaler Ebene.

Mit großer Besorgnis wurde beobachtet, mit welch schamloser Entschlossenheit und sichtlicher Lust, zu schockieren, die AfD-Führung versuchte, die deutsche Erinnerungskultur infrage zu stellen und zu untergraben. In gewisser Weise jedoch präsentierte die AfD ein salonfähigeres Gesicht der aufstrebenden rechtsradikalen Bewegung in Deutschland. Die Führung der Partei hielt sich weitgehend an die Regeln des politischen Spiels. Sie verurteilte politische Gewalt und gab sich als Verteidigerin des Grundgesetzes. Ihre Waffe waren nicht der Molotow-Cocktail oder der Baseballschläger, sondern das Wahlplakat, die politische Rede, Tweets und Facebook-Posts. Das ließ sich von den gewalttätigen Schlägern und bewaffneten Neonazis, die sich am äußersten Rand des rechtsextremen Spektrums bewegten, nicht behaupten – Stephan Balliet war nur ein Beispiel von vielen. Deutschland hatte schon länger mit Rechtsextremen zu kämpfen, aber der Dey-Prozess fiel mit einer bemerkenswerten Zunahme tödlicher rechtsextremistischer Gewalttaten zusammen.

Im Juni 2019 arbeitete die Staatsanwaltschaft in Hamburg noch an den letzten Vorbereitungen zum Verfahren gegen Bruno Dey, als ein politischer Mord das Land schockierte. Walter Lübcke, ein prominenter Lokalpolitiker, der Merkels tolerante Flüchtlingspolitik aktiv und vernehmbar unterstützt hatte, war in seinem eigenen Garten von einem 45-jährigen Rechtsextremisten erschossen worden. Der Mörder hatte Verbindungen zu einer berüchtigten Neonazi-Gruppe und war bereits wegen Brandstiftung in einem Flüchtlingsheim verurteilt worden. In einem Land, in dem nur wenige Politikerinnen und Politiker durch hohe Sicherheitsmaßnahmen geschützt sind, sorgte Lübckes Tod für eine tiefgreifende Verunsicherung. Die Botschaft war verstörend: Die Vertreter der etablierten Parteien sollten sich in ihrem eigenen Zuhause nicht mehr sicher fühlen, selbst wenn sie außerhalb ihres Wahlkreises kaum bekannt waren. Die bloße Verteidigung der Regierungspolitik – und das Eintreten für Anstand und Menschlichkeit gegenüber Flüchtenden – reichte schon aus, um die Todesstrafe durch rechte Terroristen zu verdienen.

Im Februar 2020, vier Monate nach Beginn des Dey-Prozesses, erschütterte ein weiterer, ebenso tödlicher Vorfall extremistischer Gewalt das Land. Dieses Mal traf es Menschen im hessischen Hanau. Von glühendem Hass gegen Ausländer und der Absicht geleitet, den Planeten von unerwünschten Personen zu »säubern«, verübte der Rechtsradikale Tobias Rathjen einen barbarischen Anschlag auf zwei Bars, die vor allem von jungen Deutschtürken und anderen Migranten besucht wurden. Er erschoss neun Menschen, dann fuhr er nach Hause, tötete seine 72-jährige Mutter und richtete die Waffe schließlich auch gegen sich selbst. Am nächsten Vormittag sollte ich als Reporter über die Gräueltat berichten und arbeitete mich durch das 24-seitige Manifest des Täters, einer seltsamen Mischung aus Psychogeschwafel, Verschwörungstheorie und Völkermordfantasien. An einer Stelle rief er zur Eliminierung gesamter Länder und Völker auf, darunter Marokko, Ägypten, Israel, Türkei, Iran, Indien, Pakistan, Vietnam und die Philippinen. »Und dies wäre erst die Grob-Säuberung. Danach muss die Fein-Säuberung kommen«, hieß es in dem Dokument. »Aber ich würde diese Menschen alle eliminieren, auch wenn wir hier von mehreren Milliarden sprechen, aber es muss getan werden.«

Halle, der Mord an Lübcke und die Schüsse in Hanau fanden eine große mediale Aufmerksamkeit und breite politische Beachtung. Aber das waren nur die blutigen Höhepunkte eines ohnehin hohen Levels rechtsextremer Gewalt, die jedoch kaum oder keinerlei Aufmerksamkeit erregte. Den Polizeistatistiken konnte man entnehmen, dass Rechtsextremisten jährlich mehr als 20 000 Straftaten begingen, darunter mehr als 1000 Gewalttaten.[61] Die Gefahr, die von ihnen ausgeht, ist nachweislich wesentlich größer als die Gefahr, die von Links- oder islamistischen Extremisten ausgeht.

In einem Land, in dem politische Stabilität hoch geschätzt wird und die Mordrate vergleichsweise niedrig liegt, sind solche Zahlen alarmierend. Dass einige der tödlichsten Anschläge in die

Zeit des Dey-Prozesses fielen, war Zufall. Aber für das laufende Verfahren schufen sie einen verstörenden Hintergrund, ebenso wie die wachsende Präsenz der AfD in der deutschen Politik und das Ansinnen der Partei, die deutsche Erinnerungskultur vom rechten Rand her infrage zu stellen.

Vom allerersten Prozesstag an konnte man sich des Eindrucks nicht erwehren, dass außerhalb des Hamburger Gerichtssaals so manches falsch lief – und dass ein Gefühl der Bedrohung und Unsicherheit im Land dem Verfahren zusätzlich Dringlichkeit und Bedeutung verlieh. Allein die Maßnahme, einen fairen und offenen Prozess zu führen, um das dunkelste Kapitel der deutschen Geschichte aufzuarbeiten, schien einen alternativen Weg zu weisen. Er demonstrierte, dass die Shoah in Deutschland noch eine Rolle spielt, und zwar nicht nur als politischer und moralischer Imperativ, sondern als etwas ganz Konkretes, das strafrechtlich verfolgt und vor Gericht verhandelt werden kann und wofür am Ende jemand zur Verantwortung gezogen wird. Er bewies, dass die Rechtsstaatlichkeit trotz des Gebrülls der Rechtsradikalen Bestand hatte in einem Land, das nur zu gut weiß, was das Abgleiten in totalitäre Gesetzlosigkeit bedeutet. Zumindest in diesem Sinne schien das Eindringen der Außenwelt in den Gerichtssaal nur richtig.

Meier-Göring hatte mit diesem Aspekt des Dey-Falls gerungen. Als ich lange nach Ende des Prozesses mit ihr sprach, betonte sie, wie wichtig es sei, ein Gleichgewicht zu finden. Natürlich musste sich ein Gericht vor allem anderen auf die Frage nach der Schuld oder Unschuld eines Einzelnen konzentrieren, aber ihr war auch wichtig, festzustellen, dass Richterinnen und Richter gegenüber der Außenwelt weder blind sein können noch sollten. »Ich glaube, dass ein Strafprozess das nicht ausklammern darf. Der Strafprozess funktioniert nur im Rahmen einer Gesellschaft, und man muss sich auch bewusst sein, was man mit seinen Verfahren und seinen Urteilen bewirkt«, sagte sie. »Das ist ein schmaler Grat. Man muss sich einerseits abkoppeln von Volkes Stimme und von populistischen Tendenzen. Man muss sich seine eigene rechtsstaatliche Unabhängigkeit bewahren, selbstverständlich. Aber man darf auch nicht die Augen verschließen. Weil wir ja ein Teil dieser Gesellschaft sind.«

Wie wir noch sehen werden, prägte ihre Überzeugung den Prozess bis zum letzten Tag. Das Urteil, das Meier-Göring im Juli 2020 verlas, bezog sich auf Verbrechen, die ein ganzes Leben zurücklagen. Doch es sagte auch einiges über die Gegenwart.

Kapitel 8

EIN SUBJEKTIVES PROBLEM

Die Juristische Fakultät der Humboldt-Universität Berlin befindet sich in einem imposanten, »Kommode« genannten Barockgebäude. Die durch Säulen gegliederte graue Steinfassade schwingt elegant nach innen, als wollte sie den prachtvollen Platz, den sie abschließt, umarmen. Auf der gegenüberliegenden Seite der baumlosen Fläche befindet sich die Staatsoper, Mitte des 18. Jahrhunderts von Friedrich dem Großen im Stil eines griechischen Tempels erbaut. Links steht das Universitätshauptgebäude, ein nüchterner, klassizistischer Bau, auf der rechten Seite ein stattliches Gebäude aus dem 19. Jahrhundert, das in ein Luxushotel verwandelt wurde, und die älteste römisch-katholische Kirche der Stadt. In einer von den Narben des Zweiten Weltkriegs und einem Wiederaufbau im Stil des Brutalismus wie kaum eine andere gezeichneten Stadt scheint der Platz die Verwüstungen des 20. Jahrhunderts fast unbeschadet überstanden zu haben.

Sieht man freilich genauer hin, zeigen sich auch hier die Wunden der Geschichte. In der Mitte des Platzes wurde ein kleines Glasfenster in das Pflaster eingelassen. Man blickt durch dieses Fenster hinunter auf einen perfekt quadratischen weißen Raum, an dessen fünf Meter hohen Wänden leere Bücherregale stehen. Es ist eine Arbeit des israelischen Künstlers Micha Ullman, die öffentlich an einen der ersten Akte der Nazibarbarei erinnert:

die Verbrennung von rund 20 000 Büchern jüdischer und linker Autoren im Mai 1933 auf diesem Platz. Wenige Meter von der Glasscheibe entfernt befinden sich zwei Bronzeplatten mit der hellsichtigen Warnung des Dichters Heinrich Heine:

Das war ein Vorspiel nur, dort
wo man Bücher verbrennt,
verbrennt man am Ende auch Menschen.

Heine hatte diese Zeilen mehr als ein Jahrhundert vor der Bücherverbrennung durch die Nationalsozialisten geschrieben. Unter dem dröhnenden Jubelgeschrei der Studenten und Professoren gingen seine Werke nun gemeinsam mit denen von Thomas Mann, Bertolt Brecht, Albert Einstein, Sigmund Freud und zahllosen anderen in Flammen auf.

Die Fakultät und der Platz davor sind mir sehr vertraut. Als Jurastudent überquerte ich mehr als zwei Jahrzehnte vor dem Dey-Prozess die Ampel vor der Oper fast täglich, fuhr über den Platz und schloss mein schweres Hollandrad vor dem Eingang der Kommode ab. Hatte man die Tür passiert, änderte sich der Charakter des Gebäudes schlagartig: Die barocke Fassade entpuppte sich als genau das – eine bloße Fassade. Innen herrschte purer ostdeutscher Funktionalismus, billig, trist und beige. Der einzige Anflug von Kunst war ein Buntglasfenster, das einen triumphierenden Lenin zeigte, der den Weg in die Zukunft wies, direkt hinter ihm standen Marx und Engels. An heißen Sommertagen, wenn die Fenster zu beiden Seiten des Platzes offen standen, wehten vereinzelt Klänge aus den Proberäumen der Oper herüber – kleine Glückssplitter, während ich meinen langweiligen akademischen Pflichten als Jurastudent im letzten Semester nachkam.

Diese Pflichten bestanden im Wesentlichen darin, Tausende juristischer Definitionen, Musterfälle und Rechtstheorien auf Karteikarten zu schreiben und auswendig zu lernen. Die Definitionen und Rechtstheorien abrufbar zu haben, war entscheidend, um die hochgradig verkünstelten und oft teuflisch komplexen Fälle lösen zu können, die uns unsere Professoren in regelmäßigen fünfstündigen Prüfungen vorlegten. Es ging immer recht einfach los mit Einstiegen wie »X erklärt sich bereit, Y seinen Gebrauchtwagen zu verkaufen« oder »Herr Schwarz wacht nachts auf und glaubt, einen Einbrecher zu hören«. Der nächste Satz enthielt dann eine Wendung. X stellte sich als minderjährig heraus, das Auto gehörte in Wirklichkeit Z oder wies kostspielige Mängel auf, die Käufer und Verkäufer nicht bekannt waren. Der mutmaßliche Einbrecher wiederum erwies sich als die Ehefrau von Herrn Schwarz, die spätnachts nach Hause gekommen war. Herr Schwarz hatte eine Waffe gezogen, auf den Schatten in seiner Schlafzimmertür gezielt und versehentlich seine Frau erschossen. Die Fallbeschreibung ging gnadenlos immer so weiter und wurde Schicht um Schicht komplexer. »Problem erkannt, Gefahr gebannt« war das Mantra, das uns unsere Repetitoren einbläuten. Sie wollten damit sagen, dass es keinen Sinn hatte, der Komplexität des Falls aus dem Weg zu gehen. Es gab keine Abkürzungen. Jede Schicht musste einzeln abgetragen, analysiert und gelöst, jedes Problem der richtigen Kategorie zugeordnet werden – 100 kleine Schritte, die alle logisch und unumkehrbar zur richtigen Schlussfolgerung führten. An guten Tagen löste das eine besondere Art der Befriedigung aus, vergleichbar etwa dem Gefühl, wenn man sein Haus nach einer rauschenden Feier wieder geputzt hat – jede Fläche ist sauber gewischt, sämtliche Glasscherben aufgefegt und entsorgt. Ein juristisches Problem zu lösen, war auch so etwas wie Ordnung schaffen. Man nehme das

Chaos des Lebens – Diebstahl, Scheidung, vermasselte Immobilienkäufe – und verwandele es in saubere, abstrakte und logische Paragrafen.

An schlechten Tagen (und davon gab es viele) erschien das stundenlange Auswendiglernen als sinnlose Zeitverschwendung. Ich hatte Jura studiert, weil ich den Abschluss für nützlich und sinnvoll hielt, aber ich hatte nicht die Absicht, Richter oder Anwalt zu werden. Zu diesem Frust mischte sich für die meisten von uns die blanke Angst vor dem Examen. Wir alle kannten die Statistik: Mehr als ein Viertel der Studierenden im letzten Jahr fielen durch und waren gezwungen, von Neuem in der Bibliothek zu sitzen, ein weiteres Jahr mit Lernen zu verbringen und sich die langweiligen Feinheiten des deutschen Rechts einzubläuen.

Nach dem ersten Staatsexamen ließ ich die Juristerei so schnell wie möglich hinter mir und verschrieb mich dem Journalismus. Das lag zur Zeit des Dey-Prozesses wie gesagt mehr als zwei Jahrzehnte zurück. Seither hatte ich wenig Anlass gehabt, meine Jurakenntnisse hervorzukramen, geschweige denn sie anzuwenden. Doch im Gerichtssaal in Hamburg versuchte ich mich plötzlich wieder an all die Definitionen und Rechtsnormen zu erinnern. Zu meiner Überraschung war mir die Monotonie der juristischen Beweisführung, deren Sprache ähnlich trocken und leblos ist wie die Mondoberfläche, wohltuend vertraut.

Hinter den juristischen Wortgefechten verbarg sich eine Frage, die ich schon als Student faszinierend fand: Wie definieren wir Mord?

Die Beantwortung dieser Frage hängt nicht zuletzt davon ab, wo ein Mord stattfindet. In der angloamerikanischen Rechtstradition zum Beispiel wird Mord in der Regel als rechtswidrige Tötung einer anderen Person in böswilliger Absicht definiert,

d. h. in der Absicht, zu töten oder eine schwere Körperverletzung zu verursachen.[62] Es gibt Unterschiede zwischen dem britischen und dem US-amerikanischen Recht (wo Morddelikte nach Schweregrad differenziert werden) und sogar Abweichungen zwischen den einzelnen Bundesstaaten der USA. Aber die Grundidee ist einfach: Person A tötet Person B rechtswidrig und vorsätzlich.

Daraus folgt, dass eine Tötung kein Mord ist, wenn der Täter unter Kontrollverlust oder verminderter Schuldfähigkeit gehandelt hat oder wenn die Tötung grob fahrlässig erfolgte. Die Tötung darf nicht versehentlich geschehen sein. In solchen Fällen verhängen britische Gerichte normalerweise eine Strafe wegen des minderschweren Delikts des Totschlags.

So weit, so klar. In Deutschland dagegen ist die Definition von Mord weitaus komplizierter – mit Konsequenzen, wie wir sehen werden, nicht nur für Bruno Dey, sondern für unzählige weitere Holocaustfälle, die bis dahin vor Gericht verhandelt worden waren. Der entscheidende juristische Text dazu ist § 211 des Strafgesetzbuchs, der zwei Absätze umfasst. In Absatz 1 heißt es: »Der Mörder wird mit lebenslanger Freiheitsstrafe bestraft.« Absatz 2 lautet: »Mörder ist, wer aus Mordlust, zur Befriedigung des Geschlechtstriebs, aus Habgier oder sonst aus niedrigen Beweggründen, heimtückisch oder grausam oder mit gemeingefährlichen Mitteln oder um eine andere Straftat zu ermöglichen oder zu verdecken, einen Menschen tötet.«

Das Problem wird klarer, wenn man zum nächsten Paragrafen, § 212, weiterliest, der sich mit Totschlag befasst. Dort heißt es in Absatz 1: »Wer einen Menschen tötet, ohne Mörder zu sein, wird als Totschläger mit Freiheitsstrafe nicht unter fünf Jahren bestraft.« Es folgen weitere Varianten für Totschlag, etwa die Tötung auf Verlangen oder die fahrlässige Tötung. Die Architektur des deutschen Rechts für Tötungsdelikte bedeutet also: Wenn eine Person eine andere tötet, ist das Delikt in der Regel Totschlag. Wenn es mildernde Umstände gibt – zum Beispiel weil das Opfer um die Tötung bat –, sieht das Gesetz darin ein geringeres Vergehen und verhängt eine mildere Strafe. Bei erschwerenden Umständen – wie Habgier oder Grausamkeit – wird das Vergehen als Mord bewertet.

Vor einem deutschen Gericht reicht der einfache Vorsatz also für das Urteil »Mord« nicht aus. Richter und Richterinnen müssen stattdessen sorgfältig abwägen, ob eines der acht Merkmale aus § 211 zutrifft oder nicht. Einige dieser sogenannten Mordmerkmale sind einfach: Ein Mann, der seine Ehefrau tötet, um ihr Vermögen zu erben, handelt aus Habgier. Die Frau, die das Essen ihres Ehemannes während einer großen Einladung vergiftet, setzt »gemeingefährliche Mittel« ein. Aber wann ist ein Tötungsdelikt grausam? Und was genau bedeuten »niedrige Beweggründe« oder »Heimtücke«? Über die Jahre führten diese Fragen zu Tausenden akademischen Debatten und widersprüchlichen Definitionen, in denen die Rechtsprechung den Ansichten renommierter Juraprofessoren nicht selten widersprach. Der Bundesgerichtshof zum Beispiel entschied in der Vergangenheit, dass Motive wie Rassismus, Rache oder Eifersucht niedrige Beweggründe darstellen. Aber auch darüber wird diskutiert: Man denke an einen Fall, in dem ein Vater den Vergewaltiger seines Kindes umbringt. Er handelt eindeutig aus Rache. Aber so verachtenswert diese Tat auch sein mag, würde sie gesellschaftlich tatsächlich als »moralisch auf der untersten Stufe« und von »hemmungsloser Selbstbezogenheit« geprägt verurteilt werden? Möglicherweise nicht. Angesichts der vagen Formulierung von § 211 vertraten sowohl einflussreiche Rechtswissenschaftler als auch der Bundesgerichtshof tendenziell die Auffassung, dass das

Merkmal »niedrige Beweggründe« höchst restriktiv interpretiert werden sollte.

Auch das Mordkriterium der Heimtücke hat leidenschaftliche wissenschaftliche Auseinandersetzungen befeuert. Laut der Standarddefinition erfordert dieses Merkmal, dass der Täter die Arg- und Wehrlosigkeit seines Opfers bewusst missbraucht hat.[63] Das Opfer im Schlaf zu töten, wäre dafür ein klassisches Beispiel, oder dessen Tee zu vergiften oder aus einem Versteck heraus tödliche Schüsse abzugeben. Auf den ersten Blick wirken diese Interpretationen vernünftig. Aber was ist mit der Frau, die über Jahre hinweg von ihrem Ehemann geschlagen und missbraucht wurde, bis sie endlich beschließt, ihn im Schlaf mit einem Kissen zu ersticken? Heimtücke wird in der Regel als moralisch verwerflich betrachtet, weil das Opfer keine Chance hat, sich zu wehren. Aber wie das Beispiel zeigt, kann sie auch die einzige Waffe der Schwachen gegen den Starken sein. Die missbrauchte Frau verbrächte den Rest ihrer Tage im Gefängnis, wenn ihre Tat als heimtückisch beurteilt werden würde. Wenn nicht, könnte sie nach ein paar Jahren wieder auf freien Fuß kommen.

Die Grenze zwischen Mord und Totschlag – so unscharf sie manchmal auch sein mag – ist noch in anderer Hinsicht von erheblicher Bedeutung. In den späten 1950er-Jahren, als klar wurde, dass NS-Verbrechen bis hin zum Mord bald verjähren würden, sahen sich die deutsche Politik und Justiz endlich gezwungen zu handeln. Bei Mord wurde die Verjährungsfrist zunächst verlängert, dann ganz abgeschafft, weshalb Deys Fall überhaupt verhandelt werden konnte. Für Totschlag blieb die Gesetzgebung jedoch unverändert. Mit wenigen Ausnahmen wurde es nach 1960 schlicht unmöglich, Totschlagsdelikte aus der NS-Zeit vor Gericht zu bringen. Von da an bestand die einzige Möglichkeit, Verdächtige strafrechtlich zu belangen, im Beweis, dass sie Mörder waren – und das hieß, dass eines der acht Mordmerkmale aus § 211 erfüllt sein musste. Deutsche Gerichte erkannten grundsätzlich an – wie sollten sie nicht? –, dass der Erstickungstod in einer Gaskammer eine Grausamkeit darstellte. Das war zum Teil den physischen Qualen geschuldet, die mit dem Einatmen von Zyklon-B-Gas einhergingen, und mit der Dauer der Tortur. Es konnte bis zu 30 Minuten dauern, bis die Opfer den tödlichen Dämpfen endlich erlagen. Aber die Gerichte betonten auch die unaussprechliche psychische Grausamkeit dieser letzten Minuten: Es dauerte geraume Zeit, bis das Gas alle Teile der Kammer ausfüllte. Das bedeutete aber, dass manche Opfer gezwungen waren, mit anzusehen, wie sich Panik und Horror bis zu ihnen ausbreiteten – und häufig mussten sie bis dahin Zeuge des Todes ihrer Kinder, Eltern oder anderer Verwandter sein. Auch Heimtücke konnte häufig recht einfach nachgewiesen werden, zum Beispiel wenn die Opfer unter dem Vorwand, duschen zu müssen, in die Gaskammern geschickt wurden.

Schwieriger, Mordkriterien zu identifizieren und nachzuweisen, wurde es in anderen Fällen, insbesondere bei den Bürokraten und Beamten, die weit entfernt von den Lagern und Vernichtungsstätten agiert hatten. Das gleiche Problem trat bei SS-Männern, Soldaten und Polizeibeamten auf, die ihre Opfer erschossen hatten (was bedeutete, dass sich nicht mehr so leicht mit besonderer Grausamkeit und Heimtücke argumentieren ließ). In diesen Fällen mussten die Gerichte auf die schwerer fassbaren und umstritteneren Motive aus § 211 zurückgreifen, insbesondere auf die besagten niedrigen Beweggründe. Das führte zu einer weiteren Schwierigkeit: Diese Motive mussten nicht die Haupttäter wie Hitler und Himmler geleitet haben, sondern die vor Gericht stehende Person selbst, auch dann, wenn sie nur Beihilfe geleistet hatte. Die Shoah war offenkundig das Ergebnis eines mörderischen Antisemitismus. Aber war es gerecht, anzunehmen, dass jedes Mitglied in der Lagerhierarchie, jeder Beamte in der SS-Verwaltung ebenfalls ein mörderischer Antisemit war? Handelten sie aus niedrigen Beweggründen, oder taten sie ihre Arbeit, weil sie den Befehl dazu erhalten hatten? Oder weil sie Angst vor den Folgen hatten, wenn sie nicht kooperierten? Oder weil sie sich einen beruflichen Aufstieg erhofften?

Grundlegender war freilich das Problem, dass die Gerichte diese Fragen überhaupt erst stellen mussten. Wie Kritiker schon damals hervorhoben, wirkte die Betonung subjektiver Beweggründe im deutschen Recht angesichts des Phänomens eines staatlich organisierten Völkermords völlig deplatziert. Als Rechtsauffassung verkannte sie eine der zentralen Tatsachen der Shoah: dass die konkrete mentale Haltung der Einzeltäter selten einen Unterschied machte. Ihre Beweggründe waren völlig irrelevant für die verzweifelten Männer, Frauen und Kinder, die in die Gaskammern getrieben wurden – ebenso wie für die führenden Nazis in Berlin. Worauf es ankam, war, dass die Mörder die Taten ausführten und wussten, was sie taten. Worauf es ankam, war, dass die Opfer auf grausame und perfide Weise getötet wurden, und zwar einzig und allein aus mörderischem Rassenhass. In Deutschland jedoch mussten die Gerichte in Holocaustprozessen bei jedem einzelnen Angeklagten den genauen psychologischen Motiven nachgehen, sich in ihre Köpfe hineinversetzen und ihren Hass, ihr Wissen, ihre Ängste und Vorurteile, ihre Intelligenz und ihre Ausreden beurteilen. Hinzu kommt noch, dass es nicht etwa um die aktuellen Gedanken und Gefühle ging, sondern darum, wie die Angeklagten vor vielen Jahren und Jahrzehnten gedacht und gefühlt hatten, und das in einer extrem anderen Situation als heute zur Zeit der Prozesse. Richtern, die darauf aus waren, strafmildernde Umstände zu finden, ließ dies mehr als genug Spielraum.

Die Konzentration auf die subjektive Motivation steht auch im Zentrum einer anderen akademischen Auseinandersetzung, die unter Umständen eine noch größere Bedeutung für die Verfolgung von NS-Verbrechen hatte: die Unterscheidung zwischen Täter und Gehilfen. Grundsätzlich wirkt diese Unterscheidung intuitiv sinnvoll und ist oft recht eindeutig: Der Täter begeht das Verbrechen, während der Gehilfe Beihilfe leistet, indem er zum Beispiel Informationen oder Waffen liefert oder einem Dieb hilft, die gestohlene Ware nach der Tat zu verkaufen. Der Täter ist die zentrale Figur, der Gehilfe bleibt am Rande des Geschehens. Normalerweise erhält Letzterer eine deutlich mildere Strafe.

Bei den Holocaustprozessen in Deutschland jedoch wurde diese logisch nachvollziehbare Unterscheidung bis an ihre äußerste Grenze und darüber hinaus ausgedehnt. Sehr früh schon versteiften sich die Gerichte grundsätzlich auf die Ansicht, dass lediglich die oberste Spitze des NS-Staates – Hitler, Himmler, Göring etc. – als Täter zu betrachten sei. Praktisch alle anderen wurden als bloße Helfer gesehen, selbst diejenigen, die die Tötungen direkt ausgeführt, und diejenigen, die als hochrangige SS-Offiziere, Militärs oder Regierungsbeamte ungeheure Macht ausgeübt hatten. Die gewaltige Mehrheit der Urteile wegen Holocaustverbrechen wurde für Beihilfe zum Mord ausgesprochen – nicht für Mord. Das galt selbst für Massenmörder wie Otto Bradfisch, promovierter Jurist und langjähriges NSDAP-Mitglied, der von 1941 bis 1942 eine Einheit der Einsatzgruppe B im heutigen Belarus befehligte. Unter seinem Kommando war die Einheit für die Ermordung von mehr als 15 000 Menschen verantwortlich.[64] Als er endlich, zwei Jahrzehnte danach, vor Gericht stand, wurde er lediglich der Beihilfe zum Mord für schuldig befunden –

und zu zehn Jahren Gefängnis verurteilt. Wäre er selbst für nur einen einzigen Mord für schuldig befunden worden, hätte ihn eine lebenslange Gefängnisstrafe erwartet. Das Urteil erging, obwohl das Gericht zu dem Schluss gekommen war, dass Bradfisch selbst an den Erschießungskommandos teilgenommen und sie »ohne erkennbares Widerstreben ausgeführt und ihre Ausführung durch seine Untergebenen genauestens und mit Nachdruck überwacht« habe.[65]

Ein anderes bemerkenswertes Beispiel ist Robert Mohr, ebenfalls ausgebildeter Jurist (der vor seiner Nazikarriere Menschenrechte in Genf studiert hatte).[66] Auch er diente als Kommandeur einer Einsatzgruppe, diesmal in der Ukraine. Mohr wurde letzten Endes zu acht Jahren Gefängnis wegen Beihilfe zum Mord an Tausenden Juden, Partisanen und Menschen mit geistiger Behinderung in den von Deutschland besetzten Gebieten schuldig gesprochen. Erneut hatte das Gericht entschieden, dass allein Hitler, Himmler und Heydrich als Mörder zu betrachten seien. Mohr dagegen habe lediglich Befehle ausgeführt, ihm fehle damit der »Täterwille«.[67]

Das Gericht hatte sich nicht einmal die Mühe gemacht, die Verbrechen mit einzubeziehen, die Mohr an seinem nächsten Posten beging – und die für mich eine besondere Bedeutung haben. Nach seiner Zeit an der Ostfront wurde er nach Darmstadt, meiner Heimatstadt, versetzt, wo er für die Deportation der ortsansässigen jüdischen Bevölkerung zuständig war. Laut Anklage der Staatsanwaltschaft Darmstadt vom Mai 1960 wurde Mohr beschuldigt, während seiner Zeit als Chef der örtlichen Geheimpolizei den Tod von mindestens 19 Juden verursacht zu haben.[68] Die tatsächliche Zahl war mit ziemlicher Sicherheit höher, doch was der Anklageschrift an Reichweite fehlte, machte sie an Detailgenauigkeit wieder wett. Es wurden alle 19 Opfer mit

Namen und Adresse angeführt. Als ich die Liste durchsah, wurde ich von einem beunruhigenden Moment des Wiedererkennens überrascht. Unter den mit Namen genannten Opfern war der in Auschwitz ermordete Dr. Karl Freund, der, so erfuhr ich, nur ein paar Häuser entfernt von dort gewohnt hatte, wo ich aufgewachsen war. Dann war da Dr. Ernst Mayer, an dessen imposanter Villa ich unzählige Male auf dem Weg ins Schwimmbad vorbeigeradelt war. Und Eduard Wolfskehl, Spross einer angesehenen jüdischen Familie, dessen Wohnsitz im Krieg zerstört worden und dessen privater Garten ein öffentlicher Park geworden war. Als Kind war ich oft im Winter mit meinem Holzschlitten dorthin gegangen und hatte Stunden damit verbracht, den steilen Hang hinunterzurodeln. Und wenige Jahre vor dem Prozess hatte ich mit meinem eigenen Sohn dort gerodelt, in völliger Unkenntnis der tragischen Geschichte dieses Ortes.

Die Anklageschrift führte bedauerlicherweise nie zu einem Prozess. Die Darmstädter Staatsanwaltschaft gab den Versuch, Mohr vor Gericht zu bringen, 1963 auf, zwei Jahre bevor er im Einsatzgruppen-Prozess zu acht Jahren Gefängnis verurteilt wurde. Den Rest seines Lebens verbrachte er im nordrhein-westfälischen Solingen. Er starb 1989.

Warum wurden er und Tausende vergleichbarer Täter nicht als Mörder verurteilt? Wie konnten die deutschen Gerichte es drehen, dass Männer, die mit ihren eigenen Waffen, ihren Finger am Abzug, getötet hatten, als bloße Helfer eingestuft wurden?

Die Antwort führt mich erneut zurück zu meiner Zeit in der Bibliothek in der Kommode und zu einer besonders dicht beschriebenen Karteikarte, auf der die Rechtstheorien und Debatten über die Unterscheidung zwischen Täter und Gehilfen zusammengefasst waren. Meine damals eindrucksvolle Sammlung handgeschriebener Karteikarten ist schon vor vielen Jahren in die Papiertonne gewandert, aber ich erinnere mich noch an die Aufzählung der merkwürdigen Mordfälle, die ich dort zusammengefasst hatte. Das bei Weitem seltsamste Urteil wurde 1962 vom Bundesgerichtshof gefällt und betraf den Fall Staschinski. Bogdan Staschinski war KGB-Agent, der 1957 zwei ukrainische politische Aktivisten im Exil getötet hatte, indem er ihnen Blausäure ins Gesicht gesprayt hatte (die tödliche Chemikalie war auch der Hauptbestandteil von Zyklon B). Die Morde waren in West-Berlin und München begangen worden. Wenige Jahre später setzte sich Staschinski selbst in die Bundesrepublik ab, wo er verhaftet und vor Gericht gebracht wurde. Das Gericht entschied, der Agent habe lediglich in Beihilfe gehandelt – trotz der Tatsache, dass er zwei Opfer eigenhändig ermordet hatte und die Hauptmörder Tausende Kilometer entfernt in Moskau saßen und die Situation vor Ort nicht direkt hatten beeinflussen oder kontrollieren können. Der Gedanke hinter diesem Urteil wird als Animus- oder subjektive Theorie bezeichnet und ist in dem vom Bundesgerichtshof im Urteil verwendeten Satz prägnant so zusammengefasst: »Die Anwendung dieser Rechtsgrundsätze [...] ergibt unter Berücksichtigung aller Umstände, dass er diese Taten nicht als eigene gewollt, dass er kein eigenes Interesse an ihnen und keinen eigenen Tatwillen gehabt [...] hat.«[69] Und das Gericht fügte hinzu: »Gehilfe ist, beim Morde wie bei allen anderen Straftaten, wer die Tat nicht *als eigene* begeht, sondern nur als Werkzeug oder Hilfsperson bei fremder Tat mitwirkt. Massgebend dafür ist die *innere Haltung* zur Tat.«[70]

Wenig überraschend, dass diese Sätze und Argumente vor und nach dem Staschinski-Urteil immer und immer wieder in Verfahren zum Holocaust auftauchten. Für die Angeklagten waren sie ein Geschenk des Himmels. Egal, wie viele Opfer sie in die Gaskammer getrieben oder in den Wäldern von Belarus kaltblütig erschossen hatten, sie konnten immer behaupten, dass sie diese Morde nicht »als eigene« gewollt hatten – ungeachtet dessen, was ihre Hände oder Arme taten oder ihre Stimmen befahlen. Worauf es ankam, war »die innere Haltung« zur Tat. Die Vorstellung, die normalen Deutschen seien verführt und von der NS-Führung getäuscht worden, war nicht nur unter Juristen, sondern in der deutschen Gesellschaft insgesamt tief verwurzelt. Die Urteile gegen Robert Mohr und Tausende seinesgleichen spiegelten einen besonderen gesellschaftlichen Konsens wider: dass die wahren Mörder nicht nur wenige und weit entfernt waren, sondern praktischerweise auch alle tot. Wer noch bestraft werden konnte, wurde mit einigen wenigen Ausnahmen als Gehilfe betrachtet.

In mancher Hinsicht ist die Betonung des Individuums und seiner subjektiven Haltung bewundernswert. Es ist ein Ansatz, der auf die Moralphilosophie Immanuel Kants und die Ideen der Aufklärung zurückgeht, die dem Menschen die Fähigkeit zuerkennen, einen freien Willen auszuüben und zwischen richtig und falsch zu wählen. Wenn der Angeklagte keine andere Wahl hatte, als das Gesetz zu brechen – zum Beispiel, weil er unter Zwang gehandelt hat oder noch minderjährig war –, wird er in der Regel straffrei bleiben. Die Freiheit und Fähigkeit, die richtige Entscheidung zu treffen oder den falschen Weg zu wählen, sind eine Strafvoraussetzung. Um herauszufinden, ob dies der Fall ist oder nicht, muss das Gericht sich intensiv mit dem Gedankengut des Angeklagten auseinandersetzen. In Fällen normaler Kriminalität – auch im Falle eines »normalen« Mords – ist das selbstverständlich angemessen. Das historische Versagen der deutschen Justiz beruhte jedoch darauf, dass der Holocaust wie ein normales Verbrechen geahndet wurde – dass man annahm, der beste Weg, die Vernichtung der europäischen Juden zu verfolgen und zu bestrafen, bestehe darin, sie wie einen gewöhnlichen Mord, multipliziert mit sechs Millionen, zu behandeln und die industrielle, durchorganisierte, bürokratische und weitgehend anonyme Art des Mordens zu ignorieren. Mit Blick auf die Kriterien für Mord in § 211 des Strafgesetzbuches wird deutlich, dass man typischerweise von einer Art der direkten Beziehung zwischen Täter und Opfer ausgeht – Hass, Lust, Habgier, Geschlechtstrieb, Eifersucht. Eine solche Beziehung jedoch bestand im Fall des Völkermords der Nazis zwischen Tätern und Opfern, falls überhaupt, nur selten. Wie sollte es auch? In Treblinka und in anderen Vernichtungslagern wurden die Opfer normalerweise direkt aus den Waggons in die Gaskammern getrieben. Auch in Stutthof gab es kaum direkte Kontakte zwischen den Wachleuten und den Gefangenen, wie Dey im Prozess wiederholt erklärte. Tatsächlich war das Fehlen jeglicher menschlicher Beziehung zwischen Mördern und Ermordeten ein spezieller und bemerkenswerter Aspekt der Shoah. Es gab also keine Spielräume für Bedenken oder einen Sinneswandel in letzter Minute. Keinen Raum für Mitleid und keine Zeit für Gnadenfristen. Ein potenzieller »normaler« Mörder kann im letzten Moment seine Waffe noch sinken lassen, über sein grausames Vorhaben nachdenken und sich gegen die Tat entscheiden. Eine solche Möglichkeit gab es in den NS-Vernichtungslagern und auf den Erschießungsplätzen einfach nicht. Die Shoah war ein fabrikartiges System mit einer Befehlskette, über die die Verantwortung aufgeteilt und zwischen den Ministerien, Beamten und Behörden sowie Zehntausenden Einzelpersonen auf dem gesamten europäischen Kontinent verteilt wurde. Die einen planten, die anderen befahlen, wieder andere erschossen die Opfer oder trieben sie in die Gaskammern, manche bewachten sie, andere selektierten sie, einige machten Experimente mit ihnen, und wieder andere verbrannten sie. So schwer es auch war – und ist –, dieses Geflecht von Schuld vor Gericht zu entwirren, so sollte das Ergebnis doch in keinem Fall sein, dass die meisten dieser Täter entweder ungestraft davonkamen oder nur wegen Beihilfe verurteilt wurden. Doch genau das war die Folge – das Ergebnis von Staatsanwaltschaften und Richtern, die sich der Fiktion hingaben, sie hätten es mit normalen Verbrechern und normalen Straftatbeständen zu tun.

Der einzige juristische Begriff, der in den Urteilen zum Holocaust ausnahmslos fehlt, ist just der, der eigentlich zu diesem Verbrechen passt: Völkermord. 1944 von dem polnisch-jüdischen Juristen Raphael Lemkin eingeführt, wurde der Begriff in großem Stil bereits 1946 bei den Urteilen der Nürnberger Kriegsverbrecherprozesse eingesetzt, wo drei konkrete Verbrechen verfolgt wurden: Verbrechen gegen den Frieden (Angriffskrieg), Kriegsverbrechen und Verbrechen gegen die Menschlichkeit. Völkermord wurde 1948 in einer UN-Resolution definiert als »eine der folgenden Handlungen, die in der Absicht begangen wird, eine nationale, ethnische, rassische oder religiöse Gruppe als solche ganz oder teilweise zu zerstören«, zum Beispiel durch »Tötung von Mitgliedern der Gruppe« oder »vorsätzliche Auferlegung von Lebensbedingungen für die Gruppe, die geeignet sind, ihre körperliche Zerstörung ganz oder teilweise herbeizuführen«. Die UN-Definition des Völkermords wurde relativ früh, im Jahr 1954, in das deutsche Strafgesetzbuch aufgenommen.[71]

Hier gab es einen Begriff, eine Definition und ein Verbrechen, die zur Ungeheuerlichkeit des Holocaust passten, ja als direkte Antwort auf den Versuch, die europäischen Juden vollständig zu vernichten, eingeführt worden waren. In der Praxis hätte den Gerichten die Verwendung der Begriffe »Völkermord« oder »Verbrechen gegen die Menschlichkeit« bei der Verfolgung von

NS-Verbrechen in den Nachkriegsjahren zumindest manche der Verrenkungen, die ihnen § 211 abnötigte, erspart.

Die deutschen Juristen jedoch haben diesen Weg nie ernsthaft erwogen. Aus Sicht der deutschen Richter und Rechtswissenschaftler verstießen das Statut und die drei Straftatbestände, die die rechtliche Grundlage der Nürnberger Prozesse darstellten, gegen eines der heiligsten Prinzipien des Strafrechts: das Rückwirkungsverbot. Dieses Prinzip besagt, dass eine Tat nur als Verbrechen geahndet werden kann, wenn sie bereits zur Tatzeit als solches galt. Es ist ein universelles Prinzip – so universell, dass es in der Regel lateinisch wiedergegeben wird: *nullum crimen, nulla poena sine lege* – »kein Verbrechen und keine Strafe ohne Gesetz«. Da »Völkermord« ein neu eingeführter Begriff war – und sicherlich kein Verbrechen, das unter dem NS-Regime Eingang in das Strafrecht gefunden hätte –, argumentierten die deutschen Juristen, dass er auf Verbrechen aus dieser Zeit nicht anwendbar sei. Bis heute gab es in Deutschland nicht einen einzigen Prozess zu NS-Verbrechen, in dem eine Anklage wegen Völkermordes erhoben wurde.

Das Problem des Rückwirkungsverbots war den Juristen, die die Nürnberger Prozesse vorbereiteten und dort Anklage erhoben, natürlich vertraut. Doch sie argumentierten, dass *nullum crimen* kein absolutes Prinzip darstelle und gegen andere Interessen und Forderungen abgewogen werden müsse – etwa die Forderung nach substanzieller Gerechtigkeit. Eine strikte Einhaltung des Rückwirkungsverbots würde im Fall der Nürnberger Prozesse und nachfolgender Verfahren gegen NS-Verbrechen nur die Verbrecher schützen, denen durchaus bewusst sei, dass ihre Taten unentschuldbar und verabscheuenswert seien. Es gebe einige Verbrechen, so schlossen die Vertreter der Anklage, die so grauenhaft seien, dass sie bestraft werden müssten, unabhängig davon, ob sie zur Tatzeit ausdrücklich unter Strafe gestanden hätten oder nicht. Denn wie es in der Nürnberger Anklageschrift heißt: »Diese Methoden und Verbrechen stellten Verletzungen internationaler Konventionen, einheimischer Strafgesetze und der allgemeinen Grundsätze des Strafrechts dar, wie sie sich aus dem Strafrecht sämtlicher zivilisierten Völker herleiten.«[72]

In der Praxis und trotz der offensichtlichen Schwäche dieses Arguments ist die Debatte über das Rückwirkungsverbot längst entschieden. Der Prozess gegen Bruno Dey wurde wie alle Holocaustprozesse zuvor auf der Grundlage von § 211 des Strafgesetzbuchs geführt. Dey wurde wegen Beihilfe zum Mord angeklagt und nicht wegen Völkermordes. Und der Prozess selbst wurde – trotz des historischen Interesses – geführt wie jedes andere Strafverfahren auch.

Als Jurastudent hatte ich mich mit den Feinheiten des deutschen Rechts allein mit dem Ziel befasst, die nächste Prüfung zu bestehen. Die Kriterien für Mord waren für mich ein abstraktes Problem, genauso wie die Unterscheidung zwischen Gehilfen und Tätern oder die komplizierte Rechtsprechung des Bundesgerichtshofs. Mir war nicht bewusst gewesen, dass es diese juristischen Debatten und Theorien waren – alle im Namen der Gerechtigkeit geführt und aufgestellt –, die dazu beitrugen, dass Tausende NS-Verbrecher nicht strafrechtlich verfolgt wurden.

Kapitel 9

»DARF ICH SIE UMARMEN?«

Am Ende des siebten Tages im Stutthof-Prozess wurden Bruno Dey zwei Dinge gewährt, die in einem Gerichtssaal eher selten sind: Vergebung und eine Umarmung.

Beide kamen von Moshe Peter Loth, einem 76-jährigen Amerikaner aus Florida. Er war der zweite Überlebende, der im Hamburger Prozess aussagen sollte. Auch Loth hatte eine bemerkenswerte Leidensgeschichte zu erzählen: Seine jüdische Mutter sei 1943 nach Stutthof geschickt worden. Er selbst sei in einem anderen Lager in der Nähe geboren worden, danach aber seien sie bald wieder nach Stutthof gebracht worden. Seine Großmutter sei ebenfalls Gefangene im Lager gewesen und in der Gaskammer umgebracht worden. Auch wenn er keine eigene Erinnerung an die Zeit in Stutthof besaß, berichtete Loth von den physischen und psychischen Narben, die ihm die Lagerzeit für sein gesamtes Leben zugefügt hatte. Und sein Leidensweg war noch nicht beendet gewesen, als er und seine Mutter endlich freigelassen wurden. In den Wirren der letzten Kriegsmonate wurde er von ihr getrennt und landete in polnischen Waisenhäusern, wo er von russischen Soldaten schwer geschlagen und sexuell missbraucht wurde. Erst 1957 oder 1958 (Loth konnte das Jahr nicht mit Sicherheit angeben) wurde er wieder mit seiner Mutter vereint, die sich inzwischen in Deutschland niedergelassen und einen dort stationierten US-Soldaten geheiratet hatte. 1959 zog die Familie in die USA, aber das Unglück folgte Loth auch in seine neue Heimat. Es dauerte Jahrzehnte, bis er begriff, woher er kam und was ihm widerfahren war, erklärte er dem Gericht. Jetzt war er bereit zu vergeben.

Während seiner Aussage rang Loth immer wieder um Fassung. Einmal brach er in Tränen aus. Am Ende der Befragung jedoch sprach er mit fester Stimme, und sein Entschluss stand fest. Wie die anderen Überlebenden, die als Zeugen vor Gericht geladen waren, wurde auch Loth gefragt, ob er das Wort direkt an den Angeklagten richten wolle. Im Gegensatz zu den meisten anderen wollte er das unbedingt. Nachdem er Dey zu verschiedenen Themen zahlreiche Fragen gestellt hatte – unter anderem, welches Gewehr er benutzt habe und was er über die Dörfer und Lager in der Nähe von Stutthof wisse –, fragte er ihn, ob er Reue empfinde.

»Ja, sicher«, antwortete Dey. »Ich bedaure alles, was damals passiert ist.«

Loth bat den Angeklagten, ihn anzuschauen, und richtete dann – der Kläger an den Beklagten – eine eindringliche Bitte um Vergebung an ihn: »Können Sie mir verzeihen, dass ich gegenüber dem deutschen Volk Wut, Bitterkeit und Hass empfinde?«

»Ja, natürlich kann ich Ihnen das verzeihen«, antwortete Dey. »Ich empfinde keinen Hass.«

Loth wandte sich an die Richterin. »Darf ich mich ihm nähern?«

Diese Bitte kam für Meier-Göring überraschend. Ein solcher Kontakt war nicht üblich, aber sie hatte keine Einwände. Doch war dies für die Vorsitzende eine heikle Situation. Loths Wunsch, sich dem Angeklagten – physisch wie emotional – zu nähern, schien von einem aufrichtigen Bedürfnis nach Versöhnung getragen zu sein. Aber es verlieh dem Prozess, der bislang von respektvoller Nüchternheit geprägt war, etwas außergewöhnlich Melodramatisches.

Loth stand auf und lief durch den Gerichtssaal bis zu dem Tisch, an dem Dey und sein Anwalt saßen. »Ich kenne Sie nicht«, sagte Loth. »Darf ich Sie umarmen?«

»Dürfen Sie, ja klar.«

Loth wandte sich wieder ans Gericht: »Schauen Sie. Ich werde ihn umarmen, und ich werde ihm vergeben.«

Er beugte sich zu Dey hinunter und umarmte ihn. Dey murmelte nur: »Ich habe nichts getan.«

»Alles gut«, sagte Loth.

Im Gerichtssaal herrschte fassungsloses Schweigen, bis die Vorsitzende Richterin es brach. Meier-Göring beendete die Befragung und dankte Loth.

Er antwortete nur: »Danke, dass Sie zugehört haben. Jetzt bin ich frei.«

Die Umarmung machte international Schlagzeilen. »Holocaustüberlebender umarmt Wachmann aus Vernichtungslager«, hieß es auf der Website der Londoner *Daily Mail*, wo behauptet wurde, die beiden Männer seien dabei in Tränen ausgebrochen. In der *Times of Israel* lautete die Überschrift »Holocaustüberlebender, damals ein Kleinkind, umarmt 93-jährigen Naziwachmann bei Prozess in Deutschland«. Die in Hamburg ansässige Tageszeitung *Die Welt* fragte: »Wie kann ein KZ-Überlebender einen SS-Wachmann umarmen?«, und ließ eine Theologin und Psychologin sich über die »Macht der Vergebung« äußern. Loths Verhalten, so die Expertin, sei eine Geste von großer Menschlichkeit, die dem Opfer zu innerem Frieden verholfen habe.[73]

Angesichts von Loths Bereitschaft, zu vergeben, verbreitete sich im Gerichtssaal ein Gefühl der Ehrfurcht. Die nächste Zeugenbefragung sollte schon drei Tage später stattfinden. Salvatore Barba, ein Münchner Anwalt, der den US-Bürger vor Gericht vertrat, bat um das Wort und fasste Loths Zeugenaussage noch einmal zusammen. Loths Leben, so merkte der Anwalt an, sei ein »Lebens- und Leidensweg, der wohl schwerer und grausamer nicht sein kann«, doch für seinen Mandanten schließe der Prozess »eine Kausalkette«. Beide Männer, so fügte Barba hinzu, hätten sich für »Versöhnung und Dialog« entschieden.

Auch Meier-Göring war daran gelegen, noch einmal auf Loths Geste der Vergebung und ihre Wirkung auf den Beschuldigten zurückzukommen. Wie, so fragte sie, habe sich die Umarmung durch einen Überlebenden angefühlt? »Es war eine große Erleichterung«, antwortete Dey. »Es hat gutgetan. Mir tut es auch leid und wird mir immer leidtun, was dem Herrn zugestoßen ist. Es freut mich, dass er sein Leben wieder so gut in den Griff bekommen hat.«

Dey schien daran gelegen, sich zu erklären, zugleich war er sich – wie so oft – der Gefahr bewusst, sich selbst zu bezichtigen. Wenn er zugab, Erleichterung zu empfinden, implizierte das nicht, dass er in der Tat ein Verbrechen begangen hatte, für das er um Vergebung bitten musste? Es mischte sich etwas Zögerliches in seine Antwort. Dey betonte erneut, dass er nicht freiwillig in Stutthof gewesen und nicht selbst Zeuge der Torturen geworden sei, die Loth erlitten hatte. Was also meine er dann damit, wenn er von Erleichterung spreche, fragte die Richterin. »Erleichtert, dass ich mich bei einem jedenfalls entschuldigen konnte. Dass ihm so viel Leid geschehen ist und dass ... mein Zutun, ich habe ja nichts dazu getan.«

Die Verhandlung wandte sich bald anderen Themen zu, aber den meisten Prozessbeobachtern blieb Loths Geste stets präsent. Es schien, dass sie weit über den Prozess hinauswies, ein Moment der Versöhnung, der über jeden Zweifel erhaben die Bedeutung und den Wert von Deutschlands später Suche nach Gerechtigkeit für den Holocaust demonstrierte. Die Umarmung zwischen dem Überlebenden und dem KZ-Wachmann war ein ergreifender Beweis, dass es bei solchen Prozessen nicht nur um die Bestrafung der Schuldigen ging, sie trugen zugleich dazu bei, die Opfer und ihre Nachkommen von lebenslangen Traumata zu befreien. Loth selbst hatte dies nach der Umarmung eindringlich auf den Punkt gebracht: *Jetzt bin ich frei.*

Die erhebende Geschichte von Moshe Peter Loth und seiner Suche nach Erlösung brach nur sechs Wochen nach seinem Auftritt vor Gericht in sich zusammen. Das Nachrichtenmagazin *Der Spiegel* veröffentlichte einen Artikel unter der Überschrift »Die leider falsche Geschichte von der großen Vergebung«. Nach akribischer Recherche konnte die Zeitschrift Loths Version Stück um Stück widerlegen. Das Fazit stand bereits im Einleitungstext: »Mit großer Geste hat ein ehemaliger Insasse des Konzentrationslagers Stutthof einem ehemaligen Wachmann im Prozess verziehen. Die Story ging um die Welt. Doch sie stimmt nicht.«[74]

Spiegel-Reporter hatten herausgefunden, dass Loth in Tiegenhof geboren war, einem Ort, der etwa 20 Kilometer von Stutthof entfernt lag. Dort gab es kein Konzentrationslager, und es gab auch keinerlei Beweise dafür, dass er je in Stutthof oder einem anderen Konzentrationslager gewesen war. Seine Mutter Helene dagegen war tatsächlich für kurze Zeit in Stutthof inhaftiert gewesen – allerdings vor seiner Geburt. Aus Originaldokumenten ging hervor, dass sie nicht als Jüdin, sondern in sogenannter Erziehungshaft im Lager gewesen war. Laut *Spiegel* war dies eine von der Gestapo angeordnete Disziplinarmaßnahme für kleinere Verfehlungen, zum Beispiel von »arbeitsunlustigen Elementen«. Laut den Dokumenten, die die Reporter gefunden hatten, war

Helene Loth am 1. April 1943, fünf Monate vor der Geburt ihres Sohnes, wieder entlassen worden. »Während die Haft in Stutthof vor der Geburt ordentlich dokumentiert wurde, finden sich zu einer möglichen zweiten Haft keinerlei Dokumente. Diese zweite Haft in Stutthof hat es vermutlich nie gegeben; wenn doch, müsste sie aus ganz anderen Gründen angeordnet worden sein, als von Loth behauptet: Seine Mutter kann dort nicht als Jüdin, die sie gar nicht war, festgehalten worden sein«, heißt es in dem Artikel.

Laut dem Kirchen- und Gemeinderegister waren Loths Mutter und Großmutter evangelischen Glaubens. Die Großmutter Anna starb am 30. August 1943, vermutlich in einem Ort namens Fürstenwerder in der Nähe von Danzig. Es gibt keinerlei Belege dafür, dass sie in Stutthof starb, und schon gar nicht in der Gaskammer. Dieses Detail ist besonders schmerzhaft: 2001 hatte Loth in der Holocaustgedenkstätte Yad Vashem in Israel ein Gedenkblatt für Anna angelegt. In seinem Beitrag (der zum Zeitpunkt der Arbeit an diesem Buch noch auf der Website von Yad Vashem zu finden war) schrieb er, Anna sei in der Gaskammer in Stutthof ermordet worden. In derselben Datenbank fügte er auch seine Mutter als Überlebende hinzu.

Der *Spiegel* ging freilich nicht so weit, ihn einer unverblümten Lüge zu bezichtigen. »Loth unterliegt, so muss man vermuten, offenbar einem Irrtum«, heißt es in dem Artikel. In seiner Antwort auf eine Anfrage des *Spiegels* ließ Loth durch seine Anwälte erklären, dass »nicht alles durch Dokumente belegt werden« könne. Viele Fragen seien noch unbeantwortet, fügte er hinzu, und es sei schwierig, die ihm vorliegenden Informationen zu überprüfen. Und Loths Anwälte führten aus, er habe »sein gesamtes Leben lang seine wahre Identität gesucht«.

Für das Gericht und die Vorsitzende Richterin persönlich

waren die Enthüllungen im *Spiegel* ein schwerer Schlag. Prozesse beruhen immer auf der Echtheit der Erinnerung und auf der Erwartung, dass ein Zeuge die Wahrheit sagt. Deshalb wird eine eidliche Falschaussage – das Lügen vor Gericht unter Eid – als schwere Straftat behandelt und in der Regel mit einer langjährigen Haftstrafe geahndet. Bei einem Holocaustverfahren jedoch ist das Vertrauen in den Wahrheitsgehalt einer Zeugenaussage von noch größerer Bedeutung, insbesondere wenn es sich bei dem Zeugen um einen Überlebenden handelt. Das liegt zum Teil an der Ungeheuerlichkeit des Verbrechens, aber auch daran, dass es nach so langer Zeit schwierig ist, die dem Gericht vorgebrachten Beobachtungen und Erinnerungen zu bestätigen. Nehmen Sie zum Beispiel Bruno Deys mehrfach wiederholte Behauptung, er habe Gefangenen während eines Arbeitseinsatzes außerhalb des Lagers erlaubt, aus einem Pferdekadaver Fleisch herauszuschneiden. Es gab weder Berichte noch Dokumente, die diese Geschichte belegen konnten, auch keine noch lebenden Zeugen. Das Gleiche galt für Marek Dunin-Wąsowiczs Bericht über einen SS-Mann, der auf dem Todesmarsch Anfang 1945 einen Suppentopf mit dem Fuß umgestoßen habe, sowie für die unzähligen anderen Zeugenaussagen im Lauf des Hamburger Prozesses. Deys Aussagen wurden natürlich kritisch hinterfragt und mit großer Skepsis betrachtet. Als Angeklagter, dem eine Verurteilung wegen Beihilfe zum Mord drohte, hatte er ein offensichtliches Interesse daran, seinen Fall in einem besonderen Licht darzustellen. Doch die Zeugenaussage eines Holocaustüberlebenden gilt als nahezu unantastbar, sei es vor Gericht oder sonst wo, und je mehr Zeit vergeht, desto größer ist dieser Effekt. Wer würde im Zusammenhang mit solchen Erfahrungen lügen wollen? Wer käme auf die Idee, eine solche Geschichte auszuschmücken?

Die Schwelle, Zeugenaussagen von Überlebenden infrage zu

stellen oder zu bezweifeln, ist jedoch auch aus zwei weiteren Gründen hoch. Ein Grund ist die Angst, die Äußerung solcher Zweifel könnten als Zweifel an der Existenz des Holocaust selbst gewertet werden. Der andere Grund ist, dass die Geschichten von Überlebenden grundsätzlich unwahrscheinlich sind. Für Juden in einem Konzentrationslager war es der Normalfall, umgebracht zu werden. Überleben war die Ausnahme – und daher geradezu per definitionem das Ergebnis einer ganzen Reihe von außergewöhnlichen Umständen und unwahrscheinlichen Ereignissen. Mehr als 70 Jahre nach dem Holocaust ist diese Tatsache dem Publikum unterschwellig bewusst. Ob die Menschen ein Buch lesen oder einer Zeugenaussage vor Gericht beiwohnen, sie sind darauf eingestellt, das Unerwartete zu erwarten und das Unglaubliche zu glauben – und das zu Recht. Dieses Vertrauen schien im Fall von Moshe Peter Loth aufs Schlimmste verraten worden zu sein.

Die erste Verhandlung im neuen Jahr fand am 6. Januar 2020 statt, zehn Tage nach der Veröffentlichung der Demontage von Loths Lebensgeschichte. Meier-Göring bestätigte die Kenntnisnahme des Artikels, sagte aber, sie brauche noch Zeit, um die von Loths Anwälten zusätzlich vorgelegten Dokumente zu sichten. Ihre Erklärung trug wenig dazu bei, die Wut einiger der Opferanwälte zu besänftigen. Besonders tat sich Cornelius Nestler hervor, der Anwalt der Stutthof-Überlebenden Judith Meisel, die im letzten Moment vor der Gaskammer hatte fliehen können, dabei aber ihre Mutter zurücklassen musste, die in der Schlange auf ihre Ermordung wartete. Nestler war an einigen der späten Holocaustprozesse maßgeblich beteiligt, auch 2011 am Demjanjuk-Prozess. Sein beruflicher Schwerpunkt lag aber nicht vor Gericht, sondern in der Wissenschaft, bis 2021 war er Strafrechtsprofessor an der Universität Köln. Ich hatte ihn bereits bei einem früheren

Verfahren kennengelernt und war beeindruckt von seinem profunden Verständnis der historischen und rechtlichen Komplexität dieser Fälle, aber auch von seinem praktischen Engagement, die Opfer vor Gericht zu vertreten.

Nestler sprach ruhig, aber er war sichtlich aufgebracht. Loths Behauptungen, so sagte er, seien »schlicht nicht glaubhaft« gewesen. Schon in den ersten Minuten seiner Aussage sei klar gewesen, dass dem Gericht hier »eine wilde Story präsentiert wird«.

Dem war schwer zu widersprechen. Die Enthüllungen im *Spiegel* waren auch deshalb so verstörend, weil Loths Aussage – zumindest in Teilen – tatsächlich schon damals höchst fragwürdig geklungen hatte. Er hatte dem Gericht erzählt, seine Großmutter und seine Mutter seien nach Stutthof gebracht worden, weil sie Jüdinnen gewesen seien. Gleichzeitig hatte er ausgesagt, dass niemand anderer als sein Großvater ihre Deportation und Ermordung in die Wege geleitet habe. Er sei ein »hochrangiger Nazioffizier« gewesen. Und sein Sohn – Loths Onkel – sei Mitglied der SS gewesen, das Stutthof zu mehreren Anlässen besucht habe. Falls dies der Wahrheit entsprochen hätte, wäre Loth ein Nachfahre sowohl von Opfern als auch Tätern des nationalsozialistischen Völkermords gewesen – eine ungewöhnliche biografische Angabe, die zwar nicht völlig unplausibel war, aber angesichts des Mangels an schriftlichem Beweismaterial vor Gericht hätte mehr Fragen aufwerfen müssen. Loth hatte größtenteils inkohärent und abschweifend berichtet und hin und wieder ein anschauliches Detail vorgebracht – meist Erinnerungen an sexuelle und körperliche Gewalt. Da er zu jung gewesen war, um sich an Missbrauch durch die SS im Konzentrationslager Stutthof erinnern zu können, betrafen diese Erinnerungen ausschließlich russische Soldaten nach dem Krieg. In einem der polnischen Waisenhäuser, in denen er untergebracht war, nachdem er von seiner Mutter getrennt worden war, seien die russischen Soldaten »nachts« gekommen, »um die Kinder zu vergewaltigen«, sie hätten ein kleines Mädchen zurückgelassen, »das vorn und hinten blutete«. Loth behauptete auch, dass er als Kind in Nachkriegspolen gezwungen worden sei, einen Davidstern zu tragen und bei Hinrichtungen zuzusehen, als er erst fünf oder sechs Jahre alt gewesen sei. Beeindruckend detailliert schilderte er eine schreckliche Massenexekution von Kindern, die russische Soldaten eines Nachts nahe einer Bahnstation verübt hätten. Als auch er erschossen werden sollte, sei eine Polin eingeschritten, die seine Ersatzmutter geworden sei, sie habe ihr Kleid geöffnet und sich den Soldaten als »Ersatz« angeboten. »Sie folgten ihr und vergewaltigten sie [...]. Ich war gerettet.« Später, als 15-Jähriger und noch immer in Polen, sei er beschuldigt worden, ein Spion zu sein, und schwer bestraft worden: »Sie schlugen mir die Zähne aus und brachen mir mit einer AK-47 [einer Kalaschnikow] die Hände.«

Gewalt und Missbrauch – inklusive Massenvergewaltigungen – durch Soldaten der Roten Armee während und nach dem Zweiten Weltkrieg sind gut dokumentiert, darunter auch Beispiele von sowjetischen Soldaten, die Holocaustüberlebende nach der Befreiung der Konzentrationslager vergewaltigten. Man sollte die menschliche Fähigkeit niemals unterschätzen, noch an den Schwächsten Gräueltaten zu begehen, egal wann und wo. Aber eine solche Orgie von Sadismus und Gewalt durch russische Soldaten gegen Kinder in einem polnischen Waisenhaus etliche Jahre nach Ende des Krieges ging doch an die Grenzen der Glaubwürdigkeit. Die Rote Armee mag in dieser Zeit in Osteuropa tatsächlich omnipräsent gewesen sein, aber was taten Soldaten in einem Waisenhaus in der Provinz? All die Ströme von Blut in Loths Aussage wirkten zwischendurch wie aus dem Drehbuch eines billigen Hollywoodfilms.

Opferanwalt Nestler wies indes auf den offensichtlichsten Fehler in der Zeugenaussage hin, nämlich die dramatische und verworrene Familiengeschichte: »Die Mutter soll als, im Jargon der Nazis, Halbjüdin nach Stutthof verbracht worden sein, während ihr Bruder als Halbjude SS-Offizier war. Das ist ein historisch vollkommen abwegiger Vorgang.« Die Zulassung dieses Zeugen neben tatsächlichen Überlebenden sei ein schrecklicher Fehler gewesen. »Diese Veröffentlichung [im *Spiegel*] wirft einen Schatten über dieses Strafverfahren«, sagte Nestler. »Diese Veröffentlichung stellt die These auf, dass Herr Loth mit der Hilfe seiner Anwälte dieses Strafverfahren zu einer medienwirksamen Selbstinszenierung genutzt hat, obwohl er gar kein Nebenkläger und Zeuge hätte sein dürfen.« Der Schaden, den Loth und seine Anwälte angerichtet hätten, sei nicht auf das laufende Verfahren beschränkt, so fuhr Nestler fort. In einer Zeit, in der weltweit eine deutliche Zunahme von Holocaustleugnern zu verzeichnen sei, würden Prozesse wie dieser in Hamburg zwangsläufig den Verdacht derer erregen, die eine »Holocaustindustrie« am Werk sähen. Der Rechtswissenschaftler wies darauf hin, dass bereits während des Demjanjuk-Prozesses vor fast einem Jahrzehnt der Vorwurf gefälschter Zeugenaussagen erhoben worden sei. »Gerade wir Nebenkläger wissen, dass diese späten NS-Verfahren unter einem ganz besonderen Legitimationsdruck stehen«, warnte er. Das Gericht habe keine andere Wahl: Es müsse vollständig und zweifelsfrei feststellen, ob die Aussage von Loth ganz oder teilweise erfunden sei.

Die Enthüllungen machten mich genauso fassungslos wie alle anderen. Doch möglicherweise hätte ich das gar nicht sein dürfen. Die Opferrolle hat etwas extrem Verführerisches: Sie weckt Interesse, Mitgefühl und Mitleid. Das schützt vor Kritik und Vorwürfen. Und sie dient als Erklärung und vielleicht auch als Entschuldigung für die Versäumnisse und Enttäuschungen, die wir alle im Leben erfahren. Dieser Dynamik unterliegen alle Arten des Opferseins, von häuslicher Vernachlässigung bis zu sozialer Ausgrenzung und körperlichem Missbrauch. Holocaustopfer jedoch haben eine Sonderstellung. Ihre Qualen waren einzigartig, und ihre Leiden sind über jeden Zweifel erhaben. Für Menschen, die sich nach der stärksten Opferrolle sehnen – oder auch nur nach ein wenig Aufmerksamkeit –, mag es eine schreckliche Versuchung sein, die Identität eines Überlebenden anzunehmen. Wie die Journalistin Helen Lewis in einem Artikel über Identitätsmissbrauch schreibt, »eine historische Narbe, die so groß ist wie der Holocaust, zieht verstörte Menschen an, die ihr eigenes Leid dem großen Narrativ anfügen wollen«.[75]

Glücklicherweise gibt es nicht viele dokumentierte Fälle, in denen sich selbst ernannte KZ-Überlebende als Fantasten erwiesen, aber es gibt sie. Etwa die Geschichte von Misha Defonseca, einem aus Belgien stammenden kanadischen Autor, der behauptete, den Holocaust als Siebenjähriger nach seiner Flucht in den Wald, wo er sich einem Rudel Wölfe angeschlossen habe, überlebt zu haben. In Australien behauptete Donald Joseph Watt, ein Veteran aus dem Zweiten Weltkrieg, er sei nach Auschwitz deportiert worden, wo man ihn gezwungen habe, sich einem sogenannten Sonderkommando anzuschließen, einer Arbeitseinheit von ausgewählten Häftlingen, die die Öfen schüren mussten, in denen die ermordeten KZ-Opfer verbrannt wurden.[76] Wie Defonseca veröffentlichte auch er ein Buch, in dem er seine Erfahrungen schilderte, in seinem Fall unter dem Titel *Stoker: The Story of an Australian Soldier Who Survived Auschwitz-Birkenau* (Heizer: Die Geschichte eines australischen Soldaten, der Auschwitz-Birkenau überlebte). Beide, Defonseca und Watt, mussten ihre Behauptungen widerrufen, nachdem sich ihre Geschichten als unwahr erwiesen hatten.

Das bekannteste Beispiel ist aber wohl das von Binjamin Wilkomirski, dem Autor der gefeierten Holocausterinnerungen *Bruchstücke. Aus einer Kindheit 1939–1945*. Das Buch wurde 1995 in Deutschland veröffentlicht und bald in neun Sprachen übersetzt. Wo immer es erschien, erntete es begeisterte Kritiken: Zwei Rezensenten im *Guardian* würdigten es als »eines der großen Werke über den Holocaust«.[77] Das Buch erhielt den *US National Jewish Book Award* und den *Jewish Quarterly-Wingate Literary Prize* in Großbritannien. Wilkomirski erzählte eine grauenvolle Geschichte: Geboren in Lettland, wurde er im Alter von drei Jahren von seinen Eltern getrennt und zuerst in das Konzentrationslager Majdanek gebracht, später in ein zweites Lager (das im Buch selbst nicht namentlich genannt war, das Wilkomirski später aber als Auschwitz-Birkenau identifizierte). Er berichtete von verhungernden Babys, die ihre erfrorenen Finger bis auf die Knochen abkauten, von einem kleinen Jungen, den die SS ermordete, weil er nachts in seine Pritsche gemacht hatte, von einer blutigen Ratte, die aus der Bauchhöhle einer ermordeten Frau gekrabbelt kam. Wilkomirskis Beschreibungen des Lebens und Leidens im Lager waren sehr anschaulich und detailreich – vielleicht zu detailreich: Sein Buch war voller rekonstruierter Dialoge, die er offenbar über vier Jahrzehnte hinweg wörtlich so im Gedächtnis behalten hatte. (Loth, der auch Erinnerungen geschrieben hat, vollbringt ein ähnliches Kunststück. Es gibt lange Passagen mit wörtlicher Rede, Jahrzehnte nach den Ereignissen, und andere, in denen er das Datum und die Uhrzeit des Gesprächs genau angeben kann.)

Nachdem er die Lager überlebt und kurze Zeit in einem Waisenhaus in Krakau verbracht hatte, wurde Wilkomirski seiner Schilderung zufolge in ein Waisenhaus in der Schweiz gebracht, wo er schließlich von einem Schweizer Ehepaar adoptiert wurde. Seine Adoptiveltern, die Dössekkers, zwangen ihn, seine Erinnerungen zu verdrängen, er sollte alles vergessen, was zuvor geschehen war. Doch er konnte nicht vergessen und auch nicht länger schweigen.

Sein Buch, das er fast ein halbes Jahrhundert später in schlichter, eleganter Prosa verfasste, machte Wilkomirski schlagartig berühmt. Er reiste durch die Welt, sprach in Universitäten und auf Literaturfesten, in Synagogen und Theatersälen. Er unternahm sogar eine Spendentour für das Holocaust Memorial Museum in Washington. Dann, drei Jahre nach dem Erscheinen der *Bruchstücke*, erhob der Artikel eines Schweizer Journalisten (selbst Sohn eines Auschwitz-Überlebenden) bestürzende Anschuldigungen: Wilkomirski sei tatsächlich ein Adoptivkind, aber er stamme weder aus Lettland, noch sei er Jude oder Überlebender von Majdanek oder Auschwitz. Tatsächlich zeigte seine Schweizer Geburtsurkunde, dass er 1941 als Bruno Grosjean, unehelicher Sohn von Yvonne Grosjean, in Biel geboren wurde, einer Stadt in der nordwestlichen Schweiz, die für ihre Uhrenindustrie berühmt ist. In späteren Berichten wurde eine lange Liste von Ungereimtheiten, Unwahrscheinlichkeiten und Ungenauigkeiten in der Geschichte von Binjamin Wilkomirski / Bruno Grosjean aufgedeckt.[78] Kritiker wie der Historiker Raul Hilberg, Autor einer bahnbrechenden Studie über die Shoah, sagten, die im Buch geschilderte Geschichte schwanke zwischen »sehr unwahrscheinlich oder völlig unmöglich«.[79] Um nur ein paar Beispiele zu nennen: Kinder im Alter von vier oder fünf Jahren hatten praktisch keine Chance, ein Konzentrationslager zu überleben, geschweige denn zwei. Mit einigen wenigen Ausnahmen, insbesondere wenn Kinder für medizinische Experimente ausgewählt wurden, vergaste man Kleinkinder normalerweise sofort nach ihrer Ankunft gemeinsam mit ihren Müttern. Zudem gab es keine Aufzeichnungen über einen Transport jüdischer Kinder von Majdanek nach Auschwitz. Bruchstücke wurde schließlich vom Verlag zurückgezogen, so wie dem Buch einige, wenn auch nicht alle Preise aberkannt wurden, die es erhalten hatte.

Der Schweizer Historiker Stefan Mächler wurde von der Literaturagentur, die Wilkomirski vertrat, beauftragt, den Fall gründlich zu untersuchen. In seinem Fazit hieß es, dass es nicht den geringsten Zweifel gebe, dass der berühmte Autor tatsächlich »mit Bruno Grosjean identisch« sei und dass »seine in Bruchstücke niedergeschriebene und anderswo erzählte Geschichte einzig und allein in seinem Denken und Empfinden stattgefunden hat«.[80] Mächler vermutete, Grosjeans Fabulieren und erfundene Erlebnisse seien weniger ein Produkt zynischer Berechnung, sondern eines Kindheitstraumas in Zusammenhang mit seiner Adoption und »der Versuch […], einen Ausdruck für eine Erfahrung zu finden, die […] nach sinnstiftender Erzählung rief«.[81] Seine Identität »entstand […] im Laufe von Jahrzehnten, ungeplant, improvisiert, fortwährend neue Erfahrungen oder Notwendigkeiten einflechtend und mangels Konzept entstandene Widersprüche ausbügelnd – was allerdings immer seltener gelang«.[82]

Im Fall Moshe Peter Loths, des Hamburger Zeugen, vollzog sich die Aneignung der Identität eines Holocaustüberlebenden plötzlich und schnell – aber auch bei ihm erfolgte sie erst spät in seinem Leben. Ich war verblüfft, dass beide, Loth und Wilkomirski – wie so viele andere der bekannten Fälle imaginierter Biografien von Holocaustüberlebenden –, ihre Geschichte in einem Buch geschildert hatten. War das ein Zeichen, dass ihr jahrzehntelanger Kampf darum, ihrem Leben einen Sinn und ihrer chaotischen, unglücklichen Lebensgeschichte Kohärenz und Stimmigkeit zu verleihen, zu einem Ende gekommen war? Oder war es vielleicht der Akt des Schreibens selbst, der sie ermutigt hatte, dem Narrativ Stringenz zu verleihen und unbequeme Fakten aus dem Text zu streichen – und letztlich auch aus ihrem Kopf? Nachdem sie ihre Geschichte einmal schriftlich festgehalten hatten, war es zudem unmöglich geworden, das Narrativ wieder zu ändern. Sie durften keine Zweifel, abermaliges Nachdenken oder Gegenbeweise mehr zulassen. Sobald das Buch einmal da ist und gelesen wurde, bleibt es und lässt sich nicht mehr verändern – und mit ihm die Lebensgeschichte, die es zu erzählen vorgibt.

Ähnlich wie Wilkomirski quälte auch Loth das Gefühl, dunkle Ereignisse in seiner Vergangenheit hätten ihn seiner Kindheit beraubt, und er verbrachte viel Lebenszeit damit, verzweifelt nach seinen Wurzeln zu forschen. Beide Männer hatten ein Leben lang nach der Quelle ihrer Nöte gesucht und sich – und ihr Umfeld – am Ende selbst überzeugt, der Holocaust sei der Auslöser all ihrer Probleme gewesen. Plötzlich ergab alles Sinn.

In Loths Fall standen die Trennung von seiner Mutter und das Trauma, die ersten prägenden Jahre ohne ihre Fürsorge und ihren Schutz verbringen zu müssen, im Zentrum seiner Leidensgeschichte. »Meine Mutter hatte mich als Baby verlassen, für mich bedeutete das, dass sie mich nicht wollte«, schrieb Loth in seinem Buch. »Mit dieser Wahrheit hatte ich im Alltag zu leben gelernt. Ich vermute, über das Gefühl, im Stich gelassen worden zu sein, kommt man nie ganz hinweg. Der gesamte Schmerz und die Enttäuschung über diese Zurückweisung begleiteten mich bis ins Erwachsenenalter. In Momenten, in denen ich am wenigsten damit rechnete, holte mich die Verletzung wieder ein, und der Schmerz überwältigte mich.«

Das Buch heißt *Peace by Piece: A Story of Healing and Forgiveness* (Stück für Stück Frieden: Eine Geschichte von Heilung und Vergebung) und beschreibt, wie es Loth gelang, in seinen Fünfzigern zu einer seiner Schwestern Kontakt aufzunehmen. Von ihr erfuhr er nicht nur, dass seine Mutter in Stutthof inhaftiert gewesen war, sondern auch, dass er im Lager geboren worden sei. Teile dieser Geschichte – die, wie wir wissen, tatsächlich stimmen – wurden dann von Mitarbeitenden des Roten Kreuzes bestätigt. Seine Mutter war tatsächlich in Stutthof inhaftiert gewesen. Allerdings war der Schluss falsch, den Loth aus diesen Informationen zog – und er brachte ihn letztlich auf den Pfad, der ihn im Winter 2019 in den Hamburger Gerichtssaal führte. Oder wie er in seinen Erinnerungen schreibt: »Langsam wurde mir die ganze Wahrheit bewusst. *Ich war ein Holocaustüberlebender.*«

Der *Spiegel*-Bericht hatte diese Behauptung nun überzeugend als falsch entlarvt. Loth selbst musste bald nach seiner Aussage am 6. Januar begriffen haben, dass er seine Rolle vor Gericht nicht länger durchhalten konnte. Eine Woche nach Nestlers flammendem Appell, eine umfassende Untersuchung einzuleiten, erschien Loths Anwalt vor Gericht und verkündete, dass sich sein Mandant offiziell vom Prozess zurückziehe. Meier-Göring begrüßte die Bekanntgabe. Recherchen seitens des Gerichts nach dem Artikel im *Spiegel* hätten zweifelsfrei ergeben, so erklärte sie, dass Loths Zeugenaussage in Teilen falsch sei. Besonders hob sie die Behauptung Loths hervor, seiner Mutter und ihm seien ihre Häftlingsnummern tätowiert worden – eine Praxis, die inzwischen ganz allgemein mit Konzentrationslagern assoziiert wird, tatsächlich aber nur in Auschwitz angewandt wurde. Allein diese Aussage hätte den Zeugen disqualifizieren müssen. Meier-Göring räumte ein, dass auch in ihr Loths »konfuse und widersprüchliche« Berichte Zweifel gesät hätten und sie unmittelbar nach der fatalen Zeugenaussage zu dem Schluss gekommen sei, keines ihrer Urteile oder keinen ihrer Schlüsse auf seine Aussagen stützen zu können. Der Prozess, so fügte sie hinzu, solle nun wieder auf die grundlegenden Fragen zurückkommen. Loths Aussage habe ohnehin nur eine »untergeordnete Rolle« gespielt.

Erneut war es der Rechtswissenschaftler Cornelius Nestler, der Einspruch erhob. Er dankte Loths Anwälten dafür, ihren Mandanten aus dem Verfahren genommen zu haben, übte aber dennoch scharfe Kritik an den Kollegen. Es sei »erschreckend«, dass professionelle Juristen mit Erfahrung in Holocaustfällen nicht in der Lage gewesen seien, offensichtliche Falschaussagen zu erkennen, insbesondere die Behauptung, eine Häftlingstätowierung erhalten zu haben. Nestlers Sorgen galten jedoch dem größeren Schaden, der der Glaubwürdigkeit der Aussagen von Überlebenden allgemein zugefügt worden sei: »Überlebende der Shoah haben, wenn sie sich zur Nebenklage melden, sehr häufig das Problem, dass sie keine Dokumente haben, mit denen sie ihr Schicksal und ihre Berechtigung zur Nebenklage darlegen können. Das heißt, Gerichte sind in vielen Fällen darauf angewiesen, den Nebenklägern und ihrer Geschichte schlicht zu glauben. Und dieser Glaube des Gerichts daran, dass Nebenkläger, die vortragen, Opfer der Shoah gewesen zu sein, nicht lügen, dieser Glaube ist in diesem Fall infrage gestellt worden.«

Tatsächlich überschattete die Loth-Affäre den Prozess, wenn auch vielleicht nicht ganz so stark wie im Moment der Enthüllungen befürchtet. Loths konfuse, verworrene Aussage und die theatralische Umarmung, die kurzzeitig international für Schlagzeilen gesorgt hatte, traten mit jeder neuen Aussage von Stutthof-Überlebenden weiter in den Hintergrund – den wahren Holocaustopfern.

Was zumindest mich weiter beschäftigte, war eine allgemeinere Frage: Wie steht es um das Gedächtnis und die Verlässlichkeit von Erinnerungen, die so weit zurückreichen? Der Stutthof-Prozess hing in hohem Maße von der Fähigkeit sehr alter Männer und Frauen ab, sich an Ereignisse zu erinnern, die vor mehr als sieben Jahrzehnten stattgefunden hatten. Dey selbst wurde immer und immer wieder dazu gedrängt, sich an Gespräche und Beobachtungen aus dem Jahr 1944 zu erinnern, wo doch viele von uns schon Schwierigkeiten hätten, die Ereignisse der letzten Woche zu rekonstruieren. Mit wem sprach er und wann? Was erzählten ihm die Kameraden und seine Eltern? Wie viele Menschen sah er in die Gaskammer gehen? Dies waren einschneidende Momente in seinem Leben gewesen, und man durfte annehmen, dass sie unauslöschliche Eindrücke hinterlassen hatten. Doch die Geschichten von Loth und Wilkomirski legten nahe, dass man solchen Erinnerungen – oder auch ihrem Fehlen – vielleicht nicht vorbehaltlos vertrauen sollte. Für die Überlebenden freilich spielte eine gelegentliche Erinnerungslücke oder Ungenauigkeit keine große Rolle. Sie waren als Zeugen bestellt worden, um von ihren Erfahrungen und ihren allgemeinen Erinnerungen über das Leben und Sterben in Stutthof zu berichten, nicht, um eine detailgenaue Beschreibung eines bestimmten Tages, Augenblicks oder Ereignisses abzugeben. Bei Dey lag die Sache anders. Er war tatsächlich aufgerufen, sich präzise zu erinnern, wo er damals gewesen war, was er gesehen, gedacht und getan hatte. Sein Kampf mit der Erinnerung unterschied sich völlig von dem, was Moshe Peter Loth ins Reich der Fantasie und Vorstellung geführt hatte. Aber er war nicht weniger real – und er würde das Gericht in den kommenden Monaten erneut zwingen, sich mit der komplexen Frage zu befassen, wie das Gedächtnis funktioniert.

Kapitel 10

AUSCHWITZ VOR GERICHT

Am Morgen des 20. Dezember 1963 eröffnete der Vorsitzende Richter Hans Hofmeyer einen der folgenreichsten Prozesse in der Geschichte der Bundesrepublik. In den amtlichen Dokumenten wird der Fall unter dem Aktenzeichen 4 Ks/263 geführt. Ein handgeschriebenes Schild vor dem Gerichtssaal wies ihn nur als »Verhandlung gegen Mulka und andere«[83] aus. Heute ist der Fall als Frankfurter Auschwitz-Prozess bekannt: der erste ernsthafte Versuch eines deutschen Gerichts, die Verbrechen zu bestrafen, die in dem berüchtigtsten und mörderischsten aller Konzentrationslager begangen worden waren. Der Prozess dauerte bis August 1965 und endete mit Schuldsprüchen für 17 der 20 Angeklagten. Er markierte einen Wendepunkt in der Haltung der Nachkriegszeit gegenüber dem Holocaust und zwang Millionen Deutscher, sich mit der Grausamkeit der Verbrechen ihrer Nation auseinanderzusetzen und sie einzugestehen. Für die jüngere Generation, die nach dem Krieg geboren und aufgewachsen war, waren die Enthüllungen über Auschwitz und das System der Konzentrationslager neu und schockierend. Älteren Deutschen hingegen waren zumindest einige der im Frankfurter Gerichtssaal vorgetragenen Anklagepunkte nur allzu vertraut. Doch die von deutschen Staatsanwälten gegen deutsche Angeklagte vor einem deutschen Gericht vorgetragenen Beweise waren dennoch erhellend. Leugnen war für die geschätzten 20 000 Bürgerinnen und Bürger, die an einem der 183 Prozesstage anwesend waren, und für alle, die in diesen Jahren Radio hörten oder Zeitung lasen, nun keine Option mehr.[84]

Der Fall hätte zum Triumph für die deutsche Justiz werden müssen, zu einer juristischen Abrechnung mit dem Holocaust, die längst überfällig war. Doch was vom Frankfurter Prozess blieb, erwies sich als zutiefst zwiespältig. Bald wurde deutlich, dass das Urteil, das Hofmeyer am 19. August 1965 sprach, Makel enthielt, die der Verfolgung von NS-Verbrechern in den kommenden Jahrzehnten zahlreiche Steine in den Weg legten. Die Schuldsprüche in Frankfurt sorgten dafür, dass Auschwitz zum Mittelpunkt des moralischen und politischen Bewusstseins in Deutschland wurde. Aber sie schufen auch einen Präzedenzfall, der es zunehmend schwierig und schließlich unmöglich machte, andere mutmaßliche Verbrecher, die in die Shoah verwickelt waren, zu verfolgen und zu verurteilen. Der Frankfurter Auschwitz-Prozess war als Startschuss gedacht gewesen, entpuppte sich jedoch eher als Schlussglocke.

Seine Vorgeschichte ist komplex. Wie so oft in der Geschichte der frühen Holocaustanklagen spielten Zufall und glückliche Fügungen eine bedeutende Rolle. Der erste Strang einer Reihe von Ermittlungen, die schließlich zum Prozess führten, ging auf einen Brief zurück, der im März 1958 im Briefkasten der Staatsanwaltschaft in Stuttgart gelandet war. Er war aus einem Gefängnis abgeschickt worden und stammte von dem als Betrüger verurteilten Adolf Rögner, der während des Krieges Kapo in Auschwitz gewesen war. Der Brief informierte die Behörden, dass ein gewisser Wilhelm Boger, wohnhaft in Stuttgart, als hochrangiger SS-Offizier in Auschwitz gedient habe, wo er wegen seiner Brutalität berüchtigt gewesen sei.[85] Neben anderen Anschuldigungen hieß es, er sei der Erfinder der sogenannten Boger-Schaukel, einer Foltermethode, bei der die SS-Männer die Gefangenen an einer eisernen Stange so aufhängten, dass man das Gesäß und die Geschlechtsteile mit Schlägen traktieren konnte.

Der Brief setzte Ermittlungen durch die Stuttgarter Staatsanwaltschaft in Gang, stieß aber auch beim in Wien ansässigen Internationalen Auschwitz Komitee auf Interesse, einer Organisation von KZ-Überlebenden, die eine Schlüsselrolle bei der Vorbereitung künftiger Auschwitz-Prozesse und der Suche nach Zeugen für den Prozess in Frankfurt spielen würde. Boger wurde schließlich im Oktober 1958 verhaftet. Im selben Jahr übernahm die neu gegründete Zentrale Stelle in Ludwigsburg den Fall. Dort fiel die Entscheidung, die Untersuchungen über Boger hinaus auszudehnen und die in Auschwitz begangenen Verbrechen auf breiterer Basis zu untersuchen. Im Januar 1959 erhielt die Frankfurter Staatsanwaltschaft dann Dokumente mit den Namen von in Auschwitz erschossenen Opfern – und vor allem auch mit den Namen der mutmaßlichen Mörder. Das bewirkte gesonderte Ermittlungen durch die Staatsanwaltschaft Frankfurt und die Zentrale Stelle. Nach Jahren juristischer Versäumnisse hatten die in Auschwitz begangenen Verbrechen innerhalb weniger Monate in drei unabhängigen Staatsanwaltschaften zu offiziellen Ermittlungen geführt. Allerdings bewegten sie sich in unterschiedliche Richtungen und nicht im gleichen Tempo. Jemand musste die Federführung übernehmen – und dieser Jemand war Fritz Bauer.

Generalstaatsanwalt in Hessen und führender Kopf der Frankfurter Auschwitz-Prozesse, war Bauer eine herausragende Gestalt im Nachkriegsdeutschland. Von den Nazis als Jude und Sozialdemokrat verfolgt, traf er die bemerkenswerte Entscheidung, nach dem Krieg aus dem skandinavischen Exil zurückzukehren und dem neuen demokratischen Deutschland als Jurist und Staatsbeamter zu dienen, so wie er es schon vor der Machtergreifung der Nazis getan hatte. Bauer stach unter den meisten Juristenkollegen heraus, von denen viele dem NS-Regime loyal gedient hatten. Er hingegen hatte gegen den Aufstieg des Faschismus in Deutschland nicht nur vehement Widerstand geleistet, sondern wusste auch aus eigener Erfahrung, was es bedeutete, im KZ zu sein. Als prominenter Stuttgarter Sozialdemokrat in den 1930er-Jahren wurde Bauer schon wenige Wochen nach der Machtergreifung Hitlers verhaftet und ins auf der Schwäbischen Alb gelegene KZ Heuberg gebracht, eines der ersten Konzentrationslager auf deutschem Boden. Acht Monate wurde Bauer in Heuberg, das von der politischen Polizei verwaltet wurde, festgehalten. Politische Gefangene wurden dort geschlagen und waren täglichen Erniedrigungen ausgesetzt (wenn auch – noch – nicht systematischen Tötungen). Bauer sprach später nur selten über diese Zeit im Lager, außer um zu berichten, wie er gezwungen worden war, regelmäßig die Latrinen zu reinigen.[86] Sein Biograf Ronen Steinke führt dies zum Teil auf seinen persönlichen Stoizismus zurück (»Es schickte sich nicht, über das eigene Leid zu sprechen«), aber auch auf Scham.[87] Als Bauer schließlich im November 1933 entlassen wurde, erklärte er sich bereit, einen offenen Brief für die Lokalzeitung zu unterzeichnen, der eine Loyalitätserklärung gegenüber dem NS-Regime enthielt – »eine Demütigung, die er über sich ergehen lässt, um Schlimmerem zu entgehen«.[88]

Bauers Wunsch, nach dem Krieg das eigene Leid – ebenso wie das Jüdischsein – herunterzuspielen, spiegelte seine Bedenken gegenüber der allgemeinen Stimmung wider. Das Leben und die Karrieren prominenter Juden im öffentlichen Leben in Deutschland wurden auch nach dem Krieg noch durch Antisemitismus und Misstrauen erschwert. Auch der Patriotismus und die Loyalität von Bauer selbst – einem Mann, der bittere Jahre im Exil verbracht und von einem neuen, demokratischen Deutschland geträumt hatte – wurden im Lauf seiner beruflichen Karriere immer wieder infrage gestellt. Umgekehrt hatte er gute Gründe, seinen Kollegen zu misstrauen, insbesondere jenen, die in gehobener Stellung bei der Polizei oder als Spitzenbeamte in der damaligen Bundeshauptstadt Bonn tätig waren. Dieses Misstrauen veranlasste ihn auch, eine außerordentliche Information – den Aufenthaltsort von Adolf Eichmann, einem der Architekten der »Endlösung« – nicht an die deutschen Behörden weiterzuleiten, sondern an den israelischen Geheimdienst Mossad. Bauer hatte zuerst 1957 einen Hinweis erhalten, Eichmann lebe in Argentinien. Doch er fürchtete, wenn er deutsche Behörden einbezöge – in deren Reihen noch unzählige ehemalige NS-Beamte saßen –, könnte jemand Eichmann warnen und ihm so zur neuerlichen Flucht verhelfen. Stattdessen wandte sich Bauer also an den Mossad, indem er die entscheidenden Akten absichtlich offen auf seinem Schreibtisch liegen ließ, damit sie ein israelischer Agent abfotografieren konnte.[89] Im Mai 1960 wurde Eichmann von Mossad-Agenten aufgegriffen, nach Israel ausgeflogen und vor Gericht gestellt. Am 1. Juni 1962 wurde er gehängt.

Bauer hatte zugelassen, dass Eichmann in Israel angeklagt werden konnte, aber er war fest entschlossen, die Auschwitz-Verbrechen in Deutschland vor Gericht zu bringen. Seine eigene Rolle in diesem Fall bestand jedoch darin, sich im Hintergrund zu halten – auch aus Sorge vor öffentlichen Vorurteilen. Bauer hatte viel Arbeit investiert, um Frankfurt als die in Deutschland zuständige Behörde zur Verfolgung der in Auschwitz begangenen Verbrechen zu etablieren. Das Letzte, was er jetzt wollte, war, dass dieser bahnbrechende Prozess als persönlicher Rachefeldzug eines prominenten linksgerichteten jüdischen Gegners des

Hitler-Regimes dargestellt wurde. So blieb Bauer dem Gerichtssaal während des gesamten Verfahrens fern. Stattdessen schickte er drei junge Staatsanwälte vor (die alle in der Wehrmacht gedient hatten), um die Anklage zu vertreten. 18 Jahre nach Ende des Krieges war Deutschland möglicherweise für einen Auschwitz-Prozess bereit, doch aus Bauers Sicht noch nicht für einen Juden an der Spitze der Anklage.

Josef Klehr im Frankfurter Auschwitz-Prozess. Er hatte Tausenden Häftlingen tödliche Injektionen verabreicht.

Was den Frankfurter Prozess so bemerkenswert machte, war nicht der Versuch, die Einzeltäter von Auschwitz zu bestrafen. Solche Prozesse hatten in Deutschland nach 1945 bereits stattgefunden. Bauers Ehrgeiz reichte viel weiter. Von Anfang an war sein Plan, die Verbrechen, die in Auschwitz begangen worden waren, *systematisch* zu verfolgen. Er wollte individuelle Verurteilungen erreichen, aber zugleich wollte er die Funktionsweise des Konzentrationslagers – und die Komplizenschaft seines umfangreichen Personals – einem Millionenpublikum detailliert enthüllen. Bauers eigentliches Ziel war Aufklärung: »Wenn unser Prozeß [...] einen Sinn haben soll, dann soll der Prozeß eine Warnung und eine Lehre für uns sein«,[90] erläuterte er bei einer Pressekonferenz nach der Eröffnung des Verfahrens.

In den Jahren bis zum Prozess hatten er und seine Kollegen eine Fülle an Material und Beweisen sowie eine Liste mit 599 Verdächtigen zusammengetragen. Aus dieser Liste wählte Bauer 24 Männer aus, die förmlich angeklagt wurden.[91] Die Auswahl war zum Teil dem Dienstalter und der Schwere der angelasteten Straftaten geschuldet. Doch Bauer war auch daran gelegen, eine allgemeine Typologie der Täter zu präsentieren. Er wollte, dass die Auswahl der Angeklagten für das gesamte Lagersystem repräsentativ war und der Staatsanwaltschaft die Möglichkeit gab, dem Gericht und der deutschen Öffentlichkeit insgesamt offenzulegen, wie Auschwitz funktioniert hatte.

Der erste Name auf der Liste war Robert Mulka, der Adjutant des Lagerkommandanten Rudolf Höß.[92] Damit hatte er in der Lagerhierarchie direkt unter dem Kommandanten gestanden und war der mit Abstand hochrangigste frühere SS-Offizier im Frankfurter Prozess. Neben Mulka bestand die Liste aus Angeklagten mit einer verblüffenden Vielfalt an Funktionen und Hintergründen: Victor Capesius etwa, der für die Apotheke in Auschwitz zuständig gewesen war, oder Willy Frank, ein SS-Zahnarzt, der zum medizinischen Dienst gehört hatte und an der Selektion der Gefangenen bei deren Ankunft im Lager beteiligt gewesen war. Ihre Namen standen neben denen von Männern wie Boger und Oswald Kaduk, einem gelernten Metzger, der in Auschwitz als Rapportführer gedient hatte. Kaduk war für den täglichen

Zählappell verantwortlich und für seine unfassbare Brutalität bekannt gewesen, so hatte er zum Beispiel einem Gefangenen den Brustkorb eingetreten und ihn zu Tode getrampelt.[93] Angeklagt war auch der in Brasilien geborene Pery Broad, der seine Karriere in Auschwitz als Wachmann begonnen hatte, dann aber in die sogenannte politische Abteilung versetzt wurde, die von der Gestapo geleitet worden war und sich mit der Registrierung und Vernehmung der Gefangenen befasst hatte. Auf der untersten Stufe der Lagerhierarchie hatten sich Männer wie der Blockführer Stefan Baretzki und Emil Bednarek befunden, Letzterer ein politischer Gefangener, der zum Kapo ernannt worden war. Trotz ihres niedrigen Rangs wurden beide in Frankfurt wegen Beihilfe zum Mord angeklagt. Auch sie waren nötig gewesen, um Auschwitz und die Gaskammern am Laufen zu halten. Auch sie, beschloss Bauer, sollten die volle Härte des Gesetzes zu spüren bekommen.

Hans Hofmeyer, der Vorsitzende Richter, war in gewisser Weise eine seltsame Wahl für die Leitung dieses umfangreichen und heiklen Prozesses. Tatsächlich hätte nach dem Rotationsprinzip der Frankfurter Justiz ein anderer Richter den Fall übernehmen sollen, Hans Forester. Doch die Justizbehörden fürchteten, dass Forester, der wie Bauer Jude war und seinen Bruder durch den Holocaust verloren hatte, der Befangenheit beschuldigt werden würde, und so übergaben sie Hofmeyer den Fall.[94] Den neuen Richter konnte man allerdings ebenfalls der Befangenheit beschuldigen, wenn auch aus der anderen Richtung. 1905 geboren, war Hofmeyer unter den Nazis an einem Amtsgericht und einem Militärgericht tätig gewesen, doch wie die meisten seiner Kollegen konnte er seine Karriere im Justizapparat nach dem Krieg fortsetzen. In den Jahren vor dem Auschwitz-Prozess hatte Hofmeyer vorwiegend Zivilrechtsprozesse verhandelt. Seine Vergangenheit als Richter im NS-Regime wurde zwar von Kritikern vermerkt, insbesondere aus dem kommunistischen Osten, doch die meisten Beobachter waren sich einig, dass er den Prozess fair und kompetent leitete.[95] Er war kein Mann der großen Worte, aber manchmal formulierte er das eigene Entsetzen und seine Trauer (und er machte auch kein Geheimnis daraus, wie sehr er die Lügen und Tricksereien einiger Angeklagter und ihrer Anwälte verachtete).[96]

Die gewaltigen Ausmaße dieses Prozesses waren von Anfang an offensichtlich. In Frankfurt gab es keinen Gerichtssaal, der für das Verfahren (und die erwartete hohe Zahl an Zuschauern und Journalisten) groß genug gewesen wäre. So war Hofmeyer gezwungen, den Saal der Stadtverordneten im Frankfurter Römer behelfsmäßig als Gerichtssaal zu nutzen. Die Anzahl der am Verfahren Beteiligten war immens: Neben Hofmeyer gab es drei weitere Richter sowie sechs Schöffen, drei Ergänzungsrichter und drei Ersatzschöffen.[97] Zudem waren neben dem ersten Staatsanwalt die drei von Bauer entsandten Staatsanwälte anwesend, drei Nebenkläger, 22 Angeklagte und 19 Strafverteidiger. Mehr als 200 Journalisten waren für das Verfahren akkreditiert, darunter zwölf Kamerateams, die sich im Saal drängten, um beim Prozessauftakt zu filmen.[98] Die Sitzplätze auf der Tribüne waren alle besetzt, und die Schlangen vor dem Gerichtssaal reichten bis vor das Gebäude.[99]

Die Männer, die im Mittelpunkt des Prozesses standen – Mulka und die anderen 21 Angeklagten –, zeigten so gut wie keine Anzeichen von Reue. Ihre Beteuerungen waren nicht selten verblüffend in ihrer Dreistigkeit. Mulka, die Nummer zwei in Auschwitz, behauptete, von den Massentötungen im Lager nichts gewusst zu haben. »Ich persönlich habe von Exekutionen im Lager nichts gehört, nichts gemeldet, nichts befohlen. Ich habe Schüsse nie gehört.«[100] Nach den Gaskammern gefragt, antwortete er: »Ich habe darüber gehört, aber ich habe es selber nie gesehen.«[101] Die Fassade der Ahnungslosigkeit brach jedoch bald zusammen. Im Verlauf vieler Monate trug das Gericht die bisher detaillierteste und genaueste Darstellung der inneren Abläufe in Auschwitz zusammen. Historiker aus dem Münchner Institut für Zeitgeschichte hatten eine ganze Reihe von Unterlagen vorbereitet, die nicht nur die Organisation von Auschwitz selbst betrafen, sondern auch über die Geschichte und Struktur der SS, über die NS-Politik gegenüber Juden und über die Ursprünge von Hitlers Antisemitismus im 19. Jahrhundert, die Besetzung Polens und das System der Konzentrationslager allgemein Auskunft gaben. Die Münchner Historiker wurden auch gebeten, Forschungen zum Gehorsam innerhalb der SS anzustellen – und zu der Frage, ob das Lagerpersonal die Möglichkeit hatte, sich den Anweisungen der Vorgesetzten zu widersetzen. Sie gaben die gleiche Antwort wie ein halbes Jahrhundert später ihre Fachkollegen im Dey-Prozess: Wer Auschwitz verlassen wollte, konnte sich dem entziehen, nicht zuletzt, indem man sich freiwillig an die Front meldete.[102]

Das Gericht hörte neben Experten und Historikern die Aussagen von mehr als 350 weiteren Zeugen, deren größte Gruppe Überlebende aus Auschwitz bildeten. Es waren vor allem ihre Zeugenaussagen, die über den Gerichtssaal hinaus Wirkung entfalteten. Viele Deutsche, die vor Ort an den Verhandlungen teilnahmen oder die Medienberichte über den Prozess verfolgten, wurden hier zum ersten Mal mit persönlichen Berichten von Holocaustopfern konfrontiert – und die meisten davon bekam man nicht mehr aus dem Kopf. Einer der 211 Überlebenden im Zeugenstand war der 47-jährige Ján Weis aus Bratislava, der fast drei Jahre in Auschwitz verbracht hatte. Eine seiner Aufgaben war gewesen, die Leichen der Gefangenen wegzubringen, die der Krankenpfleger Josef Klehr ermordet hatte, der nun in Frankfurt vor Gericht stand. Er hatte mit direkt ins Herz injizierten Phenolspritzen Tausende Menschen getötet. Weis musste die Injektionen in der Regel persönlich mit ansehen – sogar das eine Mal, als das Opfer sein eigener Vater war. »Der Angeklagte Klehr hat ihn vor meinen Augen ermordet. Und das war am 29. September 1942«, so schilderte er es dem Gericht. »Auf einmal öffnen sich dann die Türen, und mein Vater kam herein. Mit noch einem. Der Angeklagte Klehr sprach zu den beiden, meinem Vater und dem Mithäftling, der mit ihm gebracht wurde. ›Setzen Sie sich. Sie kriegen eine Spritze, damit Sie keinen Typhus bekommen.‹ Ich begann zu weinen. Ihn hat es nicht gerührt. Er gab dem Vater die Spritze, und ich trug ihn, meinen Vater, fort. Und eine Woche später sagte er mir, warum ich ihm das nicht gesagt habe, er hätte dann den Vater nicht getötet. Ich hatte damals Angst, es ihm zu sagen. Weil es ja durchaus möglich war, daß er sagte: ›Setz dich daneben.‹«[103]

Weis' Bericht war ein weiteres Detail in dem Bild des Grauens, das sich vor Gericht entwickelte, Zeugenaussage für Zeugenaussage. Die Öffentlichkeit war erschüttert, nicht so die Männer auf der Anklagebank. Vom ersten bis zum letzten Verhandlungstag kam nicht ein einziges Wort des Bedauerns von Mulka und seinen Mitangeklagten. Bauer selbst äußerte sich dazu in einem Fernsehinterview: »Ich muß Ihnen sagen: Seit dem Dezember 1963 warten die Staatsanwälte, daß einer der Angeklagten, also einer der unmittelbar Betroffenen, ein menschliches Wort zu den Zeugen und Zeuginnen findet, die überlebt [haben], aber deren ganze Familien ausgerottet sind. [...] die Welt würde aufatmen, nicht nur die Staatsanwälte in Frankfurt, ich glaube, Deutschland würde aufatmen und die gesamte Welt und die Hinterbliebenen derer, die in Auschwitz gefallen sind, und die Luft würde gereinigt werden, wenn endlich einmal ein menschliches Wort fiele. Es ist nicht gefallen und es wird wohl auch nicht fallen.«[104]

Bauer sollte recht behalten. Als Hofmeyer den Angeklagten vor der Verkündung der Urteile das Schlusswort erteilte, folgte eine Flut an Ausflüchten und Entrüstung. Capesius, der SS-Apotheker, der an der Selektion der ankommenden Gefangenen an der Rampe beteiligt gewesen war, sagte dem Gericht, er habe in Auschwitz keinem Menschen etwas zuleide getan. »Ich war zu allen höflich, freundlich und hilfsbereit, wo ich dies nur tun konnte.«[105] Auch Klehr erklärte sich für unschuldig und beschrieb sich als »kleiner Mann«, der »kein Herr über Leben und Tod dieser unglücklichen Menschen«[106] gewesen sei. Bednarek, der Gefangene, der Kapo geworden war, bestand ebenfalls darauf, nichts falsch gemacht zu haben: »Ich habe keine Menschen getötet und keine Menschen totgeprügelt. Und wenn ich jemanden bestraft beziehungsweise geschlagen hatte, dann mußte ich es, um viele andere Mitinsassen vor schweren Maßnahmen seitens der Vorgesetzten zu bewahren. Ich konnte nicht anders. Ich fühle mich vor Gott und den Menschen nicht schuldig.«[107] Mulka, der ranghöchste frühere SS-Mann im Frankfurter Prozess, sprach nur kurz: »Mit dieser Erklärung lege ich gleichzeitig mein weiteres Schicksal und dasjenige meiner unglücklichen Familie vertrauensvoll in die Hände des Hohen Gerichtes, und dieses in der tiefen Überzeugung, daß es sämtliche so wahrhaft schicksalhaften Umstände, die mich damals in meine unglückselige Konfliktlage geführt haben, bis ins einzelne erwägt und berücksichtigt.«[108] Er erwarte, das Gericht werde eine »gerechte Entscheidung« treffen. Nur ein einziger Angeklagter, Hans Stark, äußerte einen Anflug von Selbstzweifeln: »Ich habe an der Tötung vieler Menschen mitgewirkt, das habe ich von Anfang an und ohne Einschränkung bekannt. Ich habe mich nach dem Kriege oft gefragt, ob ich dadurch zum Verbrecher geworden bin. Ich habe keine für mich gültige Antwort gefunden.« Stark war 19 gewesen, als er 1940 die Funktion eines Blockführers in Auschwitz übernommen hatte. Und er schloss seine Rede mit den Worten: »Ich bedaure meinen damaligen Irrweg sehr, aber ich kann ihn nicht ungeschehen machen.«[109] Einem Eingeständnis von Schuld kam keiner der Angeklagten näher.

Die Verteidiger präsentierten in ihren Plädoyers eine breite Palette an Argumenten, um für alle 20 verbliebenen Angeklagten Freispruch zu fordern. Einige stellten den Wahrheitsgehalt belastender Zeugenaussagen infrage und beriefen sich dabei meist auf kurze Momente der Verunsicherung oder Verwirrtheit der Zeugen während ihrer – häufig traumatisierenden – Aussagen. Andere bezweifelten die Legitimität des Falles grundsätzlich und diskreditierten das Verfahren als politischen Prozess oder Schauprozess. Neben solchen pauschalen Anschuldigungen war die gängige Verteidigungsstrategie, dass die in Frankfurt angeklagten SS-Männer – einschließlich Mulka – keine andere Wahl gehabt hätten, als den Befehlen zu gehorchen. Hans Laternser, ein erfahrener Strafverteidiger, der schon bei den Nürnberger Kriegsverbrecherprozessen als Verteidiger tätig gewesen war, brachte eine besonders bemerkenswerte Version dieser Argumentation vor. In Frankfurt hatte er die Verteidigung von Capesius und anderen SS-Männern übernommen, die für die Selektion der Gefangenen an der Rampe zuständig gewesen waren, also darüber entschieden hatten, wer direkt in die Gaskammer geschickt wurde und wer nicht. Hitler, so erklärte der Verteidiger in seiner Schlussrede, habe die Tötung sämtlicher Juden auf deutschem Boden befohlen. Ihr Schicksal sei also längst besiegelt gewesen, als die Züge die Tore von Auschwitz erreicht hätten. Die SS-Männer, die die

Selektion vorgenommen hätten, könnten daher nicht des Mordes an denjenigen, die sie sofort zum Vergasen geschickt hätten, beschuldigt werden. Sie hätten nicht etwa diejenigen getötet, die vergast worden seien, sondern im Gegenteil diejenigen gerettet, die von den Gaskammern verschont geblieben seien. Devin Pendas stellt in seinem Buch über den Auschwitz-Prozess zu Recht fest, dass Laternsers »schreckliche Sophismen« die entscheidende Tatsache ausklammerten, dass für die meisten, die die Selektion überlebt hatten, der Tod nicht etwa abgewendet, sondern nur aufgeschoben war.[110] Die Mehrzahl der Gefangenen in Auschwitz, die bei Hungerrationen in verdreckten, überfüllten Baracken lebten und den täglichen Grausamkeiten der Wachleute ausgesetzt waren, die sie für bis zu zwölf Stunden zu schwerster körperlicher Arbeit zwangen, starb eher früher als später, und oft in ebenden Gaskammern, denen sie bei der Ankunft noch entkommen waren. Die Selektion war kein Akt der Rettung – sie war ein integraler Bestandteil der Tötungsmaschinerie in Auschwitz.

Hofmeyer verlas das Urteil über zwei Tage verteilt Mitte August 1965. Es sei ein Prozess gewesen, dessen »ungeheuerlicher Inhalt ihm den Charakter des Außergewöhnlichen gegeben« habe. Auschwitz werde für immer mit dem »Inferno« verbunden sein, das im Lauf der vergangenen 20 Monate aufgedeckt worden sei. Aber Hofmeyer bemühte sich zugleich, zu betonen, dass der Prozess zumindest in seinen Augen ein normales Strafverfahren geblieben und sein Urteil von den gleichen Gesetzen und Prinzipien geleitet worden sei wie das Urteil eines normalen Strafverfahrens.»Aufgabe jedes Strafverfahrens ist es, die Begründetheit der Anschuldigungen zu überprüfen, die von der Staatsanwaltschaft erhoben werden, und nur die Umstände zu erforschen, die zur Entscheidung über diese Angeschuldigten geklärt werden müssen. Das Gericht hat nicht das Recht, andere Ziele anzustreben«, sagte er. »Wenn auch der Prozeß weit über die Grenzen dieses Landes Beachtung gefunden hat und den Namen ›Auschwitz-Prozeß‹ erhalten hat, so blieb er für das Schwurgericht ein Strafprozeß gegen Mulka und andere, das heißt, es war für die Entscheidung des Schwurgerichts nur die Schuld der Angeklagten maßgeblich.«[111]

Das Gericht erklärte 17 der verbliebenen 20 Angeklagten für schuldig. Drei wurden freigesprochen. Mulka, der Adjutant des Lagerkommandanten, wurde zu 14 Jahren Gefängnis verurteilt, der Apotheker Capesius zu neun, Broad zu vier – wobei sie und acht weitere Angeklagte lediglich wegen Beihilfe zum Mord für schuldig befunden wurden. Wesentlich härtere Urteile wurden gegen die rangniederen, aber brutaleren Angeklagten verhängt, von denen die meisten als Mörder verurteilt wurden. Kaduk und Boger erhielten lebenslänglich, ebenso Klehr, der Mann, der Tausenden Phenolspritzen direkt ins Herz gerammt hatte (auch wenn das Gericht ihn nur in 256 Fällen für schuldig befand). So gesehen und entgegen Bauers großen Hoffnungen folgte der Frankfurter Prozess der althergebrachten Logik deutscher Rechtsprechung seit Ende des Krieges: Brutale Verbrecher, die mit exzessiver Grausamkeit getötet hatten, traf die volle Härte des Gesetzes. Diejenigen, die nur ein, zwei Stufen von den direkten Morden entfernt waren, wurden trotz ihres höheren Rangs und ihrer Befehlsgewalt über solche Verbrecher milder bestraft. Der Fall Wilhelm Boger – dessen Verhaftung 1958 das Auschwitz-Verfahren überhaupt erst ausgelöst hatte – illustriert diesen Kontrast: Das Gericht stellte fest, dass er an mindestens einer Selektion an der Rampe teilgenommen hatte, die zur Vergasung von mindestens 1000 deportierten Juden führte. Da Boger während der Selektion offenbar nicht besonders eifrig oder brutal und rücksichtslos gehandelt hatte, sprach ihn das Gericht für seine Rolle bei der Selektion lediglich der Beihilfe zum Mord, nicht des Mordes schuldig. Für dieses Verbrechen wurde er mit lediglich vier Jahren Gefängnis bestraft. Doch das Gericht verurteilte ihn auch dafür, fünf Auschwitz-Häftlinge persönlich zu Tode gefoltert zu haben. Für dieses Vergehen wurde er als Mörder verurteilt und erhielt eine lebenslängliche Haftstrafe. Vier Jahre Gefängnis für Tausende Tote, lebenslänglich für fünf Tote: Auch wenn diesem Urteil eine gewisse juristische Logik zugrunde liegt, so wirkt es doch grotesk. »Das erstaunliche Missverhältnis zwischen der Anzahl der Opfer und der Schwere der Strafen zeigt, dass das Gericht der Folter als Indiz für die subjektive Motivation eine viel größere Bedeutung zuschrieb als dem Völkermord,« schreibt Pendas.[112]

Zumindest in Bogers Fall war das Endergebnis zweifellos richtig. Er verbrachte den Rest seines Lebens im Gefängnis und starb 1977 hinter Gittern. Die Argumentation des Gerichts im Fall Mulka dagegen war deutlich problematischer. Trotz seines hohen Rangs und seiner Rolle als Adjutant des Kommandanten von Auschwitz und obwohl er einmal einen Gefangenen vor seinen Augen zu Tode hatte prügeln lassen, trotz der Tatsache, dass er persönlich die Bestellungen von Zyklon B unterschrieben hatte – trotz all dieser Fakten –, wurde er lediglich wegen Beihilfe zum Mord verurteilt. Mit dieser Entscheidung tat sich Hofmeyer sichtlich schwer, denn in seinem Urteil widmet er vier ganze Seiten der Frage, ob Mulka als Gehilfe oder als Täter zu verurteilen sei. Das Urteil wägt dessen Rolle und seine Verantwortung, seinen Hintergrund und seine mutmaßliche Motivation sorgfältig ab. Es sei möglich, so der Richter, dass Mulka tatsächlich mit »Täterwillen« gehandelt habe, womit der Vorsitzende auf die damals gängige Rechtspraxis verwies, die anhand der subjektiven Motivation des Angeklagten zwischen Gehilfen und Täter unterschied. Doch es sei auch möglich, fuhr Hofmeyer fort, dass er seine Rolle in Auschwitz vor allem aus einer »falsch verstandenen Pflichtauffassung und Befehlsergebenheit« erfüllt habe.[113] Die Besonderheit von Mulkas Verbrechen liege darin, dass es Teil einer »riesige[n] Organisation, die zur Tötung von Millionen Menschen aufgebaut worden war«, gewesen sei.[114] Er sei »in diesem [sic] Apparat hineinbefohlen worden« und »ein Rad in der gesamten ›Vernichtungsmaschinerie‹« gewesen, heißt es in der Urteilsbegründung.[115] Am Ende wertete Hofmeyer die Zweifel zum Vorteil des Angeklagten. Mulka verbrachte drei Jahre im Gefängnis, wurde 1968 jedoch aus gesundheitlichen Gründen vorzeitig entlassen und starb ein Jahr später.

Bei dem Urteil gegen Mulka gab es noch mindestens ein weiteres schwerwiegendes Problem. Der Vorsitzende Richter war bemüht – fast schon zu bemüht –, einen absolut eindeutigen Zusammenhang zwischen konkreten Handlungen des Angeklagten und einer konkreten Tötung herzustellen. Das gelang Hofmeyer, indem er einen Funkspruch vom 2. Oktober 1943 hervorhob – dieser ist im endgültigen Urteil wörtlich abgedruckt –, in dem Mulka einen Lastwagen nach Dessau befahl, der dort »Material zur Judenumsiedlung« abholen sollte.[116] Dass das Material das in den Gaskammern genutzte Giftgas Zyklon B war, so heißt es im Urteil, sei dem SS-Personal bekannt gewesen. Ein anderes Beweisstück, dem besondere Bedeutung beigemessen wurde, waren Mulkas Bemühungen, vier luftdichte Türen für den Bau zusätzlicher Gaskammern in Auschwitz zu beschaffen. Diese Aufträge wurden als eindeutiger Beitrag zur Tötung von mindestens 3000 Opfern (vier Züge mit je 750 Menschen) in den Gaskammern betrachtet und erfüllten die Notwendigkeit zum Nachweis einer konkreten Tat. Als detektivische Leistung war der Verweis auf den Funkspruch zweifellos beeindruckend. Aus juristischer Sicht jedoch war er verheerend. Die Tatsache, dass Hofmeyer einem konkreten, aber winzigen Beweisstück so große Bedeutung zuschrieb, setzte einen unerreichbar hohen Standard für künftige Gerichte und Verfahren. Was wäre gewesen, hätte es diesen Funkspruch nicht gegeben? Was wäre gewesen, wenn keine Beweise gefunden worden wären, die Mulka mit den Gaskammertüren in Verbindung brachten? Hätte der zweite Mann hinter dem Kommandanten von Auschwitz den Frankfurter Gerichtssaal dann als freier Mann verlassen?

Der grundlegende Fehler in Hofmeyers Urteil war, dass er das große Verbrechen von Auschwitz – bei dem die Nazis mehr als eine Million unschuldiger Menschen getötet hatten – in winzige Splitter zerlegte. Der Vorsitzende Richter hatte außerordentlich große Mühen darauf verwendet, aus der Masse der Opfer eine Reihe individueller Fälle herauszulösen: ein von Boger zu Tode geprügelter Häftling, einige Hundert Gefangene, die Klehr mit einer Phenolspritze tötete, die Opfer von vier Transporten, die mit der Hilfe Mulkas (aber nicht auf seinen Befehl!) vergast wurden. Wie gesagt waren die schwersten Strafen – wie so oft vor deutschen Gerichten in der Nachkriegszeit – den rangniederen, ungebildeten, sich brutal gebärdenden Tätern vorbehalten. Das lag zum Teil daran, dass ihnen einzelne Morde und Grausamkeiten oft leichter nachgewiesen werden konnten. Die Ärzte und Apotheker, die Juristen und Beamten, deren Verantwortung größer, aber auch diffuser war, kamen mit vergleichsweise milden Strafen davon.

Hofmeyers Vorgehen führte zu wichtigen Verurteilungen, die schließlich auch vom Bundesgerichtshof bestätigt wurden. Aber seiner Urteilsbegründung verfehlte eine zentrale Wahrheit über Auschwitz und den Völkermord durch die Nationalsozialisten. Die Shoah war nicht in erster Linie das Werk von brutalen Tätern und Sadisten, die einzelne Opfer zu Tode prügelten, sondern die fabrikmäßige Ermordung von Millionen Menschen durch einen verbrecherischen Staat mit allen Mitteln staatlicher Gewalt und den industriellen und technischen Möglichkeiten, die ihm zur Verfügung standen. Für dieses Verbrechen waren die individuelle Motivation und die subjektive Haltung eines Angeklagten, auf die das Gericht seine ganze Aufmerksamkeit richtete, weitgehend irrelevant. Hofmeyers Beharren darauf, dass der Prozess genau denselben Grundsätzen folgen müsse wie ein gewöhnlicher Strafprozess, war falsch, denn das Verbrechen, um das es hier ging, war alles andere als gewöhnlich. Tatsächlich behandelte das Gericht jede Tötung und jede Gruppe von Neuankömmlingen, die in die Gaskammern geschickt wurden, als separate und weitgehend unabhängige Straftat. Bauer selbst beklagte einige Jahre später in einem Aufsatz, das Gericht in Frankfurt habe die Massenmorde in Auschwitz »atomisiert«.[117] Cornelius Nestler, der Kölner Strafrechtsprofessor, der in Hamburg als Anwalt einer Stutthof-Überlebenden auftrat, beschrieb diese Herangehensweise als »grotesk« und »absurd«.[118] Der deutsche Historiker Werner Renz vertrat sogar die Auffassung, dass die »fehlgehende Darstellung des historischen Geschehens« durch das Frankfurter Gericht zu einer »falschen rechtlichen Wertung«[119] geführt habe. Um seinen Standpunkt zu verdeutlichen, verwies er auf einen Zeitraum im Sommer 1944, als über mehrere Wochen hinweg täglich drei Züge mit jeweils 3000 Deportierten in Auschwitz eingetroffen waren. Die Anwesenheit an der Rampe bedeutete eine »Mitwirkung an einem durchgehenden und bestimmten Tatplan der andauernden Massenvernichtung«, die einer festgelegten Arbeitsteilung gefolgt sei.[120] Diese Vorgänge zu zersplittern, wie das Frankfurter Gericht dies getan hatte, sei »nicht nachzuvollziehen«.[121]

Der Schaden war jedoch angerichtet – insbesondere nachdem der Bundesgerichtshof das Urteil im Februar 1969 bestätigt hatte. Das Auschwitz-Urteil hinterließ deutschen Staatsanwälten die Richtlinie – oder zumindest den Eindruck –, sie müssten die Teilnahme der Verdächtigen an konkreten Einzelverbrechen nachweisen, und deren bloße Anwesenheit in einem Konzentrationslager, unabhängig von ihrer Stellung oder Verantwortung, sei nicht ausreichend für einen Schuldspruch. Ob diese Voraussetzung aus dem 700 Seiten umfassenden Urteil Hofmeyers tatsächlich abzuleiten war, ist nach wie vor umstritten.

Im Auschwitz-Urteil steckte jedoch noch ein weiteres Hemmnis für Staatsanwaltschaften: die Entscheidung, Mulka und anderen Hauptangeklagten verhältnismäßig milde Haftstrafen aufzuerlegen. Das erwies sich für jeden Versuch, Verfahren gegen SS-Personal einzuleiten, das in der Hierarchie weiter unten gestanden hatte, als problematisch. Wenn selbst die hochrangigen Verbrecher auf der Anklagebank in Frankfurt mit wenigen Jahren Gefängnis davongekommen waren, wozu sollte man dann Wachleute und anderes untergeordnetes SS-Personal strafrechtlich verfolgen, dessen Beitrag zum Völkermord der Nationalsozialisten deutlich weniger bedeutend war? Capesius, der bei der Selektion an der Rampe Tausende in den Tod geschickt hatte, war zu neun Jahren Gefängnis verurteilt worden. Sogar für Mulkas Verbrechen als zweitem Mann in Auschwitz nach dem Kommandanten waren nur 14 Jahre Haft verhängt worden. Andere hochrangige Angeklagte waren mit fünf oder weniger Jahren davongekommen. Mit diesen Urteilen im Hinterkopf schien der bloße Gedanke, Männer wie Bruno Dey vor Gericht zu bringen, absurd.

Ein eindrucksvolles Beispiel dafür war das Scheitern der strafrechtlichen Verfolgung der Lkw-Fahrer der SS, deren Aufgabe es gewesen war, schwache und alte Ankömmlinge direkt zur

Gaskammer zu bringen. Dies war, selbst unter den restriktiven Bedingungen der deutschen Rechtsprechung, ein eindeutiger und kausaler Beitrag zur Ermordung dieser Menschen gewesen. Doch das Verfahren gegen die Fahrer wurde 1970 eingestellt, da die Staatsanwälte entschieden hatten, dass ihre Schuld voraussichtlich geringfügig sein dürfte. Diese Entscheidung bezog sich explizit auf den Frankfurter Auschwitz-Prozess. Die Staatsanwaltschaft verwies darauf, dass einige hochrangige SS-Offiziere, die an der Selektion ankommender Häftlinge beteiligt gewesen waren, Haftstrafen von nur fünf Jahren oder weniger bekommen hatten. »Die Schuld der Mitglieder der Fahrbereitschaft darf an diesen Schuldsprüchen gemessen werden. Dabei erscheint ihre Schuld gering.«[122]

Wie Nestler in seiner Analyse der damaligen Rechtsprechung schreibt, hatte sich damit »eine Praxis etabliert, die faktisch zu einer Beendigung der Strafverfolgung wegen NS-Verbrechen führte«.[123] Erst drei Jahrzehnte später sollte sich das wieder ändern – doch da waren die meisten Täter bereits tot.

Unter Historikern und Juristen entzündeten sich heftige Debatten am Vermächtnis des Frankfurter Auschwitz-Prozesses. Er hatte die Shoah und insbesondere Auschwitz ins Zentrum des kollektiven Bewusstseins der Nation gerückt. Er hatte diejenigen, die versuchten, die Verbrechen Nazideutschlands zu leugnen oder zu verharmlosen, zum Schweigen gebracht. Gerhard Werle und Thomas Wandres schreiben zusammenfassend in ihrem Buch über das Verfahren in Frankfurt: »Das herausragende Verdienst dieser Prozesse ist die unanfechtbare Feststellung des Geschehenen.«[124] Der Auschwitz-Prozess entkräftete auch viele Ausreden – rechtliche und moralische –, die die Täter in den Jahrzehnten nach dem Krieg geschützt hatten: Das Frankfurter Urteil machte klar, dass SS-Leute durchaus die Möglichkeit hatten, Auschwitz zu verlassen. Hitler und Himmler waren nicht die einzigen Schuldigen für die Völkermordverbrechen. Deutsche Gerichte konnten Männer wie Klehr und Mulka trotz der ungeheuerlichen Komplexität sehr wohl schuldig sprechen.

In anderer Hinsicht freilich war die Botschaft, die von diesem Prozess ausging, problematisch. Die öffentliche und mediale Aufmerksamkeit konzentrierte sich nicht so sehr auf die allgemeine Verantwortung der Deutschen für den Holocaust oder auf die Schuld der SS und der gesamten Nazihierarchie, sondern auf die Bestialität von Männern wie Kaduk und Boger und die blutige Bilanz ihrer Morde und Folterungen. Pendas stellt in seinem Buch fest, dass in den Zeitungen ständig von »Ungeheuern«, »Dämonen«, »Bestien« und »Teufeln«[125] gesprochen wurde. Diese Art der Schwerpunktsetzung wurde durch das Urteil selbst leider noch verstärkt, denn wie bereits geschildert, wurden die individuellen Gräueltaten weit stärker betont als das systematische Vorgehen im Rahmen des nationalsozialistischen Völkermords. Zumindest in diesem Sinne bot der Frankfurter Prozess den meisten Deutschen ein bequemes psychologisches Ventil. Sie wurden in dem Glauben gelassen, dass »Judenverfolgung und Holocaust auf das Konto einiger weniger Sadisten gingen, dass Quälerei und Folter und nicht der Völkermord die entscheidenden Merkmale von Auschwitz waren«.[126]

Bauer, der Architekt des Auschwitz-Prozesses, starb knapp drei Jahre nach dem Frankfurter Urteil an Herzversagen. Bis zuletzt hatte er vehement gegen die von Hofmeyer vertretene Position des Gerichts gekämpft und wurde nicht müde, zu betonen, dass alle, die in einem KZ gedient hatten, für sämtliche Morde, die dort vom Tag ihrer Ankunft bis zu ihrem Ausscheiden verübt wurden, strafrechtlich verantwortlich seien.[127] Diese Sicht lehnte das Frankfurter Gericht ebenso ab wie der Bundesgerichtshof in einem Urteil, das Bauer selbst nicht mehr erlebte. Doch seine Argumente verloren nicht an Stärke, und letztlich triumphierten sie in einer bemerkenswerten Reihe von Urteilen, angefangen mit John Demjanjuk im Jahr 2011. Den Weg für diese späten Holocaustprozesse hatte Bauer durch seine juristische Argumentation geebnet, aber nicht zuletzt auch dadurch, dass er den deutschen Gerichten und Staatsanwaltschaften als Erbe eine Zielstrebigkeit und eine moralische Klarheit hinterlassen hatte, die auch über die langen Jahre hinweg nicht getrübt wurde. Dieses Erbe kam im Prozess gegen Bruno Dey ebenso zum Tragen wie bei den anderen späten Holocaustverfahren: »Wenn etwas befohlen wird – sei es durch Gesetz oder Befehl –, was rechtswidrig ist, was also im Widerspruch steht zu den ehernen Geboten, etwa den Zehn Geboten, die eigentlich jedermann beherrschen sollte, dann musst du Nein sagen«, erklärte Bauer in einem Interview. »Deswegen ist es das A und O dieser Prozesse zu sagen: Ihr hättet Nein sagen müssen.«[128]

Kapitel 11

DIE TÄNZERIN UND DER BUCHHALTER

Wenige Wochen vor Beginn des Stutthof-Prozesses war ich an einem strahlend sonnigen Herbsttag in der Altstadt von Budapest und suchte in einer Straße mit imposanten Belle-Époque-Bauten nach einer bestimmten Adresse. Ich war für einen Kurzurlaub mit der Familie in Ungarns Hauptstadt, aber auch, weil ich dort eine außergewöhnliche Frau kennenlernen und ihre Geschichte erfahren wollte.

Éva Pusztai-Fahidi war eine 94-jährige Auschwitz-Überlebende, Autorin mehrerer Bücher und leidenschaftliche Tänzerin, die – trotz ihres fortgeschrittenen Alters – gerade erst die Hauptrolle in einem preisgekrönten autobiografischen Tanzfilm gespielt hatte. Durch eine seltsame Fügung des Schicksals war sie auch die Schwiegermutter von Thomas Walther, dem deutschen Juristen, der dazu beigetragen hatte, John Demjanjuk 2011 wieder vor Gericht zu bringen. Walther hatte ihre Tochter kennengelernt, nachdem er sich bereit erklärt hatte, Pusztai-Fahidi in einem Verfahren gegen einen ehemaligen Lageraufseher von Auschwitz zu vertreten. In einer Geschichte, die nur von unendlicher Trauer und Verlust geprägt war, bewirkte diese Begegnung ein selten glückliches Ende.

Pusztai-Fahidi lebte in einer lichtdurchfluteten Wohnung zwischen der wichtigsten Budapester Einkaufsstraße und der Donau. Sie führte mich einen Flur voller Kakteen entlang zu ihrer makellosen Küche, wo wir uns an einen kleinen Tisch setzten. Während sie für uns Tee kochte, packte ich mein Notizbuch und mein Aufnahmegerät aus. Als sie zu sprechen begann, war ich sofort gebannt von ihrer Geschichte, aber auch von ihrer Stimme. Sie sprach ein klares Deutsch mit der für das alte Mitteleuropa typischen Intonation, einem Akzent, der einmal weit verbreitet war, heute aber so gut wie ausgestorben ist. Er erinnerte mich an die Art, wie meine aus Schlesien stammende Urgroßmutter gesprochen hatte.

Mich interessierte Pusztai-Fahidis Kindheit und Jugend in Debrecen, einer Provinzhauptstadt im Nordosten Ungarns, die vor dem Einmarsch der Nazis eine jüdische Gemeinde mit 10 000 Mitgliedern gehabt hatte. Und ich wollte sie über ihre Zeit in Auschwitz befragen, wo der Großteil ihrer Familie ums Leben gekommen war. Doch ich war auch hier, um sie nach einem Ereignis zu fragen, das viele Jahrzehnte nach dem Ende des Krieges stattgefunden hatte. Walther hatte mir erzählt, dass seine Schwiegermutter als Nebenklägerin und Zeugin in einem anderen gewichtigen späten Holocaustprozess aufgetreten war – dem Fall Oskar Grönings, des sogenannten Buchhalters von Auschwitz. Gröning war im Alter von 93 Jahren in Lüneburg vor Gericht gebracht und wegen Beihilfe zum Mord in 300 000 Fällen verurteilt worden. Er erhielt eine Freiheitsstrafe von vier Jahren, ein Urteil, das vom Bundesgerichtshof bestätigt wurde – das erste und bis dahin einzige Urteil in der Geschichte der späten Holocaustprozesse, das vor dem höchsten Strafgericht des Landes Bestand hatte. Gröning starb 2018, bevor er die Haft antreten konnte, aber sein Fall motivierte Staatsanwaltschaften im gesamten Land, die letzten überlebenden NS-Verbrecher noch zu verfolgen.

»Das ist doch schrecklich, wenn man in jeder Sekunde Angst haben muss.«
Éva Pusztai-Fahidi, die Auschwitz-Überlebende, die 2015 als Zeugin im Prozess gegen Oskar Gröning aussagte

Pusztai-Fahidi stammte aus einer liberalen jüdischen Familie. Sie erzählte, sie könne sich nicht erinnern, dass zu Hause jüdische Feiertage gefeiert worden seien oder man koscher gegessen habe;

nur ihre Großmutter habe am Freitagabend die Schabbat-Kerzen angezündet und ein Gebet gesprochen. Doch schon als Teenager war sie sich des Antisemitismus bewusst – sie spürte, dass sie in manchen Häusern nicht willkommen war und nicht eingeladen wurde und dass manche Kinder nicht zu ihr nach Hause kommen wollten. Die Situation der ungarischen Juden wurde im Lauf der 1920er- und 1930er-Jahre immer schwieriger. Es begann mit einem Gesetz, das den Zugang zu höherer Bildung beschränkte. Bei Ausbruch des Zweiten Weltkrieges verschlimmerte sich die Situation dramatisch. Ungarn war mit NS-Deutschland verbündet, und in Budapest begann eine Folge immer repressiver werdender Regime. Die jüdische Gemeinschaft des Landes wurde ausgegrenzt und enteignet, von den meisten Berufen ausgeschlossen und ständigen Schikanen ausgesetzt. Von den Völkermordplänen der Nazis blieb sie jedoch bis März 1944 verschont, als Hitler den Einmarsch in Ungarn befahl. In dem Versuch, sich und seine Familie zu schützen, war Pusztai-Fahidis Vater 1936 offiziell zur römisch-katholischen Kirche konvertiert. »Er dachte, dass er uns damit retten kann«, erzählte sie. »Aber so klug war er nicht, dass er wusste, dass er nicht konvertieren soll, sondern weggehen soll. So einen Horizont hat er nicht gehabt.« Letztlich rettete die christliche Religionszugehörigkeit weder ihn noch die meisten seiner Angehörigen.

Pusztai-Fahidi hatte keine Ahnung, was auf sie zukommen würde. Als leidenschaftliche Tänzerin und hervorragende Pianistin war ihr Traum gewesen, Musikerin zu werden. »Mich hat man in einen Elfenbeinturm gesteckt. Ich habe ihnen [den Eltern] so viele Vorwürfe gemacht nachher. Hätten sie mir gesagt, worum es geht, da wäre ich gewappnet gewesen. Hätte ich gewusst, was kommt, wäre ich wenigstens vorbereitet gewesen«, erzählte sie. »Aber nein. Bis zur letzten Minute bin ich an meinem Klavier gesessen.«

Am 19. März 1944, einem Sonntag, rückte in Debrecen die Wehrmacht ein. Pusztai-Fahidis Elternhaus, eine zweistöckige Villa mit großem Garten, wurde von einem deutschen Offizier und seinem Putzer beschlagnahmt. Die Familie durfte im Haus bleiben, aber die Eltern und ihre beiden Töchter mussten mit einem einzigen Raum vorliebnehmen. »Jeden Tag ist er [der Offizier] abends in unser eines Zimmer gekommen und hat geprahlt, wie kultiviert er wäre. Aber er hat Heinrich Heine nicht gekannt. Sogar über Thomas Mann haben wir nicht gesprochen«, erinnerte sich Pusztai-Fahidi, offenbar nach so vielen Jahren noch immer perplex über einen solchen Mangel an Bildung. Einige wenige kostbare Wochen durfte sie weiter Klavier üben. Doch die Galgenfrist währte nur kurz. Ende April 1944 befahlen die deutschen Besatzer allen Debrecener Juden, in ein Ghetto im Westen der Stadt umzusiedeln. Jeder Person wurden nicht mehr als vier Quadratmeter zugeteilt; Pusztai-Fahidi und neun weitere Angehörige teilten sich einen einzigen Raum. Am 26. Juni 1944 wurde sie mit einigen Familienmitgliedern in einen Zug nach Auschwitz verfrachtet.

Zu dieser Zeit war Oskar Gröning seit fast zwei Jahren im Rang eines SS-Unterscharführers in Auschwitz. 1921 in einer kleinen Stadt nahe Hannover geboren, war er ein eifriger Nationalsozialist, der früh in die Hitlerjugend und mit 18 Jahren sofort in die Partei eingetreten war. Ein Jahr später wurde er Mitglied der SS, galt sie bei vielen Deutschen damals doch als Eliteeinheit, die deutlich glanzvoller und exklusiver war als das normale Militär. »Die SS war eine Kaste, und wir wollten dazugehören«,[129] erklärte Gröning dem Lüneburger Gericht.

Im September 1942 wurde er nach Auschwitz versetzt, wo er in der Devisenabteilung, die zur Häftlingseigentumsverwaltung gehörte, eingesetzt wurde und für die riesigen Mengen an Bargeld und Wertgegenständen zuständig war, die den ins Lager deportierten Juden abgenommen wurden. Der Großteil seiner Arbeit erfolgte an seinem Schreibtisch, doch manchmal musste er die SS-Offiziere und -Wachleute zur Rampe begleiten, wenn ein neuer Zug mit Deportierten eintraf. Sollte sich Gröning über die schockierende Wahrheit von Auschwitz bis dahin noch Illusionen gemacht haben, so wurden sie zunichtegemacht, als er zum ersten Mal an der Rampe stand. Unter den Neuankömmlingen war eine Mutter, die versucht hatte, ihr Baby in einem Koffer zu verstecken. »Sie rechnete sich aus, dass es dann nicht zur Sortierung kommt. Ein SS-Rottenführer nahm das Baby, schlug das Baby gegen einen Lkw, und das Schreien hörte auf. Da blieb mir das Herz stehen. Ich ging zu dem Mann und sagte: ›Das geht doch nicht.‹«[130]

Doch natürlich ging das. Die Ermordung Unschuldiger, inklusive Babys, wurde in Auschwitz nicht als Gräueltat betrachtet – denn genau dafür war das Lager errichtet worden. Und wie sich herausstellte, hatten Grönings Einwände weniger mit dem Mord an sich zu tun als mit dem brutalen Vorgehen seines SS-Kameraden. Selbst noch 70 Jahre nach dieser Tat, als er am ersten Tag des Prozesses seine Erklärung abgab, schien ihm diese Unterscheidung von Bedeutung: »Es wäre etwas anderes gewesen, hätte er eine Pistole genommen und es damit erschossen.«[131]

Das blieb nicht das einzig Schockierende, was der Angeklagte vor Gericht sagte.[132] Dabei war er kein irredentistischer Altnazi. Er versuchte auch nicht, jegliche Verantwortung für seine Taten von sich zu weisen. Anders als die meisten alten Männer, die in dieser letzten Welle von Holocaustverfahren vor Gericht standen, hatte Gröning mit seinem Gewissen gerungen, als er älter wurde. Tatsächlich war einer der Gründe, warum er auf der Anklagebank saß, dass er deutschen und internationalen Medien bereitwillig

Auskunft über seine Zeit in Auschwitz gegeben hatte. 2005 hatte er neun Stunden lang mit der BBC für eine Dokumentation gesprochen. Im gleichen Jahr gab er dem *Spiegel* ein langes Interview, das hohe Wellen schlug. »Reden hilft«,[133] sagte er dem Journalisten. Was Gröning damals antrieb, war – zumindest teilweise – seine Wut über die zunehmende Leugnung des Holocaust. Ein Sammlerkollege von Briefmarken hatte ihm ein paar Jahre zuvor das Buch *Die Auschwitz-Lüge* von Thies Christophersen gegeben, einem aktiven Neonazi und ehemaligen SS-Mitglied. Gröning gab seinem Freund das Buch mit einem Brief zurück, in dem er ihm schrieb, dass er selbst Zeuge der Ermordungen in den Gaskammern gewesen sei. Dieser Austausch führte zu einem ersten Versuch, seine Erinnerungen an das KZ schriftlich festzuhalten, gefolgt von ausführlicheren Fassungen, die er binden ließ und seinen Freunden und Verwandten schickte. Grönings Antwort auf die Frage des *Spiegel*-Reporters im Jahr 2005, ob er schuldig sei, nahm die Verteidigungsstrategie vorweg, die auch Bruno Dey in Hamburg verfolgte. »Schuld hängt eigentlich immer mit Taten zusammen, und da ich meine, ein nicht tätiger Schuldiger geworden zu sein, meine ich auch, nicht schuldig zu sein.« Juristisch gesehen, so behauptete Gröning, »bin ich nicht schuldig«.

Angesichts des verbreiteten Desinteresses deutscher Staatsanwaltschaften und Gerichte an SS-Offizieren und -Wachleuten mit niedrigeren Dienstgraden war seine Schlussfolgerung leicht nachvollziehbar. Doch die Zeiten änderten sich – und neun Jahre später stand der Buchhalter von Auschwitz doch noch vor Gericht. Auch sein Tonfall hatte sich verändert. Zum Abschluss seiner Erklärung am ersten Tag des Verfahrens sagte Gröning, dass er nach moralischen Kriterien zweifellos schuldig sei. Direkt an das Gericht gewandt, fügte er hinzu: »Über die Frage der strafrechtlichen Schuld müssen Sie entscheiden.«[134]

Pusztai-Fahidi und ihre Angehörigen kamen nach einer Fahrt, die sie für den Rest ihres Lebens verfolgen würde, am 1. Juli 1944 in Auschwitz an. Rund 80 Männer, Frauen und Kinder waren in einen Viehwaggon ohne Fenster, ohne Platz zum Sitzen oder Liegen gepfercht worden, ausgestattet mit nichts als zwei Eimern: einem mit Trinkwasser, der praktisch sofort wieder leer war, und einem für die Notdurft. Gestank und Hitze seien entsetzlich gewesen. Ich fragte Pusztai-Fahidi, ob ihr oder den anderen im Waggon bewusst gewesen sei – zumindest dunkel –, welches Schicksal sie am Ende ihrer Fahrt erwarten würde. »Nein, nein. Wir dachten, wir gehen irgendwohin, wo wir arbeiten werden«, erwiderte sie.

Als der Zug endlich sein Ziel erreicht hatte, schien es ihr, als wären sie »auf dem Mond gelandet«. Was ihr als Erstes auffiel, waren die Häftlinge in der »lächerlichen« gestreiften Kleidung, die wie Schlafanzüge aussahen. »Die haben sofort angefangen, mit uns zu sprechen«, erzählte Pusztai-Fahidi. »Die haben gefragt: ›Wie alt bist du?‹ Ich war schon über 18, aber da waren auch Kinder, vielleicht 14 Jahre alt. Und da haben sie gesagt: ›Vergiss das. Du bist 16.‹ Die wussten, worum es geht. Wenn man ›14‹ gesagt hat, ist man automatisch auf die linke Seite gegangen, auf die schlechte Seite.«

Nur sie und eine ihrer Tanten landeten auf der rechten Seite. (Die Tante überlebte Auschwitz ebenfalls, nahm sich jedoch kurz nach Kriegsende das Leben. »Sie konnte nicht mit den Erinnerungen leben«, erklärte Pusztai-Fahidi.) Der Rest ihrer Angehörigen – ihre Mutter, ihr Vater, ihre jüngere Schwester und ihre Kusine, die ein Baby dabeihatte – wurde nach links geschickt und von dort in die Gaskammern. »Auf einmal war ich dort alleine. Es war niemand mehr da von meiner Familie«, berichtete sie. Bis sie die ganze Wahrheit begriff, dauerte es eine Weile. Noch ganz im

Ungewissen darüber, wohin ihre Eltern und ihre Schwester gegangen waren, fragte sie schließlich die Kapo ihrer Baracke nach deren Verbleib. Diese war selbst eine junge Frau und zeigte auf den Rauch, der über dem Lager aufstieg. »›Dort sind sie.‹ Und sie hat uns ausgelacht. Und dann haben wir sie gefragt, warum sie uns so sehr hasst, dass sie uns diese Geschichte erzählt. Sie hat gesagt: ›Ich hasse euch wirklich sehr, weil ich bin schon hier seit 1942. Und von 1942 bis jetzt warst du noch zu Hause und hast Eltern gehabt und bist in die Schule gegangen. Und ich war schon hier.‹«

Pusztai-Fahidi überlebte Auschwitz, weil sie jung und stark genug war, um kurz nach ihrer Ankunft im KZ zur Fabrikarbeit eingeteilt zu werden. Schließlich wurde sie in eine riesige Munitionsfabrik ins hessische, östlich von Marburg gelegene Allendorf geschickt, wo sie mit Tausenden anderen Sklavenarbeitern eingesetzt wurde. Die Arbeit war hart, die Fabrik »schrecklich« – aber verglichen mit dem Vernichtungslager wirkte Allendorf wie ein »Paradies«, berichtete sie dem Lüneburger Gericht. Doch Pusztai-Fahidi war lang genug in Auschwitz gewesen, um die tägliche Angst gespürt, die permanenten Bestrafungen und Demütigungen erlebt zu haben, die den Gefangenen zugefügt wurden – und die allgegenwärtige Todesgefahr. In ihrer Aussage vor Gericht berichtete sie auch von der körperlichen Verwandlung, der man sie und eine Gruppe von Schülerinnen aus Debrecen kurz nach der Ankunft und der ersten Selektion unterwarf: »Wir waren kahl geschoren und splitternackt. Wir waren verwöhnte Mädchen, und da standen wir.« Sie erinnerte sich an den Gestank von verbranntem Fleisch, der Tag und Nacht in der Luft hing, von den entsetzlichen Schreien aus dem sogenannten Zigeunerlager Anfang August, als Tausende Sinti und Roma innerhalb von nur zwei Tagen abtransportiert und vergast wurden. Und sie erinnerte sich an die SS-Wachleute und -Offiziere, die die Todesmaschine von Auschwitz Tag und Nacht am Laufen hielten – ohne Gnade und ohne die geringste Furcht vor Vergeltung.

Und tatsächlich erfuhr die große Mehrheit niemals Vergeltung. Von den 6000 SS-Männern, die in Auschwitz Dienst taten und den Krieg überlebten, wurde nur ein Bruchteil für ihre Verbrechen verurteilt.[135] Oskar Gröning jedoch lebte lange genug, um in den Sog des Demjanjuk-Urteils zu geraten. Seine unverblümten Antworten im Interview mit dem *Spiegel* aus dem Jahr 2005 – in dem er seine direkte Beteiligung am Holocaust im Wesentlichen gestand – weckten sofort das Interesse der Beamten in der Zentralen Stelle in Ludwigsburg (zu einer Zeit, als nur noch wenige Fälle das Interesse der Behörde auf sich zogen). Sie schickten der Frankfurter Staatsanwaltschaft, die sich bislang der meisten Auschwitz-Verbrechen angenommen hatte, eine Mitteilung, doch nach einer oberflächlichen Prüfung kam der Oberstaatsanwalt zu dem Schluss, dass keine Anklage erhoben werden könne. Es bedurfte weiterer neun Jahre – und vor allem des Urteils im Demjanjuk-Prozess –, bis sich diese Ansicht wandelte. Hilfreich war zudem, dass die Frankfurter Staatsanwalt den Fall Gröning einem engagierteren Kollegen im Heimatort des Angeklagten übergab. Jens Lehmann, der zuständige Oberstaatsanwalt, trieb den Fall zügig und pragmatisch voran: Früh traf er die zentrale Entscheidung, die Anklage gegen Gröning auf die Vergasung der 300 000 ungarischen Juden in Auschwitz zu beschränken, die im Rahmen einer gesonderten und zeitlich begrenzten »Aktion« stattgefunden hatte. Das bedeutete, die unzähligen Opfer zu vernachlässigen, die zwischen 1942 und Sommer 1944 in Auschwitz ermordet worden waren (der Zeitraum, in dem der Angeklagte bereits in Auschwitz stationiert gewesen war). Aber es bedeutete auch ein rascheres Verfahren und eine größere Chance auf Verurteilung, bevor sich Grönings Gesundheitszustand weiter verschlechterte. Und es eröffnete die Möglichkeit, die noch bestehenden juristischen Bedenken im Rahmen einer lange Zeit fest verankerten Rechtsauffassung auszuräumen, die forderte, Holocaustverbrechern eine »konkrete« Straftat nachzuweisen. Der Demjanjuk-Prozess hatte mit dieser Auffassung eben erst gebrochen, und das Urteil war vom Bundesgerichtshof noch nicht bestätigt worden.

Der Gröning-Prozess begann am 21. April 2015 unter großem öffentlichem Interesse im In- und Ausland. Mehr als ein halbes Jahrhundert nach dem wegweisenden Auschwitz-Prozess in Frankfurt würde erneut – und vielleicht zum letzten Mal – ein deutsches Gericht Verbrechen untersuchen, die im berüchtigtsten KZ überhaupt begangen worden waren. Der Fall war aus vielen Gründen bemerkenswert, nicht zuletzt auch deshalb, weil mit Gröning jemand auf der Anklagebank saß, der lange Jahre über seine Rolle und Verantwortung nachgedacht hatte und bereit und in der Lage war, seine Gedanken klar und eindringlich zu formulieren – wie schockierend und unangebracht sie auch manchmal erscheinen mochten. Zudem lieferte er eine ungeschminkte und anschauliche Beschreibung des Lebens in Auschwitz, wie es sich für einen SS-Mann wie ihn dargestellt hatte – und welch enorme Rolle Alkohol dabei gespielt hatte. »Sie gaben uns Wodka und Ölsardinen. Wodka, Wodka, Wodka war das wichtigste Getränk. Ich erinnere mich noch heute, wie das Siegel [der Flasche] geöffnet wurde.«[136] Der Alkohol mag geholfen haben, die Sinne zu betäuben, aber das erledigte auch schon die einfache Tatsache, dass sich die meisten SS-Männer nach einigen Wochen und Monaten des Horrors schlicht daran gewöhnten. Gröning hatte dies zehn Jahre zuvor in seinem *Spiegel*-Interview geschildert: »Ich habe mich mit der Zeit eingelebt. Oder vielleicht besser: Ich habe mich in die innere Emigration begeben.«[137] Seine Verwendung des Begriffs »innere Emigration« war natürlich absurd: Nach dem Krieg nutzte man ihn, um die Situation derer zu beschreiben, die dem NS-Regime kritisch gegenüberstanden, darunter Künstler und Schriftsteller, aber nach 1933 im Land blieben und sich weder offen gegen Hitler stellten noch für ihn eintraten. Obwohl der Begriff in mancher Hinsicht treffend war, diente er doch auch der genehmen Verteidigung derer, die es nicht gewagt hatten, Widerstand zu leisten, aber zu bequem gewesen waren, um ins Exil zu gehen. Die Situation eines SS-Mannes in Auschwitz so zu beschreiben, war in jedem Fall grotesk. Aufschlussreich war, was Gröning über das Leben auf der anderen Seite des KZ-Zauns noch zu berichten hatte: »Es gab ein ganz normales Leben in Auschwitz. Es gab einen Gemüseladen, in dem man auch Knochen kaufen konnte, um sich eine Suppe zu kochen. Es war wie in einer Kleinstadt. Ich hatte meine Dienstgruppe, und in der spielten Gaskammern keine Rolle. Das eine war das eine, und das andere war das andere.«[138]

Um kein Missverständnis aufkommen zu lassen, dies war keine Ausrede, man habe nichts gewusst. Gröning erzählte dem Gericht, dass er sofort nach seiner Ankunft von der mörderischen Funktion des Lagers erfuhr, als ihm sein Barackennachbar erzählte, dass die Juden, die nicht mehr arbeitsfähig waren, in Auschwitz »entsorgt« würden. Damals habe er das nicht infrage gestellt: »Wir waren darauf dressiert, auf Befehl zu handeln, gleichgültig, was dann passiert. Uns wurde gesagt: ›Ihr müsst das tun, weil das deutsche Volk sonst untergeht‹«,[139] erklärte er vor Gericht. Seine Vorgesetzten jedenfalls schienen ihn für einen vorbildlichen Offizier zu halten. In seiner persönlichen Akte notierten sie: »Alle ihm übertragenen Aufgaben hat er mit Fleiß

»Und den Herrgott bitte ich um Vergebung.« Oskar Gröning, der sogenannte Buchhalter von Auschwitz

und Sorgfalt erledigt. Gröning hat einen einwandfreien Charakter. Sein soldatisches Auftreten war jederzeit stramm und korrekt. Weltanschaulich ist er gefestigt.«[140]

Der Angeklagte sagte aus, dass er dreimal um Versetzung aus Auschwitz gebeten habe, das erste Mal, unmittelbar nachdem er an der Rampe Zeuge des brutalen Mordes an dem Säugling durch einen SS-Kameraden geworden war. Doch der Antrag wurde ihm von seinem vorgesetzten Offizier ausgeredet. Gröning unternahm angeblich Ende 1942 einen weiteren Versuch, versetzt zu werden. Dieses Mal, nachdem er die Vergasung von Häftlingen aus nächster Nähe mit angesehen hatte. Sein drittes und letztes Versetzungsgesuch – und das einzige, das in seiner Personalakte auftauchte – war von Oktober 1944. Dieses Mal wurde es bewilligt.

Ein ganzes Leben später wurde Gröning schonungslos mit den Konsequenzen seines Handelns und Nichthandelns konfrontiert. Tag für Tag sah und hörte er Auschwitz-Überlebende und ihre Nachkommen, wie sie von ihrem Leiden Zeugnis ablegten und sich – manchmal – voller Wut und Unverständnis an ihn wandten. Ein solcher Augenblick ereignete sich am achten Prozesstag, als Kathleen Zahavi, eine 86-jährige Überlebende aus dem kanadischen Toronto, dem Gericht von ihren Erlebnissen in Auschwitz berichtete. Gegen Ende ihrer Aussage sprach sie den Angeklagten direkt an: »Herr Gröning, Sie haben gesagt, Sie hätten sich moralisch mitschuldig gemacht. Das ist nicht genug. Sie haben sich freiwillig gemeldet. Sie wussten, was in Auschwitz passiert. Ich hoffe, dass die Bilder Sie für den Rest Ihres Lebens begleiten. Sie durften in Freiheit alt werden. Meine Eltern durften das nicht. Sie waren nicht bei meiner Hochzeit. Meine Kinder haben ihre Großeltern nie kennengelernt. Auch wenn ich überlebte: Ich war nie so frei wie Sie.« Zahavi zitterte jetzt vor Wut, doch sie fuhr fort: »Ich will Ihnen zeigen: Die Nazis haben uns nicht alle weggemacht. Für diesen Prozess kam ich extra aus Kanada. Es ist das Letzte, was ich tun kann.«[141]

Der Angeklagte schaute Zahavi nicht ein einziges Mal an, als sie sprach.

Im weiteren Verlauf des Prozesses jedoch gab es Anzeichen dafür, dass Gröning einige der schmerzhaften Wahrheiten, die die Zeugen enthüllt hatten, doch aufgenommen hatte. Am 13. Tag der Anhörungen brach er sein Schweigen mit einer persönlichen Erklärung, die sein Anwalt verlas. Sie enthielt einige seiner abgedroschenen Verteidigungssätze neben der Beteuerung, dass er nur dreimal bei der Ankunft eines Gefangenentransports und der Selektion dabei gewesen sei – was von den im Prozess befragten Experten als höchst unwahrscheinlich eingestuft wurde. Dennoch setzte er sich von allen Angeklagten, die im Rahmen der späten NS-Prozesse vor Gericht gestellt worden waren, wohl am differenziertesten mit seiner eigenen Schuld auseinander. »Auch wenn ich unmittelbar mit diesen Morden nichts zu tun hatte, habe ich durch meine Tätigkeit dazu beigetragen, dass das Lager in Auschwitz funktionierte. Dies ist mir heute bewusst«,[142] gestand er dem Gericht. Seine damaligen Versuche, diese Erkenntnis zu verdrängen, seien ihm heute »unerklärlich«. An dieser Stelle verwendete er eine Formulierung, die Meier-Göring Jahre später bei ihrer Befragung von Bruno Dey in Hamburg wieder aufgriff. Vielleicht, meinte Gröning, habe er einfach der »Bequemlichkeit des Gehorsams« nachgegeben.[143]

Seine Worte beschrieben mit schmerzlicher Treffsicherheit die Haltung von Millionen Deutscher während der NS-Zeit, doch es schwang auch eine universelle Wahrheit mit. Es ist tatsächlich bequem, den Befehlen und Anweisungen zu gehorchen, nicht selbst denken zu müssen und die Verantwortung auf die Vorgesetzten zu schieben. Das stimmt bis heute, selbst für diejenigen von uns, die das Glück haben, in einer liberalen Demokratie zu leben, in der Rechtsstaatlichkeit herrscht. Für die Deutschen in Nazideutschland galt es zweifellos – so wie für all jene, die in Auschwitz, Treblinka und Bergen-Belsen ihren Dienst versahen. Ich wertete Grönings Verweis auf die Bequemlichkeit des Gehorsams nicht als Versuch, seine Taten zu rechtfertigen (juristisch gesehen war er völlig irrelevant). Dennoch war er wertvoll. Seine Bemerkung lieferte eine der prägnantesten Erklärungen für das Verhalten der Deutschen während der NS-Zeit, die ich je gehört hatte. Dass sie von einem ehemaligen SS-Mann aus Auschwitz stammte, war frappierend.

Mindestens eine weitere Bemerkung Grönings sollte Bestand haben, sie floss fünf Jahre später mit in das Stutthof-Urteil ein: Auschwitz, so erklärte Gröning am Ende des Prozesses, »war ein Ort, an dem man nicht mitmachen durfte«.[144] Es war eine

Erkenntnis, die zu spät kam – viel zu spät –, aber die sich doch einprägte. Sie fasste in kindlicher Schlichtheit die moralische und rechtliche Forderung gegenüber Männern wie Bruno Dey und Oskar Gröning zusammen, damals wie heute, eine Forderung, der beide letztlich nicht nachkamen.

Grönings Erklärung in Lüneburg endete mit seiner Begründung, warum er vor Gericht nicht um Vergebung gebeten habe und nicht bitten werde. Er fühle sich schuldig für seine Rolle im Holocaust und stehe »in Demut und Reue vor den Überlebenden und den Angehörigen der Opfer [...]. Gleichwohl habe ich bewusst nicht um Vergebung für meine Schuld gebeten. Angesichts der Dimension der in Auschwitz und anderswo verübten Verbrechen steht mir meiner Auffassung nach eine solche Bitte nicht zu. Um Vergebung kann ich nur meinen Herrgott bitten.«[145]

Pusztai-Fahidi erschien am vierten Tag vor Gericht. Sie war eine der ersten Überlebenden, die aussagten. Sie berichtete über ihr Leben in Debrecen, den Schock beim Einmarsch der Deutschen, die Brutalität der ungarischen Polizei, die den Nazis half, die jüdische Bevölkerung zusammenzutreiben, die entsetzliche Zugfahrt nach Auschwitz und das existenzielle Urteil der namenlosen SS-Männer bei der Selektion. »Es war eine winzig kleine Gebärde, die sagte rechts oder links. Als das passiert war, hatte man keine Ahnung, was das bedeutet. Ein Trauma für das ganze Leben.«[146] Pusztai-Fahidi erzählte dieselbe Geschichte, die sie mir Jahre später in ihrer Wohnung in Budapest schildern würde – wie ihre verzweifelte Frage nach dem Schicksal ihrer Familie schließlich beantwortet worden war, als die Kapo auf den Rauch aus dem Krematorium zeigte, und wie sie in die Munitionsfabrik nach Deutschland verlegt wurde. Ihre Gabe, für diese unaussprechlichen Verbrechen klare und zutiefst treffende Worte zu finden, beeindruckte mich sehr, als wir miteinander sprachen. Später stellte ich fest, dass sie auch in Lüneburg so gesprochen hatte, wo sie eine der eloquentesten Zeugenaussagen abgab. Vom Richter gefragt, ob sie und ihre Familie auf die Fahrt nach Auschwitz etwas mitgenommen hätten, antwortete sie: »Alles, was man im Leben einmal gehabt hat, kann man sich noch einmal beschaffen. Es gibt nur ein Ding, was man nicht wiederbekommt, und das ist das Leben selbst. Wir haben gelernt, dass man ohne Zahnbürste leben kann, ohne nichts und ohne niemanden.«[147] Am Ende ihrer Aussage sprach Pusztai-Fahidi über die Gegenwart – und warum es für sie so wichtig war, im Prozess auszusagen: »Ich muss wirklich sagen, das ist eine Art von Genugtuung, dass ich vor einem deutschen Gericht aussagen kann. Das, was damals ein Verbrechen war, ist es auch heute noch und in alle Ewigkeit. Es geht mir nicht um eine Strafe, es geht um ein Urteil und eine Stellungnahme der Gesellschaft.«[148]

Jahre später erzählte sie mir in Budapest, dass ihr Auftritt als Zeugin und Nebenklägerin tatsächlich »das Wichtigste in meinem Leben« gewesen sei. Angesichts ihrer bemerkenswerten Biografie überraschte mich diese Einschätzung. Ich bat sie, mir das zu erläutern. Sie habe sich daran erinnern müssen, sagte sie, dass die SS-Männer in Auschwitz unangreifbar und allmächtig gewesen seien. »Die waren wie Götter auf der Welt«, erklärte sie. »Einer von ihnen hat es auch so gesagt. Ich habe das später gelesen: ›Nach mir kommt nur der Herrgott.‹ Das war auch so. Du kannst dir nicht vorstellen, welche Macht diese Menschen in der Hand hatten. Die konnten wirklich alles machen, was sie wollten. Es war grenzenlos.« Die Erinnerung an das Gefühl völligen Ausgeliefertseins war vielleicht der wichtigste Grund, warum Überlebende wie sie die Gelegenheit, Männer wie Gröning auf der Anklagebank zu sehen, gern wahrnahmen – und weil sie ihren

Teil zu einer Verurteilung beitragen wollten. »Ich weiß, dass er sich gefühlt hat wie der Herrgott auf der Erde. Und das ist doch schrecklich, wenn man in jeder Sekunde Angst haben muss [...]. Dass ich dann im Gericht gegen ihn aussagen konnte, das war wunderbar«, erläuterte sie mir.

Vielen Überlebenden war allein schon das Erzählen der eigenen Geschichte und der ihrer ermordeten Angehörigen extrem wichtig, trotz – oder vielleicht auch wegen – der langen Zeit, die vergangen war. Mir fiel auf, wie oft die Zeugen – sowohl in Hamburg als auch in den Aussagen früherer Prozesse – davon sprachen, dass sie eine Pflicht gegenüber den Toten hatten. Thomas Walther, der Pusztai-Fahidi im Gröning-Prozess als Anwalt vertreten hatte, schrieb nach dem Urteil, dass der Auftritt vor Gericht den Überlebenden ermöglicht habe, »eine Brücke zu den Opfern Wirklichkeit werden zu lassen«.[149]

Es war immer verführerisch, von einer Katharsis oder einem Abschließen zu sprechen, um die Wirkung der letzten Holocaustverfahren auf die Überlebenden und ihre Familien zu beschreiben. Doch das von Walther formulierte viel bescheidenere Ziel – durch die Aussprache vor Gericht eine neue Beziehung zu den Angehörigen aufbauen zu können – traf die Wahrheit wohl eher. Und dies war, das machte Pusztai-Fahidi mehr als deutlich, gleichwohl von enormer Bedeutung. Mit Auschwitz gab es kein Abschließen. Der Schuldspruch eines deutschen Gerichts 70 Jahre später lässt sich nicht zu einem Happy End verklären. Dennoch war die Rechtsprechung wichtig.

»Kam der Prozess nicht zu spät?«, fragte ich Pusztai-Fahidi am Ende meines Besuchs.

Sie schüttelte den Kopf. »Es ist nicht zu spät«, sagte sie. »Es ist niemals zu spät.«

Kapitel 12

»WO LIEGT MEINE SCHULD?«

Am lautesten spricht manchmal das Schweigen.

Es dauerte oft nur Sekunden, doch den Zuhörern Deys im Gerichtssaal, die an jedem seiner Worte hingen, erschienen sie wie Minuten. Es waren kurze Augenblicke der Kapitulation, der stillschweigenden Anerkennung, dass der Angeklagte zu seiner Verteidigung nichts mehr vorzubringen hatte. Das Schweigen bedeutete, dass Deys Erklärungen und Ausflüchte an eine Grenze gestoßen waren, dass nicht einmal ein geflüstertes »Ich kann mich nicht erinnern« ihm noch half. Das ganze Gewicht einer Frage oder eines Beweises lag in der Luft.

Ein besonders eindrückliches Schweigen entstand am vierten Prozesstag. Dey schien erschöpfter als gewohnt. Er konnte den mäandernden Fragen von Meier-Göring in der ersten Hälfte der Befragung kaum folgen. Sie fragte nach der Farbe seiner Uniform, dem Aufbau des Lagergeländes, nach seinen Aufgaben als Wachmann und – ein weiteres Mal – nach seinen Beziehungen zu anderen SS-Leuten in Stutthof. Er antwortete langsamer und gestelzter als an den Tagen davor und mitunter völlig zusammenhanglos. Nach einer Stunde vergeblicher Fragen ordnete Meier-Göring eine Pause an. In der Vorhalle des Gerichtssaals mischten sich Anwälte und Journalisten und fragten sich, wie es weiterging. Dey war in einen gesonderten Raum gebracht worden, um sich ein wenig auszuruhen. Das Schlimmste stand ihm noch bevor.

Wieder im Gerichtssaal, bat Meier-Göring Dey, sich an Situationen zu erinnern, in denen er auf einem bestimmten Wachturm Dienst gehabt hatte – der Turm, der der Gaskammer und dem Krematorium am nächsten gewesen war.

»Als Sie damals auf dem Turm standen, wussten Sie, dass da das Krematorium und da die Gaskammer ist? Ist das richtig?«

»Ja, ich glaube, das wurde gesagt. Ich kann das aber nicht so sagen.«

»Aber das würde mich interessieren«, antwortete Meier-Göring. »Wann haben Sie denn das erste Mal gehört, dass es da eine Gaskammer gibt?«

»Das weiß ich nicht, wann das erste Mal war. Zum ersten Mal hat man ja auch angenommen …« Dey suchte nach den richtigen Worten, oder vielleicht versuchte er auch, sich richtig zu erinnern. Das Gebäude, sagte er, sei anfangs zur Desinfektion benutzt worden. Er habe nicht gewusst, zumindest nicht am Anfang, dass es sich um eine Gaskammer gehandelt habe. Meier-Göring wiederholte ihre Frage: Wann hatte er erfahren, dass es letztlich einem anderen Zweck diente? Wieder zögerte Dey. Er könne sich nicht erinnern. Vielleicht, so vermutete er, habe er es aus Gesprächen anderer Wachleute aufgeschnappt. Er sprach jetzt abgehackt, brach seine Sätze ab und ließ Wörter in der Luft hängen. Bei aller Verschwommenheit und allem Zögern spürte ich jedoch auch etwas Stahlhartes. Dey war bewusst, dass er sich auf gefährlichem Gelände bewegte, und seine Flucht ins Vage wirkte wie eine bewusste Strategie. Doch Meier-Göring blieb hartnäckig.

»Aber Sie wussten schon [von der Gaskammer], so habe ich das verstanden, bevor Sie auf dem Turm gestanden sind?«
»Die erste Zeit nicht, was da passierte.«
»Aber dann?«
»Nachher hat man das gehört, und dann wusste man das«, antwortete Dey.

Bezeichnenderweise hatte er begonnen, das unpersönliche Pronomen zu verwenden, als er von seinem früheren Ich sprach, als spräche er von einem anderen. »Wenn man dort gestanden hat oder stehen musste, auf dem Turm, hat man gedacht: ›Hoffentlich passiert hier heute nichts.‹ Das waren dann so die Gedanken, die man sich gemacht hat.«

Hoffentlich passiert hier heute nichts. Meier-Göring hatte Dey und sein Gedächtnis behutsam und geduldig auf diesen Wachturm gelenkt. Sie war entschlossen, ihn dort ein wenig länger festzuhalten, und ermutigte ihn mit einem kurzen »Klar«.

Dey fuhr fort. Er kämpfte noch immer damit, seine Sätze zu beenden, aber der Inhalt dessen, was er sagen wollte – und was er gesehen hatte –, war dennoch klar. »Man konnte nichts dagegen unternehmen, wenn da meinetwegen ... was ich auch schon gesagt habe, dass da Leute reingeführt ... dass ich mitbekommen habe, dass da Leute in die Gaskammer geführt wurden. Man konnte ja nichts dagegen machen. Und ich wusste ja auch nicht, wozu oder warum die dort reingeführt wurden.«

Im Gerichtssaal saßen einige, die mit den Protokollen früherer Verhöre vertraut waren und wussten, dass sich hinter seiner zögerlichen Antwort und dem schwammigen »dagegen« ein konkreter Vorfall verbarg, dessen Zeuge Dey geworden war, an den er sich sehr wohl erinnerte und über den er bereits gesprochen hatte. Der Vorfall war sogar schon seit 1982 aktenkundig, als Dey im Rahmen der Ermittlungen in einem anderen Fall von der Polizei als Zeuge befragt worden war. Was er damals ausgesagt hatte, reichte selbst nach den zu der Zeit laxen Vorgaben der deutschen Justiz mit ziemlicher Sicherheit aus, um ihn vor Gericht zu bringen. Er hatte Glück gehabt, dass Polizei und Staatsanwaltschaft sich damals nicht weiter dafür interessierten. Meier-Göring dagegen war sehr interessiert.

»Erzählen Sie das doch mal. Das haben Sie ja auch schon bei Ihrer Vernehmung 1982 gesagt. Was haben Sie denn da gesehen?«

»Dass da Leute reingeführt wurden.«

»In die Gaskammer?«

»In die Gaskammer, und dass die Tür verschlossen wurde. Das habe ich auch gesagt. Und dass man dann kurz danach, ich weiß nicht, wie lange das gedauert hat, Schreie und Poltern vernommen hat. Ich wusste nicht, warum. Oder was dort mit den Leuten geschah, das wusste ich nicht.«

»Was haben Sie denn gedacht?«

»Was habe ich gedacht? Ich habe gedacht: ›Was könnte das sein? Was machen sie dort mit denen?‹ Das habe ich gedacht. Aber ich hatte keine Vorstellung davon, was die machen könnten.«

Seine Antwort war schwach und widersprach dem, was er ein paar Minuten zuvor ausgesagt hatte. Meier-Göring erinnerte ihn sofort daran: »Aber Herr Dey, Sie haben mir doch gerade erzählt, dass vorher schon darüber gesprochen wurde, was in der Gaskammer passiert.«

»Ja, aber was da in dem Moment nun passiert, das habe ich eben doch gesagt, das wusste ich nicht. Wenn es Schreie waren … Was passiert denn heute mit denen? Ich wusste nicht, dass die vergast werden.«

Meier-Göring wies ihn leicht verärgert zurück. »Aber Herr Dey, das können Sie mir doch nicht erzählen. Das haben Sie doch auch 1982 nicht gesagt. Sie haben doch 1982 klar gesagt:

›Ich habe gesehen, wie dort Menschen in die Gaskammer geführt wurden.‹«

»Ja, aber ich habe nicht gesehen, wie die wieder rauskamen.«

»Aber Sie haben Schreie gehört. Und Sie haben bei Ihrer Vernehmung 1982 gesagt: ›Ich habe Schreie gehört, nicht für zehn Minuten, aber für einige Minuten, und dann war es still.‹ Und dann war es still. Und dann war es still, Herr Dey.«

Meier-Göring sprach den Satz drei Mal vor dem stumm gewordenen Angeklagten in einem Gerichtssaal, in dem die Anwesenden kollektiv den Atem anhielten. Dieser Vorfall, der Augenblick, in dem Dey von seinem Wachturm hinunterblickte und eine Gruppe Menschen sah, die in die Gaskammer getrieben wurden, erhielt plötzlich eine schier unerträgliche Bedeutung. Wir werden nie erfahren, wer diese Menschen waren, die dort in den Tod gejagt wurden, ebenso wenig das genaue Datum und die Uhrzeit ihrer Ermordung und nicht einmal ihre exakte Zahl. Aber Deys Beobachtung, so unpräzise sie mehr als sieben Jahrzehnte später war, ließ das unvorstellbare Verbrechen der Shoah plötzlich vorstellbar werden. Es wurde konkret und greifbar. Was Dey gesehen hatte, war der Bruchteil eines Bruchteils – eine vergleichsweise kleine Zahl von Tötungen in einem vergleichsweise kleinen KZ –, aber es war unbestreitbar Teil des Holocaust. Über einen Zeitraum von mehreren Jahren hinweg konnte man die gleiche entsetzliche Szene in den Konzentrationslagern in Deutschland, Österreich und vielen besetzten Gebieten Osteuropas – in Treblinka, in Auschwitz, in Sobibor, in Majdanek, in Belzec, in Mauthausen, in Chelmno, in Sachsenhausen – Hunderte Male pro Tag beobachten. Doch wer von denen, die solche Szenen gesehen hatten, war jetzt, zwei Generationen später, noch da? Und wen konnte man noch vor Gericht stellen?

Dey war da. Und jedes Wort, das er sprach, jeder verzweifelte

Erinnerungssplitter schien wertvoll und bedeutend – für das Gericht, für die Staatsanwaltschaft, für die vor Gericht vertretenen Überlebenden und in gewisser Weise auch für mich.

Dey jedoch leistete weiter Widerstand. »Und dann war es still«, hatte Meier-Göring drei Mal betont. »Ja, aber warum?«, antwortete der Angeklagte.

»Warum war es denn still?«, erwiderte die Richterin seine Frage. »Sie wissen doch die Antwort darauf. Und wir alle wissen die Antwort darauf.«

»Heute, ja. Aber damals, als ich da stand, wusste ich die Antwort noch nicht. Glaube ich nicht, dass ich das wusste.«

»Was ist denn Ihre Antwort heute darauf?«

»Heute weiß ich es. Das ist doch … na …«

Schweigen. Meier-Göring wartete, doch dann gab sie selbst die Antwort. »Die Menschen waren still, weil sie dort vergast wurden, gestorben sind, umgebracht wurden, ermordet wurden. Und Herr Dey, das ist doch auch das, worüber gemunkelt wurde unter Ihren Kameraden.«

»Ja, aber doch nicht zu diesem Zeitpunkt, über den wir gerade sprechen«, antwortete Dey. Jetzt wechselte er in den Konditional. Er wehrte sich noch immer gegen die Behauptung der Richterin, er habe gewusst, was sich da vor seinen Augen abgespielt habe. »Es braucht nicht so gewesen zu sein. Es kann ja auch anders gewesen sein. Aber was, kann ich nun auch nicht sagen. Ich sagte ja, ich wusste nicht, was passiert. Ich habe mir Gedanken gemacht: ›Was könnte das jetzt sein?‹«

»Was waren denn Ihre Gedanken dazu?«

»Wie ich eben erläutert habe. ›Was war da nun? Was passierte?‹ Ich habe mir keine Bilder ausgemalt.«

»Ehrlich gesagt, meine ich das überhaupt nicht, was Sie sich da für Bilder ausgemalt haben.«

Wieder suchte Dey Zuflucht in der Unsicherheit. »Ich konnte nicht mit hundertprozentiger Sicherheit sagen, die werden jetzt vergast. Das konnte ich doch nicht sagen, weil ich es nicht gesehen habe.«

»Aber Sie hatten es vorher gehört?«

Dey war möglicherweise verwirrt, weil die Richterin etwas von Hören gesagt hatte, und fragte zurück: »Hört man das Gas ausströmen?« Seine Frage wirkte grob, aber auch ausweichend, und Meier-Göring schien ziemlich verärgert. »Sie haben es von anderen gehört, dass dort Menschen vergast werden. Das haben Sie gehört.«

»Ja.«

»Und nun sehen Sie mit eigenen Augen, dass da Menschen reingeführt werden, und Sie hören Schreie, und Sie hören Poltern.«

»Ja.«

»Ja.«

Dey seufzte tief. Er sagte nichts. Meier-Göring, so schien es, hatte seinen Widerstand schließlich gebrochen. In die Stille hinein rief sie Dey eine kleine, aber aufschlussreiche Bemerkung, die er zuvor gemachte hatte, wieder ins Gedächtnis. »Und Sie haben vorhin gesagt, wenn man auf diesem Turm stand: ›Hoffentlich passiert da heute nichts.‹ Was meinten Sie denn damit? ›Hoffentlich passiert da heute nichts.‹«

»Ja, ich habe gedacht, hoffentlich ... dass kein Gas eingeführt wird.«

»Hoffentlich werden da nicht wieder Leute in die Gaskammer geführt. Haben Sie das gemeint?«

»Ja.«

Zeit durchzuatmen.

Was immer in diesem Prozess noch geschehen würde, das letzte »Ja« hatte Dey einer Verurteilung einen Schritt näher gebracht. Meier-Görings geduldiges, beharrliches Nachfragen hatte sie – und mit ihr die Staatsanwaltschaft und die vielen Anwälte, die die Stutthof-Überlebenden vertraten – mit dem Erhofften belohnt. Dey hatte gerade zugegeben, dass er gesehen hatte, wie die Menschen in die Gaskammer geführt wurden. Er hatte auch, und das ist entscheidend, zugegeben, dass er gewusst hatte, welches Schicksal sie dort erwartete. Sein objektiver Beitrag zu diesen Tötungen, die Bewachung des Lagers, die Besetzung des Wachturms, stand immer außer Zweifel. Aber jetzt hatte er auch ein subjektives Moment bestätigt, eine verbrecherische Absicht: Er hatte gewusst, was vor sich ging. Er hatte den Tod der Gefangenen in der Gaskammer weder gewollt noch gewünscht. Aber er hatte gewusst, dass sie dort der Tod erwartete. Durch den Dunst der Vernebelung und der fehlenden Erinnerung endlich ein Moment der Klarheit.

Meier-Göring drängte es weiter, aber sie gewährte Dey in Anerkennung seiner Bereitschaft, sich zu erinnern und etwas zu offenbaren, so hart sie auch erkämpft war, eine kurze Atempause. Es sei »wahnsinnig schwierig und schmerzlich, darüber zu sprechen«, sagte sie. Aber daran führe kein Weg vorbei. »Es hilft auch Ihnen nicht [nicht darüber zu sprechen]«, erklärte sie Dey.

»Ich möchte auch weiterhin sagen, was ich weiß«, antwortete er.

»Genau.«

»Und nicht beschönigen.«

»Genau.«

»Oder verschweigen. Denn ich habe das nicht getan.«

»Genau.«

»Und ich war auch mit den Taten, die da geschehen sind, nicht einverstanden. Mit der Haft, dass man Menschen eingesperrt hat, die nichts verbrochen hatten.«

Streng genommen war Deys Erklärung korrekt: Er hatte die Gefangenen nicht in die Gaskammer geführt, er war nicht derjenige, der die Tür versiegelte und das tödliche Gas in die Kammer leitete. Auch hatte er die Tötungen nicht aktiv gewollt oder sie gar von seinem Wachturm herab bejubelt. Es war ihm wichtig, das zu betonen, wie es für jeden wichtig wäre. Juristisch gesehen waren diese Einwände jedoch weitgehend bedeutungslos. Er stand nicht wegen Mordes vor Gericht, sondern wegen Beihilfe zum Mord. Worauf es allein ankam, war, dass er zu den Tötungen objektiv beigetragen hatte – durch seine Tätigkeit als Wachmann – und dass er von den Morden gewusst hatte und seinen Anteil daran kannte.

Doch das war noch nicht das Ende eines Tages, an dem der Angeklagte mit seinen schmerzhaftesten – und belastendsten – Erinnerungen konfrontiert wurde. Dey erinnerte sich, dass er ein weiteres Mal beobachtet hatte, wie Gefangene in die Gaskammer geführt wurden, nur dass er dieses Mal auch einen Mann gesehen hatte, der dort auf dem Dach mit etwas hantierte. Was der Mann dort genau getan hatte, wusste Dey nicht mehr, aber auch ohne nähere Details war die Bedeutung klar: Der Angeklagte hatte sehr wahrscheinlich mit angesehen, wie ein SS-Mann die tödlichen Gaspellets in die Gaskammer warf.

Dann kam eine andere Erinnerung hoch: Dey hatte gesehen, wie die Gefangenen einzeln in das Gebäude gebracht wurden, in dem sich das Krematorium befand. Auch die Relevanz dieser Aussage war allen, die mit dem Fall vertraut waren, sofort bewusst. Lars Mahnke, der Oberstaatsanwalt, hatte bei der Verlesung der Anklageschrift zu Prozessbeginn klargemacht, dass er die Verurteilung für drei verschiedene Arten von Mord erreichen wollte: erstens das Vergasen der Gefangenen; zweitens das Töten der Gefangenen durch Genickschuss; und drittens die Massenvernichtung durch Krankheit und Hunger auf dem Höhepunkt der Typhusepidemie, die Ende 1944 über das Lager hereingebrochen war und bei der die SS den Gefangenen jede Art der Behandlung verweigert hatte. Von diesen drei Kategorien war es die zweite, die Dey beobachtet hatte, als er sah, wie die Gefangenen zum Krematorium geführt wurden. »Es wurde gesagt, die sollen zu einer Untersuchung, weil sie irgendwie zu einem Arbeitseinsatz eingeteilt werden sollten außerhalb des Lagers. Da mussten sie vorher untersucht werden, ob sie gesund sind«, erklärte Dey. »Das habe ich gehört, und das habe ich auch angenommen. Dass das den Leuten gesagt wurde, die sie da reinführten. Und die sind frei mitgegangen mit dem Arzt oder Sanitäter oder was auch immer. Jedenfalls einer im weißen Kittel.«

Dies wiederum klang der Beschreibung der perfiden SS-Methode, ahnungslose Gefangene zu erschießen, von der Mahnke zu Prozessbeginn berichtet hatte, unangenehm ähnlich: Die Häftlinge wurden zu einer ärztlichen Untersuchung in einem Nebenraum des roten Backsteingebäudes aufgefordert, in dem sich das Krematorium befand. Dort wurden sie von SS-Männern in weißen Kitteln und mit Klemmbrettern in der Hand empfangen, die ihnen ein paar Fragen stellten und eine Größenmessung anordneten. Der jeweilige Gefangene musste sich neben einen Meterstab an die Wand stellen. Ein einfacher Mechanismus öffnete dann einen Schlitz zum angrenzenden Raum, wo ein weiterer SS-Mann mit einer Pistole im Anschlag bereitstand. Sobald sich der Schlitz öffnete, gab er einen Schuss in den Nacken des Häftlings ab und tötete das Opfer. Sobald die Leiche beiseitegeschafft und das Blut vom Boden gewischt war, wurde dem Nächsten befohlen einzutreten.

»Wie viele waren das, die Sie haben reingehen sehen?«, fragte Meier-Göring.

»Weiß ich nicht. Kann sein, dass das zehn oder fünfzehn oder zwanzig waren. Das weiß ich nicht.«

»Waren das Männer oder Frauen?«

»Ich glaube, das waren Männer. Die hatten Anzüge angehabt.«

»Und sind die wieder rausgekommen?«

»Nein.«

Als Dey klar wurde, was er da gerade gesagt hatte, beeilte er sich, eine alternative Erklärung zu präsentieren. Vielleicht gab es ja eine zweite Tür zu diesem Raum, von der er nichts wusste und durch die die Gefangenen nach der Untersuchung wieder nach draußen kamen – lebend. Meier-Göring ließ das nicht gelten, doch inzwischen nahm die Konzentration des Angeklagten stark ab. Nach einem ausgedehnten, aber ergebnislosen Hin und Her über die Vergasung der Häftlinge in Zugwaggons in Stutthof, an die Dey keine eigene Erinnerung zu haben schien, riss dem Angeklagten der Geduldsfaden. »Ich will überhaupt nichts mehr sagen«, erwiderte er der Richterin.

Meier-Göring gab nach und erklärte die Sitzung für beendet. Es sei, stellte sie fest, ein sehr anstrengender Tag gewesen.

In den kommenden Wochen und Monaten folgten noch etliche solcher Tage. Ein anderer, der mir besonders in Erinnerung blieb, war Freitag, der 15. November 2019, der achte Sitzungstag. Es war das erste Mal, dass Bruno Dey nicht nur mit dem, was er in Stutthof gesehen und gehört hatte, konfrontiert wurde, sondern auch mit seiner persönlichen Verantwortung für die im KZ begangenen Verbrechen. Dieser Gedanke war für den Angeklagten, womöglich verständlicherweise, schwer zu begreifen. Deys Position, die er vehement und aus voller Überzeugung vertrat, besagte, dass die Morde in Stutthof nichts mit ihm zu tun hätten, dass er keinerlei persönlichen Anteil daran habe. »Ich habe ja nichts getan.« – »Ich wollte das nicht.« Diese Sätze wiederholte Dey wieder und wieder, als wären sie eine Zauberformel, mit der man den Teufel abwehrt.

An jenem Freitag begann Meier-Göring, diese Zauberformel infrage zu stellen. Wie so oft trat sie seiner Sichtweise nicht frontal entgegen. Vielmehr versuchte sie, ihn vorsichtig Frage um Frage zu einem anderen Blickwinkel zu führen.

»Das ist genau der Punkt, über den ich gerne noch mal mit Ihnen reden würde«, fing sie an. »Sie sagen immer wieder, ›Ich habe nichts getan‹. Aber zugleich wissen wir, und das geben Sie ja auch ohne Weiteres zu, dass Sie dort waren.«

»Ja.«

»Wenn Sie das sagen, ›Ich habe nichts getan‹ ...«

»Ich habe Wache gestanden.«

»Was meinen Sie denn, wenn Sie sagen, ›Ich habe nichts getan‹?«

»Ich habe niemandem ein Leid zugefügt.«

»Nicht eigenhändig, wollen Sie damit sagen?«

»Ja.«

Dey erinnerte das Gericht daran, dass er nicht freiwillig in Stutthof gewesen sei. Er habe Befehle befolgt, und die Befehle hätten gelautet, auf dem Wachturm dafür zu sorgen, dass »alles ruhig« bleibe. Er habe den Häftlingen nie etwas angetan, sie nicht einmal geärgert oder beschimpft.

»Sie meinen also, wenn Sie sagen, ›Ich habe nichts getan‹: ›Ich habe niemanden schlecht behandelt. Ich habe niemanden erschossen. Ich habe nicht dabei mitgewirkt, dass jemand eigenhändig umgebracht wurde.‹«

»Ja, das ist richtig.«

»Verstehen Sie es denn auch dahin, dass Sie keine Schuld haben, Herr Dey?«

»Das verstehe ich so. Warum soll ich Schuld haben? Wo liegt meine Schuld? Wo liegt meine Schuld an dem, was dort passiert ist? Das frage ich mich immer wieder. Was hätte ich tun sollen? Was hätte ich noch tun können?«

Dey wollte mit diesem plötzlichen Schwall an Fragen seine Unschuld beteuern – doch sie legten zugleich eines der schwierigsten und wichtigsten moralischen und intellektuellen Probleme des Verfahrens offen. Um den Angeklagten wegen Beihilfe zum Mord schuldig zu sprechen, musste das Gericht nicht nur zu dem Schluss kommen, dass seine Anwesenheit und seine Taten vor Ort objektiv das Morden unterstützt hatten und dass er in verbrecherischer Absicht gehandelt hatte. Das Gericht musste auch feststellen, dass es keine Rechtfertigungsgründe oder Entschuldigungen dafür gab. Der geläufigste Rechtfertigungsgrund im deutschen Gesetz ist die Selbstverteidigung: Angeklagte, die jemanden absichtlich verletzt oder sogar getötet haben, werden normalerweise nicht verurteilt, wenn diese Person sie zuvor angegriffen hat. Ein anderer Grund ist der von Juristen so genannte Notstand. Er schützt Angeklagte, die ein Verbrechen begangen haben, vor Strafe, wenn sie »in einer gegenwärtigen, nicht anders abwendbaren Gefahr für Leben, Leib, Freiheit, Ehre, Eigentum oder ein anderes Rechtsgut« handelten.[150] Deys Erlebnisse im Lager passten nicht ohne Weiteres auf einen der genannten Rechtfertigungsgründe. Den Befehlen gehorcht zu haben – die klassische Naziverteidigung –, wurde schon seit Jahrzehnten von deutschen Gerichten nicht mehr als triftige Entschuldigung anerkannt. Rein rechtlich betrachtet würden Dey und sein Anwalt also Mühe haben, das Gericht davon zu überzeugen, seine Handlungen seien gerechtfertigt oder entschuldbar gewesen. Moralisch gesehen schien die Frage jedoch durchaus von Bedeutung. Welches Verhalten, wie viel Standhaftigkeit müssen wir von einem jungen Mann wie Dey erwarten, der im Herbst 1944 auf dem Wachturm eines Konzentrationslagers seinen Dienst versah?

Auch Meier-Göring schien auf Deys Antwort gespannt. Doch sie nahm, wie immer, einen kleinen Umweg. Wenn er nicht schuldig sei, fragte sie, wer sonst trage dann Schuld?

»Die derzeitige Regierung, das Regime, das damals herrschte«, antwortete Dey.

»Also wer?«

»Ja, wer? Die Partei und die, von denen das ausging, diese ganze Grausamkeit.«

»Also Hitler?«

»Ja, er war dafür am meisten verantwortlich.«

In Deys Antwort gegenüber dem Hamburger Gericht hallte der bequeme Mythos wider, den sich die Deutschen in den unmittelbaren Nachkriegsjahren erzählt hatten und der von Justiz und Staatsanwaltschaft damals noch geteilt worden war. In ihren Augen waren Hitler und die Naziführung für die Shoah verantwortlich. Wer in der Hierarchie weiter unten stand – inklusive hochrangiger Offiziere, Bürokraten und Führungskräfte –, war im schlimmsten Fall Gehilfe, im besten Fall unschuldig.

Dey behauptete weiter, dass nicht einmal der Kommandant von Stutthof, Paul Werner Hoppe, zwangsläufig schuldig sei. Auf die Frage, wer im Lager dafür Verantwortung getragen habe, antwortete er: »Ich möchte niemanden beschuldigen oder entschuldigen. Herr Hoppe war dort Lagerleiter und hatte die Hauptverantwortung dafür, was da passierte. Er hatte zwar auch seine Anweisungen und musste die weitergeben. Aber wer nun die Schuld an diesen Misshandlungen und all dem Unrecht, was da getan wurde, hat, wem ich die Schuld zuschreiben soll, das kann ich nicht sagen.«

Meier-Göring ließ nicht locker: »Meine Frage ist, und Sie haben bestimmt darüber nachgedacht, auch im Laufe des Prozesses, wer hatte Schuld daran, dass in Stutthof Menschen ermordet wurden?«

»Ich weiß es nicht.«

Meier-Göring merkte, dass sie in eine Sackgasse gerieten, und wählte einen neuen Ansatz. Könne man nicht auch Schuld aus der bloßen Tatsache ableiten, dass jemand an seinem Platz verharre, wenn ein Verbrechen begangen werde? Hätte Dey, anders ausgedrückt, nicht sein Möglichstes tun müssen, aus Stutthof wegzukommen?

Die Frage stieß auf Skepsis beim Angeklagten.

»Wegmelden, so etwas gab es nicht«, antwortete Dey. Jeder Versuch, Stutthof zu verlassen, hätte ihn nur »selbst in mehr Schwierigkeiten« gebracht. Ein Einsatz an der Front, der wahrscheinlich naheliegendste Ausweg, habe ihm aufgrund seines Herzfehlers nicht offengestanden, behauptete er. Er hatte schließlich den offiziellen Musterungsbescheid als kampfuntauglich.

Hätte er von seinem Wachturm nicht einfach heruntersteigen können?

»Den Posten durfte man nicht verlassen.«

»Was wäre denn passiert, wenn Sie runtergeklettert wären?«

»Weiß ich nicht. Darauf kann ich keine Antwort geben. Ich weiß nicht, was ich jetzt sagen soll.« Was, so fragte er, wolle die Richterin denn hören?

»Die Wahrheit!«, rief jemand im Gerichtssaal. Ich konnte nicht ausmachen, wer sich da eingemischt hatte, aber Meier-Göring stimmte dem gern zu. »Ja, genau«, sagte sie, »die Wahrheit.«

Dey wurde zunehmend gereizt. Die Fragen der Richterin, ihr

Beharren auf möglichen Auswegen aus seinem jugendlichen Gehorsam ergaben für ihn offensichtlich keinen Sinn. Er beharrte seinerseits wieder und wieder darauf, dass er damals nichts hätte tun können. Als Einzelner sei er ohnmächtig gewesen, habe den verzweifelten Häftlingen nicht helfen können, obwohl er Mitleid empfunden habe. »Ich konnte nicht einfach sagen: ›Ich gehe jetzt runter und mache das Tor auf.‹ Wie sollte das denn geschehen?«

Meier-Göring ließ die Angelegenheit an dieser Stelle auf sich beruhen. Doch sie kam vier Wochen später, am zehnten Verhandlungstag, auf die Frage nach Deys Schuld und die Frage, was er anders hätte machen können, zurück. Ihre Worte klangen strenger als bei den vorherigen Befragungen; einmal war sie nah daran, ihn der Lüge zu bezichtigen, als es erneut um die Ankunft Zehntausender Juden aus Ungarn und aus KZs östlich von Stutthof ging und er erneut behauptete, sie nie gesehen zu haben. Nach der Sitzungspause versuchte Meier-Göring, Deys Version der Ereignisse zusammenzufassen – was er gesehen und was er nicht gesehen hatte und wie er seine damalige Rolle bewertete.

»So, Herr Dey. Sie haben uns heute noch mal gesagt – und das haben wir jetzt schon mehrfach gehört –, dass Sie wussten, dass jedenfalls die jüdischen Gefangenen nichts getan hatten. Dass sie nur im Konzentrationslager waren, weil sie eben Juden waren. Und Sie haben uns gesagt, dass Sie wussten, dass die eigentlich unschuldig waren, und dass sie Ihnen leidtaten. Und Sie haben uns auch berichtet, dass Sie mitbekommen haben, dass Menschen vergast wurden. Sie haben uns diesen einen Vorfall geschildert. Sie haben uns berichtet, Herr Dey, dass Sie morgens gesehen haben, wie Hunderte, oder sogar Tausende, von Menschen aus den Baracken getragen wurden, die tot waren, ausgemergelte Körper hatten und dann nackt auf den Karren geschmissen wurden und zum Krematorium gefahren wurden. Das haben Sie uns berichtet. Und dann will ich Sie jetzt wirklich noch einmal fragen: Wann habe Sie denn für sich verstanden – oder haben Sie es überhaupt irgendwann verstanden –, dass sich da vor Ihren Augen ein Verbrechen gegen die Menschlichkeit abspielte? Dass das ein Verbrechen war, was diesen Menschen angetan wurde. Haben Sie das irgendwann verstanden?«

Das war für Meier-Görings Verhältnisse eine ungewöhnlich lange Rede. Und sie hatte den gewünschten Effekt. Sie nutzte Deys eigene Worte und seine eigenen Geständnisse und konfrontierte ihn auf diese Weise mit der geradezu zwangsläufigen Schlussfolgerung. Sie hatte ihm sämtliche Stränge zusammengeführt – und ihm kaum eine Chance gelassen, das Ergebnis nicht zu erkennen.

»Ja, sicher«, antwortete Dey. »Ich habe das als ein Verbrechen angesehen, was da mit den Leuten passierte. Denn jemand zu bestrafen, der unschuldig ist, ist sowieso ein Verbrechen, finde ich.«

»Das finde ich auch«, erwiderte die Richterin. »Haben Sie das denn damals auch so empfunden?«

»Ja.«

»Oder dachten Sie damals: ›Das ist irgendwie auch in Ordnung‹?«

»Nein, das habe ich nicht.«

Juristisch betrachtet machte Meier-Göring jetzt Fortschritte. Dey hatte soeben zugegeben, dass er das zugrunde liegende Verbrechen erkannt hatte. Nun musste er freilich noch einsehen, welchen Anteil er selbst an dem Morden hatte. Hier durchzudringen, war die nächste Aufgabe der Richterin. »Haben Sie denn mal angefangen, darüber nachzudenken, dass Sie nicht mitwirken dürfen bei diesem Verbrechen?«, fragte sie. »Ist Ihnen mal der Gedanke gekommen: ›Ich darf da nicht mitmachen‹?«

»Ich konnte nicht weglaufen. Ich musste den Befehl, den ich

bekommen habe, auf den Wachturm zu gehen und zu bewachen, den musste ich machen. Weglaufen, weggehen – das gab es nicht.«

»Meine Frage war ja auch noch eine Stufe davor«, erwiderte die Richterin. »Sie sehen, da passiert ein Verbrechen gegen die Menschlichkeit, da werden unschuldige Menschen umgebracht, und Sie stehen auf dem Wachturm und bewachen diese Menschen und verhindern, dass sie weglaufen. Meine Frage ist: Bevor Sie daran gedacht haben, ›Kann ich da weggehen oder nicht?‹, haben Sie überhaupt mal gedacht: ›Ich darf daran nicht mitwirken. Es ist falsch, dass ich hier auf dem Wachturm stehe‹?«

»Gedacht habe ich das, aber ich sage immer noch: Was sollte ich dagegen tun? Einen Befehl nicht ausführen?«

Meier-Görings Frage war nicht schwer zu begreifen, aber Dey tat sich schwer, sie sinnvoll zu beantworten. Er schien tatsächlich verwirrt von der Vorstellung, er hätte den Befehl eines Vorgesetzten infrage stellen, geschweige denn missachten können. Seine Auffassung, damals wie heute, war: Ich bin nicht derjenige, der die Befehle erteilt oder entscheidet, warum sollte ich dann dafür verantwortlich sein? Das war die Haltung, die Oskar Gröning mit bemerkenswerter Selbsterkenntnis bei seinem Prozess wenige Jahre zuvor als »die Bequemlichkeit des Gehorsams« bezeichnet hatte. Diese Worte beinhalteten etwas Wesentliches bei der Frage nach der Schuld von Wachleuten und Sekretärinnen, von niederen Beamten und gewöhnlichen Soldaten, die in den Völkermord der Nazis verstrickt waren. Viele von ihnen wären im Traum nicht auf die Idee verfallen, solcher Art Verbrechen zu unterstützen oder zu begehen, wie sie unter dem NS-Regime stattfanden, hätten sie im Krieg einer anderen Nation gedient. Vielen erschien es jedoch als der einfachere, bequemere und weniger riskante Weg, mitzumachen, mitzuspielen und nicht zu widersprechen. Bequemer noch, als einfach wegzugehen.

»Herr Dey, verstehen Sie, das ist erst einmal eine andere Frage?« Meier-Göring ließ sich nicht beirren. »Da zu stehen und zu sagen: ›Das darf ich nicht, ich darf nicht daran mitwirken, dass unschuldige Menschen umgebracht werden. Wie kann ich mich dagegen wehren? Wie kann ich mich dem entziehen?‹ Haben Sie solche Gedanken gehabt?«

»Die Gedanken habe ich schon gehabt«, erwiderte er, »aber ich konnte da keinen Gedanken ausführen. Ich konnte mich den Befehlen, die da gegeben wurden, nicht entziehen, ohne mich dabei selbst in Lebensgefahr zu bringen.«

Deys unablässiges Insistieren, er habe lediglich Befehle befolgt und sei nicht in einer Position gewesen, in der man solche Befehle hätte infrage stellen können, beeindruckte Meier-Göring nicht weiter. Ob er nicht wisse, dass es verbrecherische Befehle gebe, fragte sie. Sogar im NS-Militärstrafrecht wurde in Artikel 47 klargestellt, dass Soldaten nicht verpflichtet waren, dem Befehl eines vorgesetzten Offiziers Folge zu leisten, wenn dieser Befehl verbrecherisch war. War ihm dieser Gedanke nicht gekommen?

Nein, das war er nicht.

Mir wurde bewusst, dass Dey noch immer nicht begriffen hatte, worauf die Richterin mit ihrer Frage hinauswollte. Er beharrte weiter darauf, dass er machtlos gewesen sei, dem Morden ein Ende zu setzen, und nicht in der Lage, den Gefangenen zu helfen. Das wollte Meier-Göring jedoch gar nicht von ihm wissen. Sie wollte lediglich wissen, ob Dey verstanden hatte, dass er an einem entsetzlichen Verbrechen mitgewirkt hatte und dass er sich von der Todesmaschinerie in Stutthof hätte entfernen sollen – oder es zumindest versuchen. Natürlich war Dey nicht verpflichtet, sich selbst zu belasten, indem er der Richterin die Antworten gab, die sie hören wollte. Doch ihre Appelle an den 93-jährigen Angeklagten, ehrlich zu sein, wurden immer nachdrücklicher und ihr Einschreiten leidenschaftlicher. Selbst wenn die moralische Abrechnung 70 Jahre zu spät kam, Meier-Göring war dennoch entschlossen, Dey damit zu konfrontieren, dass er eine Wahl gehabt hatte.

»Jetzt sind Sie da auf dem Wachturm. Und Sie sind SS-Mann geworden. Und jetzt sehen Sie, dass da unschuldige Menschen umgebracht werden. Jetzt stehen Sie da und wirken daran mit. Da wäre doch jetzt die Gelegenheit zu sagen: ›Das darf ich nicht. Das kann ich mit meinem Gewissen nicht vereinbaren, dass ich hier stehe. Das kann ich nicht aushalten. Ich muss mich dem entziehen.‹ Das ist die Frage, die ich mir stelle. Ob Sie sich diese Fragen damals gestellt haben.«

»Gestellt schon, aber zu wem sollte ich das denn sagen, und wie sollte ich mich entziehen? Ich konnte das keinem Vorgesetzten sagen, dass ich nicht mehr mitmache und nicht mehr Wache stehe.«

»Warum denn nicht?«

Dey war sprachlos. Meier-Göring unterbrach die gedämpfte Stille, die sich im Saal ausgebreitet hatte. »Das ist eine ernsthafte Frage, Herr Dey«, erklärte sie. »Warum denn nicht? Warum konnten Sie nicht zu einem Vorgesetzten gehen und sagen: ›Wissen Sie, was hier passiert, das ist ein Verbrechen. Hier werden unschuldige Menschen umgebracht. Ich – mache – dabei – nicht – mit!‹«

Die letzten Worte hatte sie eher gerufen als gesprochen, jedes Wort klang wie mit einem Ausrufezeichen versehen. Die Vorsitzende Richterin schien zum ersten und einzigen Mal während des Verfahrens kurz davor, die Fassung zu verlieren. Ich war froh über ihren Ausbruch. Diese Frage war für mich die wichtigste des gesamten Prozesses. Sie war an Dey gerichtet, aber man hätte sie genauso gut einer ganzen Generation Deutscher zurufen können – meinen Großeltern und all den Großeltern meiner

Freunde, jeder und jedem, die damals in Deutschland lebten und stillhielten, die Befehle befolgten und sich in bequemen Gehorsam flüchteten. Warum waren sie nicht aufgestanden und gegangen? Warum hatten sie nicht Nein gesagt?

Deys Insistieren, für einen Wachmann wie ihn sei es nicht möglich gewesen, sich zu widersetzen, schien – auf den ersten Blick zumindest – überzeugend. Es passte zur allgemeinen Wahrnehmung eines Konzentrationslagers als eines mörderischen, streng hierarchischen und skrupellosen Systems. Doch während die Lager für ihre Insassen in der Tat mörderisch waren, so herrschte gegenüber dem SS-Personal, das gegen die industriell durchgeführten Morde moralische Vorbehalte zeigte, eine gewisse Nachsicht. Meier-Göring verwies auf zahlreiche Beispiele von Wachleuten und anderem Personal, die um Versetzung gebeten hatten – und deren Wunsch stattgegeben wurde. Auffällig ist, dass es nicht einen einzigen dokumentierten Fall für die Hinrichtung eines SS-Wachmanns gab, der den Dienst im Konzentrationslager verweigert hatte.

Deys Argument hatte jedoch noch einen anderen Makel: Wenn er sich dem Dienst auf einem Wachturm nicht widersetzen konnte, konnte er sich dann einem anderen Befehl verweigern – inklusive dem Befehl, die Gefangenen in die Gaskammer zu treiben oder Häftlinge mit der eigenen Waffe zu erschießen? Wie weit reichte der Gehorsam – und der Gehorsam als Ausrede? Es war offensichtlich etwas völlig anderes, auf einem Wachturm zu stehen, als Gefangene mit eigener Hand zu töten, aus juristischer Perspektive ebenso wie aus moralischer. Doch dies war aus Sicht der Verteidigung eine heikle Diskussion. Dennoch war es Dey, der sie zur Sprache brachte, als er auf die Frage antwortete, was er als verbrecherischen Befehl betrachten würde.

»Ein verbrecherischer Befehl wäre gewesen, wenn man mir

gesagt hätte: ›Den musst du jetzt erschießen!‹ Den hätte ich auf keinen Fall ausgeführt.«

»Das hätten Sie nicht gemacht?«

»Das hätte ich nicht gemacht.«

»Was hätten Sie denn gemacht, Herr Dey?«

»Ich hätte den verweigert, auf jeden Fall.«

»Und dann?«

»Ich weiß nicht, was dann passiert wäre. Das wusste ich damals auch nicht. Was man eben mit mir gemacht hätte ...«

»Ja, eben.«

»Aber das hätte ich verweigert.«

»Aber auf dem Wachturm stehen und zu verhindern, dass die Menschen, die umgebracht werden, weglaufen, das war okay für Sie?«

Dey seufzte tief. Schweigen. Die Frage der Richterin saß wie ein Schlag in die Magengrube.

»Na ja ... da kann ich Ihnen nicht darauf antworten. Aber okay war das auf keinen Fall.«

Meier-Göring drängte weiter. Woher wusste er überhaupt, dass die Verweigerung eines solchen Befehls so harte Konsequenzen nach sich ziehen würde? Dey hatte gerade zugegeben, dass er nicht wusste, was mit ihm passiert wäre, wenn er sich widersetzt hätte, einen Gefangenen zu erschießen. Wie konnte er also sicher sein, dass ihm eine schwere Strafe gedroht hätte, wenn er sich geweigert hätte, auf dem Wachturm zu stehen und seinen Wachdienst zu versehen? War es wirklich die Angst vor Strafe gewesen, weshalb Dey auf dem Wachturm geblieben war, oder war es womöglich nur einfacher gewesen, den Befehlen zu gehorchen? »Haben Sie sich auch in die Bequemlichkeit des Gehorsams geflüchtet?«, fragte Meier-Göring. »War es nicht bequemer zu gehorchen?«

»Ich habe niemandem etwas getan«, erwiderte Dey stur. »Den Befehl, den ich bekommen habe, Wache zu stehen, den musste ich ausführen, und den habe ich auch ausgeführt. Ich habe nicht gedacht, dass ich dadurch jemanden in Gefahr bringe oder dass ich jemanden retten könnte, wenn ich mich da weigere. Den Gedanken habe ich nie gehabt. Wenn ich mich geweigert hätte, da Posten zu stehen, ja gut, dann wäre ich vielleicht weggekommen, aber dann wäre jemand anderes gekommen. Das habe ich mir gedacht. Und keinem ist damit gedient. Nur ich schade mir selbst dadurch. Niemand wäre dadurch gerettet worden, wenn ich mich weggemeldet hätte.«

Das war eine neue Verteidigungsstrategie. Dey schien einzuräumen, dass er es tatsächlich hätte schaffen können, von Stutthof wegversetzt zu werden, dass dies jedoch für das Morden keinen Unterschied gemacht hätte. Dieses Argument hatte er noch nicht vorgebracht, aber ihm lag daran, es unmissverständlich klarzumachen. »Wenn ich dort weggekommen wäre, wäre niemand in keiner Weise geschützt gewesen. Der Posten wäre sofort mit jemand anderem besetzt worden«, fügte er hinzu.

»Genau«, sagte Meier-Göring, »weil es nämlich andere gab wie Sie, die gedacht haben: ›Ich muss diesen Befehl ausführen.‹ Wenn aber alle diese Befehle, diese verbrecherischen Befehle, nicht ausgeführt hätten, dann wäre sehr wohl allen geholfen worden. Dann wäre das nämlich alles nicht möglich gewesen.«

»Ja, wenn sie das alle getan hätten.« In Deys Tonfall schwang Sarkasmus mit.

»Ja, dann hätten Sie vielleicht damit anfangen müssen.« Wieder Schweigen. Meier-Göring fuhr fort: »Ja, so ist das! Haben Sie mal darüber nachgedacht, dass mal einer damit anfangen musste?«

»Der eine wäre sofort verschwunden.«

»Herr Dey, das ist für Sie vielleicht überraschend, aber es gibt keinen Einzigen, der sich einem Befehl widersetzt hat in dieser Art und Weise, der umgebracht worden ist. Es gibt keinen in der Historie, der das belegen könnte. Aber es gibt ganz viele, die genau das gesagt haben: ›Wir wären umgebracht worden. Ich konnte mich nicht entziehen. Ich musste diesen Befehl befolgen, sonst wäre ich umgebracht worden.‹ Aber alle, die das getan haben, die sich haben versetzen lassen, die Befehle verweigert haben, die sind eben nicht umgebracht worden. Herr Dey, überrascht Sie das?«

»Zu meiner Zeit hat sich niemand versetzen lassen.«

»Sie haben doch mit gar keinem gesprochen. Sie wissen das doch gar nicht.«

»Das hätte man irgendwie erfahren.«

»Ja, weil die nämlich alle da standen wie Sie und gedacht haben: ›Da kann ich jetzt auch nichts machen. Jetzt stehe ich hier, und es dient niemandem, und ich schade nur mir selbst, wenn ich mich hier entziehe.‹«

Dey verstummte wieder. Die Worte der Richterin waren keine bloße Beobachtung, nicht nur ein rhetorisches Mittel, um ihn dazu zu bringen, nachzudenken und sich selbst Fragen zu stellen. Sie klangen bereits – jedenfalls für mich und vielleicht auch für Dey – wie eine Verurteilung.

»Gut, ich sage es noch einmal«, fügte Meier-Göring hinzu. »Die Nazis haben Millionen von unschuldigen Menschen umgebracht, aber kein Offizier, kein SS-Mann, der sich einem Befehl widersetzt hat, wurde umgebracht. So jedenfalls sagen es die historischen Gutachten.«

Die Richterin war noch nicht fertig. Aber auch Dey nicht. Er erinnerte das Gericht daran, dass er versucht hatte, seinen vorgesetzten Offizier zu überzeugen, ihn in die Wehrmachtskantine oder -bäckerei zu schicken. Er hatte also versucht, von der SS wegzukommen. Meier-Göring jedoch konterte schnell. Dieser Vorfall, so erinnerte sie den Angeklagten, hatte vor seiner Ankunft in Stutthof stattgefunden. Hatte er um Versetzung gebeten, nachdem er im Konzentrationslager war? Hatte er nicht.

Die Befragung war fast vorbei, doch die Richterin unternahm noch zwei letzte Versuche, Dey verständlich zu machen, warum er kein unschuldiger Beobachter gewesen sei und dass auch er für die Morde in Stutthof mitverantwortlich sei. Der Angeklagte hatte gesagt, dass nicht einem Häftling damit geholfen gewesen wäre, wenn er das KZ verlassen hätte oder wenn er ein Gesuch um Versetzung eingereicht hätte. Wie sehr diese Vermutung auch immer der Wahrheit entsprach, einer Person hätte er in jedem Fall geholfen – sich selbst. »Dann hätten Sie nämlich nicht an einem Verbrechen mitgewirkt«, erklärte Meier-Göring. »Wäre das nicht auch schon mal etwas gewesen?«

»Ich kann dazu nichts mehr sagen«, erwiderte Dey.

»Gut, Herr Dey, Sie sagen, Sie haben nichts getan. Sie sagen, Sie haben keine Schuld.«

»Ich sehe da keine Schuld bei mir. Denn ich habe niemandem ein Leid angetan.«

»Nicht direkt, meinen Sie.«

»Nicht direkt.«

»Wäre es denn möglich gewesen, das KZ aufrechtzuerhalten, wenn es keine Wachleute gegeben hätte wie Sie, Herr Dey?«

»Wenn es keine gegeben hätte ... Ich weiß nicht.«

Die Schlussfolgerung war bereits offenkundig, doch Meier-Göring hatte noch einen Gedanken parat. »Stellen Sie sich vor«, sagte sie zu dem Angeklagten, »hier im Gerichtssaal steht plötzlich jemand auf, zieht eine Waffe und droht, die Anwesenden alle zu erschießen. Stellen Sie sich weiter vor, ich, die Richterin, würde den anwesenden Polizisten die Anweisung geben, den

Gerichtssaal zu verlassen und die Türen zu verbarrikadieren. Der bewaffnete Mann tötet alle. Wer ist schuld an dem Massaker?« Meier-Göring antwortete selbst. »Sicherlich ja wohl der, der das Gewehr gehabt hat und alle umgebracht hat. Ich wahrscheinlich auch, die den Befehl gegeben hat, die Türen abzuschließen, damit keiner fliehen kann. Und was ist mit den Wachtmeistern, die die Türen abgeschlossen haben und verhindert haben, dass die Menschen, die hier drinnen sind, fliehen konnten? Haben die Schuld?«

Dey war natürlich klar, welchen Vergleich die Richterin ziehen wollte. Und natürlich war ihm auch klar, dass es nur eine richtige Antwort auf ihre Frage gab. Und doch ließ er sich nicht zu dieser Antwort hinreißen. Stattdessen hinterfragte Dey einfach die Logik dieses hypothetischen Szenarios. Er bezweifelte, dass die Polizisten der Anweisung folgen würden. Und warum, fragte er, sollte Meier-Göring eine solche Anweisung gegeben haben, wenn sie durch das Schließen der Türen doch auch ihr eigenes Leben gefährdete?

Die Befragung zog sich noch eine Weile hin, doch Dey sagte nichts Substanzielles mehr. Er wirkte erschöpft und Meier-Göring ebenfalls. Sie schloss die Sitzung mit der üblichen Formel, doch dieses Mal klang es so, als meinte sie, was sie da sagte.

»Ich habe keine Fragen mehr.«

Kapitel 13

EIN VERMÄCHTNIS AUS STEIN

Nur einen kurzen Spaziergang vom Münchener Dom mit seinen Zwiebelhauben entfernt steht ein Gotteshaus, das auf seine Weise nicht weniger bemerkenswert ist als die berühmte Frauenkirche. Die eindrucksvolle Synagoge Ohel Jakob besitzt einen Sockel aus grob behauenem, cremefarbenem Stein, der an die Klagemauer in Jerusalem erinnert. Darüber erhebt sich ein Kubus aus Glas und Stahl, der den holzgetäfelten Innenraum mit Sonnenlicht durchflutet. 2006 geweiht, ist die Synagoge Teil eines Gebäudekomplexes, zu dem das Jüdische Museum, eine Buchhandlung, ein Café, eine jüdische Schule und ein Kindergarten sowie Räume der Israelitischen Kultusgemeinde München und Oberbayern sowie ein koscheres Restaurant gehören. Es ist ein kühnes Stück Architektur und ein noch kühneres Bekenntnis: Sieben Jahrzehnte nachdem die Shoah das jüdische Leben in München ausgelöscht hatte, kehrte die Gemeinde ins Zentrum der bayerischen Landeshauptstadt zurück.

Die unwahrscheinliche Nachkriegsgeschichte der Münchener Juden lässt sich in simple Zahlen fassen: Im Mai 1945 lebten nur noch 60 Juden in der Stadt. Als ich die Stadt ein Jahr vor dem Stutthof-Prozess in Hamburg besuchte, waren es fast 10 000.

Was diese Zahlen jedoch nicht wiedergeben, sind die persönlichen Geschichten über den Durchhaltewillen, der diese Wiederbelebung jüdischen Lebens in Deutschland erst möglich machte. Ich war nach München gekommen, um mir die vielleicht frappierendste dieser Geschichten erzählen zu lassen: jene von Charlotte Knobloch, der 1932 geborenen, zur Zeit unseres Treffens 86-jährigen Holocaustüberlebenden, die seit fast 40 Jahren die Israelitische Kultusgemeinde in München leitet. Wir hatten uns im Einstein verabredet, Münchens einzigem anerkannt koscheren Restaurant, einige Stockwerke unter ihrem Büro. Um ins Gebäude zu gelangen, musste ich einen Metalldetektor und eine von israelischen Sicherheitsleuten besetzte Kabine passieren – eine Mahnung, dass jüdische Einrichtungen von Pittsburgh bis Paris allen Grund haben, sich bedroht zu fühlen.

Knobloch erschien in einer Farben- und Stoffpracht, die auf ihre mehr als ein halbes Jahrhundert zurückliegende Ausbildung als Näherin hindeutete. Sie trug einen pinken Blazer und ein passendes Tuch in Schwarz, Pink und Türkis. Auch ihre Ohrringe waren auffallend farbenprächtig: zwei große, durchscheinende, in Gold gefasste violette Steine. Ein, zwei Minuten blieb es still, da Knobloch ein paar Notizen durchblätterte, die ihr ihre Assistentin über die Themen, die ich mit ihr besprechen wollte, zusammengestellt hatte. Sie hob skeptisch die Brauen: »Das alles wollen Sie mit mir besprechen? Das wird ja Stunden dauern!«

Knoblochs Sorge war durchaus berechtigt. Selbst ein kursorischer Durchlauf ihrer Lebensgeschichte würde den Zeitrahmen eines Mittagessens sprengen. Doch ich war nicht nur nach München gekommen, um mir Knoblochs persönliche Geschichte anzuhören, sondern auch, um etwas zu begreifen, das für Deutschland und die Gedenkkultur des Landes eine immer dringlichere Herausforderung darstellte: das allmähliche Verschwinden der Generation der Überlebenden. So lange ich zurückdenken kann, gab es Menschen wie Knobloch, die ihre Geschichte erzählten und Zeugnis ablegten. Sie nahmen im öffentlichen Leben Deutschlands eine besondere Rolle ein: Ihre Sichtweisen und Warnungen wurden jenseits aller politischen und sozialen Spaltungen mit großer Ehrfurcht behandelt. In ihren Wortmeldungen verbarg sich vielleicht auch eine Art Versicherung: Solange Knobloch und andere Überlebende – in Schulen, Hörsälen oder Fernsehstudios – sprachen, schien man sich nicht darum sorgen zu müssen, dass die Erinnerung an den Holocaust im nationalen Gedächtnis verblassen könnte. Doch nun neigte sich diese Zeit dem Ende zu. Was geschähe, wenn ihre Stimmen verstummten? Was passierte, wenn die Geschichte, die Knobloch mir erzählen wollte, nur noch aus Büchern zu erfahren wäre?

Geboren 1932, geriet ihr Leben durch den Aufstieg des Nationalsozialismus aus den Fugen. Ihre Mutter war als Nichtjüdin zum Judentum übergetreten. Doch sie hielt dem sozialen und politischen Druck nicht stand und verließ ihre Familie. In ihrer Autobiografie schreibt Knobloch: »Ihre Angst war größer als ihre Liebe zu mir.«[151] Knoblochs ersten Zusammenstoß mit der Ideologie der Nazis, so erzählte sie mir, erlebte sie als kleines Mädchen: Eines Tages wollte sie zu ihren Freunden aus der Nachbarschaft auf den Spielplatz. Da trat ihr die Frau des Hausmeisters in den Weg. »Unsere Kinder spielen nicht mehr mit Juden. Geh nach Hause«, sagte sie. Knobloch war verletzt und wütend – und fassungslos: »Den Begriff ›Jude‹ hatte ich zuvor noch nie gehört«, so erinnerte sie sich. Die Knoblochs waren durchaus praktizierende Juden, aber sie hatte nie einen Unterschied zwischen sich und ihren Spielkameraden bemerkt. Doch es kam noch schlimmer, etwa der Terror der Novemberpogrome in der Nacht vom 9. auf den 10. November 1938, in der Hunderte Synagogen und

Tausende jüdische Läden geplündert und verwüstet wurden. Ihr Vater, ein prominenter Münchener Anwalt, war vor den organisierten Ausschreitungen gewarnt worden. Er vermutete, dass es für ihn und seine Tochter auf der Straße sicherer war, und so liefen sie die ganze Nacht zwischen Randalierern und Schaulustigen durch die Stadt. »Wir kamen zur Synagoge, ich sah den Rauch und fragte meinen Vater: ›Warum kommt die Feuerwehr nicht?‹«, erinnerte sie sich. »In diesem Moment wurde mir klar, dass sie uns nicht nur ausgrenzen wollten, sondern uns nach dem Leben trachteten. Schon als Kind habe ich das sofort begriffen.«

Charlotte Knobloch, Holocaustüberlebende aus München, trug nach dem Krieg maßgeblich dazu bei, das jüdische Leben in Deutschland wieder aufzubauen.

Teil der Tragödie von Charlotte Knoblochs Familie war deren tiefe emotionale Bindung an Deutschland. Ihr Vater Fritz Neuland hatte im Ersten Weltkrieg für den Kaiser gekämpft, wovon seine Orden Zeugnis ablegten. Er fühlte sich auch der deutschen Kultur und Philosophie zutiefst verbunden: Knobloch erinnerte sich an das Porträt mit dem strengen Gesicht des großen deutschen Philosophen der Aufklärung Immanuel Kant, das über dem Schreibtisch ihres Vaters hing. Anders als sein Bruder, der 1936 in die USA auswanderte, blieb Neuland in München. Auch er überlebte den Holocaust, aber seine Mutter – Knoblochs Großmutter – kam in den Konzentrationslagern ums Leben. »Ich sprach später nie mit meinem Vater darüber. Ich wollte nicht klingen, als würde ich ihm einen Vorwurf machen«, gestand sie mir. »Aber ich wusste, dass er es sich selbst vorwarf. Alle taten das. Das war für viele Menschen nach 1945 ein großes Thema. Warum hat Gott mich verschont, aber nicht die anderen?«

Sie selbst überlebte dank einer jungen Frau namens Kreszentia Hummel – ein ehemaliges Dienstmädchen im Haus ihres Onkels –, die sich bereit erklärte, sie auf dem Bauernhof ihrer Familie in Franken zu verstecken. Fast drei Jahre lang wurde aus der Tochter aus dem jüdischen Münchner Bürgertum Lotte Hummel, das uneheliche Kind ihrer neuen Beschützerin. Von den anderen Dorfbewohnern gemieden, waren die Tiere auf dem Hof, die sie versorgte, ihre einzigen Freunde. »Ich habe viel mit ihnen gesprochen … Sie wussten alles über mich.«

Kreszentia Hummel bewies außergewöhnlichen Mut. Sie ging nicht nur das Risiko ein, eine Jüdin zu verstecken, sondern ließ auch den Spott der Dorfbewohner über sich ergehen, die sich über das uneheliche Kind mokierten. Später erfuhr Knobloch, dass Hummel – eine fromme Katholikin – ihren ganz persönlichen Pakt mit Gott geschlossen hatte: Sie rettete ein kleines jüdisches Mädchen aus München in der Hoffnung, dass Gott ihre Brüder beschützte, die beide an der russischen Front eingesetzt waren. Tatsächlich kehrten die beiden Männer wohlbehalten zurück.

Im Mai 1945 wurde Knobloch wieder mit ihrem Vater vereint.

Er hatte die letzten Kriegsjahre als Zwangsarbeiter überlebt. Knobloch war zwölf Jahre alt, als der Krieg endete, und doch war ihr klar, dass Juden in Deutschland keine Zukunft hatten. »Niemand wollte im Land der Mörder bleiben«, erzählte sie. »Ich hatte kein Zuhause mehr, ich hatte keine Heimat mehr. Ich wollte nur weg und diese Menschen nie wiedersehen.« Ihr Vater hatte aber andere Vorstellungen. Bevor die Nazis an die Macht gekommen waren, hatte er sich immer als Patriot betrachtet; er würde seinem Land auch jetzt nicht den Rücken kehren. Zu jung, um allein das Land verlassen zu können, hatte Knobloch keine andere Wahl, als zu bleiben. Sie fand es furchtbar. »Ich hatte nie das Gefühl, dass die Menschen sich schämten. Die Leute sagten: ›Wir haben euch vermisst. Wie geht es dir?‹«, berichtete sie. »Der Junge, der mich früher angespuckt hatte, schien sich plötzlich zu freuen, mich wiederzusehen. Er sagte nur: ›Du hast dich ganz schön verändert!‹ Als wäre ich in Ferien gewesen.« Sie heiratete Samuel Knobloch, auch er ein Überlebender, und brachte das erste von drei Kindern auf die Welt. »Es war keine Entscheidung zu bleiben – es ergab sich einfach.«

Am Anfang, sagte Knobloch, »fand das jüdische Leben nur unter uns statt ... Wir lebten in dem Land, aber nicht mit dem Land.« Das begann sich erst Anfang der 1980er-Jahre zu ändern, teils aufgrund der bahnbrechenden Fernsehserie *Holocaust*, die in Deutschland die Auseinandersetzung mit dem NS-Verbrechen neu entfachte. Knobloch erzählte mir, dass sie mit ihren Kindern nie über ihre Erlebnisse in dieser Zeit gesprochen hat. »Ein solches Gespräch fand nie statt. Wir wollten es nicht, weil wir uns schämten. Wir kannten die Frage, die uns gestellt würde. Und dann wurde mir diese Frage vor ein paar Jahren von meiner Enkelin gestellt [die in Israel geboren und aufgewachsen ist]. Sie fuhr nach Auschwitz und schrieb mir dann diesen langen Brief mit der Überschrift: ›Wie kannst du in diesem Land leben?‹« Knobloch war der Ansicht, dass die jüdische Gemeinde in Deutschland zumindest in politischer Hinsicht für Israel ein wichtiger Faktor ist: »Ich bin überzeugt, dass der jüdische Staat Freunde braucht und dass der jüdische Staat eine starke jüdische Diaspora braucht. Ich denke, [Israel] sollte ganz froh sein, dass es uns gibt.«

Knobloch selbst war wie eh und je entschlossen weiterzumachen. Ihre Meinung und ihre Gegenwart waren mehr denn je gefragt. Doch mit jedem Jahr, das ins Land ging, blieben weniger Shoah-Überlebende, die von ihren Erlebnissen berichten konnten, und zumindest in Deutschland vermochte niemand Knoblochs Einfluss zu erreichen.

»Was geschieht«, fragte ich schließlich, »wenn Ihre Generation nicht mehr da ist?«

»Es wird anders sein«, antwortete sie. »Dann müssen die Steine sprechen.«

Und tatsächlich sprechen überall Steine, und Jahr für Jahr werden neue im Boden versenkt. Die physische Erinnerungslandschaft in Deutschland ist einzigartig – und einzigartig dicht. Eine offizielle Übersicht über die Gedenkstätten für die Opfer des Naziregimes, die im Jahr 2000 fertiggestellt wurde, füllt zwei Bände und umfasst 1864 Seiten.[152] Seither sind viele weitere entstanden. Die Liste reicht von kleinen Gedenktafeln und bescheidenen Kreuzen bis zu ambitionierten zeitgenössischen Skulpturen und weitläufigen historischen Anlagen. Sie umfasst ehemalige Konzentrationslager wie Buchenwald und Dachau, die als Gedenkstätte und Museum gleichermaßen dienen, und das riesige Areal in Nürnberg, das als »Reichsparteitagsgelände« einst Schauplatz der jährlichen Nazikundgebungen war. Da ist der zerstörte ehemalige Sitz der Gestapo und SS in Berlin, der unter dem passenden Namen

»Topographie des Terrors« in ein Museumsgelände verwandelt wurde. Das Haus der Wannseekonferenz am Stadtrand von Berlin ist heute ein Museum, ebenso wie zahllose historische Bauten und Orte aus der NS-Zeit überall im Land. Die überwiegende Mehrheit der Denkmäler ist den Opfern oder bestimmten Opfergruppen gewidmet. Doch es gibt auch eine wachsende Anzahl von Stätten, die an die Täter erinnern, wie die Wannseevilla, wo im Januar 1941 die »Endlösung« besprochen und geplant wurde. Eine gesonderte Kategorie stellen öffentliche Gebäude und Stätten dar, die aus der Nazizeit stammen – etwa das ehemalige Reichsluftfahrtministerium (das heutige Bundesfinanzministerium) in Berlin oder das Haus der Kunst in München – und die noch immer öffentlich genutzt werden. Im Lauf der Jahre wurde der Umgang der Städte mit dem historisch und ästhetisch schwierigen Erbe dieser Räume immer angemessener: Die beste Lösung ist meist, die Gebäude und ihre düstere Geschichte sichtbar zu halten und gleichzeitig einen Kontext zu schaffen, der jeglicher Glorifizierung entgegenwirkt. In manchen Fällen wandte man diese Strategie sogar bei Monumenten an, die vor der Zeit des Nationalsozialismus entstanden, aber eine ähnlich problematische nationalistische und militaristische Botschaft vermitteln sollten. Ein bemerkenswertes Beispiel ist das Siegestor in München, ein Triumphbogen aus dem 19. Jahrhundert, der der bayerischen Armee gewidmet ist. Nachdem es im Zweiten Weltkrieg durch Bomben zerstört worden war, wurde es wieder aufgebaut und auf der einen Seite mit seiner ursprünglichen Widmung versehen, auf der anderen Seite jedoch mit einer neuen, ganz und gar nicht triumphalen Inschrift: »Dem Sieg geweiht, vom Krieg zerstört, zum Frieden mahnend«.

Die Geschichte der Gedenkstätten und Denkmäler in der Nachkriegszeit ist so faszinierend wie komplex, und sie vollzieht den Wandel der öffentlichen Einstellung gegenüber dem

Holocaust und der deutschen Schuld deutlich mit. In den unmittelbaren Nachkriegsjahren bis in die 1960er-Jahre herrschte eine Atmosphäre vor, in der sich die Gesellschaft selbst als Opfer stilisierte: Die Deutschen wollten ihrer eigenen Leiden gedenken und das Leid, das sie anderen zugefügt hatten, vergessen. Dies führte zu einer Denkmalsflut mit typischerweise christlicher Ikonografie, die nicht etwa den Opfern des Holocaust galt, sondern ganz allgemein den »Opfern des Krieges« oder den »Opfern von Krieg und Terror«.

Eines davon stand direkt vor meiner Schule in Darmstadt, wo man 1954 vor den zerbombten Überresten der neugotischen Stadtkapelle ein sieben Meter hohes Granitkreuz mit dieser Inschrift errichtet hatte: »Den Toten zum Gedächtnis, sie ruhen in Frieden. Den Lebenden zur Mahnung, haltet fest am Frieden.« Der Ort wurde, zumindest von uns Jugendlichen, wenig pietätvoll behandelt: In den Sommernächten traf man sich dort mit Freunden, hörte Musik, rauchte und trank unzählige Flaschen Bier aus der benachbarten Brauerei. Ob bewusst oder unbewusst, auf uns wirkte die Gedächtniskapelle nicht wie ein besonders ehrwürdiger oder bedeutungsvoller Ort.

Das tieferliegende Problem war natürlich, dass hinter den harmlosen Ermahnungen ein eklatantes Versäumnis lauerte. Ein Denkmal wie das in der Nähe meiner Schule ganz allgemein den Opfern des Krieges zu widmen, hob jegliche Unterscheidung zwischen jenen, die den Krieg begonnen, und jenen, die unter seinen Konsequenzen gelitten hatten, auf – und die Opfer des Holocaust wurden vollständig ignoriert. Die Ruine der Kapelle war, wie so viele Denkmäler aus dieser Zeit, die Verkörperung des gängigen Nachkriegsnarrativs, das die Opferrolle der Deutschen betonte – und die deutsche Schuld herunterspielte. Die Denkmäler wurden oft auf oder in der Nähe von Friedhöfen aufgestellt – in einem eindeutig christlichen Kontext – oder neben bereits existierenden Kriegerdenkmälern aus dem Ersten Weltkrieg. Zur selben Zeit wurden ehemalige KZs und Gefängnisse sowie die bekannten Nazibauten entweder zerstört oder für neue Zwecke umgebaut, sodass ihr ursprünglicher Zweck aus dem Blick geriet.[153]

Das Bestreben, die Trennlinie nicht nur zwischen den verschiedenen Opfergruppen, sondern auch zwischen Opfern und Tätern zu verwischen, hielt sich nach dem Krieg erstaunlich lang. Nach der deutschen Wiedervereinigung 1990 stand Bundeskanzler Helmut Kohl vor der Frage, wie mit der zentralen Gedenkstätte der DDR verfahren werden sollte. Die Gedenkstätte in der neoklassizistischen Neuen Wache in Berlin Unter den Linden war ein Mahnmal »für die Opfer des Faschismus und Militarismus«. Sie beherbergte die sterblichen Überreste zweier Opfer – eines unbekannten Soldaten und eines Widerstandskämpfers –, geschmückt mit einer großen Darstellung des Staatssymbols des kommunistischen Landes, Hammer und Zirkel, die von einem Ring aus Roggen umgeben sind. An der Notwendigkeit einer Umgestaltung nach 1990 bestand kein Zweifel, aber Kohl – selbst Historiker – drängte auf eine Lösung, die bittere Kontroversen auslöste. Er plädierte dafür, eine deutlich vergrößerte Kopie der berühmten, nur 38 Zentimeter großen Skulptur von Käthe Kollwitz, die eine trauernde Mutter mit ihrem toten Sohn darstellt, in der Mitte der Neuen Wache aufzustellen. Kollwitz' eigener Sohn war im Ersten Weltkrieg gefallen. Ende der 1930er-Jahre hatte sie die Skulptur als kleine, intime Plastik geschaffen. Sie bezeichnete das Werk damals als Pietà, die klassische Darstellung Marias mit dem Leichnam Jesu auf dem Schoß. Die Inschrift im Boden vor der Skulptur lautet: »Den Opfern von Krieg und Gewaltherrschaft«.

Die Kritiker – darunter auch der Zentralrat der Juden in

Deutschland – meldeten sich sofort zu Wort, sie bemängelten vor allem die nebulöse Widmung. Wieder war mitten in Deutschlands Hauptstadt ein wichtiges Mahnmal errichtet worden, das die Unterscheidung zwischen Opfer und Aggressor ausblendete und die ermordeten europäischen Juden lediglich als Teil einer diffusen Masse von Opfern einschloss. *Der Spiegel* schrieb am Vorabend der Eröffnungsfeier über das neue Mahnmal, es sei »ein fauler, anachronistischer Kompromiß«. Das Werk von Käthe Kollwitz, »ein Kriegerdenkmal in christlicher Tradition, taugt schlecht für eine Stätte, an der vordringlich der ermordeten Juden zu gedenken ist«.[154] Die Debatte beschränkte sich nicht auf die Feuilletons: Eine Woche vor der Einweihung ketteten sich Demonstranten an die Neue Wache und protestierten lautstark gegen die Gedenkstätte als Verhöhnung der Opfer Deutschlands.

Kohls Fehleinschätzung war nicht zuletzt deshalb verwunderlich, weil sich die allgemeine Erinnerungskultur – und die Errichtung von Denkmälern – im Land schon längst gewandelt hatte. Aufgerüttelt durch den Eichmann-Prozess in Jerusalem und den Auschwitz-Prozess in Frankfurt, begannen die Deutschen ab den 1960er-Jahren, die Nazizeit in einem anderen – selbstkritischeren – Licht zu betrachten. Der Wandel beinhaltete eine neue Schwerpunktsetzung auf den Holocaust und seine Opfer und ein klares Bekenntnis zur deutschen Schuld an den Gräueln durch das Naziregime. Eine Folge davon war ein neu erwachtes Interesse an KZ-Gedenkstätten wie Dachau und Bergen-Belsen, die jetzt endlich die verdiente Aufmerksamkeit erhielten. Nach Jahrzehnten der Vernachlässigung wurde Dachau im Mai 1965 zu einer Gedenkstätte mit Dokumentationszentrum. Bergen-Belsen war schon ein Jahrzehnt zuvor zur Gedenkstätte erklärt worden, doch auch sie war bis 1968 weitgehend unbeachtet geblieben, als die Landesregierung ein Dokumentations- und Ausstellungszentrum errichtete und die Kosten für die Wiederherstellung des Areals übernahm. In den folgenden Jahrzehnten wandte sich die öffentliche Aufmerksamkeit auch den weniger bekannten Konzentrationslagern und symbolträchtigen Stätten zu, die mit anderen Nazigrausamkeiten verknüpft waren, darunter die Kliniken, in denen SS-Ärzte im Rahmen des »Euthanasie-Programms« behinderte Menschen töteten, oder die riesigen Fabriken, in denen Juden und sowjetische Kriegsgefangene als Zwangsarbeiter versklavt wurden. 1989 wurde in Berlin ein erstes bescheidenes Denkmal für die 50 000 Homosexuellen enthüllt, die von den Nazis getötet worden waren – eine Opfergruppe, die bis dahin weitgehend ignoriert worden war. Die kleine Gedenktafel war damals umstritten (die städtische Verkehrsbehörde, auf deren Grundstück sie angebracht wurde, wehrte sich zunächst dagegen), dennoch markierte sie einen allgemeinen Wandel: In den Städten und Landkreisen in ganz Deutschland wurde immer häufiger an immer mehr Gedenkorten die Würdigung aller Opfer des NS-Regimes gefordert, und das in kreativerer Weise und – nicht selten – in immer größeren und ehrgeizigeren Anlagen. Die Bundeshauptstadt wurde zur Vorreiterin dieser Entwicklung. Die Historikerin Mary Fulbrook schreibt, die Stadt sei zur »Welthauptstadt des Gedenkens« geworden, »zumindest was die Bekundung von Scham, Reue und Verantwortung betrifft«.[155] Wie zahlreiche Beobachter aus dem Ausland staunte sie über Deutschlands spezielle – und wohl einzigartige – neue Erinnerungslandschaft: »Die meisten Nationen gedenken ihrer Helden und Märtyrer; das heutige Deutschland dagegen präsentiert die Ungeheuerlichkeit seiner Verbrechen.«[156]

Die Idee für das ehrgeizigste Gedenkprojekt wurde ebenfalls in den 1980ern erstmals ins Gespräch gebracht: ein nationaler Gedenkort für die ermordeten Juden Europas. Es waren vor allem

Lea Rosh, eine bekannte Fernsehjournalistin, und der Historiker Eberhard Jäckel, die das Projekt vorantrieben. Ihr ursprünglicher Vorschlag, der im Februar 1989 der Öffentlichkeit vorgestellt wurde, sah vor, das Mahnmal auf dem Grundstück des einstigen Hauptquartiers der Gestapo zu errichten (auf dem später das Dokumentationszentrum der Topographie des Terrors errichtet wurde). Das Gelände grenzte an die Berliner Mauer, die nur sieben Monate später fiel. Deutschlands Wiedervereinigung löste große Glücksgefühle aus, entfachte aber in Teilen Europas und natürlich auch bei manchen deutschen Intellektuellen alte Ängste vor einer deutschen Vormachtstellung. Der Anstieg der Gewalt durch Neonazis Anfang der 1990er-Jahre vor allem in Ostdeutschland und eine Serie von tödlichen Anschlägen auf die Häuser von Migrantenfamilien und Asylsuchenden wurden zu einer weiteren Quelle der Sorge. Vor diesem Hintergrund und möglicherweise auch aufgrund der Kritik an seiner ungeschickten Einmischung bei der Neuen Wache unterstützten Helmut Kohl und seine Regierung das Projekt von Rosh und Jäckel. Der Fall der Berliner Mauer hatte dazu geführt, dass plötzlich riesige Flächen im ehemaligen Stadtzentrum verfügbar waren, insbesondere rund um das Brandenburger Tor. Die Befürworter eines Mahnmals forderten daraufhin einen neuen Standort auf einem weitläufigen Gelände südlich des Brandenburger Tors, wenige Meter von Hitlers einstiger Reichskanzlei entfernt. Kohl stimmte zu und ebnete damit den Weg für die Berliner Landesregierung, im Jahr 1994 einen internationalen Wettbewerb für Künstler und Architekten auszuschreiben, um Entwürfe für ein Mahnmal zu sammeln. Schon die Ausschreibung war umstritten, aber unter den 528 Einsendungen waren einige, die selbst die aufgeschlossensten Geister irritierten: Ein Künstler schlug vor, auf dem Gelände ein gigantisches Riesenrad zu errichten, das anstelle der üblichen

Kabinen Viehwaggons nutzte, wie sie zur Deportation von Juden in die Konzentrationslager verwendet wurden. Eine andere Einreichung sah den Bau des Kamins eines Krematoriums vor, der Tag und Nacht echten Rauch ausstoßen sollte. Es gab auch den Plan, das Brandenburger Tor zu sprengen – und die Trümmer als Mahnmal liegen zu lassen.

Die Jury entschied sich letztlich für den Vorschlag von vier deutschen Künstlern, eine riesige schräge Betonplatte zu bauen, die alle bekannten Namen der jüdischen Opfer des Holocaust tragen sollte. Der Siegerentwurf wurde – wie schon der Wettbewerb selbst – peinlich genau unter die Lupe genommen und heftig kritisiert. Eine nicht zuletzt von der jüdischen Gemeinde erhobene Sorge war, die Betonplatte könnte an ein christliches Grab erinnern – und sei somit ungeeignet für ein Denkmal für die ermordeten Juden Europas. Auch der Bundeskanzler legte sein Veto gegen den Entwurf ein – was das gesamte Projekt in eine Krise stürzte und einen zweiten Wettbewerb erzwang. Wieder kam es zu unzähligen Debatten, und weitere vier Jahre gingen ins Land, bis ein neuer Entwurf – der des amerikanischen Architekten Peter Eisenman – in einer Abstimmung durch den Bundestag gebilligt wurde. Die Arbeiten begannen im April 2003. Im Mai 2005 wurde das Denkmal im Beisein des Bundespräsidenten, des Bundeskanzlers, der Präsidenten des Deutschen Bundestags und des Bundesverfassungsgerichts, des Vorsitzenden des Zentralrats der Juden in Deutschland sowie von Lea Rosh und Eberhard Jäckel und einem Großteil der politischen, kulturellen und wirtschaftlichen Eliten des Landes eingeweiht.

Der erste Redner, Bundestagspräsident Wolfgang Thierse, hob die »große emotionale Kraft« hervor, die das Denkmal entfalte, und charakterisierte es als »bauliche Symbolisierung für die Unfasslichkeit des Verbrechens«.[157] Die Notwendigkeit eines

Mahnmals, so betonte er, ergebe sich nicht zuletzt aus der Tatsache, dass sich die Erinnerungskultur in Deutschland an einem Wendepunkt befinde: »Was heute noch in großer Eindringlichkeit Zeitzeugen erzählen können, müssen in Zukunft Museen, muss die Kunst vermitteln. Wir sind gegenwärtig in einem Generationenwechsel, einem Gezeitenwechsel, wie manche sagen: Nationalsozialismus, Krieg und organisierter Völkermord werden immer weniger lebendige Erfahrung von Zeitzeugen bleiben und immer mehr zu Ereignissen der Geschichte; sie wechseln von persönlicher, individuell beglaubigter Erinnerung in das durch Wissen vermittelte kollektive Gedächtnis. Das Denkmal ist Ausdruck dieses Übergangs.«[158]

Die Teilnahme des gesamten deutschen Establishments an der Einweihungszeremonie suggerierte einen sozialen und politischen Konsens, der in Wirklichkeit so nicht existierte. Für wen genau war dieses Denkmal gedacht? Für die Opfer? Für die Täter? Für die Täter zum Gedenken an die Opfer? Und für welche Opfer genau? Die offizielle Widmung des Berliner Mahnmals war eindeutig: ein Denkmal für die ermordeten Juden Europas. Das war von Anfang an sein ausgewiesener Zweck, was angesichts des Ausmaßes jüdischen Leids und der zentralen Bedeutung des Antisemitismus für die Ideologie der Nazis durchaus eine legitime Entscheidung war. Aber es bedeutete zugleich, dass Millionen anderer Opfer – Kommunisten, Sozialdemokraten und weitere politische Gegner des Nationalsozialismus, Polen und Sowjets, Sinti und Roma, Kriegsgefangene und Partisanen, Homosexuelle und behinderte Menschen – vom Gedenken ausgeschlossen wurden. Einige empfanden diesen Ausschluss als störend. Sie wandten ein, dass es den Nachfahren der Täter nicht zustehe, zwischen den Opfergruppen zu unterscheiden und damit eine Hierarchie zu implizieren. Andere äußerten die Sorge, dass die schiere Größe und Prominenz des Projekts – das Denkmal umfasst 19 000 Quadratmeter – als Versuch missverstanden werden könnte, endlich einen Schlussstrich unter die Holocaustgedenkkultur zu ziehen. Und wieder andere wiesen darauf hin, dass die Widmung und Gestaltung des Denkmals die Frage ausklammere, wer tatsächlich gemordet habe. Ein Kritiker schrieb: »Im Titel ist weder von ›Holocaust‹ noch von ›Shoah‹ die Rede; anders ausgedrückt, es wird nichts darüber gesagt, wer die Morde beging und warum – so etwas wie ›von Deutschland unter dem Hitler-Regime‹ sucht man vergebens, und diese Unbestimmtheit ist verstörend.«[159]

Hinzu kam, dass auch Rosh selbst polarisierte, ihr Einsatz und persönliches Engagement für das Denkmalprojekt waren nicht immer subtil und sorgfältig durchdacht. Erschreckend deutlich wurde dies während des Festakts bei der Einweihung, als Rosh in ihrer Rede ankündigte, sie wolle einen Zahn in der Berliner Gedenkstätte begraben, den sie 17 Jahre zuvor im Vernichtungslager Belzec gefunden und mitgenommen habe. »Es lagen noch mehr Zähne dort, im Sand. Aber diesen einen habe ich mitgenommen. Habe ihn fest in meiner Hand verschlossen. Und ich habe damals versprochen, ja, geschworen, dass wir den Ermordeten ein Denkmal errichten würden. Und dass dieser Zahn darin einen Platz finden sollte. Heute, nach fast genau 17 Jahren, kann ich das Versprechen einlösen«,[160] erklärte sie. Die Reaktionen ließen nicht auf sich warten. Rosh hatte diesen feierlichsten aller Anlässe nicht nur für eine theatralische Selbstdarstellung genutzt, sondern auch die jüdischen Bestattungsrituale missachtet, womit sie sowohl die führenden Mitglieder der jüdischen Kultusgemeinde als auch den Direktor der KZ-Gedenkstätte in Belzec verärgerte. Rosh gab den Zahn schließlich zurück, und er wurde begraben, wo er gefunden worden war.

Die Geschichte des Berliner Holocaustdenkmals ist so komplex, der Anspruch so hoch und so offensichtlich nicht zu erfüllen, dass man sich dem Mahnmal kaum mehr unvoreingenommen nähern kann. Die Tatsache, dass es sich seit seiner Eröffnung 2005 als wichtige Touristenattraktion erwiesen hat – Hintergrund für Millionen Selfies –, fügt dem Ganzen eine weitere Dimension an Komplexität hinzu. Es existiert ein unterirdisches Informationszentrum und Museum, die Faszination für die Besucher aber geht vom Denkmal selbst aus. Es ist einladend und furchteinflößend zugleich, von einer dunklen Schönheit, und es löst fast unmittelbar visuelle Assoziationen aus: ein Meer aus Stein, ein Betonlabyrinth, ein Wald, eine Schlucht, ein Friedhof.

Als ich in Berlin lebte, kam ich unzählige Male an dem Holocaustmahnmal vorbei. Gelegentlich blieb ich stehen und trat zwischen die glatten, dunklen Betonstelen, die einem ein merkwürdig beklemmendes Gefühl der Unbehaustheit vermitteln, das einen verfolgt, wenn man sich weiter auf dem abschüssigen Gelände bewegt. Bei meinem jüngsten Besuch in Berlin begab ich mich wieder zu der Gedenkstätte, und fast unmittelbar erfasste mich das gleiche Gefühl: Der Lärm der hektischen Großstadt verschwand, ebenso der Blick auf die umliegende Skyline. Himmel sah man nur, wenn man gerade nach oben blickte, und dann auch nur in Form schmaler, gekreuzter Sehschlitze, gerahmt von den scharfen Kanten der Stelen. Schon nach wenigen Schritten fühlte man sich völlig verloren zwischen den dicht gestellten, hoch aufragenden Quadern. Der sinnliche Effekt war nicht zu leugnen und auf seltsame Weise eindrucksvoll. Indem es die Welt drumherum ausblendet, zwingt einen das Denkmal, sich gedanklich mit den Ereignissen zu beschäftigen, derer hier gedacht werden soll. So zumindest war es beabsichtigt. Und doch hat es zugleich in gewisser Weise etwas von einer Jahrmarktsattraktion an sich –

Geisterbahn, Karussell, ja sogar Riesenrad: das Gefühl einer kurzzeitigen körperlichen Verunsicherung, ein kurzes Schaudern, gefolgt von Erleichterung (oder Enttäuschung), wenn man wieder auf sicherem und festem Boden steht. Der Architekt Peter Eisenman hat hervorragende Arbeit geleistet, dachte ich. Aber soll ein Holocaustdenkmal tatsächlich gut entworfen sein? Darf es funktionieren? Soll es das?

Es gibt lediglich ein anderes Holocaustdenkmal, das es mit dem Stelenfeld in Berlin an Größe und Anspruch aufnehmen kann. Es ist groß und doch klein, omnipräsent und doch häufig kaum sichtbar. Und es wird bewusst auf ewig unvollendet bleiben. Seit über 30 Jahren setzt der deutsche Künstler Gunter Demnig »Stolpersteine« in die urbanen Landschaften deutscher und europäischer Städte. Sie sehen aus wie kleine Pflastersteine aus Messing und tragen die Namen von Holocaustopfern mit Geburtsdatum und Todestag. Demnig und seine Unterstützer setzen die Steine in den Gehsteig vor dem Eingang des Hauses, in dem die jeweilige Person lebte oder manchmal auch studierte oder arbeitete. Viele Steine werden auf Bitten der Nachfahren gesetzt, manchmal sind es aber auch die neuen Bewohner der Gebäude, aus denen Opfer deportiert wurden, die sich für einen Stolperstein einsetzen. Pflege und Reinigung der Steine bleiben den Anwohnern überlassen. Die Verbreitung dieser Steine – zum Zeitpunkt der Abfassung dieses Buches waren es bereits über 100 000 – schuf ganz neue Rituale und Traditionen, vor allem das Aufstellen von Kerzen und Blumen neben einem Stolperstein am 27. Januar, dem Holocaustgedenktag. Läuft man am 27. Januar durch Berlin, wo im Lauf der Jahre Tausende Stolpersteine verlegt wurden, bietet sich ein gespenstischer Anblick: In den Straßen glänzt das frisch polierte Messing, und die Passanten bücken sich, um die Inschriften mit den Namen zu lesen.

Stolpersteine mit den Namen der Holocaustopfer auf dem Gehsteig vor ihren ehemaligen Häusern

Wurde man einmal auf die Stolpersteine aufmerksam, lassen sie sich nicht mehr übersehen: Ich glaube kaum, dass ich auch nur einmal in Deutschland unterwegs war – von meiner Berliner Wohnung ins Büro, von meinem Elternhaus in die Läden vor Ort –, ohne an einem von Demnigs Steinen vorbeizukommen. In meiner Straße gab es einen, zwei auf dem Weg zur Bäckerei ums Eck, zwei weitere zwischen meiner Wohnung und dem nächsten Supermarkt. Auf dem fünfminütigen Weg zur Schule meines Sohnes kamen wir an nicht weniger als sechs Stolpersteinen vorbei.

Demnig selbst ist der Meinung, die große Resonanz des Projekts verdanke sich der Tatsache, dass es nicht an das ungeheure, nicht fassbare Verbrechen des Holocaust selbst erinnern wolle, sondern einzelner Menschen gedenke.»Doch wenn man jemandes Namen liest, sein Alter ausrechnet, zu dessen ehemaligem

Wohnhaus schaut und sich fragt, hinter welchem Fenster er wohl gelebt hat, dann hat das Grauen ein Gesicht.«[161]

Doch auch die Stolpersteine haben ihre Kritiker. Unter den prominentesten ist Charlotte Knobloch, die Demnigs Steine nicht für eine angemessene Art des Gedenkens an die Opfer der Shoah hält. Für sie ist schon die Vorstellung, dass Menschen wortwörtlich auf die Namen der Toten treten könnten, dass die Steine täglich Schmutz und Dreck ausgesetzt sind, unerträglich und eine Entweihung. Auf Druck von Knobloch und der Israelitischen Kultusgemeinde in München erließ die Stadt 2015 ein offizielles Verbot für das Verlegen von Stolpersteinen auf öffentlichem Grund. Die Holocaustopfer sollten stattdessen durch Tafeln und Stelen auf Augenhöhe gewürdigt werden, entschied die Stadt. Auch diese Entscheidung war heftig umstritten.

Für Charlotte Knobloch, die Holocaustüberlebende und Veteranin unzähliger Kämpfe um das Bewahren der Erinnerung und das Gedenken an den Holocaust, waren letztlich die wichtigsten Steine jene, die uns bei unserem Mittagessen umgaben. Die heutige Synagoge und der Gebäudekomplex auf dem Jakobsplatz in München gehen weitgehend auf ihre Vision und ihr Engagement zurück. »Manchmal ertappe ich mich bei dem Gedanken, das könne alles gar nicht wahr sein. Jeden Tag, wenn ich hier ankomme, schöpfe ich solche Freude daraus, wenn ich die Synagoge, das Museum und das Gemeindezentrum sehe«, gestand sie. »Das Erstaunliche ist nicht nur, dass wir das haben, sondern dass es so akzeptiert ist. Wenn die Touristenbusse hier halten, höre ich oft den Münchner Reiseleiter sagen: ›Und hier sehen Sie unsere Synagoge.‹ Ich kann mir nichts Schöneres vorstellen.«

Die Entscheidung, eine neue Synagoge in der Stadt zu bauen, in der Hitler seinen Aufstieg zur Macht plante, war für Knobloch und viele andere von großer Bedeutung. Das war, so erzählte sie mir, der Moment, in dem sie entschied, »die Koffer auszupacken« – und sich endlich einzugestehen, dass München trotz der Vergangenheit ihr Zuhause ist. Den Koffer, so fügte sie hinzu, werde sie nicht wieder packen. Anders als manche ehemalige Vorsitzende von jüdischen Gemeinden in Deutschland will sie nicht in Israel begraben werden, sondern in ihrer Heimatstadt München. Und trotz der aktuellen Sorgen über einen wiedererstarkenden Antisemitismus schien es ihr wichtig, unser Gespräch mit einer positiven Bemerkung abzuschließen: »Natürlich mache ich mir Sorgen. Aber ich habe auch großes Vertrauen in die Jugend, und dabei spreche ich von der jüdischen und der nichtjüdischen. Ich glaube, dass sie die Verantwortung übernehmen werden, und das ist letztlich alles, worauf es ankommt.«

Knoblochs Optimismus war bewegend und ermutigend zugleich. Sie hat ihr Leben lang dafür gekämpft, ihre Gemeinde aus der Asche des Holocaust neu erstehen zu lassen und ihre nichtjüdischen Mitbürger an die Lehren aus dieser Katastrophe zu erinnern. Und sie hat ihre eigenen Gedenksteine gesetzt. Wir beendeten unsere Mahlzeit, verabschiedeten uns, und ich ging zurück zum Bahnhof. Doch bevor ich um die Ecke bog, schaute ich noch einmal zurück auf diesen beeindruckenden Gebäudekomplex im Herzen Münchens, eine neue Bastion des jüdischen Lebens in Deutschland und ein Denkmal für das Überleben – Charlotte Knoblochs eigenes und das ihres Volkes.

Kapitel 14

PROZESS AUF DER KIPPE

Am 26. Februar 2020 begann der Verhandlungstag mit einem überraschend aggressiven Antrag: Stefan Waterkamp, der Strafverteidiger, forderte, die Vorsitzende Richterin wegen Befangenheit vom Verfahren auszuschließen. Er hatte in zahlreichen Situationen zugunsten seines Mandanten eingegriffen, doch suchte er bislang nie die Konfrontation, es hatte auch keinerlei Anzeichen dafür gegeben, dass die Verteidigung beabsichtigte, das gesamte Verfahren zu vereiteln. Und nun, vier Monate nach Beginn des Prozesses, brachte Waterkamp vor, Anne Meier-Göring sei nicht in der Lage, den Prozess zu führen. Er beschuldigte sie, Deys Gesundheitszustand eklatant zu missachten, indem sie die Befragungen über das ärztlich empfohlene Maximum von zwei Stunden hinaus ausdehnte, auch wenn es laut Waterkamp klare Anzeichen dafür gab, dass der Angeklagte dem Prozess nicht mehr folgen konnte. Ihr Versäumnis, die Befragung rechtzeitig abzubrechen, habe Dey einem Risiko ausgesetzt, und der Anwalt äußerte die Vermutung, Meier-Göring sei ein rascher Abschluss des Verfahrens wichtiger als die Gesundheit seines Mandanten. Dies habe Dey den Eindruck vermittelt, die Richterin habe ihn »zum bloßen Objekt degradiert«.

Meier-Göring war sichtlich bestürzt über den Antrag. Sollte Waterkamp damit erfolgreich sein, würde sie nicht nur als Vorsitzende Richterin zurückgezogen werden, die Folge wäre mit ziemlicher Sicherheit auch eine Neuaufnahme des Verfahrens. Angesichts von Deys Alter und seinem Gesundheitszustand schien es mehr als ungewiss, dass die Staatsanwaltschaft eine zweite Chance hätte, Dey auf die Anklagebank zu bringen. Die Entscheidung, ob Gründe für eine Befangenheit bestanden oder nicht, mussten später die beisitzenden Richter in Abwesenheit von Meier-Göring und ohne ihre Beteiligung treffen. Doch sie war nicht in der Stimmung, die Beschuldigungen des Angeklagten unerwidert zu lassen. »Das weise ich zurück, dass ich hier in irgendeiner Weise versucht habe, entgegen einer möglichen Verhandlungsunfähigkeit Ihres Mandanten weiter zu verhandeln«, sagte die Richterin zu Waterkamp. Sie habe Dey während der Befragungen immer im Auge behalten und die Verhandlung unterbrochen, sobald sie bemerkt habe, dass die Aufmerksamkeit des Angeklagten nachgelassen habe. Meier-Göring blieb freundlich im Ton, aber jetzt schlich sich doch eine Spur von Empörung in ihre Antwort: »Ich bin eigentlich die Erste, die darauf achtet, wie es Ihrem Mandanten geht. Das finde ich eigentlich ein bisschen … aber gut … so ist es halt.«

Auch Oberstaatsanwalt Lars Mahnke meldete sich zu Wort und bezeichnete Waterkamps Schritt als »schrill«. Auch er habe Dey während des letzten Verhandlungstages beobachtet und keine Anzeichen einer Verschlechterung bemerkt. Davon abgesehen sei es der Job des Verteidigers, die Interessen seines Mandanten zu schützen und das Gericht auf gesundheitliche Probleme aufmerksam zu machen. »Den Job haben Sie vorgestern offensichtlich überhaupt nicht erfüllt«, sagte Mahnke, an Waterkamp gerichtet.

In Wahrheit wusste dieser, dass sein Antrag kaum Erfolgschancen hatte. Die Schwelle, einen Richter oder eine Richterin wegen Befangenheit vom Verfahren abzuziehen, war hoch. Selbst wenn Meier-Göring die eine oder andere Befragung länger als geplant laufen ließ, schien es doch deutlich überzogen, daraus einen Grund für den Abbruch des Prozesses abzuleiten. Waterkamp war jedoch ernsthaft über den Gesundheitszustand seines Mandanten besorgt, und sein Antrag war der Versuch – wenn auch ein heftiger –, das Gericht an seine Fürsorgepflicht zu erinnern.

Es war die letzte Sitzung vor einer dreiwöchigen Pause, sodass sich die Gemüter beruhigen konnten und das Gericht Zeit hatte, über Waterkamps Antrag offiziell zu entscheiden. Wenige Tage später stand der Prozess gegen Bruno Dey freilich vor einer viel ernsteren Herausforderung – und die kam von ganz anderer Seite.

Der erste Fall von Covid-19 in Hamburg trat 24 Stunden nach diesem heiklen Verhandlungstag auf. Ein Kinderarzt der ein paar Fahrminuten vom Hamburger Strafgericht entfernten Universitätsklinik Eppendorf hatte sich am 27. Februar 2020 mit dem Virus infiziert. Wie viele Deutsche in der ersten Welle hatte er sich beim Skifahren in Südtirol angesteckt, das zu Beginn der Pandemie zu den am stärksten betroffenen Regionen in Europa gehörte. Auch der erste deutsche Patient, der an Covid starb, war Hamburger (wenngleich er sich während seines Ägyptenurlaubs mit Corona angesteckt hatte). Innerhalb weniger Wochen begannen die Behörden im ganzen Land, das öffentliche Leben zu beschränken. Die Hamburger Behörden erließen am 15. März eine Notverordnung und verfügten die Schließung der Theater, Kinos, Bibliotheken, Museen, Galerien und Schwimmbäder sowie des Zoos und des Planetariums.[162]

Öffentliche Versammlungen und Sportveranstaltungen wurden verboten. Sämtliche Bordelle und Striplokale wurden geschlossen, und auf der Reeperbahn, Hamburgs berühmtem Rotlichtviertel, gingen die Lichter aus. Sogar der historische Fischmarkt durfte zum ersten Mal seit 300 Jahren nicht stattfinden. Einen Tag nach dieser Verfügung wurden auch die Schulen geschlossen.

Unter den wenigen öffentlichen Institutionen, die zu Beginn der Pandemie weiterarbeiteten, waren die Gerichte. Dass dieses Virus im Stutthof-Prozess ein besonderes Risiko darstellte, war offensichtlich. Schon in den ersten Wochen der Pandemie war deutlich geworden, dass Covid-19 insbesondere für ältere Menschen gefährlich war. Mit 93 Jahren durfte man bei Bruno Dey davon ausgehen, dass eine Infektion mit dem Corona-Virus für ihn eine tödliche Bedrohung wäre. Damals gab es noch keinen Impfstoff, Schutzausrüstung war Mangelware, und die Krankenhäuser wussten noch nicht, wie sie die Infizierten behandeln konnten. Abgesehen von den medizinischen Überlegungen führte der Ausbruch der Pandemie zu völlig neuen Prioritäten. Die Notwendigkeit, das Virus in Zaum zu halten und die Bevölkerung zu schützen, war das oberste Prinzip. Selbst ein historisch bedeutender Strafprozess wie der gegen Bruno Dey schien angesichts einer globalen Gesundheitskrise unbedeutend. So wichtig es sein mochte, die letzten Täter des Holocaust vor Gericht zu stellen, war dieser Prozess es wert, nicht nur die Gesundheit von Dey, sondern auch die aller anderen Teilnehmenden in Gefahr zu bringen? Die Antwort war – zumindest in den Augen des Angeklagten und seiner Familie – eine Frage von Leben und Tod.

Die Strafprozessordnung bot Meier-Göring und den beisitzenden Richtern kaum Hilfe. Im Gegenteil: Einige Bestimmungen standen in direktem Kontrast zu den plötzlichen Anforderungen der öffentlichen Gesundheit durch Corona.[163] Ein Grundprinzip lautete, Strafprozesse so zügig wie möglich abzuschließen, und das bedeutete, dass die Sitzungen nicht länger als einen Monat unterbrochen werden durften. Eine weitere Bestimmung lautete, dass alle Teilnehmenden, insbesondere der Angeklagte, persönlich im Gericht anwesend zu sein hatten. In der Strafprozessordnung war nichts vorgesehen, was es erlaubte, einen Prozess online oder virtuell zu führen, nicht einmal für kurze Zeit. Und schließlich mussten Strafprozesse in der Öffentlichkeit stattfinden, das bedeutete die Anwesenheit von mehr Menschen – und mehr potenziellen Virusträgern – im Gerichtssaal. Angesichts der Ein-Monats-Regel wurde die Zeit zu einem akuten Problem für Meier-Göring. Die letzte Sitzung hatte am Mittwoch, dem 26. Februar, stattgefunden. Die nächste war auf Freitag, den 20. März, angesetzt. Eine Verschiebung nur um eine Woche würde das gesamte Verfahren zunichtemachen. Im Justizministerium war man sich des Problems bewusst, und man bemühte sich bereits um eine Lösung: eine neue Verfahrensvorschrift, die es erlaubte, Prozesse länger als einen Monat zu unterbrechen, um die Ausbreitung des Corona-Virus zu verhindern. Die Regelung sollte jedoch erst am 27. März im Bundesgesetzblatt verkündet werden und am Tag danach in Kraft treten – für den Hamburger Stutthof-Prozess war das zu spät. Das Gericht musste eine Entscheidung treffen, und das schnell.

Am 18. März 2020, zwei Tage vor der angesetzten Verhandlung, erhielt ich eine E-Mail. Sie stammte von Kai Wantzen, dem Richter, der als Pressesprecher fungierte. Er bestätigte, dass die Verhandlung nun doch stattfinden würde. »Der Termin ist für den Fortgang des Verfahrens unverzichtbar«, schrieb er. Die Verhandlung selbst sollte nur zehn Minuten dauern und mit der kleinstmöglichen Teilnehmerzahl über die Bühne gehen. Weder die Presse noch die Öffentlichkeit hatten Zugang zum Gerichtssaal. Meier-Göring machte nur eine Ausnahme, die unmittelbare Familie von Dey.

Die Verhandlung war tatsächlich kurz, und es ging nur um zwei Punkte. Der eine war die Verlesung des Vorstrafenregisters von Dey, von dem jeder im Raum wusste, dass es keine Straftaten enthielt. Das war zwar nur eine Formalität, aber damit hatte das Gericht eine offizielle Aufgabe erledigt und mehr Zeit bis zum nächsten Verhandlungstag gewonnen – mindestens drei weitere Wochen. Der andere Punkt war die Verlesung der Entscheidung über Waterkamps Antrag, Meier-Göring wegen Befangenheit vom Prozess abzuziehen. Er wurde, was niemanden überraschte, abgelehnt. Die Verlesung der Entscheidung musste die Vorsitzende Richterin selbst übernehmen. Zunächst wurde festgestellt, der Hauptvorwurf sei schlichtweg unzutreffend. Entgegen Waterkamps Behauptungen habe der im Gerichtssaal anwesende medizinische Sachverständige der Richterin nicht signalisiert, Dey sei nicht mehr in der Lage, die Sitzung weiterzuverfolgen (was der Arzt selbst bestätigte). In der Entscheidung wurde zudem darauf hingewiesen, dass der gesetzte Rahmen von zwei Stunden für einzelne Befragungen lediglich eine Empfehlung darstelle, keine feste Höchstdauer. Dey wurde, kurz gesagt, nicht »zum bloßen Objekt degradiert«, wie der Anwalt behauptete. Meier-Göring würde weiterhin mit dem Fall betraut bleiben. Am Ende der Verhandlung versuchte sie, Optimismus zu streuen: »Bleiben Sie alle gesund. Halten Sie Abstand, vor allem Sie, Herr Dey«, sagte sie und fügte hinzu: »Alles wird gut.«

Stefan Waterkamp, der Hamburger Anwalt, der Bruno Dey verteidigte

Waterkamp akzeptierte die Entscheidung. Auch das war keine Überraschung. Schließlich bot die Corona-Pandemie der Verteidigung eine weitaus bedeutendere – und völlig legitime – Möglichkeit, den Prozess zu beenden und Dey vor einem Schuldspruch zu bewahren. Eine Aussetzung des Verfahrens hätte ungefähr die gleiche Wirkung wie die Abberufung der Richterin: Es könnte wiederaufgenommen werden, müsste dann aber noch einmal völlig neu verhandelt werden. Sämtliche Verfahrensschritte, alle Zeugenaussagen und Stellungnahmen von Sachverständigen müssten wiederholt werden. Die Dauer der Aussetzung wäre natürlich völlig offen, ebenso ein mögliches Datum für die Wiederaufnahme.

Mit Blick auf Deys Alter schien es zumindest fraglich, dass er noch einmal im Gerichtssaal sitzen würde, käme es tatsächlich zu einer Aussetzung. Waterkamp hatte der Richterin am Tag vor der für den 20. März angesetzten Verhandlung gemailt, letztlich sei »das Verfahren nach aktuellem Stand nicht zu retten, ohne das Leben des Angeklagten immer wieder zu gefährden«. Er zitierte Expertenmeinungen, die davon ausgingen, dass es mindestens ein Jahr dauern werde, bis ein Corona-Impfstoff entwickelt sei und bereitgestellt werden könne. »Das bedeutet, dass dieses Verfahren, optimistisch betrachtet, erst in einem Jahr fortgesetzt werden könnte. Das würde voraussetzen, dass es dann einen verträglichen Impfstoff gibt und dieser auch zuverlässig wirkt. Bis dahin besteht ein extremes Risiko für den Angeklagten, im Falle einer Ansteckung zu sterben.« Selbst mit den neuen Verfahrensregeln konnte ein Prozess nur für höchstens drei Monate unterbrochen werden. Das Verfahren gegen seinen Mandanten sei damit, so Waterkamp, von vornherein zum Scheitern verurteilt.

Meier-Göring jedoch wollte nicht so leicht aufgeben. Sie war auch nicht bereit, von den neuen Regelungen Gebrauch zu machen und eine dreimonatige Unterbrechung anzuordnen. Der nächste Verhandlungstermin war auf den 14. April angesetzt, und sie war entschlossen, ihn einzuhalten. Meier-Göring bemühte sich in den Tagen nach dem 20. März fieberhaft um eine FFP2-Maske für den Angeklagten. Zu der Zeit waren Masken noch kaum zu bekommen und ausschließlich medizinischem

Personal vorbehalten. Die Richterin ordnete auch besondere Abstandsregeln im Gerichtssaal an: Die Anwesenden mussten einen Mindestabstand von zwei Metern zueinander einhalten. Zudem veranlasste Meier-Göring die Aufstellung einer Plexiglasscheibe, die Dey zusätzlich vor einer Infektion schützen sollte. Alle 45 Minuten wurde im Gerichtssaal 200, dem mit Abstand größten im Strafjustizgebäude, 20 Minuten lang gelüftet. Als letzte Sicherheitsmaßnahme verhängte die Richterin eine starke Reduzierung der Teilnehmerzahl: Zuschauer waren bis Ende April nicht mehr zugelassen, und die Journalisten sollten dem Prozess in einem separaten Raum mit Audioübertragung folgen. In der Summe würden diese Maßnahmen das Infektionsrisiko für den Angeklagten »auf quasi null« senken, so die Richterin. Der Prozess wurde fortgeführt – zumindest vorerst.

Es war eine äußerst schwierige Entscheidung. Meier-Göring war offenbar entschlossen, den Fall Bruno Dey zum Abschluss zu bringen. Doch sie kannte auch das Risiko. Sollte sich Dey im Gerichtssaal mit dem Virus infizieren, wäre das eine Katastrophe – zuallererst und vor allem für den Angeklagten und seine Familie. Aber es wäre auch für das Gericht ein schwerer Schlag. Meier-Göring wäre mit Anschuldigungen konfrontiert, dass ihr die Verurteilung eines ehemaligen SS-Wachmanns wichtiger gewesen sei als der Schutz des Lebens eines gefährdeten alten Mannes. Zudem musste sie diese Entscheidung zu einer Zeit treffen, als man weltweit noch kaum etwas über Covid-19 wusste. Wer konnte nach einem Monat der Pandemie schon beurteilen, wie hoch das Risiko einer Fortführung des Prozesses tatsächlich war?

Am 14. April fand trotz Waterkamps Widerspruch die nächste Verhandlung statt. Auch dieser Prozesstag sollte ohne Zeugen und Sachverständige stattfinden und nur von kurzer Dauer sein. Wie in der Sitzung im März wurde vor allem formalen Verfahrensregeln entsprochen, um den Prozess am Leben zu halten. Die Verhandlung blieb nicht undramatisch. Innerhalb weniger Minuten geriet Dey in Not. Er hatte Mühe, durch die eng sitzende FFP2-Maske zu atmen – just das Mittel zu seinem Schutz, um das sich Gerichtsbeamte wochenlang bemüht hatten. Meier-Göring ordnete eine Sitzungspause an, damit Dey sich erholen konnte. Als das Gericht 20 Minuten später wieder zusammentrat, trug er keine Maske – aber alle anderen trugen welche (die gängigen chirurgischen Masken). Meier-Göring arbeitete sich zügig durch das Tagesgeschäft. Sie lehnte den Antrag einer Gruppe von Anwälten, die die Überlebenden vertraten, ab, das Gericht solle nach Stutthof reisen und das Lager vor Ort besichtigen. Die Richter und andere Prozessbeteiligte sollten eine bessere Vorstellung von dem Gelände, der physischen Distanz und den Sichtachsen zwischen den Wachtürmen und der Gaskammer bzw. dem Krematorium gewinnen. Der Wert einer solchen Exkursion wäre selbst in normalen Zeiten fraglich gewesen. Inmitten einer globalen Pandemie war sie jedoch völlig sinnlos. Die Sitzung konnte bald geschlossen werden.

Neun Tage später, am 23. April, trat das Gericht erneut zusammen, um einen weiteren Stutthof-Überlebenden aus Israel per Videoübertragung anzuhören. Die Plexiglasscheibe war inzwischen fertiggestellt und bot zusätzlichen Schutz für den Angeklagten. Auch von außerhalb des Gerichtssaals kamen bessere Nachrichten: Nach einem anfänglichen Anstieg im März waren die Infektionszahlen in Deutschland mittlerweile rückläufig. Wie die Welt in den folgenden zwei Jahren lernte, waren der Anstieg und der Rückgang der Fallzahlen einem komplizierten Zusammenspiel zwischen den öffentlichen Gesundheitsmaßnahmen, dem Verhalten der Bevölkerung und dem spontanen Auftauchen neuer Virusvarianten geschuldet. Die schlimmste Welle stand erst noch bevor, sowohl bei den Infektions- wie bei den Sterberaten. Zu dieser Zeit jedoch schien vorsichtiger Optimismus durchaus angebracht, und viele – einschließlich wichtiger politischer Entscheidungsträger in Hamburg und anderswo – verhielten sich entsprechend. Die Fallzahlen, die in der Hansestadt ohnehin niedriger waren als in anderen Teilen Deutschlands, gingen schnell zurück, und der Senat bereitete die Lockerung einiger Lockdown-Maßnahmen der vergangenen Monate vor. Innerhalb eines Monats durften die ersten Bars und Restaurants wieder öffnen.

Der Ausbruch der Corona-Pandemie war für den Stutthof-Prozess ein kritischer Moment. Angesichts der Angst und Panik in der ersten Welle der Pandemie wäre es für das Gericht ein Leichtes gewesen, den Fall im März oder April 2020 einzustellen und die Chance zu zerstören, einen der letzten Holocaustprozesse in der Geschichte zu Ende zu führen. Dass es nicht so weit kam, war größtenteils Meier-Görings Entschlossenheit und Nervenstärke zu verdanken. In einer Phase, in der fast die ganze Welt vor Angst erstarrt war, schätzte sie das Risiko sachlich ein. Sie bemühte sich, den Gerichtssaal für den Angeklagten so sicher wie möglich zu machen, und setzte die Verhandlung fort. Aus Sicht Waterkamps und Deys war das eindeutig eine verpasste Chance. Der Ausbruch der Pandemie bot ihnen die beste – und vielleicht einzige – Gelegenheit, den Prozess ohne Schuldspruch zu beenden. Die folgenden Wochen offenbarten die juristischen Kosten dafür, dass sie damit gescheitert waren: Sie lieferten einige der belastendsten Beweise überhaupt.

Die Pandemie war in einer Phase ausgebrochen, in der Sachverständige das Verfahren dominierten: Historiker, medizinische Experten, polizeiliche Ermittler und Psychologen. Gelegentlich hörte das Gericht auch noch Aussagen von Überlebenden, aber im April, Mai und Anfang Juni prägten weitgehend die sachlichen Ausführungen von Experten und Wissenschaftlern den Ton im Gerichtsaal. Nach den Unterbrechungen wegen Corona erschienen als Erste zwei Medizinprofessoren der Universität Hamburg vor Gericht, Dennis Tappe und Sven Anders. Sie hatten die grausige Aufgabe, dem Gericht zu erklären, was eine Typhusepidemie bedeutete, wie sie Ende 1944 in Stutthof ausgebrochen war, und welche Wirkung das Giftgas Zyklon B auf den menschlichen Körper hat.

Wenige Wochen später hörte das Gericht Stefanos Hotamanidis, einen Kinder- und Jugendpsychiater, der gebeten worden war, den Angeklagten zu untersuchen und seine relative Reife als Teenager vor mehr als 75 Jahren zu beurteilen. Es ging um die zentrale Frage der Schuldfähigkeit. Nur wenn sie bestätigt wird, kann ein Angeklagter vor Gericht schuldig gesprochen werden. Hotamanidis musste zweimal vor Gericht erscheinen und wurde sowohl von der Richterin wie von Waterkamp intensiv befragt. Seine Einschätzung stand von vornherein auf wackeligen Füßen: Hotamanidis war letztlich damit beauftragt worden, die Psyche eines Teenagers auf Basis seiner Gespräche mit dessen nun 90-jährigem Selbst zu beurteilen. Dennoch ergaben sich interessante Einblicke. Der Sachverständige hielt fest, dass Dey eine »Neigung zur Unterordnung« und eine allgemeine Disposition zeige, »jeder Konfrontation aus dem Weg zu gehen«. Er habe keine Eigenschaften aufgewiesen, die ihm geholfen hätten, sich gegen seine Vorgesetzten in Stutthof aufzulehnen, aber auch keine, die ihn hinderten, zwischen richtig und falsch zu unterscheiden.

Die weitaus wichtigste Aussage eines Sachverständigen war jedoch die eines jungen Historikers mit Brille, Stefan Hördler. Er erschien nicht weniger als neun Mal vor Gericht. Hördler war hauptberuflich in der Gedenkstätte Mittelbau-Dora in Thüringen tätig, einem ehemaligen KZ, das für den Einsatz von Zwangsarbeitern zur Herstellung der V2-Raketen berüchtigt war, Hitlers viel gepriesener Wunderwaffe gegen Ende des Krieges. Hördler war Leiter der Gedenkstätte und Experte für Konzentrationslager und Zwangsarbeit. Er hatte bereits in einem früheren Prozess im Zusammenhang mit Stutthof als historischer Sachverständiger ausgesagt. Im Verlauf der mehrtägigen Befragung beschrieb Hördler die Anlage des KZs, seine Geschichte, die Kommandostruktur und das Personal. Eine wichtige Tatsache, über die er schon früh sprach, war, dass Stutthof personell extrem schlecht ausgestattet war: Im Januar 1945 zum Beispiel, als in anderen KZs durchschnittlich eine SS-Wache auf 17 Häftlinge kam, lag der Schnitt in Stutthof bei 1:49 – der schlechteste im gesamten Netz der Konzentrationslager. Das legte nahe, dass Dey wahrscheinlich in allen Bereichen des Lagers und in allen möglichen Funktionen eingesetzt wurde. Das widersprach aber Deys Behauptung, von den Vorgängen in Stutthof kaum etwas gewusst zu haben. Doch es hatte schlicht nicht genug Wachleute gegeben, um etwas anderes zu vermuten. Zudem sei es ganz und gar unplausibel, dass der Angeklagte von der Gaskammer und den anderen Tötungsmethoden nichts gewusst habe, stellte Hördler fest und verwies auf Befragungen von SS-Leuten in Auschwitz. »Es existiert bei fast allen Wachmannschaften übereinstimmend die Aussage, dass sie nach zwei Wochen Dienstzeit wussten, was dort in diesem Lager passierte«, ergänzte er.

Hördler führte auch detailliert aus, wie sich die Todesursachen – und die Arten zu morden – im Lauf der Zeit verändert hatten: Durch den Ausbruch der Typhusepidemie Ende 1944 in Stutthof, so erklärte er, war es nicht länger nötig, die Häftlinge in die Gaskammer zu schicken oder zu erschießen. Stattdessen ordnete der Lagerkommandant an, ganze Sektionen von Stutthof abzuriegeln und die infizierten Gefangenen sterben zu lassen. Und so starben sie, zu Tausenden.

Diese historische Hintergrundinformation war wichtig, und Teile davon waren für die Verteidigung hoch problematisch. Doch die brisanteste Aussage Hördlers folgte am 15. Mai, als sich der Sachverständige zwei zentralen Fragen zuwandte, die das Gericht klären musste: Hatte Bruno Dey die Möglichkeit, sich aus Stutthof zu entfernen? Und was wäre passiert, wenn er seine Pflichten verweigert hätte? Beide Fragen waren für die Verteidigung zentral. Vom ersten Prozesstag an hatte Dey betont, er habe keine Alternative gesehen, als seine Pflichten als Wachmann zu erfüllen – und eine Befehlsverweigerung hätte ihn selbst in Lebensgefahr gebracht. Oberflächlich betrachtet wirkte dieses Argument durchaus plausibel. Die SS war nicht gerade eine Organisation, die für ihre Toleranz gegenüber mangelnder Disziplin bekannt war. Und da die Front immer näher rückte, war die Notwendigkeit strikten Gehorsams offensichtlich. Im Falle Deys kam noch eine weitere Komplikation hinzu: Aufgrund seiner Herzerkrankung war er für kampfuntauglich erklärt worden. Das bedeutete doch sicherlich, dass dem Angeklagten die naheliegendste Möglichkeit, Stutthof den Rücken zu kehren, indem er sich freiwillig zur Front meldete, verwehrt war?

Ausgestattet mit einer Fülle von Archivmaterial und einer detaillierten Kenntnis der Kommandostrukturen in einem Konzentrationslager, demontierte Hördler diese Annahmen Schritt für Schritt. Als Erstes widmete er sich der Behauptung, SS-Leute hätten sich der grauenhaften Aufgabe, unschuldige Zivilisten zu töten, nicht entziehen können. Er zitierte Äußerungen von Hermann Pister, dem Kommandanten des KZs Buchenwald, der nach dem Krieg vor einem amerikanischen Tribunal angeklagt und zum Tode verurteilt worden war (aber an einem Herzinfarkt starb, bevor das Urteil vollstreckt werden konnte). Seine Antwort war unmissverständlich: Die Teilnahme an den Mordaktionen war ganz und gar freiwillig. Wer sich weigerte mitzuwirken, wurde nicht bestraft – »unter keinen Umständen«, hieß es im Vernehmungsprotokoll. Genauso sei auch in Stutthof und anderen Konzentrationslagern verfahren worden, sagte Hördler.

Nun wandte sich der Historiker der Frage zu, ob ein SS-Wachmann wie Dey um Versetzung aus dem Lager bitten konnte. Die Antwort, die sich aus einer Sichtung von Personalakten ergab, war eindeutig: Ja. Hördler hatte in der Tat zahlreiche Beispiele von SS-Wachleuten gefunden, die um eine solche Versetzung gebeten hatten und deren Wunsch entsprochen worden war. Er nannte die Namen und Dienstgrade und beschrieb kurz die jeweilige Situation. In manchen Fällen wurden die Männer einfach in ihre ursprünglichen Wehrmachtseinheiten zurückgeschickt (darunter auch die Einheit, zu der Dey im Frühling 1944 gehört hatte). Andere baten um eine Versetzung in Kampfeinheiten an der Front. Auch dafür gab es zahlreiche Beispiele. Der wohl schlagendste Beweis, den Hördler vorlegte, war der Sonderbefehl des Stutthof-Kommandanten vom 22. August 1944. Er verfügte die Erstellung von Listen mit den Namen aller SS-Wachen, die bereit waren, sich freiwillig zum Fronteinsatz zu melden. Dieser Befehl sei im Lager bekannt gegeben und an alle Wachmannschaften weitergeleitet worden: »Jeder wusste, dass die Möglichkeit bestand, aus dem Wachdienst auszuscheiden«, erklärte der Historiker dem Gericht. Hördler war es gelungen, die Liste einer der drei Wachmannschaften in Stutthof ausfindig zu machen. Allein in dieser Kompanie hatten sich 35 Männer freiwillig an die Front gemeldet. Entscheidend dabei war, dass mindestens zwei davon zugelassen wurden, obwohl sie – wie Dey – zuvor für kampfuntauglich erklärt worden waren. Der Bedarf an Soldaten war im Sommer 1944 offenbar so immens, dass sich die Wehrmacht gezwungen sah, die Aufnahme auszuweiten. Tatsächlich befahl das Regime nur wenige Monate später einen Aufruf zur »Bildung des Volkssturms«, in den männliche Deutsche im Alter zwischen 16 und 60 Jahren einberufen wurden, um das Vaterland zu verteidigen.

Der Sonderbefehl vom 22. August versetzte einem zentralen Argument der Verteidigung einen schweren – und möglicherweise vernichtenden – Schlag: Er bewies nicht nur, dass es möglich war, eine Versetzung aus dem Lager zu erreichen, sondern dass eine solche Versetzung auch Männern offenstand, die als kampfuntauglich gemustert waren. Darüber hinaus bewies das Dokument, dass solche Versetzungen – zumindest in dieser Kriegsphase – aktiv von der Wehrmacht und der SS unterstützt wurden. Wie Hördler erläuterte, hatte dieser Befehl »ein Fenster geöffnet«. Und dieses Fenster stand bis zum bitteren Ende offen.

Blieb noch die Frage, was mit SS-Personal in Konzentrationslagern geschah, das Befehle verweigerte oder aus seiner Abneigung gegen die befohlene Aufgabe kein Hehl machte. Auch hier konnte Hördler auf Beispiele aus Stutthof und anderen Lagern verweisen, die die Behauptungen der Verteidigung entkräfteten. Zufälligerweise wurde einer der Männer, die aus Stutthof versetzt wurden, genau deshalb versetzt, weil er die Taten dort missbilligte. In den Personalakten wurde ein offensichtliches Fehlen von »Dienstfreudigkeit« vermerkt. Ein anderer SS-Mann wurde als Wachmann abgezogen und mit Verwaltungsaufgaben betraut, nachdem ihm bescheinigt worden war, er sei »weltanschaulich nicht ausreichend gefestigt«. Das waren nicht die Eigenschaften, die die SS von einem KZ-Wächter erwartete – und dem Kommandanten war sehr daran gelegen, diese Männer so schnell wie möglich zu versetzen. »Die SS hatte gar kein Interesse daran, Personen, die derartige moralische Bedenken hatten, weiterhin in der

Kompanie zu haben«, erklärte Hördler vor Gericht. Sie wurden als »Unsicherheitsfaktor« betrachtet, der die Gruppendynamik untergraben könnte, und galten als potenziell subversiv.

Die SS bestrafte die eigenen Leute wegen Ungehorsams und – in außerordentlich seltenen Fällen – der Unterstützung von KZ-Häftlingen. Aber die Strafen waren bei Weitem nicht so hart, wie man vermuten würde. In extremen Fällen wurden diese Männer selbst zu drei- bis sechsmonatigen Haftstrafen in einem Konzentrationslager verurteilt, allerdings in abgetrennten Bereichen. Es existiere kein einziger Fall, in dem ein SS-Mitglied für ein solches Verhalten mit dem Tod bestraft worden oder auf unbestimmte Zeit in ein KZ gekommen sei, sagte Hördler.

Das jedoch war nicht die entscheidende Frage für Dey; sie war auch für das Gericht 75 Jahre später nicht entscheidend. Er stand nicht wegen unterlassener Hilfeleistung gegenüber den Häftlingen vor Gericht, sondern weil er im Lager geblieben war, obwohl ein Ausweg möglich gewesen wäre – schwierig, aber möglich. Und dieser Ausweg hätte den Angeklagten laut Hördler so gut wie sicher nicht dem Risiko einer Bestrafung ausgesetzt. »Es gibt keinen belegbaren Fall, wo Männer, die ein Problem mit dem Wachdienst haben und sich entweder zu ihrem ursprünglichen Truppenteil versetzen lassen wollen oder sich zur Front melden, einen persönlichen Nachteil davon haben«, sagte er.

Die Verteidigung erhielt vom 25. Mai an, zehn Tage nach der belastenden Einschätzung des Historikers über die Möglichkeit von Versetzungen aus Stutthof, reichlich Gelegenheit, Hördler zu befragen. Waterkamp wusste, dass ihm ein schwerer Kampf bevorstand. Als ich nach Ende des Prozesses mit ihm sprach, sagte er, Hördlers Aussage zu dieser Frage sei ein »drastischer« Moment im Verfahren gewesen, in dem sich »die Verteidigungsmöglichkeiten deutlich verschlechtert« hätten. Hördlers Beispiele von SS-Leuten, die Stutthof verlassen konnten, waren gut dokumentiert, und sie waren zahlreich. Der Verteidiger hatte so gut wie keine Chance, die Glaubwürdigkeit des Sachverständigen zu untergraben. Er versuchte es trotzdem. Dey hatte dem Gericht von einem Vorfall während einer Wachschicht berichtet, in der er einmal eingeschlafen sei. Ein Vorgesetzter habe ihn daraufhin gewarnt, er werde erschossen, wenn das erneut vorkomme. War es nicht möglich, so fragte Waterkamp, dass die Strenge dieser Drohung den jungen Mann glauben ließ, jeder weitere Ungehorsam werde mit äußerster Härte bestraft? Hördler wehrte ab. Das sei eine subjektive Erinnerung, antwortete er, als solche könne er deren Wahrheitsgehalt weder beweisen noch widerlegen.

Sosehr Waterkamp auch versuchte, gegen den Experten einen Treffer zu landen, er verfehlte sein Ziel. Wurde der Aufruf an das Lagerpersonal, sich an die Front zu melden, möglicherweise nur an ältere SS-Wachen gerichtet? War es denkbar, dass der Aufruf nicht so umfassend verbreitet wurde wie angenommen? Gab es Belege für ähnliche Aufrufe nach dem 22. August 1944, oder war dies ein singuläres Ereignis? Die Fragen der Verteidigung prasselten mehrere Verhandlungstage lang auf Hördler ein, doch in der Regel handelte es sich nur um hoffnungsvolle Spekulationen. Hördler hatte sich jahrelang mit der Erforschung selbst kleinster Details nationalsozialistischer Konzentrationslager befasst und sich mehrere Monate lang allein der Erforschung des KZs Stutthof gewidmet. Sein Selbstvertrauen war schwer zu erschüttern, und auch an den Tatsachen ließ sich kaum rütteln. Als die Fragen der Verteidigung schließlich verstummten, hielt die Aussage des Historikers noch immer stand.

Aus der Fülle der Fakten, die Hördler dem Gericht vorlegte, blieb mir eine Randbemerkung besonders im Gedächtnis haften. Es war der 5. Juni 2020, der 34. Verhandlungstag und der letzte, an dem der Historiker vor Gericht erschien. Wieder konfrontierte Waterkamp ihn mit seinen Fragen, dieses Mal ging es um Deys Jugend und die politische Atmosphäre, die seine Kindheit unter Hitler geprägt hatte. Dies gehörte nicht zu Hördlers eigentlichem Fachgebiet (und die Frage schien für den Prozess nicht unmittelbar relevant), dennoch ging er auf das Thema ein. Es gebe eine grundlegende mentale Tatsache, die man begreifen müsse, um die NS-Herrschaft zu verstehen: Das »Dritte Reich« müsse als »Zustimmungsdiktatur« aufgefasst werden. Ich hatte diesen paradoxen Ausdruck noch nie gehört, und doch war er unmittelbar plausibel. Das Regime war gnadenlos repressiv und entschlossen, schon geringste Zeichen von Opposition oder Widerspruch zu ersticken. Dennoch war es, zumindest bis zu den letzten Kriegsjahren, nicht grundsätzlich unpopulär. Es gab eine vereinzelte Opposition und Widerstandsnester, aber selbst diese zeigten sich überwiegend erst gegen Ende. »Der Nationalsozialismus war eine Zustimmungsdiktatur. Der Großteil der deutschen Gesellschaft hatte kein Problem [mit dem NS-Regime], identifizierte sich damit und teilte auch die Betrachtungsweise, dass Menschen eine unterschiedliche Wertigkeit haben«, erklärte Hördler.

Ob Bruno Dey diese Weltsicht teilte, ließ sich heute vor Gericht natürlich nicht mehr beweisen. Der Angeklagte selbst behauptete während des Prozesses, er habe die Nazis nicht unterstützt und sei mit der grausamen, mörderischen Behandlung der Häftlinge in Stutthof nicht einverstanden gewesen. Dennoch schien die Charakterisierung des Regimes als Zustimmungsdiktatur wichtig. Was zwischen 1933 und 1945 in Deutschland geschah – die Politik, die Maßnahmen und die Reden, die zu Stutthof, Auschwitz und anderen Lagern führten –, geschah nicht gegen den Willen eines Großteils der Bevölkerung. Hitler besaß, fast bis ganz zum Schluss, deren Zustimmung.

Kapitel 15

DIE KULTUR DER ERINNERUNG

War die Shoah ein singuläres Ereignis? Bis vor Kurzem lautete die Antwort in Deutschland – und in weiten Teilen der Welt: Ja, natürlich. Das industrielle Morden von Millionen Jüdinnen und Juden in den Gaskammern und der Tod weiterer Millionen durch Erschießungen, Hunger, Krankheit und Zwangsarbeit wurden lang als in seinem Grauen einzigartiges Verbrechen betrachtet. Es fand unter einzigartigen historischen Umständen statt, gründete auf einer einzigartigen Ideologie und erlegte der Nation, die dieses Verbrechen beging, eine einzigartige historische Verantwortung auf. Diese Haltung hat sich längst tief im kollektiven Bewusstsein der Deutschen verankert. So tief, dass sie nicht nur den Umgang mit Geschichte prägt, sondern auch die Vorstellung davon, was es heißt, Deutsche oder Deutscher zu sein. Der ehemalige Bundespräsident Joachim Gauck brachte es so auf den Punkt: »Es gibt keine deutsche Identität ohne Auschwitz.«[164]

Die zentrale Bedeutung der Shoah in der deutschen Gesellschaft und Politik ist untrennbar mit der Vorstellung verbunden, dass es sich dabei um ein singuläres, zuvor nie da gewesenes Ereignis handelt. Dies wurde immer wieder infrage gestellt, vor allem im sogenannten Historikerstreit Ende der 1980er-Jahre.

Auslöser für die Debatte war ein Artikel des bekannten konservativen Historikers Ernst Nolte, der behauptete, der Holocaust sei nicht nur mit den Verbrechen des Stalinismus vergleichbar, vielmehr sei der Genozid der Nazis in gewisser Weise sogar eine Reaktion auf die stalinistischen Verbrechen gewesen. Der Titel des Artikels, »Vergangenheit, die nicht vergehen will«, suggerierte, Noltes Ziel und das seiner Unterstützer sei es letztlich, die deutsche Vergangenheit in den Hintergrund zu rücken. Das provozierte eine umfangreiche Verurteilung und löste eine heftige intellektuelle Debatte aus, die sich über Monate erstreckte und schließlich zu einer Stärkung des historischen Konsenses führte: Der Holocaust war in der Tat singulär, ebenso wie es die Verantwortung und die Schuld Deutschlands sind. In den vergangenen Jahren attackierten nationalistisch gesinnte Rechtsextremisten diese Auffassung durch Angriffe auf die Erinnerungskultur erneut. Wie bereits erwähnt, forderten einflussreiche Politiker der AfD wiederholt einen neuen Umgang Deutschlands mit der Geschichte: Die Deutschen sollten stolz sein beim Blick auf ihre Geschichte, statt Reue zu empfinden. Sie betrachten die Nazizeit allenfalls als kleinen Schandfleck und ärgern sich vor allem über die physisch sichtbaren Zeichen nationaler Reue, allen voran das Holocaustmahnmal im Zentrum Berlins. Ihre Attacken stoßen auf Resonanz, wenn auch hauptsächlich an den politischen und intellektuellen Rändern der Gesellschaft.

In jüngerer Zeit jedoch wurden die Singularität des Holocaust und weitere Grundsätze der deutschen Erinnerungskultur von ganz anderer Seite unter die Lupe genommen – und kritisiert. Intellektuelle und Historiker, die im Großen und Ganzen der progressiven Linken angehören, begannen, dieselben Grundsätze infrage zu stellen, wenn auch aus anderen Gründen und mit anderen Argumenten als die Rechtsradikalen. Die Debatte, die sie auslösten, wird lebhaft, kontrovers und mit großem Ernst geführt – und sie ist von einiger Tragweite. Im Mittelpunkt des Streits, der gelegentlich auch als »Historikerstreit 2.0« bezeichnet wird, steht die Frage, wie Deutschland mit seiner Vergangenheit umgehen und welche Lehren man für die Zukunft ziehen solle. Die Tatsache, dass diese Diskussion aufkam, als die allerletzten Zeitzeugen – Täter wie Opfer – nach und nach die Bühne verließen, verlieh der Debatte eine besondere Schärfe.

Worum genau es dabei geht, lässt sich nicht so leicht fassen. Es gibt keine klaren und einheitlichen Thesen, und selbst innerhalb der gegnerischen Lager herrscht viel Unstimmigkeit. Was die progressive Kritik an der Erinnerungskultur grundsätzlich eint, ist ein Unbehagen an den Ritualen und Dogmen, die mit ihr einhergehen – und das wachsende Gefühl, dass sie nicht mehr zielführend sind.

Eine bemerkenswerte Kritik stellt das koloniale Erbe Deutschlands in den Mittelpunkt. Sie sieht eine historische Verbindung zwischen dem Holocaust und der vorangegangenen kolonialen Gewalt, insbesondere dem Genozid an den Stämmen der Herero und Nama im ehemaligen Deutsch-Südwestafrika, dem heutigen Namibia. Betrachtete man diesen tatsächlich als Vorläufer des Nazigenozids vier Jahrzehnte später, würde das die Singularitätsthese nicht untergraben? Andere heben die tiefgreifenden demografischen Veränderungen der letzten Jahrzehnte hervor und fragen, welche Bedeutung der Holocaust für die schnell wachsende Zahl deutscher Bürgerinnen und Bürger hat, deren Wurzeln nicht zu den Tätern zurückreichen, weil ihre Eltern oder Großeltern aus der Türkei, Syrien oder Äthiopien stammen. Wenn es tatsächlich keine deutsche Identität gibt ohne Auschwitz, können sie dann je richtige Deutsche werden? Andere Kritiker konzentrieren sich auf die Formen und Rituale deutscher

Erinnerungskultur: Wie aufrichtig, wie wirksam und wie sinnvoll sind diese Rituale heute noch? Warum betreibt die Nation der Täter einen so großen emotionalen und intellektuellen Aufwand, um sich mit den Opfern zu identifizieren? Und ist die ständige Beschwörung deutscher Schuld und Verantwortung Ausdruck echter Reue oder eine bloße performative politische Geste?

So obskur manche Aspekte dieser Debatte auch erscheinen mögen, ihre Resonanz ist stark. Der Kampf um nationale Identität ist immer wichtig. Doch die akutere Frage ist, was eine Neubewertung des nationalsozialistischen Erbes für die deutsche Politik bedeuten würde. Immerhin hinterließ die Shoah den Entscheidungsträgern des Landes einen einfachen, aber wirkungsvollen moralischen Kompass: Tue, was immer nötig ist, damit Auschwitz sich auf keinen Fall wiederholt. Die Formbarkeit dieses Imperativs – er führte Berlin je nachdem zu einer pazifistischen Haltung oder in die militärische Auseinandersetzung – schmälert weder seine Macht noch seine zentrale Bedeutung. Der Holocaust und das Erbe der NS-Zeit fühlten sich im öffentlichen Leben tatsächlich manchmal fast bedrückend allgegenwärtig an. Als Kritiker der Corona-Maßnahmen 2020 und 2021 auf die Straßen gingen, trugen Einzelne einen gelben Stern in Anspielung auf die Judenverfolgung unter Hitler. Seit die rechtsextremistische AfD 2017 in den Bundestag einzog, sind Warnungen vor einer Situation wie beim Aufstieg des Nationalsozialismus zwei Generationen zuvor allgegenwärtig. Als sich Deutschland 2022 bereit erklärte, die Ukraine mit Waffen zu unterstützen, damit sie sich gegen den Einmarsch Russlands zur Wehr setzen konnte, geschah dies nach quälenden Debatten, in denen die Befürworter wie die Gegner auf die spezielle historische Verantwortung Deutschlands für diese Region verwiesen. Die einen waren der Meinung, deutsche Panzer sollten ihre Geschütze nie wieder auf russische Truppen richten. Deutschland dürfe sich nicht heraushalten, wenn ein mächtiger Aggressor ein friedliches Land in Zentraleuropa überfalle, konterten die anderen. Das zugrunde liegende Argument war dasselbe: Deutschland ist wegen Hitler und Auschwitz zu etwas verpflichtet.

Mein Versuch, den neuen Historikerstreit zu verstehen, begann, wie es sich gehört, mit einem Historiker: Jürgen Zimmerer, Geschichtsprofessor an der Universität Hamburg und Leiter der Forschungsstelle für (post-)koloniales Erbe, war lange eine der führenden Stimmen der Debatte. Als Experte für afrikanische Kolonialgeschichte und Genozidforschung hatte er jahrelang kritisiert, Deutschland schenke einem weniger bekannten Schandfleck in seiner Geschichte des 20. Jahrhunderts nicht genügend Aufmerksamkeit: dem Massenmord an den Stämmen der Herero und Nama zwischen 1904 und 1908 durch die Kolonialtruppen in Deutsch-Südwestafrika. Als Reaktion auf die Rebellion der beiden Stämme gegen die Kolonialherrschaft entfesselte das deutsche Militär eine brutale Unterwerfungsaktion: Teile der Bevölkerung wurden ohne Vorräte in die Wüste getrieben, andere in Konzentrationslager gepfercht. Der deutsche Kommandeur, Lothar von Trotha, erließ einen berüchtigten Aufruf, in dem es hieß: »Innerhalb der deutschen Grenze wird jeder Herero mit oder ohne Gewehr, mit oder ohne Vieh erschossen, ich nehme keine Weiber und Kinder mehr auf, treibe sie zu ihrem Volke zurück oder lasse auf sie schießen.« Bis zu 100 000 Herero und Nama wurden getötet. Die Aktion gilt heute als der erste Völkermord des 20. Jahrhunderts.

Erst 2021 übernahm Deutschland offiziell Verantwortung für die Verbrechen gegen die Herero und Nama. Nach jahrelangen Verhandlungen mit der namibischen Regierung und Stammesvertretern erklärte Berlin sich zur Zahlung von 1,1 Milliarden Euro bereit, als »Geste der Anerkennung des unermesslichen Leids, das den Opfern zugefügt wurde«.[165] Deutschland gab darüber hinaus Schädel, Knochen und andere menschliche Überreste sowie weitere Gegenstände zurück, etwa eine Bibel und eine Peitsche, die einst dem Stammesführer der Nama gehört hatten und mehr als 100 Jahre zuvor aus der ehemaligen Kolonie entwendet worden waren. Zimmerer war ein entschiedener Befürworter des verspäteten Versuchs Deutschlands, seine kolonialen Verbrechen anzuerkennen. Aber es ist ihm auch ein Anliegen, dass Deutschland den Zusammenhang zwischen dem Völkermord in Südwestafrika und dem Völkermord in Mittel- und Osteuropa weniger als vier Jahrzehnte später nachvollzieht und anerkennt. Der Titel seines bekanntesten Buches fasst seine These prägnant zusammen: *Von Windhuk nach Auschwitz?*

Worin genau, so fragte ich Zimmerer in seinem spartanischen Büro im Institut in Hamburg, bestehe der Zusammenhang zwischen den beiden Ereignissen? »Das deutsche Militär führte in Namibia einen Vernichtungskrieg, einen genozidalen Vernichtungskrieg«, erklärte er. »Und dieses Prinzip des genozidalen Vernichtungskrieges findet sich wieder im genozidalen Vernichtungskrieg gegen die Sowjetunion. Das ist das Argument.« Der Holocaust selbst, fuhr Zimmerer fort, sei von diesem Krieg nicht zu trennen. Und er lasse sich auch von den Bestrebungen der Nazis, einen »Rassestaat« zu schaffen, nicht loslösen, einen Staat, der auf ethnischer Reinheit und der Unterscheidung von »Rassen« basierte, die deutsche Gesellschaft in Juden und Arier aufteilte und ausdrücklich jegliche Vermischung zwischen ihnen verbot. Die Idee eines deutschen »Rassestaates« sei keine Erfindung der Nazis gewesen, erklärte Zimmerer. Vorreiter sei vielmehr das koloniale Deutsch-Südwestafrika gewesen, in dem neben anderen Maßnahmen auch ein Heiratsverbot über »Rassen« hinweg verhängt worden sei.

Hinter diesen Überlegungen verbarg sich jedoch eine weiterreichende Frage in Bezug auf die deutsche Geschichte in der ersten Hälfte des 20. Jahrhunderts: »Hier haben wir eine militärische und bürokratische Kultur, die zweimal innerhalb von 40 Jahren genozidale Lösungen hervorbringt. Da muss man schon mal genauer hinschauen«, sagte Zimmerer. Für ihn kam das Verkennen dieses Zusammenhangs einer Verharmlosung der deutschen Verantwortung für den Holocaust gleich, weil die nationalsozialistischen Verbrechen auf diese Weise als Ausreißer dargestellt wurden: »Es ist exkulpatorisch, weil man im Grunde genommen den Holocaust von der deutschen Geschichte abkoppelt«, erläuterte er.

Zimmerer brachte diese und ähnliche Argumente bereits seit vielen Jahren vor und löste damit zwar eine Debatte in Wissenschaftskreisen, nicht aber in der breiten Öffentlichkeit aus. Das änderte sich im April 2021, als er gemeinsam mit Michael Rothberg, einem Professor für Holocauststudien an der University of California in Los Angeles, einen Artikel in der *Zeit* veröffentlichte. Die so prägnante wie provokative Überschrift lautete: »Enttabuisiert den Vergleich!« Zimmerer und Rothberg erkannten durchaus an, dass der Holocaust »singuläre Elemente« enthalte, was allerdings nicht dazu führen dürfe, »vergleichende Ansätze zur Geschichte und Erinnerung des Holocausts«[166] zu verhindern. Sie beschuldigten ihre Kritiker einer »provinziellen Pose« gegenüber dem Völkermord der Nationalsozialisten, die den globalen und kolonialen Kontext, in dem er sich ereignete, ausblende und die Verantwortung der Deutschen für ihre kolonialen Verbrechen außen vor lasse. Die deutsche Schuld sei kein »Entweder-oder«, so als schlösse die Erinnerung an den Holocaust die Erinnerung an den Völkermord in Afrika aus oder umgekehrt. Nur wenn man beides anerkenne – und den Zusammenhang zwischen diesen Ereignissen verstehe –, könnten Deutschland und die Welt die richtigen Lehren daraus ziehen.

Das war Zündstoff im Kontext deutscher Debatten. Zimmerer und Rothberg hatten – über Umwege – einen der zentralen Pfeiler der deutschen Erinnerungskultur ins Visier genommen. Wenn der Holocaust tatsächlich Teil eines umfangreicheren historischen Kontextes war, ließ er sich dann noch als singuläres Ereignis auffassen? Und wenn er kein singuläres Ereignis war, was würde das heute für Deutschland und seine historische Verantwortung bedeuten?

Als Dirk Moses, ein australischer Professor und Genozidforscher am City College in New York, einen Monat später unter dem Titel »Der Katechismus der Deutschen«[167] einen scharf formulierten Aufsatz veröffentlichte, wurde die Debatte rund um diese Fragen hitziger. Moses' inhaltlich und im Ton provozierender Text attackierte das Heiligtum der deutschen Erinnerungskultur. Die deutschen Eliten, so befand er, »instrumentalisieren den Holocaust, um andere historische Verbrechen auszublenden«. Es sei daher kein Wunder, »dass diese Nachfahren der Opfer des deutschen Staats, deren Entwicklungsmöglichkeiten durch die genozidale kolonialistische Kriegsführung zerstört wurden, die deutsche Erinnerungskultur als rassistisch empfinden«. In Deutschland selbst habe sich diese Kultur inzwischen zu einem Katechismus verfestigt: »Millionen Deutsche haben während der vergangenen Jahrzehnte verinnerlicht, dass für die sündige Vergangenheit ihrer Nation nur über den Katechismus Vergebung zu erlangen ist.« Der Holocaust sei für die Deutschen, so fügte er hinzu, »weit mehr als ein wichtiges historisches Ereignis: Er ist ein heiliges Trauma, das um keinen Preis durch andere Ereignisse –

etwa durch nichtjüdische Opfer oder andere Völkermorde – kontaminiert werden darf, da dies seine sakrale Erlösungsfunktion beeinträchtigen würde.« Moses verknüpfte die Debatte über die Singularität des Holocaust auch mit Deutschlands Verhältnis zu Israel. Im öffentlichen Diskurs werde Antizionismus weitgehend mit Antisemitismus gleichgesetzt, was jegliche Kritik an Israel – insbesondere an der Behandlung der Palästinenser unter israelischer Besatzung – zum Tabu werden lasse. »Diese moralische Hybris führt zu der bemerkenswerten Situation, dass nichtjüdische Deutsche amerikanische und israelische Juden und Jüdinnen mit erhobenem Zeigefinger über korrekte Gedenkkultur und Loyalität zu Israel belehren«, schrieb Moses.

Sein Aufsatz provozierte Gegenreaktionen von Historikern, die sich mit dem Holocaust und der NS-Zeit befassten, wie Saul Friedländer und Norbert Frei, die sich in einer Reihe von Artikeln gegen die neue »postkoloniale« Schule der Holocaustforschung wandten. Frei beschuldigte Moses einer »Mixtur aus derber Polemik und aktivistischer Agenda«, der Holocaust solle »gegenüber anderen Genoziden relativiert werden«.[168] Friedländer seinerseits beharrte darauf, dass der Antisemitismus, nicht der Kolonialismus, die treibende Kraft hinter dem Holocaust gewesen sei. Hitler habe Juden als »das Böse an sich« gesehen, »der Sieg des Juden werde den Tod des arischen Menschen bedeuten, der Sieg des Ariers seine Erlösung«.[169] Der Holocaust, räumte Friedländer ein, dürfe nicht isoliert betrachtet werden. Doch sei »sein wahrer Kontext nicht der Kolonialismus, sondern die jahrtausendelange Gegnerschaft gegen Juden und Judentum, die neben anderen Faktoren die paranoide NS-Ideologie und ihre obsessiven Purifizierungspraktiken prägte«.[170] Friedländer, selbst Holocaustüberlebender und Autor einer wichtigen Forschungsarbeit über den Völkermord der Nationalsozialisten, äußerte sich zudem besorgt über den Versuch, die Beziehung Deutschlands zu Israel neu zu definieren. Deutschland gehörte lange Zeit zu den stärksten Befürwortern des jüdischen Staates, und führende deutsche Politikerinnen und Politiker machten immer wieder deutlich, dass diese Haltung Ausdruck einer historischen Verpflichtung sei, die sich aus dem Holocaust ableite. Als die damalige Bundeskanzlerin Angela Merkel 2008 vor der Knesset in Israel sprach, erklärte sie, diese historische Verpflichtung sei Teil der »Staatsräson« Deutschlands. »Das heißt, die Sicherheit Israels ist für mich als deutsche Bundeskanzlerin niemals verhandelbar«, fügte Merkel hinzu. Der postkoloniale Ansatz zur Erinnerung an den Holocaust versuche nun, die historische Verpflichtung Deutschlands auf den Kopf zu stellen, warnte Friedländer. »Die implizite Verknüpfung der deutschen Unterstützung für die israelische Verteidigung mit der allgemeinen Richtung der postkolonialen Argumentation über den Holocaust lässt sich so zusammenfassen: Der Holocaust ist ein Beispiel extremer kolonialer Gewalt; Israel übt eine gewaltsame Kolonialherrschaft über die Palästinenser aus; Deutschlands Unterstützung für Israel bedeutet die Unterstützung für einen Staat, der Nazi-ähnliche Gewalt über eine unterworfene Bevölkerung ausübt.«[171]

Dies waren nur einige der Salven in einer bitter und aggressiv geführten Debatte – nicht unähnlich dem ursprünglichen Historikerstreit aus den 1980ern. Dass sie in den ansonsten sehr kultivierten Feuilletons deutscher Zeitungen und Zeitschriften ausgetragen wurde, konnte über die heftigen Emotionen nicht hinwegtäuschen. Hinzu kamen Generationenkonflikte: Historikern und Intellektuellen, die in den 1970er- und 1980er-Jahren zu den Progressiven gehört hatten, wurde plötzlich die Rolle der Konservativen zugewiesen. Ihr einstiger Kampf, die deutsche Gesellschaft zu zwingen, sich ihrer Verantwortung für den Holocaust zu stellen, wurde von einem neuen Konflikt abgelöst, der darauf abzielte, diese Verantwortung auf eine Weise zu erweitern, die ihnen kaum hinnehmbar erschien. Auf dem Papier wirkte die Kluft zwischen den beiden Lagern oft gar nicht so groß: Niemand bestritt die einzigartigen und singulären Aspekte des Holocaust oder die zentrale Rolle des Antisemitismus in der Weltanschauung der Nationalsozialisten, ja nicht einmal, dass es legitim war, historische Vergleiche zu ziehen. Dennoch ließ sich keine gemeinsame Basis finden.

Die Debatte über die Singularität des Holocaust und den kolonialen Kontext war (und ist) zutiefst gespalten. Es existierten jedoch auch andere – weniger umstrittene – Gründe, warum eine neue Generation von Forschern und Publizisten die Zeit für gekommen hielt, Deutschlands herrschende Erinnerungskultur zu hinterfragen. Der offensichtlichste war die Bevölkerungsstruktur. Laut Volkszählung besitzen derzeit mehr als 22 Millionen Menschen, die in Deutschland leben, Migrationshintergrund, das sind mehr als ein Viertel der Gesamtbevölkerung.[172] Diese Zahlen sind das Ergebnis einer Massenzuwanderung aus ärmeren Regionen Europas und darüber hinaus in ein sicheres, wohlhabendes Land, das jahrzehntelang Bedarf an Arbeitskräften hatte. Beginnend mit der Ankunft von Arbeitskräften aus Italien, Griechenland, Spanien, Portugal und der Türkei ab Mitte der 1950er-Jahre, folgten weitere Einwanderungswellen: 1979 aus dem Iran infolge der Islamischen Revolution, in den frühen 1990ern aus Russland und anderen Teilen der ehemaligen Sowjetunion, im selben Jahrzehnt aus Jugoslawien während des Bürgerkriegs, nach der Erweiterung der Europäischen Union aus Polen und Osteuropa und – zuletzt und vielleicht am auffälligsten – die Menschen aus Syrien, Afghanistan und anderen Ländern während der Flüchtlingskrise 2015 und 2016.

Diese neuen Deutschen haben ihre Bräuche und ihre Kultur mitgebracht und nicht selten ihre eigenen historischen Traumata. Ein bemerkenswertes Beispiel sind jüdische Einwanderer aus der ehemaligen Sowjetunion, die nach deren Zusammenbruch in großer Zahl als Kontingentflüchtlinge einwanderten. Mehr als 200 000 ergriffen das Angebot. Oder das noch größere Kontingent syrischer Flüchtlinge, die 2011 nach dem Ausbruch des Bürgerkrieges in ihrer Heimat in Deutschland Asyl erhielten und in vielen Fällen ein neues Zuhause fanden. Trotz ihrer offensichtlichen Unterschiede hatten die sowjetischen Juden und die syrischen Muslime eines gemeinsam: Ein Gefühl von Schuld und historischer Verantwortung für den Holocaust war sicherlich nicht Teil ihrer Identität. Die einen waren direkte Nachkommen der Opfer des nationalsozialistischen Völkermords. Die Vorfahren der anderen hatten weit entfernt von den Stätten der Vernichtung in Osteuropa gelebt. Syrien selbst jedoch war seit mehr als einem halben Jahrhundert ein erbitterter Feind Israels und des jüdischen Staates. Einige Syrer brachten ihre eigene unselige Variante des Antisemitismus mit, andere schlicht eine Abneigung gegen Israel. Doch was immer die Deutschen von diesen Gefühlen hielten, man konnte kaum behaupten, sie seien mit dem mörderischen Antisemitismus der Nazis 80 Jahre zuvor vergleichbar.

Das Dilemma jedenfalls war offenkundig. Egal, ob sie aus der Ukraine, Syrien, Portugal, Bosnien, Marokko, Russland, Großbritannien oder Afghanistan eingewandert waren, diese neuen Deutschen konnten und mussten keine Schuld oder Verantwortung für den Holocaust empfinden. Das aber würde heißen, dass sie alle keine echten Deutschen werden konnten. Zumindest wäre dies die Konsequenz aus Gaucks Formulierung: keine deutsche Identität ohne Auschwitz. Seine Aussage war extrem pointiert, aber die zugrunde liegende Botschaft wurde doch allgemein geteilt. Der Holocaust ist nicht nur mit der deutschen Demokratie untrennbar verbunden, sondern auch mit einer grundlegenden Vorstellung davon, was es heißt, Deutscher und Deutsche zu sein. Navid Kermani, einem deutschen Schriftsteller und Publizisten mit iranischen Wurzeln, wurde dies bewusst, als er zum ersten Mal Auschwitz besuchte. Er hatte sich zuvor für eine Führung auf Deutsch angemeldet und erhielt nun einen Aufkleber, der ihn als Deutschen auswies. »Plötzlich wog der Aufkleber schwer, den ich in der Hand hielt, eigentlich doch nur ein kleines Stück Plastikfolie«, schrieb er später in einem Essay. »Er wog schwer. Instinktiv holte ich Luft, bevor ich den Aufkleber an die Brust heftete, auf dem schwarz auf weiß ein einziges Wort stand: deutsch. Das war es, diese Handlung, von da an wie ein Geständnis der Schriftzug auf meiner Brust: deutsch. Ja, ich gehörte dazu, nicht durch die Herkunft, durch blonde Haare, arisches Blut oder so einen Mist, sondern schlicht durch die Sprache, und damit die Kultur. Wenn es einen einzigen Moment gibt, an dem ich ohne Wenn und Aber zum Deutschen wurde, dann war es nicht meine Geburt in Deutschland, es war nicht meine Einbürgerung, es war nicht das erste Mal, als ich wählen gegangen bin [...]. Es war letzten Sommer, als ich den Aufkleber an die Brust heftete, vor mir die Baracken, hinter mir das Besucherzentrum: deutsch. Ich ging zu meiner Gruppe und wartete ebenfalls stumm auf unsere Führerin. Im Tor, über dem ›Arbeit macht frei‹ steht, stellten sich nacheinander alle Gruppen zu einem bizarren Foto auf. Nur wir schämten uns.«[173]

Kermanis Essay ist eine eindringliche Betrachtung über die Macht von Kultur, Sprache und Literatur, darüber, wie sie nationale Identitäten und speziell die deutsche Identität formen. Seine eigene Auseinandersetzung mit der deutschen Kultur und Erinnerungskultur war subtil und fundiert und brachte ihn letztlich dazu, zu akzeptieren, dass Auschwitz auch Teil seiner Geschichte war. Andere, meinte er, würden denselben Weg einschlagen. »Heute leben viele Menschen in Deutschland, die nicht nur deutsch sind, die vielleicht auch gar nicht deutsch werden wollen im Sinne einer Identifikation mit Fahne, Küche und Brauchtum, die ihr Fremd- und Anderssein als etwas Schönes und Selbstverständliches sehen […]. Wenn sie Auschwitz besuchen, werden sie ebenfalls das Wort ›deutsch‹ auf der Brust tragen. Spätestens unterm Tor werden sie Auschwitz als eigene Geschichte sehen.«[174]

Kermanis nachdenklicher Essay war berührend, dennoch war ich mir nicht sicher, ob seine Bereitschaft, die deutsche Verantwortung für Auschwitz mit zu übernehmen, als Vorbild für andere Migranten taugte. Die meisten kamen mit eigenen historischen Wunden, eigenen Geschichten von Schuld und Stolz in ihr neues Heimatland. Warum sollten sie dazu noch das Erbe von Nazideutschland übernehmen? Warum sollten sie überhaupt nach Auschwitz fahren?

Eine Stimme in diesem intellektuellen Schlagabtausch machte mich besonders neugierig. Per Leo, ein Berliner Schriftsteller, Historiker und Publizist, formulierte seine Sichtweise über die deutsche Erinnerungskultur in dem Buch *Tränen ohne Trauer* aus dem Jahr 2021. Der Untertitel, *Nach der Erinnerungskultur*, offenbart, dass es um das Ende einer Ära ging. Leos Ansatz war idiosynkratisch: Das Buch ist überraschend humorvoll, scheut weder Provokation noch Kränkung, es ist originell und verfolgt einen sehr persönlichen, in seiner eigenen Familiengeschichte wurzelnden Ansatz. Das Cover zeigt eine Bratpfanne, in der vier Fischstäbchen so arrangiert sind, dass das Muster an ein Hakenkreuz erinnert.[175] In der hochseriösen Welt deutscher Intellektualität fiel diese Art von Humor völlig aus dem Rahmen.

An einem Vormittag im Januar besuchte ich Leo in seiner Berliner Wohnung, um mehr zu erfahren. Wir saßen in seinem geräumigen Arbeitszimmer, wo ein mit Büchern übersäter Schreibtisch neben einer gut ausgestatteten hölzernen Werkbank stand. Die Werkzeuge hingen ordentlich an der Wand. Wie sich herausstellte, importierte und reparierte Leo im Nebenerwerb Schatullen aus Marokko. Die Arbeit mit Holz, so schrieb er einmal, sei der einzige seriöse Beruf, den er je ausgeübt habe. (Abgesehen von den Schatullen verfasste Leo eine 700-seitige Doktorarbeit über die Rolle der Grafologie in der nationalsozialistischen Ideologie, einen von der Kritik hochgelobten Roman sowie etliche Essays und Sachbücher.)

In Jeans, Pulli und schwarzen Chucks sah Leo wie der typische Berliner Hipster mittleren Alters aus. Er nahm sich großzügig Zeit und sprach drei Stunden lang fast ohne Pause. Ich war gespannt auf seine Geschichte, weshalb er begann, sich für die Nazizeit zu interessieren, und wann er zum ersten Mal Unbehagen über Deutschlands Umgang mit seiner Vergangenheit empfand. Es stellte sich heraus, dass Leos eigener Großvater, ein ehemaliger führender SS-Offizier, dabei eine entscheidende Rolle gespielt hatte. Der Großvater hatte sich zeit seines Lebens geweigert, sich mit all den Fragen über seine Vergangenheit auseinanderzusetzen. Bei seinem Tod erbte Leo den »Giftschrank«, wie er ihn nannte, die Sammlung an Nazi- und SS-Literatur in der Bibliothek seines Großvaters, die durch einen kleinen Vorhang vom Rest getrennt war.

»Dass mein Großvater eine Nazivergangenheit hatte – eine eminente sogar –, war in der Familie kein Geheimnis. Das war total klar. Aber alle Fragen, die sich daran anschlossen – was hat er eigentlich gemacht? Warum hat er das gemacht? –, die wurden nicht thematisiert. Ich habe es nicht einmal versucht. Das war eigentlich das Erstaunliche. Mit seinem Tod bekam das schlagartig eine ungemein große Relevanz für mich, im Sinne einer Faszination für das Thema, sowohl politisch wie persönlich«, erzählte Leo.

Aus seiner Faszination entstanden zwei Bücher: Das eine war seine Dissertation über Grafologie und Antisemitismus, ein Versuch, die kulturellen und intellektuellen Ursprünge zu begreifen, die Nationalsozialisten dazu brachten, Menschen zu klassifizieren und einzuteilen. Das zweite Buch war ein Roman über seinen Großvater, den SS-Offizier, und dessen Bruder, Leos Großonkel, der an einer Erbkrankheit litt und von den Nazis zur Zwangssterilisation getrieben wurde. Leo stellte jedoch schon lange vor Beendigung der beiden Buchprojekte fest, dass die Konfrontation mit der Nazivergangenheit kein besonders gewagtes oder konfliktträchtiges Unterfangen mehr war. Im Gegenteil: Es war ein gängiger Weg zu sozialer und kultureller Anerkennung geworden. »Sich mit der eigenen Nazivergangenheit auseinanderzusetzen, war kein Bruch mehr mit irgendeiner Norm, wie es 1968 noch der Fall war, sondern war die Bestätigung einer Norm. Und entsprechend war es auch sinnstiftend und applausstiftend«, sagte er.

Ich hatte als Jugendlicher Ähnliches beobachtet, als ich mich für den Holocaust zu interessieren begann, nach Auschwitz reiste, darüber schrieb – und eine bescheidene Auszeichnung dafür erhielt. Der Holocaust übte auch auf mich eine große Faszination aus. Ich erinnerte mich daran, wie ich selbst – mit dem typisch jugendlichen Pathos – mit Gefühlen kollektiver Schuld und historischer Verantwortung kämpfte. Es wirkte damals wie eine Bürde, aber im Rückblick frage ich mich, ob das Reden und Schreiben über den Holocaust nicht letztlich ein unverhüllter

Versuch waren, meine moralische Überlegenheit zu demonstrieren. *Schaut mich an: Ich bin mir meiner Geschichte bewusst und so feinfühlig, dass sie bis heute auf mir lastet.* Als ich viele Jahre später Hannah Arendt las, stolperte ich über eine Passage, die meine jugendliche Gemütslage mit sarkastischer Präzision beschrieb: »Sich schuldig zu *fühlen*, wenn man absolut nichts getan hat, und es in die Welt zu proklamieren, ist weiter kein Kunststück, erzeugt allenthalben ›erhebende Gefühle‹ und wird gern gesehen.«[176]

Arendt schrieb diesen Satz in den 1960ern, in einer Zeit, als Deutschlands Umgang mit dem Holocaust noch eher von Verdrängung als Erinnerung geprägt war. Die von vielen Deutschen empfundene Reue und Scham sind zweifellos aufrichtig, genauso wie die politische Motivation, sicherzustellen, dass sich die NS-Verbrechen nicht wiederholen. Aber Deutschlands kollektives Schamgefühl geht nicht selten mit dem kollektiven Stolz darüber einher, dass die Nation überhaupt Scham empfindet – und dass sie dieser Scham Tag für Tag so offen in Denkmälern, Reden und dem Lehrplan in den Schulen Ausdruck verleiht. In der wahren Meisterleistung eines historischen Jiu-Jitsu hat Deutschland es geschafft, das Negative ins Positive zu wenden: Durch Erinnern und Anerkennen der grausamen Verbrechen wurde der Holocaust zu einer Quelle moralischer Stärke, ja sogar moralischer Überlegenheit. Auch andere Nationen haben dunkle Kapitel in ihrer Geschichte (nicht zuletzt das benachbarte Österreich, das sich dem Nationalsozialismus nach 1938 enthusiastisch anschloss, sich später aber zu Hitlers erstem Opfer stilisierte). Doch niemand hat die Verbrechen so umfassend erforscht und gesühnt. Im Marketingjargon ausgedrückt, wurde Deutschlands Erinnerungskultur zum USP, einem wesentlichen Teil der nationalen Marke, im Ausland bewundert wie eines dieser mit höchster Ingenieurskunst gefertigten Luxusautos.

»Ein in Beton gegossenes Symbol der schieren Unbegreiflichkeit dieses Verbrechens«. Das Holocaustdenkmal in Berlin

Der Stolz der Deutschen auf diese Erinnerungskultur wird nicht zuletzt von Intellektuellen aus dem Ausland genährt, die sie als Vorbild für andere preisen. Susan Neiman, eine in Berlin lebende amerikanische Philosophin und Autorin, forderte explizit für das US-Erbe des Rassismus und der Sklaverei, sich an Deutschland zu orientieren. Der Titel ihres Buches, *Von den Deutschen lernen*, brachte ihren Appell in einer für ihre Wahlheimat höchst schmeichelhaften Weise auf den Punkt.

Leo verfolgte all das mit gewohnter Skepsis. Die Deutschen, so stellte er in seinem Buch fest, betrieben die Erinnerungskultur fast wie einen Wettbewerb, als bereiteten sie sich auf eine Erinnerungsweltmeisterschaft vor.[177] Sie ist, wie die Fußballweltmeisterschaft, eine Meisterschaft, an der Deutschland geradezu besessen und durchaus mit großem Erfolg arbeitet.

Dass Leo eine zunehmend kritische Haltung gegenüber der Erinnerungskultur einnahm, hatte mit dem Erfolg der AfD zu tun.

Etliche Deutsche reagierten auf die neue Rechts-außen-Partei entsetzt, ja beinahe hysterisch. Keine Frage, viele politische Positionen und Äußerungen in dieser Partei sind widerwärtig. Was Leo jedoch an der Kritik störte, war die permanente Verwendung von Nazivergleichen und -metaphern. Diese Parallelen sind seiner Meinung nach nicht nur historisch falsch, sondern letztlich auch kontraproduktiv. Die AfD lebt davon. Die politische Empörung und die Nazivergleiche schrecken ihre Unterstützer nicht ab, im Gegenteil, sie verstärken das Gefühl – das von populistischen Parteien allerorts genährt wird –, der liberale Mainstream kontrolliere, was gesagt werden dürfe und was nicht, und die AfD sei durchaus berechtigt, dies infrage zu stellen. Wenn einen die Kritik der deutschen Asylpolitik in den Augen des politischen Establishments bereits zum Nazi mache, dann sei wohl eher dieses Establishment vom Weg abgekommen, so Leo. »Wir müssen die neue NSDAP verhindern, damit sich kein faschistisches Regime wiederholt – das ist Bullshit«, meinte er in unserem Gespräch. »Es funktioniert nicht. Ihr macht damit die AfD stärker, als sie sein müsste.«

Die Reaktion auf die AfD sei ein Symptom eines deutlich größeren Problems, folgerte er. Die Nazizeit und der Holocaust seien im öffentlichen Diskurs so dominant, dass sie ständig reflexartig zu Vergleichen herangezogen würden. »Die Behauptung, dass die Erinnerungskultur oder das Holocaustgedächtnis das Fundament unserer Demokratie ist, halte ich für kompletten Unsinn. Das soll nicht heißen, dass man den Holocaust vergessen soll. Aber man muss sich sehr genau überlegen, wie man dieses Erinnern pflegt«, so Leo. Es sei eine neue Herangehensweise erforderlich, nicht zuletzt, weil sich die deutsche Gesellschaft in den letzten Jahrzehnten radikal verändert habe. Sie könne nicht mehr als Nachfolgerin der Gesellschaft betrachtet werden, die Hitler und

Auschwitz hervorgebracht habe. »Das war 1978 oder 1988 und vielleicht auch Anfang der 90er-Jahre aufrechterhaltbar. Aber das ist jetzt nicht mehr der Fall«, sagte Leo. »Es sind drei Dimensionen: Wir haben erstens die vierte Generation [nach der Nazizeit], die Generation meiner Tochter, und die erste Generation, die davon nicht mehr biografisch betroffen und belastet ist. Wir haben zudem eine unglaublich komplexe Migrationsgesellschaft mit einem sehr hohen arabisch-muslimischen Anteil und einer sehr sprachmächtigen jüdischen Minderheit, die in sich komplett divers ist. Und wir haben natürlich die ehemalige Bevölkerung der DDR, die eine ganz andere Aufarbeitung der Diktaturgeschichte hat und deren Gedächtnis in vielerlei Hinsicht quer steht zum Holocaustgedächtnis.«

Deutschlands Erinnerungskultur sei mit anderen Worten das Produkt einer Reihe bestimmter Umstände an einem bestimmten Ort und zu einer bestimmten Zeit. Sie einer neuen Generation und neuen Bürgern mit Wurzeln außerhalb Deutschlands aufzuerlegen, sei unangebracht und müßig.

Ulrike Jureit, Historikerin am Hamburger Institut für Sozialforschung, erkannte manche Schwächen und Widersprüche in der deutschen Erinnerungskultur früher als die meisten. In ihrem gemeinsam mit Christian Schneider verfassten Buch *Gefühlte Opfer* entwickelt sie die These, die Deutschen hätten sich im Lauf der Jahre so sehr mit den Holocaustopfern identifiziert, dass sie sich selbst wie Opfer fühlten. Das Holocaustmahnmal in Berlin sei dafür ein frappierendes Beispiel – ein Ort, den die Nachfahren der Täter aufsuchten, um zu erfahren, wie man sich als Opfer fühle. Dies war in der Tat die Intention des Entwurfs, wie der Architekt selbst in einem Interview erklärte: »Was wir machen wollten, war, den Menschen vielleicht für einen Moment das Gefühl geben, wie es sein mag, wenn man auf verlorenem Posten steht, wenn einem der Boden unter den Füßen schwankt, wenn man von seiner Umgebung isoliert wird.«[178] Das Mahnmal, so argumentiert Jureit in ihrem Buch, sei repräsentativ für eine Erinnerungskultur, die die Identifikation mit den Opfern des Holocaust fördere, ohne die komplexere und schwierigere Frage zu klären, wer getötet habe und warum.

»Unsere Gesellschaft hat sich sehr viel mit den Opfern beschäftigt. Das war auch richtig. Das war notwendig. Und es war lange überfällig«, erklärte sie mir. »Aber wir haben die Herausforderung, dass wir – anders als in den USA, in Großbritannien, in Frankreich oder in Israel – eben keine opferzentrierte Erinnerungskultur haben können. Wir müssen uns mit diesen Verbrechen als die Nachfolgegesellschaft der Tätergesellschaft auseinandersetzen.«

Wie eine solche Erinnerungskultur aussehen könnte, ist schwer zu sagen. Wenn Gesellschaften auf ihre Geschichte zurückblicken, so Jureit, neigten sie dazu, entweder ihrer Triumphe zu gedenken oder ihrer Opfer. Von Paris bis Moskau, von Washington bis London existiert ein etabliertes kunstvolles Vokabular – ein fertiger Katalog an Monumenten und Skulpturen, aber auch an Gottesdiensten, Reden und Ritualen –, das der Unsterblichkeit der Helden und Opfer des Krieges gilt. Doch in einer Gesellschaft von Tätern existiert bis zum heutigen Tag kein solches Vokabular, das die Erinnerung an die ermordeten Opfer wachhält. Erinnerung ohne Glorifizierung, gibt Jureit zu, sei keine leichte Aufgabe. »Taten und Täter zu ästhetisieren, ist eine Herausforderung, die tatsächlich erst mit dem Holocaust zum Thema geworden ist«, sagte sie in unserem Gespräch.

Die Konzentration auf die Opfer in der deutschen Erinnerungskultur war nur eines der Probleme, die Jureit offenlegte.

Sie nahm auch viele Formen des Holocaustgedenkens ins Visier, die sich aus ihrer Sicht in leere Rituale verwandelt haben und ihrem eigentlichen Zweck nicht mehr gerecht werden. Das moralische Gehabe und die ausufernde Gefühlsduselei, die sich bei diesen Gelegenheiten nicht selten einstelle, lösten eher »Erschöpfung, Langeweile und ein deutliches Unbehagen«[179] aus, selbst bei jenen, die sich eine ernsthafte und ehrliche Auseinandersetzung mit dem Holocaust wünschten.

Sowohl Jureit als auch Leo lieferten – in vielerlei Hinsicht überzeugende – Argumente dafür, warum sich Deutschland mit der Art des Gedenkens an den Holocaust neu befassen und neu darüber nachdenken muss, welche historischen Lehren daraus zu ziehen sind. Wie genau ein solcher neuer Zugang aussehen sollte, ist jedoch alles andere als klar. Leo war der Meinung, dass Deutschlands Demokratie inzwischen so stark und so tief verankert ist, dass sie nicht ständig den Bezug zum Holocaust braucht, um sich zu stärken und zu legitimieren. Auch könne der Holocaust nicht länger das zentrale Element deutscher Identität bleiben, zumindest nicht für die Millionen Deutschen mit anderen Wurzeln. Das Land müsse akzeptieren, dass der Holocaust für verschiedene Menschen anderes bedeute, je nachdem, wann oder wo sie geboren worden seien. Besonders wichtig schien Leo, Nazivergleiche aus dem politischen Alltagsdiskurs in Deutschland zu verbannen. Die extremen Rechten müssten mit heute relevanten Begriffen und Argumenten bekämpft werden, nicht durch ständiges Beschwören der Geister der NS-Zeit.

»Wenn ich sage, dass es in 20 Jahren die Erinnerungskultur nicht mehr geben wird, heißt das hoffentlich nicht, dass wir uns nicht vielfältig und klug mit dem Nationalsozialismus beschäftigen«, so Leo. Dass Deutschland sich weiterhin für die Opfer des Holocaust verantwortlich fühlen solle und werde, stand für ihn außer Zweifel. Was diese Verantwortung praktisch und politisch bedeute, war jedoch weniger klar. »Natürlich müssen wir die Opfer würdigen«, sagte er. »Aber das darf nicht die Grundlage unserer Politik sein.«

Die einzige Gewissheit, die sich aus meinen Gesprächen mit Leo, Jureit, Zimmerer und anderen ergab, war: Nichts, was die deutsche Erinnerungskultur betrifft, ist festgefügt. Vielleicht wird dies auch immer so bleiben. Über die Jahre hat man sich in Deutschland an den regelmäßigen Ausbruch kontroverser Debatten über dieses Thema gewöhnt. Manchen mag die Leidenschaft und die Schärfe, mit der die intellektuellen Auseinandersetzungen geführt werden, auch beruhigen. Sie zeigen, dass die Shoah ein lebendiges Thema geblieben ist, eines, dass das Land noch immer zum Innehalten und Nachdenken bringt. Solange wir streiten, vergessen wir nicht. Das ist im Kern auch das Fazit des US-amerikanischen Schriftstellers und Dichters Clint Smith, der sich 2022 mit Deutschlands Erinnerungskultur in dem Versuch befasste, daraus etwas für den Kampf um das Gedenken an die Sklaverei und den Rassismus im eigenen Land zu lernen. »Kein Stein im Boden kann den Verlust eines Lebens aufwiegen. Kein Museum kann Millionen von Menschen zurückbringen«, schrieb er. »Das ist nicht möglich, und doch müssen wir, so gut wir können, versuchen, ihr Leben zu ehren und den Verlauf der Geschichte zu erklären. Der bloße Versuch des Erinnerns wird selbst zum einflussreichsten Denkmal.«[180]

Kapitel 16

DAS URTEIL

»Im Namen des Volkes ergeht das folgende Urteil …«

Am Dienstag, dem 23. Juli 2020, kurz nach elf Uhr, verkündete die Vorsitzende Richterin Anne Meier-Göring im Strafverfahren gegen Bruno Dey das Urteil. Es erging, wie jedes Urteil eines deutschen Gerichts, mit der einleitenden Formel »Im Namen des Volkes«. Kaum ein Anwalt achtet noch auf die so häufig gehörte Phrase. Heute jedoch schien sie passend. Was das Gericht gleich verkünden würde, war mehr als die Interpretation eines Gesetzes durch eine einzelne Juristin. Es war ein – im Wortsinn – im Namen des deutschen Volkes gesprochenes Urteil, das für eine gemeinsame moralische und rechtliche Haltung stand, die über den einzelnen Angeklagten und seine Richterin hinauswies und hinausweisen sollte. Natürlich ging dieselbe Formel bereits den Urteilen gegen die NS-Täter in den Nachkriegsjahren voraus, in denen überzeugte SS-Mörder mit minimalen Strafen davonkamen. Auch diese Urteile ergingen im Namen des Volkes. Die Formel war dieselbe, und auch das Gesetz war dasselbe. Was sich gewandelt hatte – plötzlich und kurz vor knapp –, war die Sicht Deutschlands und seiner Justiz auf diese Verbrechen und den Anteil, den Männer wie Bruno Dey daran hatten.

Ich war nicht im Gerichtssaal, als das Urteil verlesen wurde. Die Corona-Maßnahmen hatten dazu geführt, dass der Großteil der Presse den letzten Prozesstag per Audioübertragung in einem separaten Raum ein Stockwerk tiefer verfolgen musste. Ich war enttäuscht, durfte mich aber nicht beklagen: Das Gericht hatte ein Rotationssystem eingeführt, und nachdem ich am Tag zuvor an der Reihe gewesen war und Deys letzte Wortmeldung direkt hatte mitverfolgen dürfen, war es jetzt an mir, draußen zu bleiben. Journalisten war es während des gesamten Prozesses nicht erlaubt, eigene Tonaufzeichnungen zu machen, das galt natürlich auch für den letzten Tag. Ich musste von der Urteilsverkündung also so viel wie möglich per Hand mitschreiben.

Zeit, den Fall zu überdenken, hatte es genug gegeben, aber auch keinen Mangel an erwägenswerten Argumenten. Die letzte Zeugenaussage lag mehr als zwei Wochen zurück. Meier-Göring hatte fünf ganze Verhandlungstage für die Schlussplädoyers der Staatsanwaltschaft, der Verteidigung und der Anwälte der Stutthof-Überlebenden und ihrer Nachkommen angesetzt. Das letzte Wort vor der Urteilsverkündung hatte Bruno Dey, der am Ende des 44. Prozesstages eine persönliche Erklärung verlas. Er wolle seine »Gedanken und Gefühle« ausdrücken, sagte er der Richterin. »Dass ich mich nach 75 Jahren für die Zeit in Stutthof hier vor Gericht verantworten muss, hat mich viel Kraft gekostet, mir aber auch die Möglichkeit gegeben, mich mit dieser Zeit noch einmal auseinanderzusetzen«, führte Dey aus. »Ich bin angeklagt, für den Tod und die Misshandlung von Menschen mitschuldig zu sein, weil ich Wache gestanden habe beziehungsweise Wache stehen musste. Meine Erinnerungen habe ich wahrheitsgemäß wiedergegeben und Fragen so gut wie möglich beantwortet. Ich möchte hier nochmals betonen, dass ich mich niemals freiwillig zur SS oder auch sonst einer Einheit gemeldet habe. Erst recht in ein Konzentrationslager. Dass ich damals in diesem System als Wachmann auf einem Posten stehen musste, belastet mich auch heute noch sehr. Hätte ich eine Möglichkeit gesehen, mich diesem Einsatz zu entziehen, ich hätte sie mit Sicherheit genutzt.« Bis dahin war seine Erklärung nichts als eine Wiederholung seiner wohlbekannten Verteidigungsstrategie: Ich wollte nie in Stutthof sein, und als ich dort war, sah ich keinen Ausweg. Doch der Angeklagte war noch nicht fertig. »Mir ist erst in diesem Prozess durch die Berichte der Zeitzeugen und Historiker das ganze Ausmaß der Grausamkeiten und Leiden bekannt geworden«, sagte er. »Heute möchte ich mich bei den Menschen, die durch diese Hölle des Wahnsinns gegangen sind, ihren Hinterbliebenen und Nachkommen entschuldigen. So etwas darf niemals wiederholt werden. Danke.«

Deys letzte Worte hatten nichts Erlösendes an sich – keine dramatische Selbstprüfung oder eloquente verspätete Erkenntnis seiner Schuld. Nachdem ich ihn über viele Monate hinweg beobachtet hatte, hielt ich ihn auch nicht für fähig, zu einer solchen Einsicht zu gelangen und sie zu formulieren. Dennoch war seine Erklärung wichtig und wertvoll. Dey hatte in seinen eigenen, einfachen Worten gesagt, was er sagen wollte, und er wirkte aufrichtig dabei. Er hatte sich bei den Opfern entschuldigt und die Grausamkeit, in die er verwickelt war, anerkannt. Von einem vollen Eingeständnis persönlicher Schuld war er noch weit entfernt, und seine Erkenntnis kam sehr spät. Doch zumindest wirkte die knappe Anerkennung des Leidens der Opfer ehrlich. Das war keine von Deys Anwalt verfasste Rede. Es war eine unzulängliche, aber wahrheitsgetreue Zusammenfassung der Gedanken des Angeklagten am Ende eines zermürbenden Prozesses. Mehr konnte das Gericht nicht verlangen, und mehr bekam es auch nicht.

Deys persönliche Erklärung folgte auf das Schlussplädoyer seines Anwalts Stefan Waterkamp, in dem er ein letztes Mal die Argumente der Verteidigung vortrug und das Gericht aufforderte, den Angeklagten freizusprechen. Waterkamp stützte sein Plädoyer auf juristische und auf Sachargumente, die während des Prozesses zum Teil bereits ausführlich verhandelt worden waren. Seine vielleicht schlagkräftigste Verteidigungsstrategie widmete sich der weit gefassten Definition der im Zentrum stehenden Verbrechen – die in Stutthof begangenen Morde – und Deys persönlicher Verantwortung dafür als Wachmann. Selbst im Fall Demjanjuk und anderen späten Holocaustprozessen hatten die Gerichte darauf geachtet, die Grenzen der bisherigen Rechtsprechung nicht allzu weit auszudehnen: John Demjanjuk zum Beispiel wurde der Beihilfe zum Mord im Zusammenhang mit 16 separat definierten Transporten für schuldig befunden, die jeweils einen bestimmten Transport von Deportierten umfassten. Im Fall Oskar Grönings beschränkte sich das Urteil auf die (zugegeben enorme) Zahl von Morden, die im Zeitraum weniger Monate als Teil der »Ungarn-Aktion« begangen wurden. Dey dagegen war für seinen Beitrag an den Morden angeklagt worden, die den Großteil seiner Zeit in Stutthof umfassten, insbesondere die mehr als 5000 Toten durch Vernachlässigung, Krankheit und Hunger. Aus Waterkamps Sicht war dies die entscheidende Schwachstelle in der Argumentation der Staatsanwaltschaft. Zunächst einmal hatte das höchste deutsche Gericht noch nie eine so weitreichende Definition von Beihilfe in Holocaustverfahren gebilligt. In keinem bisherigen Fall vor niedrigeren Instanzen war ähnlich argumentiert worden. Im Fall Oskar Gröning, so erläuterte Waterkamp dem Gericht, habe das Urteil eine »konkrete Tat […] mit konkreten Handlungen des Angeklagten, die im direkten Zusammenhang mit der massenhaften Ermordung von Menschen standen«, zugrunde gelegt. Jüngere Entscheidungen des Bundesgerichtshofs hatten diese Rechtsprechung bestätigt und erklärt, dass »eine Mitgliedschaft in einer Wachmannschaft für eine generelle Zuweisung aller Morde«, die während der Anwesenheit eines Beklagten stattgefunden hätten, nicht ausreiche, fügte er hinzu. Im Fall von Dey, so behauptete Waterkamp, »ist eine konkret begrenzte Tat in diesem Sinne nicht einmal mehr zu erahnen«. Anders ausgedrückt, die Staatsanwaltschaft habe die neue Rechtsauffassung, die sich im Demjanjuk-Prozess etabliert habe und im Fall Gröning bestätigt worden sei, ins Extreme getrieben. Sollte das Hamburger Gericht Dey in allen Anklagepunkten für schuldig befinden, würde man damit juristisches Neuland betreten, und das unter offener Missachtung des höchsten deutschen Strafgerichts.

Waterkamps Feststellung war nicht falsch, aber ich war nicht der Einzige, der bezweifelte, dass er mit dieser Argumentation erfolgreich sein würde. Ein Blick auf den Demjanjuk-Prozess und die folgenden Gerichtsentscheidungen offenbarte ein eindeutiges Muster: Die niedrigeren Instanzen gingen Urteil für Urteil wissentlich und bewusst über die herkömmliche Rechtsprechung des Bundesgerichtshofs hinaus. Die Missachtung des obersten Gerichts war kein Versehen – es war das, worum es bei all diesen Verfahren im Grunde ging. In der Rechtsauffassung der letzten zehn Jahre hatte sich der Bereich der Strafbarkeit mit jedem Fall erweitert: von den Vernichtungslagern wie Sobibor bis hin zu den Konzentrationslagern wie Auschwitz; von einzelnen Transporten wie im Fall Demjanjuk zur vollständigen Vernichtung der ungarischen Juden im Fall Gröning; vom innersten Maschinenraum der Tötungsfabrik zu deren Randbezirken, wo Wachmänner wie Bruno Dey ihren Dienst taten. Hinzu kam, dass es deutliche Hinweise darauf gab, dass der Bundesgerichtshof seinerseits bereit war, seine bisherige Haltung zu überdenken: In dem einzigen Fall, in dem das Urteil in einem Holocaustfall in Revision ging – bei Gröning –, bestätigte es die Entscheidung der unteren Instanz. Die Geschichte der späten Holocaustverfahren ist dynamisch, und es war durchaus anzunehmen, dass das Hamburger Gericht versuchen würde, die Rechtsprechung ein weiteres Mal auszuweiten. Doch Waterkamp war noch nicht fertig. Mit seinem nächsten Argument wandte er sich der Realität des Lagerlebens und dem Charakter des Beschuldigten zu. Sei es vertretbar, fragte er, von einem jungen Mann wie Dey zu erwarten, sich seinen Befehlen zu widersetzen und einen Ausweg aus Stutthof zu finden? Darüber war im Lauf des Prozesses stundenlang debattiert worden. Diese Frage war Thema einer forensischen Analyse des Historikers Stefan Hördler im Mai gewesen, zwei Monate vor Urteilsverkündung. Waterkamp hatte damals Skepsis gegenüber den Folgerungen des Historikers geäußert und sah auch jetzt keinen Grund, seine Sichtweise aufzugeben. Er ergänzte, »dass es so etwas wie Befehlsverweigerung damals einfach nicht gab, nicht einmal bei offensichtlich verbrecherischen Befehlen. Wie sollte ein 18-Jähriger in einer solchen Gesellschaft und an einem solchen Ort in dieser Zeit des Herbst 1944 aus der Reihe tanzen können?« Dey habe keinen anderen Ausweg gesehen, als seinen Dienst in Stutthof zu tun. Selbst wenn sich diese Annahme letztlich als falsch herausgestellt habe (wie der Experte nachweisen konnte), gebe es noch immer einen triftigen Grund für einen Freispruch. Dey, so folgerte der Anwalt, habe einen »Verbotsirrtum« begangen.

Dieser strafrechtliche Fachbegriff wird angewandt, wenn sich der Täter »der Widerrechtlichkeit seiner Handlung nicht bewusst« ist. War dieser Irrtum nicht vermeidbar, so musste das Gericht den Angeklagten freisprechen. Für Jurastudierende und Rechtswissenschaftler sind die hochkomplexen Streitfragen im Zusammenhang mit Verbotsirrtümern von entscheidender Bedeutung. Die praktische Anwendbarkeit im Gerichtssaal dagegen ist beschränkt, vor allem, weil solche Irrtümer selten als »nicht vermeidbar« beurteilt werden. Dey war dafür ein typisches Beispiel:

Hatte er je seine Kameraden dazu befragt? Hatte er sich an einen vorgesetzten Offizier gewandt? Hatte er nicht bemerkt, dass andere Wachmänner Stutthof verließen und an die Front gingen? Hatte er die offiziellen Bekanntmachungen, die in Stutthof und anderen Lagern kursierten, nicht gesehen, in denen Freiwillige für die Front gesucht wurden? Dey wurden all diese Fragen im Prozessverlauf wieder und wieder gestellt. Nicht ein einziges Mal hatte er auch nur den Hauch eines Beweises vorgelegt, dass er sich bemüht hatte, seine wahre Situation zu begreifen.

Die Wahrheit war, dass Waterkamps Strategie auf schwachen Beinen stand, und das wusste er auch. Er hatte Dey und seine Familie lange vor der Urteilsverkündung darauf vorbereitet, dass sie wohl mit einem Schuldspruch rechnen mussten. Abgesehen von der Gesetzeslage und Präzedenzfällen zeigten die jüngsten Erfahrungen, dass deutsche Richter nicht geneigt waren, einen bahnbrechenden Holocaustprozess mit einem Freispruch abzuschließen. Seit Demjanjuk konnten ehemalige KZ-Wachleute nur über die Einstellung des Prozesses aus gesundheitlichen Gründen einer Verurteilung entgehen. Waterkamp dagegen kämpfte zu diesem Zeitpunkt vor allem darum, seinem Mandanten das Gefängnis zu ersparen und seine Familie vor dem finanziellen Ruin zu bewahren. Um ein milderes Urteil zu erreichen, führte Waterkamp vor allem den Charakter des Angeklagten, seine relative Jugend und Unerfahrenheit ins Feld sowie die Tatsache, dass Dey, nach allem, was zu erfahren war, kein glühender Anhänger des Naziregimes gewesen war. »Der Angeklagte hatte keine nationalsozialistische, antisemitische Gesinnung, ihm taten die Gefangenen leid. Er erkannte letztlich, dass diese, soweit es jüdische Gefangene waren, ohne jeden Grund dort festgehalten wurden«, sagte Waterkamp. Deys Erziehung und sein Hintergrund hätten es ihm schwer gemacht, sich mit Vorgesetzten auseinanderzusetzen und einen eigenständigen Weg einzuschlagen: »Er sah für sich keinen Ausweg aus dem Wachdienst. Dabei ist zudem zu berücksichtigen, dass der Angeklagte von seinen Eltern zum Raushalten erzogen wurde. Er sollte sich nicht in Konflikte begeben und wurde, wenn es solche in der Schule gab, dafür verantwortlich gemacht und nicht moralisch unterstützt.«

Bruno Dey wird, gefolgt von seiner Tochter, in den Gerichtssaal geschoben.

Waterkamp brachte noch einen Einwand vor, den er bereits bei der Eröffnung des Prozesses vorgebracht hatte – dass Dey nicht zum Sündenbock gemacht werden dürfe für das jahrzehntelange, himmelschreiende Versagen der deutschen Justiz, die Täter der Shoah zu bestrafen. Der Wunsch, diesen historischen Fehler zu korrigieren, sei verständlich, sagte der Verteidiger, aber er sollte nicht zu einer übermäßig harten Strafe führen. In ungewöhnlich sarkastischem Ton bemerkte Waterkamp: »Das Signal der Justiz, um das es in diesem Verfahren doch im Kern geht – ›Wir sind nun anders, wir haben aus der Vergangenheit gelernt‹ –, ist keines, welches in der Strafzumessung meines Wissens eine Rolle spielen kann.« Dey, so schloss er, würde eine Gefängnisstrafe wahrscheinlich nicht überleben, und seine Frau auch nicht. Sollte sich das Gericht tatsächlich für einen Schuldspruch entscheiden, sollte eine mögliche Gefängnisstrafe zur Bewährung ausgesetzt werden. Waterkamp beendete sein Plädoyer mit einem Appell, von dem er wusste, dass das Gericht ihm kaum folgen würde: »Letztlich beantrage ich Freispruch.«

Die Verteidigung hatte das letzte Wort gehabt. Aber den Erklärungen von Waterkamp und Dey waren stundenlange Ausführungen und Appelle der Staatsanwaltschaft und der Anwälte der Stutthof-Überlebenden vorausgegangen. Sie forderten das Gericht auf, den Angeklagten schuldig zu sprechen.

Als Erstes äußerte sich Oberstaatsanwalt Lars Mahnke, der seit vier Jahren an diesem Fall gearbeitet hatte. Sein Plädoyer war wie die meisten seiner Wortmeldungen kurz und prägnant – und nicht ohne zu provozieren. Nach einer knappen Zusammenfassung der Rechtsauffassung des Bundesgerichtshofs über Beihilfe stellte der Staatsanwalt fest, dass der Begriff in den jüngeren Urteilen »eine gewisse Entgrenzung« erfahren habe. So war es beispielsweise nicht notwendig, dass das Handeln des Gehilfen den Erfolg der Hauptstraftat direkt bedingte. Es war noch nicht einmal notwendig, dass der Gehilfe sich der eigentlichen Natur des Massenmordes bewusst war, die im Zentrum der Hauptstraftat stand. Vor diesem Hintergrund, fuhr Mahnke fort, könnte man auf die Idee kommen, »dass derjenige, der in Stutthof auf dem Turm steht mit der SS-Uniform und dem Gewehr in der Hand, Beihilfe zum Mord an sechs Millionen Juden leistet. Man könnte auf den Gedanken kommen.«

Das war in der Tat eine radikale Auffassung, die Jahrzehnte deutscher Holocaustrechtsprechung komplett auf den Kopf stellen würde. Mahnke schlug vor, den Holocaust als ein einziges konkretes, einzigartiges Verbrechen zu behandeln, sodass alle Täter und Beteiligten für das Verbrechen in seiner Gänze schuldig zu sprechen seien – unabhängig davon, ob sie in Auschwitz, Stutthof oder den SS-Hauptquartieren in Berlin eingesetzt waren, und ohne Rücksicht darauf, wann und für wie lange sie dort aktiv waren. Beihilfe zum Mord in sechs Millionen Fällen für Bruno Dey? Man hatte kaum Zeit, diesen Gedanken ein wenig sacken zu lassen, als Mahnke selbst ihn auch wieder verwarf. Das gesamte Strafrecht, so fuhr er fort, gründe auf dem Prinzip der individuellen Schuld. »Es kann nicht sein, dass jemand wie Eichmann genauso bestraft wird wie ein SS-Mann als letztes Glied in der Kette dieses gigantischen Mordes.«

Mahnke räumte selbst ein, dass der Fall Bruno Dey sicherlich der falsche war, ernsthaft einen so radikalen Weg zu beschreiten. Dennoch fragte ich mich, ob der Chefankläger nicht ein wenig länger bei seinem Gedankenexperiment hätte verweilen sollen. Den Holocaust als unteilbare Haupttat zu definieren, erschien mir keineswegs als absurd – das taten Historiker seit Jahrzehnten. Es war gewiss nicht weniger absurd als die unerträglichen Versuche deutscher Staatsanwälte und Richter in den Jahrzehnten zuvor, den Völkermord der Nazis in winzige, mundgerechte Stücke zu zerlegen. Ich musste an den Frankfurter Auschwitz-Prozess denken, in dem das Gericht große Anstrengungen unternahm, um zu beweisen, dass ein Angeklagter eine Bestellung für neue Lieferungen von Zyklon B für die Gaskammern unterschrieben hatte. Oder der Prozess aus dem Jahr 1955 gegen Paul Werner Hoppe, den Kommandanten von Stutthof, der vom Bochumer Gericht lediglich wegen Mordes in einigen Hundert Fällen verurteilt worden war. Dieser Vergleich machte besonders deutlich, wie weit sich die Debatte verschoben hatte: Dey, der noch ein Jugendlicher war, als er auf dem Turm Wache geschoben hatte, stand wegen Beihilfe am Mord von mehr als 5000 Menschen vor Gericht, während der Mann, der das gesamte Lager geleitet hatte – von den Wachtürmen bis zur Gaskammer –, lediglich für einen Bruchteil dieser Zahl verurteilt worden war. Die Anklage im Fall Dey auf alle sechs Millionen jüdischen Opfer der Shoah auszuweiten, würde letztlich nicht nur unverhältnismäßig, sondern auch höchst ungerecht wirken.

Dass sich Dey der Beihilfe zum Mord schuldig gemacht hatte, stand für Mahnke außer Zweifel. Durch die Bewachung des Lagers hatte er eindeutig zum Funktionieren von Stutthof beigetragen und damit auch zu den Morden, die während seiner Zeit dort stattfanden. Dey hatte das Unrecht erkannt, das sich vor seinen Augen abspielte. Keine der zulässigen Rechtfertigungs- und Verteidigungsgründe im deutschen Strafgesetzbuch waren anwendbar. Es gab insbesondere keinen Grund, eine Notstandslage anzunehmen, die die Taten rechtfertigen oder entschuldigen könnte, wenn etwa Täter aus Verzweiflung handelten, um eine Gefahr für Leib, Leben oder Freiheit abzuwenden. Eine solche Verzweiflung lag bei Dey nicht vor, weshalb er nie nach Möglichkeiten gesucht hatte, Stutthof zu verlassen. »Das ist kein Notstand. Das ist Beihilfe zum Mord«, erklärte Mahnke.

Der Staatsanwalt wandte sich nun der entscheidenden – und in den Augen der meisten Beobachter einzig strittigen – Entscheidung zu, die das Gericht zu treffen hatte: das Strafmaß. Die Rechnung war einfach: Eine Gefängnisstrafe von zwei Jahren oder weniger kann zur Bewährung ausgesetzt werden. Für Dey würde dies bedeuten, seine letzten Jahre in Freiheit verbringen zu können. Eine Strafe von mehr als zwei Jahren hieß, den 93 Jahre alten Angeklagten ins Gefängnis zu schicken. Mahnke wog die Argumente ab. Einerseits müsse das Gericht anerkennen, dass die verhandelten Straftaten 75 Jahre zurücklagen und dass sich Dey seither nichts mehr habe zuschulden kommen lassen; dass er mit hoher Wahrscheinlichkeit nie gegen das Gesetz verstoßen hätte – geschweige denn an einem Massenmord beteiligt gewesen wäre –, hätte er nicht unter den Nazis gelebt; und dass er selbst das Regime nicht unterstützt habe. Dennoch, so schloss Mahnke, seien diese Argumente nicht gewichtig genug, um die Schwere der Straftat aufzuwiegen. »Wir sind verpflichtet, auch nach 75 Jahren, für jedermann ein deutliches Signal zu setzen. Mord verjährt nicht. Niemand soll sich sicher sein, dass er davonkommt«, sagte er. Hier gehe es nicht um den Fall einer Einzelperson, die einem totalitären Regime keinen Widerstand geleistet habe: »In einer solchen Situation bestrafen wir zwar regelmäßig nicht fehlenden Widerstand«, meinte Mahnke. »Leisten die Menschen keinen Widerstand, dann mögen sie das mit sich selbst ausmachen. Wenn diese Menschen aber Teil des organisierten Massenmords werden, in SS-Uniform und mit dem Gewehr in der Hand auf dem Wachturm stehen, dann sehen die Dinge anders aus. Dann muss jeder wissen, dass es jetzt nicht mehr ausreicht, wegzuschauen und sich in Einzelgängertum zu flüchten, sich auf für jedermann erkennbar verbrecherische Befehle zu berufen und auf das Ende zu warten. In einer solchen Situation muss Schluss sein mit Loyalität gegenüber Verbrechern«, erläuterte Mahnke. »Jedermann muss in einer solchen Situation erwarten dürfen, dass der betreffende Soldat vom Turm steigt, sein Gewehr abgibt und erklärt, dass er nicht mehr kann, dass er zurück zur Wehrmacht oder zur Front will. Das war deutlich möglich. Das hat Bruno Dey nicht getan.«

Der Staatsanwalt schloss sein Plädoyer mit der Forderung des Strafmaßes: drei Jahre.

Die Frage, wie hoch die Strafe ausfallen sollte – im Gegensatz zu der Frage, ob überhaupt eine Strafe ausgesprochen werden sollte –, stellte offenbar auch für die Stutthof-Überlebenden und deren Anwälte eine Herausforderung dar. Einige unterstützten die Forderung der Staatsanwaltschaft nach einer dreijährigen Haftstrafe, andere betonten jedoch, dass es ihren Mandanten nicht um eine Bestrafung oder gar um Vergeltung ging. Einzelne Anwälte teilten mit, sie seien von den Überlebenden eigens beauftragt worden, sich dafür einzusetzen, dass Dey eine Gefängnisstrafe erspart bleibe. Manche gaben am Ende dieses Prozesses, der sowohl bei den Juristen wie bei den Überlebenden einen bleibenden Eindruck hinterließ, tiefgreifende persönliche Erklärungen ab. In seinem Plädoyer am 42. Prozesstag erzählte der Anwalt Markus Horstmann von einem Gespräch, das er mit einem der Nebenkläger, einem israelischen Stutthof-Überlebenden, geführt hatte, der einen bemerkenswerten letzten Wunsch für den Angeklagten äußerte: »Vielleicht findet der Täter durch diesen Prozess am Ende seines Lebens seinen Frieden.«

Als Vertreter einer Generation, die lang nach dem Ende des Krieges geboren wurde, sprach Horstmann auch die Spannung zwischen den Generationen an, die im Prozess mitschwang. »Es geht nicht darum, mit dem Finger auf Sie zu zeigen«, sagte er, an Dey gewandt. »Ich bin 1974 geboren und in einer Zeit groß geworden, als alles prima war. Es wäre total einfach, Sie in eine Ecke zu stellen und zu sagen, Sie haben etwas falsch gemacht. Wer bin ich, dass ich mir anmaßen könnte, zu sagen, ich als 17-Jähriger hätte da etwas anders gemacht. Bei demütiger Betrachtungsweise kann niemand hier ermessen, wie er als 17-Jähriger damals gehandelt hätte.«

Christine Siegrot, eine weitere Anwältin eines Stutthof-Überlebenden, teilte dem Gericht mit, sie habe eine persönliche Botschaft ihres Mandanten Abraham Korycki, der inzwischen in Israel lebte, an Dey zu übermitteln. Dann wandte sie sich direkt an Dey: »Herr Korycki hat mich gebeten, Ihnen auszurichten, dass er in seiner ganzen Zeit in Stutthof nie auch nur einen Wachmann getroffen hat, der freundlich zu ihm war oder auch nur versteckt Mitgefühl gezeigt hat. Er hat jeden Tag das Gefühl ertragen müssen, dass sein Leben oder sein Tod von der Stimmung seiner Bewacher und ihrem Wahnsinn abhing. Er fühlte in jeder Minute, dass sein Leben in Gefahr war. Er hatte furchtbare Angst. Er hatte furchtbare Angst vor den Wachleuten, wie Sie einer waren.« Korycki, so schloss sie, habe im Hamburger Prozess mit einem klaren Ziel ausgesagt: »Er komme nicht aus Rache. Allerdings verzeihe er nicht. ›Ich will, dass die Welt erfährt, was passiert ist. Alle sollen es wissen, vor allem die nächste Generation.‹«

Das beachtlichste – und bei Weitem umfangreichste – Plädoyer der Anwälte der Nebenkläger hielt Cornelius Nestler, der Juraprofessor aus Köln. Er lieferte einen beeindruckenden Überblick über das historische Versagen Deutschlands, die NS-Verbrechen nach dem Krieg zu verfolgen. Der Streit um die juristische Auslegung und die juristischen Auseinandersetzungen seien diesem Versagen geschuldet. Es habe letztlich an den Menschen gelegen: an der individuellen Bereitschaft von Staatsanwälten und Richtern, das Richtige zu tun. Das gelte bis heute.

Was versprächen sich die Überlebenden von diesem Prozess?, fragte Nestler. Seine eigene Mandantin, Judith Meisel, hatte eine sehr klare Vorstellung davon. »Erstens [wolle sie] Aufklärung darüber, dass die Shoah nicht nur Auschwitz oder Einsatzgruppen oder Treblinka und Majdanek war, sondern dass nahezu jedes Konzentrationslager in Deutschland, häufig unter den Augen der deutschen Wohnbevölkerung, auch ein Ort organisierter Massenvernichtung war. Zweitens: Am Beispiel des Mordens und der Unmenschlichkeit von Stutthof soll die Welt dafür sensibilisiert werden, wohin Rassismus führen kann. Und – und das ist vor allem an Sie gerichtet, Herr Dey: Es geht um die Feststellung, dass es falsch war, beim Massenmord mitzumachen. Auch als Wachmann, noch nicht einmal 18 Jahre alt, durfte man da nicht mitmachen.«

Meier-Göring und die beisitzenden Richter hatten aufmerksam verfolgt, wie die Argumente und Plädoyers hin- und herpendelten. Nun war der Moment da, ihr Urteil zu verkünden: schuldig oder nicht schuldig. Laut und klar erscholl die Stimme der Richterin, die allen im Saal nach neun Verhandlungsmonaten so vertraut war: »Der Angeklagte ist der Beihilfe zum Mord in 5232 Fällen und zum versuchten Mord in einem Fall schuldig. Er wird zu einer Jugendstrafe von zwei Jahren verurteilt. Die Vollstreckung der Jugendstrafe wird zur Bewährung ausgesetzt.«

Es waren 45 Prozesstage nötig gewesen, um an diesen Punkt zu gelangen. Stundenlange Zeugenaussagen wurden vor Gericht gehört, Dutzende Zeugen hatten gesprochen, Dey selbst war wochenlang schonungslos befragt worden. Die Welt hatte sich seit Prozessauftakt dramatisch verändert, wie die Gesichtsmasken und Trennwände aus Plexiglas im Gerichtssaal deutlich zeigten. Der Ausbruch der Corona-Pandemie im Februar 2020 inmitten des Prozesses hätte beinahe zu einem vorzeitigen Ende des Verfahrens geführt. Doch das Gericht hatte sich durchgesetzt und nun sein Urteil gesprochen: Dey war der Beihilfe zum Mord in einem nahezu unvorstellbaren Ausmaß schuldig. 5232 verlorene Leben. Ich versuchte, mir vorzustellen, wie sich diese Leben über die Jahrzehnte hinweg bis zum heutigen Tag vor Gericht verzweigt hätten, wie Kinder, Enkel und Urenkel dazugekommen wären. Der Verlust war zu gewaltig, um ihn begreifen zu können, und dennoch war es im Vergleich zur Gesamtheit der Morde nur ein winziger Teil. Oskar Gröning, der Buchhalter von Auschwitz, war der Beihilfe zum Mord in 300 000 Fällen verurteilt worden. Selbst diese Zahl umfasste kaum ein Zwanzigstel der von den Nazis ermordeten jüdischen Männer, Frauen und Kinder.

Das Verbrechen, für das Bruno Dey verurteilt wurde, war entsetzlich. Das Strafmaß selbst jedoch war alles andere als drakonisch. Ausschlaggebend – und, wie sich bald herausstellte, auch umstritten – war, dass sich Meier-Göring für die Höchststrafe entschieden hatte, die es ihr ermöglichte, die Haftstrafe auszusetzen. Das bedeutete, dass Dey nur dann ins Gefängnis musste, wenn er im Zeitraum dieser zwei Jahre Gesetze brach oder gegen die Bewährungsauflagen verstieß. Angesichts seines fortgeschrittenen Alters und der Tatsache, dass sich Dey seit Jahrzehnten gesetzestreu verhielt, war dies höchst unwahrscheinlich. Der Angeklagte würde mit ziemlicher Sicherheit niemals eine Gefängniszelle von innen sehen. Auch stand er nicht vor dem finanziellen Ruin. Meier-Göring hätte Dey den Großteil der Prozesskosten auferlegen können, was sie aber nicht tat. Der Angeklagte musste lediglich seine eigenen Prozesskosten tragen. Die Gerichtskosten der 40 Nebenkläger mit all ihren Anwälten würde der deutsche Staat tragen.

Der Schuldspruch kam nicht überraschend. Auch das Strafmaß entsprach – jedenfalls meiner Meinung nach – den Erwartungen. Einen 93-Jährigen ins Gefängnis zu schicken, wäre sehr rigoros gewesen, vor allem angesichts der besonderen Umstände dieses Falls. Ein Strafmaß von drei Jahren, das Dey zumindest teilweise im Gefängnis hätte verbringen müssen, hätte womöglich auch gegen ein historisches Urteil des Bundesverfassungsgerichts verstoßen, das fordert, dass jeder Gefangene, sogar ein Mörder, zumindest eine Chance haben muss, seine letzten Tage in Freiheit zu verbringen. Meier-Göring hatte dennoch lange mit dem Strafmaß gerungen, »Stunden um Stunden, ja Tage und Wochen«, bekannte sie in ihrem Urteil.

Meier-Göring musste eine extrem schwierige Entscheidung treffen, und sie wusste nur allzu gut, dass sie – egal, wie sie ausfiel – für Unmut und Enttäuschung sorgen würde. (Die zur Bewährung ausgesetzte Freiheitsstrafe von zwei Jahren stieß tatsächlich bei manchen Opfergruppen auf scharfe Kritik und veranlasste eine Gruppe von Nebenklägern, in Berufung zu gehen, die später zurückgezogen wurde.) Mir persönlich und womöglich auch der Richterin schien das Strafmaß selbst weniger wichtig als die Worte, die ihm folgten. Mit jeder Minute, in der sich mein Notizblock mit meinen stenografischen Kritzeleien füllte, wurde mir deutlicher bewusst, dass Meier-Göring ein bemerkenswertes – und bemerkenswert ambitioniertes – Urteil verfasst hatte. Sie hatte die Grenzen der strafrechtlichen Verantwortung weiter gesteckt als frühere Richter, nicht zuletzt, indem sie Dey in einem Fall der Beihilfe zum versuchten Mord schuldig sprach. In einem scheinbar unbedeutenden Abschnitt des Urteils stellte sie klar, dass schon die Deportation einer Person in ein Konzentrationslager einen Angriff auf ihr Leben darstellte. Letztlich war dies eine offensichtliche Feststellung, doch Meier-Göring war die erste Richterin, die sie in die Urteilsbegründung aufnahm.

Noch folgenreicher war, dass sie versuchte, eine psychologische und moralische Antwort auf die Fragen zu geben, die mich vor vielen Monaten überhaupt erst zu diesem Prozess geführt hatten. Sie verwendete schlichte, erklärende Sätze – fast so, als spräche sie zu einem Kind –, um einer unendlich komplexen Frage auf den Grund zu gehen: Wie war das möglich? Was brachte normale Menschen wie Bruno Dey dazu, zu Gehilfen des entsetzlichsten Verbrechens zu werden, das je begangen wurde? Und war es richtig, Menschen wie ihn nach so vielen Jahrzehnten des Friedens und der Stabilität noch zu bestrafen? Dies war ein historischer Prozess. Ihr Urteil, so wurde mir bewusst, würde dem gerecht werden.

Gemäß den Gepflogenheiten vor Gericht müssen die im Gerichtssaal Anwesenden bei der Verlesung des Schuldspruchs und des Strafmaßes, die in den ersten Absätzen der Entscheidung verkündet werden, stehen. Nachdem sie Dey für schuldig erklärt hatte, bat Meier-Göring, sich zur mündlichen Urteilsbegründung wieder zu setzen. Ihre ersten Worte waren offen und persönlich und setzten den Ton für das Folgende: »Dieses Verfahren war schwierig. Rechtlich und menschlich. Es hat uns allen viel abverlangt und auch außerhalb des Gerichtssaals verfolgt und nicht losgelassen«, sagte sie. Es sei vor allem für die Überlebenden von Stutthof sehr belastend gewesen, die Schrecken ihrer Jugend im Zeugenstand noch einmal durchleben und sich erneut mit ihren schmerzlichsten Erinnerungen befassen zu müssen. »Sie fühlen sich verpflichtet, sich nicht der Erleichterung der Verdrängung hinzugeben, nicht zu vergessen, sondern zu berichten. Immer und immer wieder.«

Dann wandte sie sich an den Angeklagten: »Auch Sie, Herr Dey, fühlten sich verpflichtet, sich diesem strafrechtlichen Verfahren zu stellen. Dafür haben Ihnen schon einige Nebenklägervertreter Respekt gezollt. Und auch wir erkennen das an. Sie haben all unsere Fragen und die Fragen der Nebenkläger beantwortet und uns so einen Einblick in diese unvorstellbare dunkle Zeit der letzten Monate des Konzentrationslagers Stutthof und des Nationalsozialismus in Deutschland durch Ihre Augen und Ihre Wahrnehmung gewährt.«

Woher sein Pflichtgefühl rührte, konnte sie »nicht ergründen.

Vielleicht wussten Sie einfach, dass Sie sich dagegen in einem Rechtsstaat nicht wehren konnten. Oder wollten Sie sich unbewusst Ihrer Schuld stellen, ohne diese selbst aussprechen zu müssen? Einer Schuld, die Sie bis zuletzt, noch bis zu Ihrem letzten Wort, für sich selbst nicht wahrhaben wollen, obwohl Sie sich, wie Sie sagten, in diesem Prozess noch einmal mit der Zeit in Stutthof auseinandergesetzt und in Stutthof nunmehr eine ›Hölle des Wahnsinns‹ erkannt haben.«

Dem Angeklagten sei es nicht gelungen, fuhr die Richterin fort, seine persönliche Verantwortung für die Verbrechen in Stutthof zu begreifen. »Sie sehen sich weiter nur als Beobachter dieser Hölle, Herr Dey. Nicht als einer der Menschen, der die Aufrechterhaltung dieser Hölle selbst befördert hat. Und doch waren Sie einer der Gehilfen dieser menschengemachten Hölle. Das ist ein Teil der objektiven Wahrheit, die dieses Verfahren erbracht hat.« Dey, so fügte sie hinzu, habe es nicht fertiggebracht, seine persönliche Schuld anzuerkennen, aber er habe sich ihr »genähert«.

»Wir haben uns in dieser Hauptverhandlung mit einer Zeit beschäftigt, die wir nicht verstehen können, auch wenn man es noch so sehr versucht. Die an Gräueln übersteigt, was man sich vorstellen kann. Aber die Menschen Menschen angetan haben. Ganz normale Menschen wie der Angeklagte Dey ganz normalen Menschen wie Rosa Bloch, Halina Strnad, Marek Dunin-Wąsowicz, David Ackermann, Adam Koryski, Henri Zajdenwergier, die wir alle hier in der Hauptverhandlung als Zeugen gehört haben. Wie ist das nur möglich? Wie ist es möglich, dass Sie, Herr Dey, ein Mensch, der später sein ganzes Leben ein ordentliches, straffreies Leben geführt hat, damals als 17-, 18-jähriger junger Mann das Leiden dieser Menschen zwar sahen, aber nicht darunter litten? Wie ist es möglich, dass Sie, der noch nicht einmal glühender Nazi war, damals den Nebenklägern so leicht ihr Menschsein absprechen und sich damit abfinden konnten, dass diese zu Nummern gemacht und entmenschlicht wurden? Wie ist es nur möglich, dass das Überstülpen der SS-Uniform und der Befehl, Wachdienst in einem KZ zu tun, ausreichten, damit Sie Ihren Dienst als Wachmann pflichtgemäß erfüllten – und dabei Ihre Menschlichkeit und Ihr Gewissen vergaßen? Wie konnten Sie sich bloß an das Grauen gewöhnen und dieses nach kurzer Zeit nur noch eintönig finden?«

Das sei, sagte Meier-Göring, die wichtigste Lehre, die aus dem Stutthof-Prozess zu ziehen sei: dass der Holocaust keine historische Abstraktion gewesen sei, sondern das Ergebnis individueller Entscheidungen, Taten und Versäumnisse. Entscheidungen, Taten und Versäumnisse wie die von Bruno Dey.»Wir und Sie müssen einfach verstehen, dass Sie als Mensch dieses entsetzliche Unrecht den Nebenklägern als Menschen mitangetan haben und dass Sie sich deswegen auch als Mensch dafür verantworten und dafür in einem Rechtsstaat, wie es Deutschland glücklicherweise inzwischen ist, bestraft werden müssen. Und zwar auch noch ganz am Ende Ihres Lebens. Denn Mord verjährt nicht. Wir alle müssen verstehen, dass Menschen in der Lage waren – und es weiter sind –, so etwas anderen Menschen anzutun.«

Der Holocaust, so fuhr sie fort, sei nicht allein das Werk von Sadisten gewesen.»Sondern ganz normale Menschen wie der Angeklagte Dey, Tausende, Hunderttausende, ja Millionen ganz normale Menschen in Deutschland haben das ganz normalen Menschen, Tausenden, Hunderttausenden, Millionen von Juden, Polen, Litauern, Ungarn, Russen und Andersdenkenden angetan. Einfach so. Aus Gleichgültigkeit. Aus Pflichtgefühl. Wegen eines Befehls. Aus kollektiver und individueller Gewissenlosigkeit.«

Im Gerichtssaal herrschte während der Rede der Richterin

völlige Stille. Auch ich war wie gebannt. Ihre Worte wirkten wie Donnerschlag. In wenigen kurzen Sätzen hatte Meier-Göring die Schuld charakterisiert, die nicht nur die moralische Katastrophe des nationalsozialistischen Deutschlands beschrieb, sondern auch heute wieder schmerzhaft aktuell schien. Es waren nicht nur Hitler, Himmler, Heydrich und Hoppe die Schuldigen. Sie taten es und konnten es nur tun, weil Millionen gewöhnlicher Deutscher sie dabei unterstützt hatten – manchmal enthusiastisch, manchmal widerstrebend, aber doch unterstützt. Der Holocaust war nicht möglich, weil Millionen von Deutschen an diesem Verbrechen Freude gehabt hätten, sondern weil Millionen von Deutschen, oft im Kleinen, versagt hatten, im richtigen Moment das Richtige zu tun. Das Böse war die Summe unzähliger moralischer Versäumnisse, kleiner wie großer, und unzähliger Entscheidungen, die nicht etwa Monster getroffen hatten, sondern ganz normale Menschen. Diesen menschlichen, individuellen Aspekt des Holocaust wollte Meier-Göring in den Vordergrund rücken – und das war auch der Grund, warum sie die Metapher der Tötungsmaschine für Konzentrationslager so strikt ablehnte.

»Die SS-Wachleute und andere seien ›Rädchen‹ gewesen, hätten die ›Tötungsmaschinerie‹ am Laufen gehalten. Nein. Der Angeklagte Dey war kein Rädchen, sondern ein Mensch und einer von Hunderttausenden Menschen, die in Deutschland die Verbrechen von Hitler und Himmler, Glücks[181] und Hoppe beförderten und unterstützten. Und es war auch keine Tötungsmaschinerie, sondern es war ein von Menschen erdachter, von Menschen organisierter und mithilfe einer Vielzahl von Menschen umgesetzter Massenmord an Menschen. Die Metapher der Tötungsmaschinerie verstellt uns, wie wir finden, den Blick darauf und entpersonalisiert noch einmal die Opfer und Täter. Und diese

Metapher erlaubt es uns auch, das Ungeheuerliche der Verbrechen im Nationalsozialismus von uns und unserer heutigen Zeit wegzuschieben. Nach dem Motto: Die Tötungsmaschinerie ist ja inzwischen abgestellt. Das gehört ja nur noch der Vergangenheit an und hat mit uns und unserer Gesellschaft heute nichts mehr zu tun.«

Das Bedürfnis, zwischen der Vergangenheit und der Gegenwart Distanz zu schaffen, sei verständlich, fügte die Richterin hinzu. Aber das sei nicht entscheidend. »Die entscheidenden Fragen dieses Verfahrens waren vielmehr: Zu welchen Verbrechen an der Menschlichkeit sind Menschen in der Lage, und was bringt Menschen dazu, anderen Menschen solche Gräuel wie die im Konzentrationslager Stutthof anzutun oder jedenfalls dabei mitzuwirken? Denn nur aus den Antworten auf diese Fragen können wir als Menschen für die Zukunft lernen. Daher lautet die Mahnung nicht: Lasst nicht noch einmal eine Nazitötungsmaschinerie zu, sondern vielmehr – und gerade das haben auch dieses Verfahren und dieser Angeklagte mit seiner Persönlichkeit gezeigt: Wehret den Anfängen, wenn Menschen abgewertet, ausgegrenzt, erniedrigt, ihrer Rechte beraubt werden. Wehret den Anfängen, wenn Rassismus und Unrecht gesellschaftsfähig werden. Seht nicht weg, sondern hin, wenn Menschen ihre Würde genommen wird. Nehmt Anteil und seid wachsam gegenüber eurer eigenen Gleichgültigkeit, eurem Egoismus, eurer Bequemlichkeit des Gehorsams und eurer Anpassungsfähigkeit an Unrecht! Denkt selbst und hinterfragt, was von euch verlangt wird, und gehorcht nicht dort, wo Unmenschlichkeit, Unrecht, Mord befohlen werden. Achtet die Würde des Menschen – um jeden Preis. Und ja, auch dann, wenn der Preis die eigene Sicherheit ist. Das ist die Botschaft dieses Verfahrens«, erklärte sie. »Nur dann kann man sagen: ›Ich habe mich nicht schuldig gemacht.‹«

Dass dies ein schwer zu befolgendes Gebot war, besonders für einen jungen Mann wie Dey, war nicht zuletzt der Richterin klar. Aber es gebe nun mal keine Alternative, betonte sie. »Und ja, natürlich ist das viel verlangt – zumal von einem damals 17- bis 18-Jährigen wie Ihnen, Herr Dey. Und natürlich wissen wir alle nicht, wie wir uns verhalten hätten, wenn wir an Ihrer Stelle gewesen wären. Aber gerade deswegen muss doch eben das die Botschaft sein: Wer sich wie der Angeklagte Dey verhält, macht sich schuldig, muss sich verantworten, und zwar bis zu seinem Lebensende. Das ist die rechtsstaatliche Antwort auf den Unrechtsstaat des Nationalsozialismus und das unter seinem Regime von Menschen begangene Verbrechen gegen die Menschlichkeit.«

Die Urteilsbegründung war damit noch nicht beendet, aber mehr konnte ich im Moment nicht aufnehmen. Ich kam in den folgenden Wochen und Monaten wiederholt auf ihre Urteilsbegründung zurück und las manche Passagen immer wieder. Aber den Kern von Meier-Görings Botschaft konnte man zu diesem Zeitpunkt nicht mehr überhören, nicht einmal mit einem Redaktionsschluss im Nacken, der in wenigen Stunden anstand, und einem Stapel kaum zu entziffernder Notizen, die auf meinem Schreibtisch ausgebreitet lagen. Hier gab es auf die Frage, die mich seit dem ersten Tag des Stutthof-Prozesses quälte, eine Antwort – vielleicht die einzig mögliche. War es richtig, einen Mann dafür zu bestrafen, nicht das Richtige getan zu haben, wenn es so schwer war, das Richtige zu tun? Wenn niemand – nicht einmal die Richterin, die den Schuldspruch verkündete – sicher sein konnte, er oder sie hätte anders gehandelt?

Meier-Göring war sich des Dilemmas bewusst, doch ihre Antwort war klar: Wir müssen es trotzdem bestrafen. Ihre Entscheidung war in erster Linie das Ergebnis einer soliden juristischen

Prüfung: Wie jede gute Juristin hatte sie sich, geleitet von Gesetzen, Präzedenzfällen und gesundem Menschenverstand, durch ein Dickicht sachlicher und juristischer Probleme gearbeitet und war zu einem Urteil gelangt, das zumindest in der Rückschau unausweichlich erschien. Bruno Dey war der Beihilfe zum Mord schuldig. Er hatte objektiv dazu beigetragen, dass die SS in Stutthof Tausende Menschen ermorden konnte. Er wusste, was dort geschah, er wusste, was er tat, und er wusste, dass das, was er tat, falsch war. Trotz seiner Unschuldsbeteuerungen gab es keine Grundlage für eine Entlastung. In dieser Hinsicht unterschied sich Bruno Deys Prozess nicht so sehr von anderen Strafverfahren. Meier-Göring hatte lediglich klar und stringent das Handwerkszeug ihres Fachs angewandt.

Doch ihr Urteil war mehr als juristisches Handwerk. Mit der Verurteilung Bruno Deys hatte sie den Bereich strafrechtlicher Schuld bis hinunter zu den untersten Rängen der KZ-Hierarchie ausgeweitet und auf einen Täter, den man jahrzehntelang für zu unbedeutend gehalten hatte, um ihn gerichtlich zu belangen. Mahnkes Gedankenexperiment in seinem Schlussvortrag, in dem er fragte, ob Dey nicht wegen Beihilfe des Mords an allen sechs Millionen jüdischen Opfern der Shoah verurteilt werden sollte, war eher Spekulation gewesen. Doch gemeinsam mit dem Urteil verwies es doch auf die profunde Einsicht, die deutsche Gerichte und Juristen erst allzu spät verinnerlichten: dass die Shoah, direkt oder indirekt, das Werk von Millionen war; dass die Schuld der deutschen Gesellschaft als Ganzer weit tiefer reichte, als die Urteile der 1950er- und 1960er-Jahre suggerierten; dass diese Verbrechen viel früher hätten bestraft werden müssen. Aufgrund seiner Präsenz bei den Ermordungen und seiner besonderen Rolle war Dey der Schuld deutlich näher als viele seiner Mitbürger. Aber wenn sich der Bereich, in dem man sich schuldig machte, auf ihn ausdehnen ließ, warum ihn dann nicht noch weiter fassen? Was ist mit denen, die die Zugfahrpläne erstellten und dafür sorgten, dass die Deportationszüge zügig an ihren Bestimmungsorten eintrafen? Was ist mit den Polizisten in Berlin, Köln oder Darmstadt, die halfen, die jüdische Bevölkerung zusammenzutreiben? Was ist mit den Nachbarn, die jüdische Familien denunzierten, die sich auf dem Dachboden versteckten? Was ist mit den Krankenschwestern, die bereitstanden, wenn SS-Sanitäter behinderte Menschen vergasten? Was ist mit den Millionen gewöhnlicher Soldaten, die an der Ostfront im Einsatz waren und in den eroberten Gebieten die Massenermordungen beobachteten – und manchmal auch mehr beitrugen, als nur zu beobachten? Was ist mit den ganz normalen Männern und Frauen zu Hause, die die NSDAP wählten, dem »Führer« zujubelten, ihre Kinder in die Hitlerjugend steckten und wegsahen, als ihr Land in den kriminellen Wahnsinn abrutschte? Wäre der Holocaust ohne sie möglich gewesen? Sind sie alle nicht ebenfalls schuldig?

Wir wissen nicht, was wir an Bruno Deys Stelle getan hätten. Ich kann es für mich nicht beantworten. Aber der Prozess gegen Bruno Dey endete mit einer Botschaft und Warnung an uns alle: *Seht nicht weg. Nehmt Anteil. Wehret den Anfängen. Achtet die Würde des Menschen – um jeden Preis.* Meier-Görings Worte galten nicht nur Dey und seinen SS-Kameraden, sondern jedem Menschen damals wie heute. Egal, wie schwer sie umzusetzen sind, sie müssen befolgt werden. Und gerade unter den schwierigsten und gefährlichsten Umständen müssen sie beachtet werden, gerade weil die Gefahr so groß ist. Das verlangt nicht nur unser Gewissen. Das verlangt auch das Gesetz. Meier-Göring sagte es in ihrem Urteil: *Nur dann kann man sagen: Ich habe mich nicht schuldig gemacht.*

EPILOG

Der Prozess gegen Bruno Dey war nicht der letzte Holocaustprozess, der in Deutschland stattfand. Es war nicht einmal der letzte, der sich mit den Verbrechen in Stutthof befasste. Im Dezember 2022, mehr als zwei Jahre nach dem Hamburger Urteil, verurteilte das Gericht in Itzehoe eine 97-jährige Frau der Beihilfe zum Mord in mehr als 10 500 Fällen. Sie hatte von Juni 1943 bis April 1945 nicht als Wachfrau, sondern als Sekretärin im Büro des Kommandanten in Stutthof gearbeitet. Das Strafmaß war identisch mit dem, das Bruno Dey auferlegt wurde – eine zweijährige, zur Bewährung ausgesetzte Haftstrafe, dennoch war der Fall beachtlich: Als einfache Büroangestellte war sie von den Tötungen noch weiter weg als Dey auf seinem Wachturm. Ihr Fall zeigte erneut, wie weit sich die deutsche Justiz seit dem Demjanjuk-Urteil bewegt hatte.

Wenige Monate zuvor hatte das Gericht in Neuruppin im Fall eines ehemaligen Wachmanns im Konzentrationslager Sachsenhausen ein deutlich härteres Strafmaß festgesetzt: fünf Jahre Gefängnis. Der Angeklagte war bei der Urteilsverkündung 101 Jahre alt, damit war er der Älteste, der je für ein Holocaustverbrechen verurteilt worden war.

Eine Handvoll ähnlicher Fälle befand sich bei Abfassung dieses Buches noch auf dem Weg durch die Behörden, doch die Aussicht auf ein Urteil schwand mit jedem Monat, der verstrich. Der Leiter der Zentralen Stelle in Ludwigsburg erklärte mir, als der Dey-Prozess noch im Gange war, dass es offizielle Praxis sei, gegen Verdächtige, die älter seien als 99 Jahre, keine neuen Fälle einzuleiten. Die Rechnung ist klar. Die Geschichte des späten Kampfes um Gerechtigkeit in Sachen Shoah gelangt an ihr Ende, und bald wird das größte Verbrechen der Menschheit allein Historikern überlassen bleiben.

Die Beteiligten am Dey-Prozess taten sich schwer loszulassen. Als ich einige Jahre nach dem Urteil mit Meier-Göring sprach, hatte sie gerade einen Aufsatz fertiggestellt, den sie mit einem der beisitzenden Richter verfasst hatte. Darin befasste sie sich erneut mit dem Fall und versuchte, Lehren für die Zukunft daraus abzuleiten. Sie erinnerte sich an den Fall, an den Mann, der im Mittelpunkt stand, an die Zeugen und die wichtigsten Aussagen, als wäre der Prozess gestern gewesen. Es war klar, dass sie sich damals mit dem Urteil gequält hatte und dass sie selbst jetzt noch, Jahre später, damit kämpfte, welche Schuld Bruno Dey zuzuschreiben war. Der Fall hatte sie nicht mehr losgelassen, genauso wenig wie Lars Mahnke, den Oberstaatsanwalt, in dessen Büro noch immer die Wandtafel mit den Details der Morde in Stutthof hing. Jedes Mal, wenn er von seinen Akten aufsah oder wenn jemand das Zimmer betrat, jedes Mal, wenn er sein Büro zur Mittagspause verließ, immer fiel sein Blick auf diese Tafel. Sowohl Mahnke als auch Meier-Göring erzählten mir, dass sie Kinder haben, die während des Prozesses in einem ähnlichen Alter waren wie Bruno Dey im August 1944, als er Stutthof zum ersten Mal betrat. Der Prozess habe sie zum Nachdenken gebracht: Hatten sie ihren Kindern genug Stärke mitgegeben, Nein zu sagen?

Auch Deys Anwalt, Stefan Waterkamp, traf ich noch einmal. Wir unterhielten uns einige Stunden lang in einem Hamburger

Café, sprachen über seine Verteidigungsstrategie und führten uns noch einmal die wichtigen Momente des Prozesses vor Augen. Er hatte für seinen Mandanten getan, was er konnte, aber ich hatte auch den Eindruck, dass ihn ein Unbehagen umtrieb. Die Fragen, die Waterkamp zu Prozessbeginn aufgeworfen hatte – warum jetzt und warum er? –, waren für ihn nicht befriedigend beantwortet worden: Wenn Bruno Dey schuldig war, müssten dann deutsche Staatsanwälte und Richter nicht konsequenterweise gegen Tausende Männer und Frauen, Zivilisten und Soldaten, Polizisten und Beamte ermitteln, die ebenfalls Anteil am Holocaust hatten? War Dey tatsächlich nur auf Grundlage seines Falls verurteilt worden, oder sollte das Urteil beweisen, dass die gegenwärtige deutsche Justiz die Sünden der deutschen Gerichte vergangener Tage wiedergutmachen will?

Wenn ich selbst auf den Fall zurückschaue, so hat sich meine Haltung nicht verändert: Es war richtig, Bruno Dey vor Gericht zu bringen und zu verurteilen. Der Prozess war fair. Das Gericht hat das Gesetz korrekt angewandt. Der Gerechtigkeit wurde Genüge getan. Aber es war auch wichtig, dass das endgültige Urteil in einem Geist der Demut und Menschlichkeit gefällt wurde. Das Gericht hat weder ein Exempel an Dey statuiert, noch hat es ihm mehr Verantwortung aufgebürdet, als ihm zukam. Das Urteil hat anerkannt, dass die Männer, die die größte Verantwortung für die Morde in Stutthof trugen, nicht mehr unter uns waren. Diese Lücke sollte nicht Dey füllen, nur weil er der Einzige war, der noch vor Gericht gestellt werden konnte.

Ich hätte allzu gern mit Dey selbst noch einmal über den Prozess gesprochen, doch trotz wiederholter Nachfragen waren weder er noch seine Familie dazu bereit, mit mir zu reden. Ich war enttäuscht, aber nicht überrascht. Er hatte sich wieder und wieder, neun Monate lang, im Gerichtssaal 200 des Hamburger

Justizgebäudes erklärt. Vielleicht gab es – zumindest für ihn – wirklich nichts mehr zu sagen.

Der Prozess gegen Bruno Dey und Meier-Görings Urteil brachten mich einer Antwort auf die Fragen, auf denen meine ursprüngliche Faszination an diesem Fall beruhte, ein gutes Stück näher. Aber manche waren noch ungelöst und würden es wohl auch bleiben. Was brachte scheinbar gewöhnliche Menschen wie Dey dazu, an einem so beispiellos bösen Tun mitzuwirken? Die Richterin hatte einen wesentlichen Teil der Antwort bereits in ihrem Urteil gegeben: aus Mangel an Gewissen, aus Gleichgültigkeit, weil man der Bequemlichkeit des Gehorsams nachgegeben hatte.

Eine weitere Antwort fand ich in Christopher Brownings bahnbrechendem Buch über ein deutsches Reserve-Polizeibataillon, das 1942 und 1943 Zehntausende jüdische Zivilisten in Polen getötet hatte. Browning untersuchte, wie sich eine Gruppe »ganz normaler Männer« (dieser Einordnung liegt der Titel des Buches zugrunde) in Massenmörder verwandelte – und warum es so wenigen von ihnen gelang, dieser Verwandlung zu widerstehen. Seine Befunde sind so komplex wie besorgniserregend, aber die entscheidenden Faktoren, die er herausarbeiten konnte, klingen zumindest in Teilen banal. Dazu gehört etwa der Gruppendruck, das »gruppenkonforme Verhalten«, wie er es nennt. »Den Befehl, Juden zu töten, erhielt das Bataillon, nicht aber jeder einzelne Polizist. Dennoch machten sich 80 bis 90 Prozent der Bataillonsangehörigen ans Töten, obwohl es fast alle von ihnen – zumindest anfangs – entsetzte und anwiderte. Die meisten schafften es einfach nicht, aus dem Glied zu treten und offen nonkonformes Verhalten zu zeigen. Schießen fiel ihnen leichter.«[182]

Sosehr die Männer den Gedanken verabscheuten, Zivilisten zu töten, soziale Ausgrenzung ihrer Gruppe fürchteten sie noch mehr.»Wer nicht schoß, riskierte, von den anderen abgelehnt und geschnitten zu werden, und das war keine angenehme Aussicht, wenn man bedenkt, daß sich das Bataillon im Ausland, inmitten einer feindselig eingestellten Bevölkerung befand, wo man stark aufeinander angewiesen war und praktisch keine anderen Möglichkeiten hatte, Unterstützung zu finden oder soziale Kontakte zu knüpfen.«[183]

Diese Beschreibung passte auch auf Bruno Dey, der als junger Mann nach eigener Aussage Mühe hatte, für sich selbst einzustehen, und dem man beigebracht hatte, den Kopf immer schön unten zu halten. Wie Browning selbst klarstellt, darf die Betonung dieser scheinbar alltäglichen Faktoren nicht als Versuch missverstanden werden, die individuelle Schuld zu schmälern: »Diese Geschichte von ganz normalen Männern ist nicht die Geschichte aller Männer oder Menschen. Die Reserve-Polizisten hatten Wahlmöglichkeiten, und die meisten von ihnen begingen schreckliche Untaten.«[184] Browning schließt seine Untersuchung über die normalen Männer, die zu Massenmördern wurden, mit einer einfachen, aber zutiefst beunruhigenden Frage: »Wenn die Männer des Reserve-Polizeibataillons 101 unter solchen Umständen zu Mördern werden konnten, für welche Gruppe von Menschen ließe sich dann noch Ähnliches ausschließen?«[185]

Auch Bruno Dey hatte die Wahl. So wie wir heute. Auch wir kennen den Gruppendruck, den Widerwillen, abseits zu stehen, die Angst vor Ausgrenzung und die Bequemlichkeit des Gehorsams. Auch wir halten dem nicht immer stand. Die Folgen und die Kosten für unser moralisches Versagen sind heute natürlich deutlich geringer. Der Einsatz ist kleiner, zumindest für die Glücklichen unter uns, die in demokratischen Gesellschaften und einem Rechtsstaat leben. Nicht viele müssen ihr moralisches Rückgrat so auf den Prüfstand stellen wie Bruno Dey im Sommer und Herbst 1944. Das sollte uns jedoch nicht blind gegenüber der Tatsache werden lassen, dass die menschlichen Schwächen immer die gleichen waren und sind. Was sich wandelt, sind die Zeiten und Umstände, in denen sich unsere Schwächen zeigen.

Der ehemalige Bundeskanzler Helmut Kohl beschrieb sich selbst bei einem Staatsbesuch in Israel 1984 als einer Generation zugehörig, die von der »Gnade der späten Geburt« begünstigt sei. Der Satz war damals umstritten. Er wurde als Versuch eines konservativen Politikers aufgefasst, einen Schlussstrich unter das NS-Erbe zu setzen und auf eine Normalisierung des modernen, demokratischen Deutschlands hinzuwirken. Dennoch steckte in diesem Satz ein wahrer Kern: Natürlich war es eine Gnade, erst nach 1945 geboren worden zu sein oder wie Kohl, der 1930 zur Welt gekommen war, jung genug gewesen zu sein, um im NS-Regime nicht vor der existenziellen Wahl zwischen Widerstand und Komplizenschaft zu stehen.

Der Gedanke, unsere Moral werde von Bedingungen und Umständen bestimmt, die außerhalb unserer Kontrolle liegen, wird in der Philosophie als »moralischer Zufall« bezeichnet. Ein häufig zitiertes Beispiel, um dies zu veranschaulichen, ist der Fall zweier Männer, die nach einer durchzechten Nacht mit dem Auto nach Hause fahren. Der erste kommt sicher ans Ziel, parkt seinen Wagen und geht schlafen. Der zweite, der genauso betrunken ist wie der erste, überfährt auf dem Heimweg ein Kind, das bei dem Unfall stirbt. Beide Männer haben sich des gleichen Verhaltens schuldig gemacht. Ihr ethisches Fehlverhalten ist identisch. Doch der eine kann unbelastet weiterleben, während der andere einen unschuldigen Menschen getötet und eine fremde und die eigene Familie in eine persönliche Tragödie gestürzt hat. Er wird wahrscheinlich einige Jahre im Gefängnis sitzen – und für den Rest seines Lebens unter Schuldgefühlen und Gewissensbissen leiden.

Auch die Gesellschaft wird über die beiden Männer unterschiedlich urteilen. Dabei ist der einzige Unterschied zwischen den beiden – die Gegenwart eines Kindes zur falschen Zeit am falschen Ort – nichts, was sie hätten beeinflussen können.

Bei Bruno Dey dagegen war es etwas anderes als nur Pech, dass er im Oktober 2019 vor Gericht gestellt wurde. Sein Versagen vor so vielen Jahren, die richtige Entscheidung zu treffen, war ein echtes Versagen. Mehr noch: Es war ein Verbrechen. Dennoch herrscht auch in seiner Geschichte der moralische Zufall. Hätte er in einer anderen Zeit gelebt, an einem anderen Ort, wären sein Gehorsam, seine Schwäche und seine Unfähigkeit, Nein zu sagen, nicht so gravierend gewesen. Die Folgen seines Handelns und Nichthandelns wären nicht so entsetzlich gewesen. Wäre er, wie ich, 1975 in einem demokratischen Land zur Welt gekommen, wäre er dann zu einem Mordgehilfen geworden? Die Antwort lautet mit großer Wahrscheinlichkeit Nein. Das schmälert weder seine Verantwortung, noch relativiert es seine Schuld. Es ist eine Warnung. Wenn ich an Bruno Dey denke, den alten Mann auf der Anklagebank und den jungen auf dem Wachturm, denke ich über dieselbe Frage nach wie Browning: Wenn Bruno Dey zum Gehilfen eines Massenmordes werden konnte, für wen von uns ließe sich Ähnliches dann ausschließen?

DANK

Dieses Buch habe ich kapitelweise und über einen Zeitraum von mehreren Jahren hinweg verfasst. Das war langwierig und mühsam, für die Sache aber war das zögernde Vorgehen wahrscheinlich das Beste. Zwischen der Eröffnung des Stutthof-Prozesses und der Fertigstellung des Buches ist viel passiert, in der Welt, aber auch in meinem Leben, und so manches Ereignis hat diese Seiten sicherlich bereichert. Besonders wichtig war, dass ich zwei Jahre nach dem Urteil endlich Zugang zu den Mitschnitten des Hamburger Prozesses erhielt, die Anne Meier-Göring klugerweise angeordnet hatte. Diese Bänder, die ich zwischen August 2022 und Januar 2023 im Hamburger Staatsarchiv transkribierte, boten mir die Möglichkeit, die wichtigsten Wortwechsel und Vorfälle im Verlauf des Prozesses lebendig werden zu lassen und das Verfahren vollständig nachvollziehen zu können, das zum beschriebenen Ergebnis geführt hatte. Daher danke ich zuallererst den Mitarbeitern des Hamburger Staatsarchivs, die meine Recherchen unterstützt haben.

Mein Dank gilt auch den Menschen, die sich bereit erklärten, mit mir über den Stutthof-Prozess und die wichtigsten Fälle und Anklagen zu sprechen, die zu diesem Verfahren führten. Dazu gehören Lars Mahnke, Anne Meier-Göring, Cornelius Nestler, Jens Rommel, Thomas Walther, Kai Wantzen und Stefan Waterkamp. Das Gespräch mit Éva Pusztai-Fahidi, der Holocaustüberlebenden aus Budapest, wird mir noch nachgehen, wenn dieses Buch längst vergriffen ist.

Auslöser, damit zu beginnen, war ein Artikel, den ich für das Wochenendmagazin *Financial Times Weekend* schrieb und der im Februar 2020 erschien. Ich stütze mich auch auf ein Interview mit Charlotte Knobloch, das im Dezember 2018 in der *Financial Times* veröffentlicht wurde. Ich danke Alec Russell und Alice Fishburn, die diese Beiträge in Auftrag gegeben haben, und Roula Khalaf dafür, Passagen daraus in diesem Buch verwenden zu dürfen.

Meinen engsten Kolleginnen bei der *Financial Times*, Abbie Scott und Oksana Rondel, bin ich zutiefst dankbar, dass sie meine Abwesenheiten und meine Abgelenktheit aufgrund der Arbeit an diesem Buch so großzügig geduldet haben.

Mein Freund und Kollege Daniel Dombey hat das Manuskript gelesen und zahlreiche Korrekturen und Verbesserungen vorgeschlagen. Meine erste Leserin war wie immer Ana Carbajosa, deren Urteil für mich an erster Stelle steht und deren Wärme und Hilfsbereitschaft mir seit 16 Jahren die Welt bedeuten.

Ich danke Jenny Lord, meiner Lektorin in London, und Mollie Weisenfeld, der entsprechenden Kollegin in den USA, für ihre Beratung. Meinem Agenten Toby Mundy werde ich immer dankbar dafür sein, dass er mich ermutigt hat, dieses Buch überhaupt zu schreiben, und dass er mich in den entscheidenden Momenten unterstützt hat.

Meine Eltern, Helmut und Lyn Buck, halfen mir auf vielfältige Weise, ebenso meine Schwester Alexy. Besonders danke ich meinem Vater, dass er mir gestattet hat, die Geschichte meines Großvaters Rupert, des Mannes auf dem Hochzeitsfoto, zu erzählen.

BIBLIOGRAFIE

Arendt, Hannah, *Eichmann in Jerusalem: Ein Bericht von der Banalität des Bösen* (München: Piper 1986)
Bauer, Fritz, »Ideal- oder Realkonkurrenz bei nationalsozialistischen Gewaltverbrechen?«, *JuristenZeitung*, Bd. 22, Nr. 20 (20. Oktober 1967), S. 625–628
Baumann, Jürgen, »Beihilfe bei eigenhändiger voller Tatbestandserfüllung«, *Neue Juristische Wochenschrift* (1963), S. 561–565
Bazyler, Michael J.; Tuerkheimer, Frank M., *Forgotten Trials of the Holocaust* (New York: New York University Press 2014)
Bode, Sabine, *Die vergessene Generation: Die Kriegskinder brechen ihr Schweigen* (München: Piper 2006)
Brechtken, Magnus (Hg.), *Aufarbeitung des Nationalsozialismus: Ein Kompendium* (Göttingen: Wallstein 2021)
Browning, Christopher R., *Ganz normale Männer: Das Reserve-Polizei-Bataillon 101 und die »Endlösung« in Polen* (Reinbek: Rowohlt 1993)
Craig, Edward (Hg.), *Routledge Encyclopedia of Philosophy* (London: Routledge 1998)
Douglas, Lawrence, *Späte Korrektur: Die Prozesse gegen John Demjanjuk* (Göttingen: Wallstein 2020)
Eichmüller, Andreas, »Die Strafverfolgung von NS-Verbrechen durch westdeutsche Justizbehörden seit 1945«, *Vierteljahreshefte für Zeitgeschichte*, Bd. 56, Nr. 4 (2008), S. 621–640
Frei, Norbert (Hg.), *Hitlers Eliten nach 1945* (München: dtv 2003)
Freudiger, Kerstin, *Die juristische Aufarbeitung von NS-Verbrechen* (Tübingen: Mohr Siebeck 2002)
Friedländer, Saul; Frei, Norbert; Steinbacher, Sybille; Diner, Dan, *Ein Verbrechen ohne Namen: Anmerkungen zum neuen Streit über den Holocaust* (München: C.H. Beck 2022)

Fulbrook, Mary, *German National Identity after the Holocaust* (Cambridge: Polity Press 1999)
Fulbrook, Mary, *Reckonings: Legacies of Nazi Persecution and the Quest for Justice* (Oxford: Oxford University Press 2018)
Giordano, Ralph, *Die zweite Schuld oder von der Last Deutscher zu sein* (München: Knaur 1990)
Goldhagen, Daniel Jonah, *Hitlers willige Vollstrecker: Ganz gewöhnliche Deutsche und der Holocaust* (München: Pantheon 2012)
Greenberg, Daniel (Hg.), *Jowitt's Dictionary of English Law* (London: Sweet & Maxwell ³2010)
Gryglewski, Elke; Jasch, Hans-Christian; Zolldan, David (Hg.), *Die Besprechung am Wannsee und der Mord an den europäischen Jüdinnen und Juden. Katalog zur Dauerausstellung* (Berlin: Haus der Wannsee-Konferenz 2020)
Hilberg, Raul, *Anatomie des Holocaust: Essays und Erinnerungen* (Frankfurt am Main: Fischer 2016)
Hoffmann, Friedrich, *Die Verfolgung der nationalsozialistischen Gewaltverbrechen in Hessen* (Baden-Baden: Nomos 2001)
Hofmann, Kerstin, *»Ein Versuch nur – immerhin ein Versuch«: Die Zentrale Stelle in Ludwigsburg unter der Leitung von Erwin Schüle und Adalbert Rückerl (1958–1984)* (Berlin: Metropol 2018)
Horstmann, Thomas; Litzinger, Heike, *An den Grenzen des Rechts: Gespräche mit Juristen über die Verfolgung von NS-Verbrechen* (Frankfurt am Main: Campus 2006)
Huth, Peter (Hg.), *Die letzten Zeugen: Der Auschwitz-Prozess von Lüneburg 2015. Eine Dokumentation* (Stuttgart: Reclam 2015)
Jasch, Hans-Christian; Kaiser, Wolf, *Der Holocaust vor deutschen Gerichten: Amnestieren, Verdrängen, Bestrafen* (Stuttgart: Reclam 2017)
Jasch, Hans-Christian; Kreutzmüller, Christoph, *Die Teilnehmer: Die Männer der Wannsee-Konferenz* (Berlin: Metropol 2017)
Jureit, Ulrike; Schneider, Christian, *Gefühlte Opfer: Illusionen der Vergangenheitsbewältigung* (Stuttgart: Klett-Cotta 2010)
Keldungs, Karl-Heinz, *NS-Prozesse 1945–2015: Eine Bilanz aus juristischer Sicht* (Düsseldorf: Edition Virgines 2019)
Klee, Ernst, *Das Personenlexikon zum Dritten Reich: Wer war was vor und nach 1945* (Frankfurt am Main: Fischer 2009)
Klüger, Ruth, *weiter leben. Eine Jugend* (Göttingen: Wallstein 1992)
Knobloch, Charlotte, *In Deutschland angekommen* (München: Deutsche Verlags-Anstalt 2012)
Kuhn, Hermann (Hg.), *Stutthof: Ein Konzentrationslager vor den Toren Danzigs* (Bremen: Edition Temmen 2016)

Küper, Wilfried, »Erinnerungsarbeit: Das Urteil des BGH vom 20.5.1969 zur Verjährung der Mordbeihilfe – ein Fehlurteil?«, *JuristenZeitung*, Bd. 72, Nr. 5 (2017), S. 229–236

Kurz, Thilo, »Paradigmenwechsel bei der Strafverfolgung des Personals in den deutschen Vernichtungslagern?«, *Zeitschrift für internationale Strafrechtsdogmatik* (2013), S. 122–129

Leo, Per, *Tränen ohne Trauer: Nach der Erinnerungskultur* (Stuttgart: Klett-Cotta 2021)

Longerich, Peter, *Wannseekonferenz: Der Weg zur »Endlösung«* (München: Pantheon 2016)

Lüttig, Frank; Lehmann, Jens (Hg.), *Die letzten NS-Verfahren* (Baden-Baden: Nomos 2017)

Mächler, Stefan, *Der Fall Wilkomirski. Über die Wahrheit einer Biographie* (Zürich: Pendo 2000)

Mitscherlich, Alexander und Margarete, *Die Unfähigkeit zu trauern: Grundlagen kollektiven Verhaltens* (München: Piper 2020)

Moses, A. Dirk, »Der Katechismus der Deutschen«, *Geschichte der Gegenwart* (23. Mai 2021)

Nehmer, Bettina, *Das Problem der Ahndung von Einsatzgruppenverbrechen durch die bundesdeutsche Strafjustiz* (Frankfurt am Main: Peter Lang Edition 2015)

Nestler, Cornelius, »Der 2. Strafsenat des Bundesgerichtshofs und die Strafverfolgung von NS-Verbrechern«, *Festschrift für Thomas Fischer* (München: C. H. Beck 2018)

Pendas, Devin O., *The Frankfurt Auschwitz Trial, 1963–1965* (New York: Cambridge University Press 2006)

Renz, Werner, *Auschwitz vor Gericht: Fritz Bauers Vermächtnis und seine Missachtung* (Hamburg: Europäische Verlagsanstalt 2018)

Rothberg, Michael, »Lived Multidirectionality: ›Historikerstreit 2.0‹ and the Politics of Holocaust Memory«, *Memory Studies*, Bd. 15, Nr. 6 (2022), S. 1316–1329

Rückerl, Adalbert, *NS-Verbrechen vor Gericht: Versuch einer Vergangenheitsbewältigung* (Heidelberg: C. F. Müller 1984)

Rüter, Christiaan F.; de Mildt, Dick W. (Hg.), *Justiz und NS-Verbrechen: Sammlung deutscher Strafurteile wegen nationalsozialistischer Tötungsverbrechen 1945–2012*, 49 Bände (Amsterdam: Amsterdam University Press 1945–1966)

Salzborn, Samuel, *Kollektive Unschuld: Die Abwehr der Shoah im deutschen Erinnern* (Leipzig: Hentrich & Hentrich 2020)

Sereny, Gitta, *Das deutsche Trauma. Eine heilende Wunde* (München: Bertelsmann 2002)

Steinke, Ronen, *Fritz Bauer oder Auschwitz vor Gericht* (München: Piper ^{7}2020)

Stone, Dan, *The Holocaust: An Unfinished History* (London: Pelican 2023)

Ustorf, Anne-Ev, *Wir Kinder der Kriegskinder: Die Generation im Schatten des Zweiten Weltkriegs* (Freiburg: Herder 2016)

Vistrits, Robert, *Wer war wer im Dritten Reich* (Frankfurt am Main: Fischer-Taschenbuch-Verlag 1993)

Wachsmann, Nikolaus, *KL: die Geschichte der nationalsozialistischen Konzentrationslager* (München: Pantheon 2018)

Wandres, Thomas; Werle, Gerhard, *Auschwitz vor Gericht: Völkermord und bundesdeutsche Strafjustiz* (München: C. H. Beck1995)

Weinke, Annette, *Die Verfolgung von NS-Tätern im geteilten Deutschland* (Paderborn: Schöningh 2002)

Werle, Gerhard, »Der Holocaust als Gegenstand der bundesdeutschen Strafjustiz«, *Neue Juristische Wochenschrift* (1992), S. 2529–2535

REGISTER

A

Ackermann, David 328
Adenauer, Konrad 44
Adorno, Theodor W. 32
AfD (Alternative für Deutschland) 130, 132–138, 141, 288, 290, 304 f.
Allendorf 211
Alternative für Deutschland *siehe* AfD
Amnestiegesetz 45
Anders, Sven 279
Animus-Theorie *siehe* Theorie, subjektive
Antisemitismus 13, 129, 151, 183, 189, 206, 261, 267, 295, 297 f., 302
Antizionismus 295
Arendt, Hannah 303
Ariernachweis 92
Auschwitz Komitee, Internationales 182
Auschwitz (KZ) 59, 175, 177, 180, 186 f., 198, 207 f., 210, 212, 214, 217, 219
Auschwitz-Birkenau (Auschwitz II) (KZ) 63, 172 f.
Auschwitz-Prozess 47, 180–189, 191–202, 213, 257, 319

B

Baer, Richard 361
Balliet, Stephan 127 ff., 139
Barba, Salvatore 164
Baretzki, Stefan 187
Bauer, Fritz 182–188, 190 f., 194, 198, 201 f.
Bednarek, Emil 187, 191
Behinderung, Menschen mit 153, 258, 261, 334
Beihilfe zum Mord 34, 38, 52, 59, 61 f., 81, 118, 150, 152–155, 158, 160, 167, 187, 194 f., 204, 229, 233, 313, 318 ff., 324 ff., 333, 335
Belarus 152, 155
Belzec (KZ) 59, 62, 225, 262
Bergen-Belsen (KZ) 217, 257
Biberstein, Ernst 46
Bloch, Rosa 114–117, 119 f., 122, 124, 328
Boger, Wilhelm 181 f., 186, 194 f., 197, 201
Boger-Schaukel 182
Bradfisch, Otto 152 f.
Braunsteiner, Hermine 38 f.
Broad, Pery 187, 194
Browning, Christopher 338 f., 341

Buchenwald (KZ) 30, 38, 253, 281
Buck, Dorothea 87ff., 97, 103ff.
Buck (Familie) 87–97, 99ff., 105f.
Buck, Helmut (Großonkel) 87f.
Buck, Helmut (Vater) 88, 105
Buck, Lyn 96
Buck, Rupert 88–95, 97–106
Bundesgerichtshof 148, 155, 160, 197, 199, 201, 204, 213, 313f., 318
Bundesverfassungsgericht 260, 325

C
Capesius, Victor 186, 191f., 194, 199
Christophersen, Thies 209
Corona-Pandemie 134, 270–278, 324

D
Dachau (KZ) 16, 30, 33, 59, 253, 257
Danzig (Gdańsk) 14f., 18f., 83, 85f., 166
Darmstadt 13, 153f., 255, 334
Debrecen 204, 207, 211, 218
Defonseca, Misha 172
Demjanjuk, John 58, 60–63, 65f., 68, 168, 171, 202f., 212f., 313f., 316, 335
Demnig, Gunter 264f.
Denkmal zur Erinnerung an die Bücherverbrennung (Berlin) 143
Deutsch-Südwestafrika 289, 291f.
Dey, Frau (Ehefrau von Bruno Dey) 19f.
Douglas, Lawrence 53, 61
Dunin-Wąsowicz, Krzysztof 110f.
Dunin-Wąsowicz, Marek 108–113, 116–119, 124f., 167, 328

E
Eichmann, Adolf 11, 40f., 56, 184, 257, 319
Einsatzgruppe B 152
Einsatzgruppen-Prozess 50–54, 154
Einwanderung 297f.
Eisenman, Peter 260, 264
»Endlösung« 40, 184, 254
Entnazifizierung 42, 51, 100–103, 106
Erinnerungskultur 29, 135–138, 141, 257, 261, 287–294, 297, 300, 303–309
Erschießungen 51f., 116, 230, 241, 287
Euthanasie 258

F
Fischer-Schweder, Bernhard 51ff.
Flüchtlingskrise 133, 297
Forester, Hans 187
Frei, Norbert 295
Fremdenfeindlichkeit 134
Freund, Karl 154
Friedländer, Saul 295f.
Fulbrook, Mary 258

G
Gaskammern 28, 33f., 36, 38, 58, 72, 116, 118, 123f., 150f., 157, 187, 189, 192, 196, 198, 209f., 222–229, 241, 277, 280, 320
Gauck, Joachim 287
Gauland, Alexander 133, 135f.
Gedächtniskapelle (Darmstadt) 255
Gedenkstätten 253f., 256ff.
  siehe auch Mahnmale
  – Bergen-Belsen (KZ) 217, 257
  – Buchenwald (KZ) 253

Register 351

- Dachau (KZ) 253, 257
- Gedächtniskapelle (Darmstadt) 255
- Haus der Wannseekonferenz (Berlin) 254
- Neue Wache (Berlin) 256 f.
- Reichsparteitagsgelände (Nürnberg) 253
- »Topographie des Terrors« (Berlin) 254
- Yad Vashem 166
Genozid siehe Völkermord
Gestapo 37, 165, 187
Glücks, Richard 330, 364
Goetze, Kirsten 60 f.
Göring, Hermann 152
Gröning, Oskar 204 f., 207 ff., 212–220, 238, 313 f., 325
Grosjean, Bruno siehe Wilkomirski, Binjamin

H
Halle, Anschlag von 127 ff., 131, 140
Hanau, Anschlag von 140
Haus der Kunst (München) 254
Heine, Heinrich 144
Herero 289, 291, 364
Herzberger, Erik 64 f.
Heuberg (KZ) 183
Heuss, Theodor 44
Heydrich, Reinhard 40 f., 153, 330
Hilberg, Raul 174
Himmler, Heinrich 35, 152 f., 201, 330
Hinrichtungen 50, 111 f., 116
Historikerstreit 287, 291
Hitler, Adolf 15 f., 25, 37, 41, 43 f., 54, 83 f., 90, 95, 100, 102, 135, 150, 152 f., 192, 201, 206, 214, 234, 262, 266, 286, 291, 295, 305, 330
Hitlerjugend 18, 84, 334
Höcke, Björn 137 f.
Hofmann, Otto 41
Hofmeyer, Hans 180 f., 187 f., 191, 193, 195 ff., 201
Holocaust (Fernsehserie) 252
Holocaustmahnmal (Berlin) 31, 260–264, 288, 304, 306
Homosexuelle 258, 261
Hoppe, Paul Werner 32 ff., 37, 234, 319, 330
Hördler, Stefan 279–286, 315
Horstmann, Markus 322
Höß, Rudolf 29, 186
Hotamanidis, Stefanos 279
Hummel, Kreszentia 251
Hunger 73, 111, 113, 115 f., 173, 193, 230, 287, 313

I
Institut für Zeitgeschichte (München) 189
Israel 295 f., 340
Itzehoe, Prozess von 335

J
Jäckel, Eberhard 259 f.
Juden, Münchener 247
Jureit, Ulrike 306–309

K
Kaduk, Oswald 186, 194, 201
Kant, Immanuel 156
Kapos 39, 112
Kermani, Navid 299 f.
Klehr, Josef 190 f., 194, 197, 201
Klopfer, Gerhard 42

Klüger, Ruth 123f.
Knobloch, Charlotte 248f., 251ff., 266f.
Knott, Otto Karl 33f.
Kohl, Helmut 256, 259, 340
Kollwitz, Käthe 256f.
Kolonialismus 295, 297
Kommunisten 261
Kontingentflüchtlinge 298
Konzentrationslager (KZ) 10, 16, 18, 25, 59, 84, 97, 102, 113ff., 124, 126, 168, 170, 174, 180, 183, 186, 189, 199, 236, 241, 253, 280ff., 284f., 291, 323, 326, 330, 335
– Auschwitz 59, 175, 177, 180, 186f., 198, 207f., 210, 212, 214, 217, 219
– Auschwitz-Birkenau (Auschwitz II) 63, 172f.
– Belzec 59, 62, 225, 262
– Bergen-Belsen 217, 257
– Buchenwald 30, 38, 253, 281
– Dachau 16, 30, 33, 59, 253, 257
– Heuberg 183
– Lichtenburg 33
– Majdanek 38, 63, 173, 175
– Mittelbau-Dora 279
– Sachsenhausen 335
– Sobibor 58f., 61f.
– Stutthof 10f., 17ff., 22f., 27ff., 33f., 63f., 68–73, 75, 80f., 84, 86, 108, 110, 113–117, 121, 123, 126, 157, 161, 169, 179, 231, 234f., 279f., 282f., 285f., 313, 316, 319f., 323f., 328, 333, 335
– Treblinka 58f., 62, 157
Korycki, Abraham 323
Koryski, Adam 328
Koselleck, Ruppe 364

Krankheit 73, 123, 230, 287, 313
Krematorium 71f., 80f., 111, 116, 118, 218, 222, 229f., 236, 260, 277
Kriegsgefangene 98, 258, 261

L
Landsberg am Lech 44
Lange, Jana 128
Laternser, Hans 192
Lehmann, Jens 212
Lemkin, Raphael 158
Leo, Per 300ff., 304ff., 308f.
Lichtenburg (KZ) 33
Loth, Helene 161, 165f., 176f.
Loth, Moshe Peter 161–166, 168–171, 173, 175–179
Lübcke, Walter 139f.

M
Mächler, Stefan 175
Mahnke, Lars 20, 22f., 28, 63ff., 229f., 269, 318–321, 333, 336
Mahnmale 254, 257, 259, 261
  siehe auch Gedenkstätten
– Denkmal zur Erinnerung an die Bücherverbrennung (Berlin) 143
– Holocaustmahnmal (Berlin) 31, 260–264, 288, 304, 306
– Stolpersteine 264ff.
Maier, Jens 136
Majdanek (KZ) 38, 63, 173, 175
Martin, Benno 35ff.
Mayer, Ernst 154
McCloy, John 44ff.
Meier-Göring, Anne 10, 19, 21f., 47, 59, 62, 69–78, 80–83, 86, 109, 115f., 119f., 122, 125f., 129, 141f., 157, 162ff., 166, 168, 177, 211,

217, 221–228, 231 f., 234–237,
239–246, 262, 268–273, 275 ff.,
310 f., 314, 324–327, 329 f., 332 ff.,
336
Meisel, Judith 168, 323
Merkel, Angela 131, 133 ff., 139, 296
Migrationsgesellschaft 306, 308
Mitscherlich, Alexander und
  Margarete 44
Mittelbau-Dora (KZ) 279
Mohr, Robert 153 f., 156
Morddefinition 146–150, 157, 160
Mordmotive 147 f., 150 f.
Moses, Dirk 294 f.
Mossad 184
Mulka, Robert 180, 186, 188, 190 ff.,
  194–197, 199, 201

N
Nama 289, 291, 364
Neiman, Susan 304
Nestler, Cornelius 168 f., 171, 178,
  198, 200, 323, 362
Neue Wache (Berlin) 256 f.
Nolte, Ernst 288
NSDAP (Nationalsozialistische
  Deutsche Arbeiterpartei) 95, 105,
  334
Nürnberg 35 f., 253
Nürnberger Prozesse 11, 29, 42,
  158 f.

O
Obersommerkau (Ząbrsko Górne)
  14 f.
Ohel-Jakob-Synagoge (München)
  247, 266
Ostdeutschland 132, 134, 138, 259,
  306

P
Palästinenser 295 f.
Pariser Verträge 46
Partisanen 153, 261
Pendas, Devin 193, 201
Persilschein 103
Phenolspritzen 190
Pister, Hermann 281
Polen 10, 17, 29, 58, 110, 170, 189,
  338
Privorozki, Max 128
Pusztai-Fahidi, Éva 203–207, 210 f.,
  218 ff.

R
»Rassestaat« 292
Rassismus 126, 148, 294, 304, 309,
  324, 331
Rathjen, Tobias 140
Rechtsextremismus 30, 130 ff.,
  138 ff.
Rechtstraditionen, unterschiedliche
  77 ff., 146
Reichsarbeitsdienst (RAD) 90, 107
»Reichskristallnacht« 249
Reichsluftfahrtministerium (Berlin)
  254
Reichsparteitagsgelände (Nürnberg)
  253
Reichstagsbrand 16
Reichstagswahlen 16
Renz, Werner 198
Reserve-Polizeibataillon 101 338 f.
Rögner, Adolf 181
Rosh, Lea 259 f., 262
Rote Armee 19, 170
Rothberg, Michael 293 f.
Rückel, Christoph 129 f.
Rückwirkungsverbot 159 f.

S

Sachsenhausen (KZ) 335
Sandberger, Martin 46
Sant'Anna di Stazzema 63
Schleswig-Holstein 19
Schneider, Christian 306
Schreibtischtäter 35, 39
Schüle, Erwin 54f., 358
Schwarze, Kevin 128
Selektion 192f., 210f., 218
Siegestor (München) 254
Siegrot, Christine 322
Sinti und Roma 211, 261
Smith, Clint 309
Sobibor (KZ) 58f., 61f.
Sommer, Martin 38f.
Sonderbefehl vom 22.08.1944 282f.
Sonderkommando 1a 46
Sozialdemokraten 261
SS (Schutzstaffel) 18f., 29, 37, 98, 102, 207, 219, 283f., 333
Stark, Hans 191f.
Staschinski, Bogdan 155
Steinke, Ronen 183
Stolpersteine 264ff.
Strafverfolgung von NS-Verbrechen 29f., 32–39, 41f., 44–48, 50–56, 63, 152, 159, 181, 200, 323
  siehe auch Auschwitzprozess, Nürnberger Prozesse, Einsatzgruppen-Prozess, Itzehoe, Prozess von
Strnad, Halina 121–124, 126, 328
Stutthof (KZ) 10f., 17ff., 22f., 27ff., 32ff., 63f., 68–73, 75, 80f., 84, 86, 108ff., 113–117, 121, 123, 126, 157, 161, 169, 179, 231, 234f., 279f., 282f., 285f., 313, 316, 319f., 323f., 328, 333, 335
Syrien 298

T

Tappe, Dennis 279
Theorie, subjektive 155f., 159, 195
Thierse, Wolfgang 260
Tilsit 50
Todesmärsche 19, 111
Todesschwadronen 50
»Topographie des Terrors« (Berlin) 254, 259
Treblinka (KZ) 58f., 62, 157
Trotha, Lothar von 291
Typhus 122f., 125, 190, 230, 279f.

U

Ukraine 153, 290
Ungarn 206
Ungarn, Juden aus 117, 236, 313

V

V2-Raketen 280
Verbotsirrtum 315
Vergangenheitsbewältigung 29
Vergasung 38, 194, 212, 215, 230f.
Verjährung 53f., 149
Vernichtungskrieg 292
Vernichtungslager 58, 61 siehe auch Konzentrationslager
Versailler Vertrag 15
Völkermord 25, 31, 69, 151, 157–160, 169, 195, 197, 199, 201, 206, 238, 261, 289, 291ff., 298, 319

Register 355

W
Walther, Thomas 49f., 56–61, 65f., 203, 220
Wannseekonferenz 39–42, 254
Wantzen, Kai 272
Waterkamp, Stefan 27f., 67f., 82, 86, 268ff., 273–276, 278f., 284ff., 312–318, 336f.
Watt, Donald Joseph 172
Wehrmacht 17, 37, 50, 98, 207, 283
Weis, Ján 189f.
Widerstand, polnischer 110
Wiedergutmachung 30, 32
Wiedervereinigung 131, 134, 256, 259
Wilkomirski, Binjamin 173–176, 179
Wolfskehl, Eduard 154

Y
Yad Vashem 166

Z
Zahavi, Kathleen 216
Zählappelle 111, 116, 187
Zajdenwergier, Henri 120f., 328
Zentrale Stelle der Landesjustizverwaltungen zur Aufklärung nationalsozialistischer Verbrechen 50, 54ff., 60, 182, 212
Zentrumspartei 17
Zimmerer, Jürgen 291–294, 309
Zufall, moralischer 340f.
Zuroff, Efraim 23f.
Zustimmungsdiktatur 286
Zwangsarbeit 98, 258, 287
Zyklon B 34, 150, 155, 195f., 279, 319

BILDNACHWEIS

S. 26 Jasper Bastian

S. 33 Andreas Keuchel / Alamy Stock Photo

S. 57 Jasper Bastian

S. 62 dpa picture alliance archive / Alamy Stock Photo

S. 83 Jasper Bastian

S. 112 Jasper Bastian

S. 135 dpa picture alliance / Alamy Stock Photo

S. 185 Interfoto / Alamy Stock Photo

S. 205 Jasper Bastian

S. 215 Associated Press / Alamy Stock Photo

S. 250 dpa picture alliance / Alamy Stock Photo

S. 265 dpa picture alliance / Alamy Stock Photo

S. 274 Jasper Bastian

S. 304 imageBROKER.com GmbH & Co. KG / Alamy Stock Photo

S. 317 Jasper Bastian

ANMERKUNGEN

1 Die wörtlichen Zitate aus den Verhandlungen stammen aus einem vom Autor erstellten Transkript der offiziellen Mitschnitte, die im Staatsarchiv Hamburg aufbewahrt werden, mit Ausnahme dieser ersten Befragung, da die Aufnahmen am ersten Prozesstag erst später begannen. Der Eröffnungsdialog stützt sich auf die Mitschriften des Autors.
2 Das Gericht hatte für die Medien ein Poolsystem etabliert. Es durften jeweils nur ein Fotograf und ein Kameramann im Gerichtssaal fotografieren und filmen, und das auch nur in den ersten Minuten jeder Verhandlung. Die Aufnahmen wurden dann den übrigen Medien zur Verfügung gestellt.
3 Renz, *Auschwitz vor Gericht*, S. 188
4 Eichmüller, »Die Strafverfolgung von NS-Verbrechen durch westdeutsche Justizbehörden seit 1945«, S. 639
5 Ebd.
6 Renz, S. 188
7 Ebd.
8 Kuhn, *Stutthof*, S. 93
9 Miriam Hollstein, »SPD-Politikerin fordert KZ-Pflichtbesuch für Deutsche und Migranten«, *Bild am Sonntag* (7. Januar 2018), abrufbar unter: www.bild.de/politik/inland/konzentrationslager/pflichtbesuch-fuer-fluechtlinge-54396060.bild.html
10 Theodor W. Adorno, *Prismen. Kulturkritik und Gesellschaft* (München: dtv 1963), S. 26. Der berühmte Appell war sicherlich nicht wörtlich zu verstehen, dennoch wurde »Adornos Diktum« für deutsche Intellektuelle und Schriftsteller nach dem Krieg zu einem zentralen Referenzpunkt. Siehe auch Klaus Hoffmann, »Poetry after Auschwitz – Adorno's Dictum«, *German Life and Letters*, Bd. 58, Nr. 2 (April 2004), S. 182–194
11 Jasch und Kaiser, *Der Holocaust vor deutschen Gerichten*, S. 85
12 Ebd., S. 51
13 Ebd., S. 52

14 Ebd., S. 53
15 Baumann, »Beihilfe bei eigenhändiger voller Tatbestandserfüllung«, S. 561
16 Douglas Martin, »A Nazi Past, a Queens Home Life, an Overlooked Death«, New York Times (2. Dezember 2005), abrufbar unter www.nytimes.com/2005/12/02/world/europe/a-nazi-past-a-queens-home-life-an-overlooked-death.html
17 »West Germany: the Monster«, Time (14. Juli 1958), abrufbar unter: http://content.time.com/time/subscriber/article/0,33009,868574-2,00.html
18 Ebd.
19 Jasch und Kaiser, S. 33 f.
20 Longerich, Wannseekonferenz, S. 129 f.
21 Jasch und Kreutzmüller, The Participants, S. 196
22 Ebd., S. 198
23 Gryglewski et al. (Hg.), The Meeting at Wannsee and the Murder of the European Jews, S. 154
24 Mitscherlich und Mitscherlich, Die Unfähigkeit zu trauern, S. 25
25 Ebd., S. 27
26 Jasch und Kaiser, S. 91
27 Eichmüller, S. 626
28 Ebd.
29 Ebd.
30 Walther wurde zum Hamburger Prozess als Anwalt eines der privaten Nebenkläger zugelassen, doch er bat einen Kollegen, ihn vor Gericht zu vertreten.
31 Jasch und Kaiser, S. 96
32 Ebd., S. 97
33 Das Urteil ist abrufbar unter https://openjur.de/u/2130562.html (Zitat siehe Absatz 539).
34 Ebd.
35 Douglas, Späte Korrektur, S. 164
36 Weinke, Die Verfolgung von NS-Tätern im geteilten Deutschland, S. 76
37 Hofmann, »Ein Versuch nur – immerhin ein Versuch«, S. 450
38 Ebd.
39 Schüle nahm nach seinem Rücktritt von der Zentralen Stelle seine vorherige Tätigkeit als Oberstaatsanwalt wieder auf. Er wurde 1978 pensioniert und erhielt im selben Jahr die höchste Auszeichnung der Bundesrepublik Deutschland, das Große Bundesverdienstkreuz – für sein Verdienst, NS-Täter vor Gericht gebracht zu haben. Er starb 1993 im Alter von 80 Jahren in Stuttgart.
40 Lüttig und Lehmann, Die letzten NS-Verfahren, S. 86
41 Douglas, S. 238 f.
42 Rüter und de Mildt (Hg.), Justiz und NS-Verbrechen, Bd. XLIX, S. 362
43 Kurz, »Paradigmenwechsel bei der Strafverfolgung des Personals in den deutschen Vernichtungslagern?«, S. 122

44 Susanne Grindel, *Bildungsgeschichte Deutschland* (2018), abrufbar unter: http://worldviews.gei.de/open/B_2018_Grindel_Deutschland/ger/
45 Die Zahlen stammen aus dem Sozialgesetzbuch (SGB) Sechstes Buch (VI) – Gesetzliche Rentenversicherung – (Artikel 1 des Gesetzes vom 18. Dezember 1989, BGBl. I S. 2261, 1990 I S. 1337), Anlage 1, abrufbar unter: www.gesetze-im-internet.de/sgb_6/anlage_1.html
46 Das Beweismaterial dürfte jedenfalls unvollständig gewesen sein. Unter den Dokumenten fand ich ein Bestätigungsschreiben aus dem Jahr 1938, unterzeichnet von einem hochrangigen SS-Offizier, in dem steht, Rupert Buck habe die Organisation Ende 1935 aufgrund der »Versetzung zum Reichsarbeitsdienst« verlassen. Von Meuterei ist dort keine Rede.
47 Kuhn, S. 41
48 Klüger, *weiter leben. Eine Jugend*, S. 139
49 Ebd.
50 Die hier genannte Zahl an Toten ist höher als die meisten Schätzungen, die in der Regel zwischen 60000 und 65000 Toten liegen. In seinem Buch über das System der Konzentrationslager, *KL: die Geschichte der nationalsozialistischen Konzentrationslager*, geht Nikolaus Wachsmann von 61500 Häftlingen aus, die in Stutthof ums Leben kamen.
51 »Der Täter schoss mehrfach auf die Tür«, *Der Spiegel* (9. Oktober 2019), abrufbar unter: www.spiegel.de/panorama/justiz/halle-saale-augenzeuge-der-taeter-schoss-mehrfach-auf-die-tuer-a-1290726.html
52 Friederike Haupt und Berthold Kohler, »Es ist richtig, dass das jetzt ein anderer übernimmt«, *Frankfurter Allgemeine Zeitung* (30. Oktober 2021), abrufbar unter: www.faz.net/aktuell/politik/inland/merkel-im-interview-ueber-fluechtlinge-die-csu-den-zustand-der-welt-und-ihr-blick-aufs-aelterwerden-17609086.html
53 Andreas Herholz, »Extreme Freude«, *Schwäbische Zeitung* (24. September 2017), abrufbar unter: www.schwaebische.de/politik/extreme-freude-440259
54 Ebd.
55 Rupert Wiederwald: »Vogelschiss in der Geschichte«, *Deutsche Welle* (2. Juni 2018), abrufbar unter: www.dw.com/de/gauland-bezeichnet-ns-zeit-als-vogelschiss-in-der-geschichte/a-44054219
56 »Gauland fordert Recht, stolz zu sein auf ›Leistungen‹ in beiden Weltkriegen«, *Die Welt* (14. September 2017), abrufbar unter: www.welt.de/politik/deutschland/article168663338/Gauland-fordert-Recht-stolz-zu-sein-auf-Leistungen-in-beiden-Weltkriegen.html
57 Ebd.
58 Anton Troianovski, »The German Right Believes It's Time to Discard the Country's Historical Guilt«, *Wall Street Journal* (2. März 2017), abrufbar unter: www.wsj.com/articles/the-german-right-believes-itstime-to-discard-their-countrys-historical-guilt-1488467995; Mitschnitt der Rede auf *Youtube*: www.youtube.com/watch?v=HnDXa8vIeXA

59 »Die Höcke-Rede von Dresden in Auszügen«, *Die Zeit* (18. Januar 2017), abrufbar unter: www.zeit.de/news/2017-01/18/parteien-die-hoecke-rede-von-dresden-in-wortlaut-auszuegen-18171207
60 Ebd.
61 Die Zahlen stammen aus einer Publikation des Bundesministeriums des Innern und für Heimat »Politisch motivierte Kriminalität im Jahr 2021 – Bundesweite Fallzahlen«, abrufbar unter: www.bmi.bund.de/SharedDocs/downloads/DE/veroeffentlichungen/nachrichten/2022/pmk2021-factsheets.pdf
62 Greenberg (Hg.), *Jowitt's Dictionary of English Law*, S. 1502
63 Ebd.
64 Nehmer, *Das Problem der Ahndung von Einsatzgruppenverbrechen durch die bundesdeutsche Strafjustiz*, S. 88
65 Jasch und Kaiser, S. 102
66 Freudiger, *Die juristische Aufarbeitung von NS-Verbrechen*, S. 183
67 Jasch und Kaiser, S. 103
68 Von der Deutschen Friedensgesellschaft – Vereinigte KriegsdienstgegnerInnen (DFG-VK), Zweigstelle Darmstadt, bereitgestellte Information. Abrufbar unter https://dfg-vk-darmstadt.de/Lexikon_Auflage_2/MohrRobert.htm
69 BGH, Urteil vom 19. Oktober 1962–9 StE 4/62, https://openjur.de/u/55500.html
70 Ebd.
71 Alexa Stiller, »The Mass Murder of the European Jews and the Concept of ›Genocide‹ in the Nuremberg Trials: Reassessing Raphaël Lemkin's Impact«, *Genocide Studies and Prevention: An International Journal*, Bd. 13, Nr. 1 (2019), S. 144–172
72 Nuremberg Trial Proceedings, Bd. 1, »Indictment: Count Three«, abrufbar unter: https://avalon.law.yale.edu/imt/count3.asp; deutsche Version abrufbar unter: www.zeno.org/Geschichte/M/Der+N%C3%BCrnberger+Proze%C3%9F/Materialien+und+Dokumente/Anklage/Anklageschrift/Anklagepunkt+Drei%3A+Kriegsverbrechen
73 »Wie kann ein KZ-Überlebender einen SS-Wachmann umarmen?«, *Die Welt* (19. November 2019), abrufbar unter: www.welt.de/regionales/hamburg/plus203636192/Kunst-des-Vergebens-Wie-kann-ein-KZ-Ueberlebender-einen-SS-Wachmann-umarmen.html
74 Moritz Gerlach, »Die leider falsche Geschichte von der großen Vergebung«, *Der Spiegel* (27. Dezember 2019), abrufbar unter: www.spiegel.de/politik/kz-prozess-die-grosse-vergebung-leider-falsch-a-00000000-0002-0001-0000-000168667162
75 Helen Lewis, »The Identity Hoaxers«, *The Atlantic* (16. März 2021), abrufbar unter: www.theatlantic.com/international/archive/2021/03/krug-carrillo-dolezal-social-munchausen-syndrome/618289/
76 Robert M. Kaplan, »Holocaust Deception in Australia: A Review«, *Forensic Research & Criminology International Journal*, Bd. 2, Nr. 5 (2016), S. 186

Anmerkungen 361

77 Fiachra Gibbons und Stephan Moss, »Fragments of a Fraud«, *The Guardian* (15. Oktober 1999), abrufbar unter: www.theguardian.com/theguardian/1999/oct/15/features11.g24
78 Elena Lappin, »The Man with Two Heads«, *Granta* (4. Juni 1999), abrufbar unter: https://granta.com/the-man-with-two-heads/
79 Mächler, *Der Fall Wilkomirski*, S. 150
80 Ebd., S. 287
81 Ebd., S. 288
82 Ebd., S. 287 f.
83 Pendas, *The Frankfurt Auschwitz Trial, 1963–1965*, S. 129
84 Wandres und Werle, *Auschwitz vor Gericht*, S. 42
85 Pendas, S. 29
86 Steinke, *Fritz Bauer oder Auschwitz vor Gericht*, S. 95
87 Ebd.
88 Ebd., S. 98
89 Ebd., S. 13
90 Wandres und Werle, S. 43
91 Tod und Krankheit reduzierten die Zahl der Angeklagten auf 22, als der Prozess eröffnet wurde, und auf 20 Angeklagte bei der Urteilsverkündung.
92 Richard Baer, Höß' Nachfolger in Auschwitz, sollte ebenfalls in Frankfurt vor Gericht gestellt werden, doch er starb sechs Monate vor dem Hauptverfahren an Herzversagen.
93 Wandres und Werle, S. 168
94 Jasch und Kaiser, S. 141
95 Pendas, S. 89 f.
96 Ebd., S. 90
97 Ebd., S. 87
98 Wandres und Werle, S. 55 f.
99 Ebd.
100 Pendas, S. 142
101 Ebd.
102 Steinke, S. 195
103 Das Fritz Bauer Institut veröffentlicht Dokumente, Transkripte und Biografien rund um den Frankfurter Auschwitz-Prozess unter www.auschwitz-prozess.de/zeugenaussagen/Weis-Jan/.
104 Wandres und Werle, S. 81
105 www.auschwitz-prozess.de/zeugenaussagen/Schlussworte_der_Angeklagten/
106 Ebd.
107 Ebd.
108 Ebd.
109 Ebd.

110 Pendas, S. 229 f.
111 www.auschwitz-prozess.de/zeugenaussagen/Urteilsbegruendung_1/
112 Pendas, S. 263
113 Rüter und de Mildt, *Justiz und NS-Verbrechen*, Bd. XXI, S. 450
114 Ebd., S. 447 f.
115 Ebd., S. 448
116 www.auschwitz-prozess.de/zeugenaussagen/Urteilsbegruendung_1/
117 Bauer, »Ideal- oder Realkonkurrenz bei nationalsozialistischen Gewaltverbrechen?«, S. 627
118 Nestler, »Der 2. Strafsenat des Bundesgerichtshofs und die Strafverfolgung von NS-Verbrechern«, S. 1182
119 Renz, S. 169
120 Ebd.
121 Ebd.
122 Nestler, S. 1187
123 Ebd.
124 Wandres und Werle, S. 215
125 Pendas, S. 281
126 Ebd., S. 305
127 Bauer, S. 628
128 Steinke, S. 177
129 Huth (Hg.), *Die letzten Zeugen*, S. 10
130 Ebd., S. 13
131 Ebd.
132 Gröning äußerte sich später im Prozess anders und sagte, es wäre genauso schrecklich gewesen, wenn das Baby erschossen worden wäre.
133 Matthias Geyer, »Der Buchhalter von Auschwitz«, *Der Spiegel* (8. Mai 2005), abrufbar unter: www.spiegel.de/panorama/der-buchhalter-von-auschwitz-a-4850856e-0002-0001-0000-000040325395
134 Huth, S. 15
135 Renz, S. 188
136 Huth, S. 12
137 Geyer, »Der Buchhalter von Auschwitz«
138 Ebd.
139 Huth, S. 15
140 Ebd., S. 43
141 Ebd., S. 94 f.
142 Ebd., S. 139
143 Ebd.
144 Ebd., S. 239. Den Satz hatte Cornelius Nestler eingebracht, der Juraprofessor, der in den wichtigen späten Holocaustprozessen als Anwalt fungierte, darunter die Verfahren gegen Demjanjuk, Gröning und Dey.

145 Huth, S. 141
146 Ebd., S. 31
147 Ebd., S. 33
148 Ebd., S. 34
149 Lüttig und Lehmann, S. 175
150 § 34 Strafgesetzbuch (StGB)
151 Knobloch, In Deutschland angekommen, S. 34
152 Bundeszentrale für politische Bildung, Gedenkstätten für die Opfer des Nationalsozialismus, 2 Bde. (1995 und 2000)
153 Florian Dierl, »Historische Orte und Erinnerungspolitik«, Aufarbeitung des Nationalsozialismus: Ein Kompendium (Göttingen, Wallstein Verlag 2021), S. 249
154 Jürgen Hohmeyer, »Mutter im Regen«, Der Spiegel (14. November 1993), abrufbar unter: www.spiegel.de/kultur/mutter-im-regen-a-5f07305e-0002-0001-0000-000013681887
155 Mary Fulbrook, Reckonings, S. 497
156 Ebd.
157 Rede von Wolfgang Thierse, 10. Mai 2005, abrufbar unter: www.stiftung-denkmal.de/wp-content/uploads/flyer_10thmay.pdf (S. 10–13)
158 Ebd.
159 Richard Brody, »The Inadequacy of Berlin's ›Memorial to the Murdered Jews of Europe‹«, New Yorker (12. Juli 2012), abrufbar unter: www.newyorker.com/culture/richard-brody/the-inadequacy-of-berlins-memorial-to-the-murdered-jews-of-europe
160 Rede von Lea Rosh, 10. Mai 2005, abrufbar unter: www.stiftung-denkmal.de/wp-content/uploads/flyer_10thmay.pdf (S. 38–42)
161 Kirsten Grieshaber, »Plaques for Nazi Victims Offer a Personal Impact«, New York Times (29. November 2003), abrufbar unter: www.nytimes.com/2003/11/29/arts/plaques-for-nazi-victims-offer-a-personal-impact.html
162 Allgemeinverfügung, 15. März 2020, abrufbar unter: www.hamburg.de/coronavirus/13721232/allgemeinverfuegung-zur-eindaemmung-des-coronavirus-in-hamburg/
163 Wilhem Bühner und Anni Rank, »The Effects of SARS-CoV-2 on Criminal Procedure in Germany«, German Law Journal, Bd. 23, Nr. 4 (26. Mai 2022), abrufbar unter: www.cambridge.org/core/journals/german-law-journal/article/effects-of-sarscov2-on-criminal-procedure-in-germany/ADBED72F66FD7306BD57C975ACA45A2A
164 Joachim Gauck, Rede vor dem Bundestag zum Tag des Gedenkens an die Opfer des Nationalsozialismus am 27. Januar 2015, abrufbar unter: www.bundespraesident.de/SharedDocs/Downloads/DE/Reden/2015/01/150127-Gedenken-Holocaust.pdf?__blob=publicationFile
165 Auswärtiges Amt, »Außenminister Maas zum Abschluss der Verhandlungen mit Namibia« (28. Mai 2021), abrufbar unter: www.auswaertiges-amt.de/de/

newsroom/-/2463396. Zum Zeitpunkt der Arbeit an diesem Buch war das Versöhnungsabkommen noch nicht vom namibischen Parlament ratifiziert worden. Vertreter der Nama und Herero lehnten es als unzureichend ab. Vgl. dazu mit Stand von Februar 2024: Deutscher Bundestag, Wissenschaftliche Dienste, »Kurzinformation: Das deutsch-namibische Versöhnungsabkommen vor dem *High Court* Namibias« (9. Februar 2024), abrufbar unter: www.bundestag.de/resource/blob/994500/30ed8d4ad7889145ac3884b1c4aff588/WD-2-007-24-pdf.pdf

166 Jürgen Zimmerer und Michael Rothberg, »Enttabuisiert den Vergleich!«, *Die Zeit* (4. April 2021), abrufbar unter: www.zeit.de/2021/14/erinnerungskultur-gedenken-pluralisieren-holocaust-vergleich-globalisierung-geschichte/komplettansicht

167 A. Dirk Moses, »Der Katechismus der Deutschen«, *Geschichte der Gegenwart* (23. Mai 2021), abrufbar unter: https://geschichtedergegenwart.ch/der-katechismus-der-deutschen/

168 Norbert Frei, »Deutsche Vergangenheit und postkoloniale Katechese«, in Friedländer et al., *Ein Verbrechen ohne Namen*, S. 47

169 Saul Friedländer, »Ein Genozid wie jeder andere?«, ebd., S. 19 f.

170 Ebd., S. 24

171 Ebd., S. 28

172 Bundesamt für Migration und Flüchtlinge, »Migrationsbericht 2021«, S. 15, abrufbar unter: www.bamf.de/SharedDocs/Anlagen/DE/Forschung/Migrationsberichte/migrationsbericht-2021-zentrale-ergebnisse.html?view=renderPdfViewer&nn=447198

173 Navid Kermani, »Auschwitz morgen«, *Frankfurter Allgemeine Zeitung* (7. Juli 2017), abrufbar unter: www.faz.net/aktuell/feuilleton/debatten/auschwitz-morgen-navid-kermani-ueber-die-zukunft-der-erinnerung-15094667.html

174 Ebd.

175 Das Foto stammt von dem deutschen Konzeptkünstler Ruppe Koselleck.

176 Arendt, *Eichmann in Jerusalem*, S. 369

177 Leo, *Tränen ohne Trauer*, S. 237

178 Jureit und Schneider, *Gefühlte Opfer*, S. 28 f.

179 Ebd., S. 22

180 Clint Smith, »Monuments to the Unthinkable«, *The Atlantic* (14. November 2022), abrufbar unter: www.theatlantic.com/magazine/archive/2022/12/holocaust-remembrance-lessons-america/671893

181 Richard Glücks war Leiter der SS-Inspektion der Konzentrationslager. Er beging nach der Kapitulation von Nazideutschland im Mai 1945 Selbstmord.

182 Browning, *Ganz normale Männer*, S. 241

183 Ebd.

184 Ebd., S. 246

185 Ebd., S. 247